国家卫生健康委员会"十四五"规划教材

全国高等中医药教育教材

供中医学、针灸推拿学、中西医临床医学等专业用

中国传统文化

第 3 版

中醫

主　编　臧守虎　段晓华

副主编　（按姓氏笔画排序）

　　　　刘　鹏　汪　剑　郑　洪　章　原　彭榕华

编　委　（按姓氏笔画排序）

王　丽（成都中医药大学）　　　周祖亮（广西中医药大学）

王　磊（黑龙江中医药大学）　　郑　洪（浙江中医药大学）

方　鹏（湖北中医药大学）　　　赵　庆（西南医科大学）

刘　鹏（广州中医药大学）　　　赵荣波（山东中医药大学）

刘欣怡（山东中医药大学）　　　胡以仁（湖南中医药大学）

孙　迪（辽宁中医药大学）　　　段晓华（北京中医药大学）

李德杏（天津中医药大学）　　　姜　辉（陕西中医药大学）

杨　琦（大连医科大学）　　　　章　原（上海中医药大学）

汪　剑（云南中医药大学）　　　彭榕华（福建中医药大学）

张　戬（北京中医药大学）　　　程　佩（江西中医药大学）

张净秋（首都医科大学）　　　　解　爽（贵州中医药大学）

林合华（南京中医药大学）　　　臧守虎（山东中医药大学）

罗彦慧（宁夏医科大学）　　　　熊益亮（北京中医药大学）

周　蓉（山西中医药大学）

秘　书　刘欣怡（兼）　张　戬（兼）

人民卫生出版社

·北　京·

图书在版编目（CIP）数据

中国传统文化／臧守虎，段晓华主编. -- 3 版. --
北京：人民卫生出版社，2025.1. -- ISBN 978-7-117
-35570-4

Ⅰ. K203

中国国家版本馆 CIP 数据核字第 2025BK0593 号

人卫智网	www.ipmph.com	医学教育、学术、考试、健康，购书智慧智能综合服务平台
人卫官网	www.pmph.com	人卫官方资讯发布平台

中国传统文化
Zhongguo Chuantong Wenhua
第 3 版

主　　编：臧守虎　段晓华
出版发行：人民卫生出版社（中继线 010-59780011）
地　　址：北京市朝阳区潘家园南里 19 号
邮　　编：100021
E - mail：pmph @ pmph.com
购书热线：010-59787592　010-59787584　010-65264830
印　　刷：三河市国英印务有限公司
经　　销：新华书店
开　　本：850×1168　1/16　印张：13.5
字　　数：354 千字
版　　次：2012 年 6 月第 1 版　2025 年 1 月第 3 版
印　　次：2025 年 2 月第 1 次印刷
标准书号：ISBN 978-7-117-35570-4
定　　价：59.00 元

打击盗版举报电话：010-59787491　E-mail：WQ @ pmph.com
质量问题联系电话：010-59787234　E-mail：zhiliang @ pmph.com
数字融合服务电话：4001118166　E-mail：zengzhi @ pmph.com

◇◇◇ 修 订 说 明 ◇◇◇

为了更好地贯彻落实党的二十大精神和《"十四五"中医药发展规划》《中医药振兴发展重大工程实施方案》及《教育部 国家卫生健康委 国家中医药管理局关于深化医教协同进一步推动中医药教育改革与高质量发展的实施意见》的要求，做好第四轮全国高等中医药教育教材建设工作，人民卫生出版社在教育部、国家卫生健康委员会、国家中医药管理局的领导下，在上一轮教材建设的基础上，组织和规划了全国高等中医药教育本科国家卫生健康委员会"十四五"规划教材的编写和修订工作。

党的二十大报告指出："加强教材建设和管理""加快建设高质量教育体系"。为做好新一轮教材的出版工作，人民卫生出版社在教育部高等学校中医学类专业教学指导委员会、中药学类专业教学指导委员会、中西医结合类专业教学指导委员会和第三届全国高等中医药教育教材建设指导委员会的大力支持下，先后成立了第四届全国高等中医药教育教材建设指导委员会和相应的教材评审委员会，以指导和组织教材的遴选、评审和修订工作，确保教材编写质量。

根据"十四五"期间高等中医药教育教学改革和高等中医药人才培养目标，在上述工作的基础上，人民卫生出版社规划、确定了中医学、针灸推拿学、中医骨伤科学、中药学、中西医临床医学、护理学、康复治疗学 7 个专业 155 种规划教材。教材主编、副主编和编委的遴选按照公开、公平、公正的原则进行。在全国 60 余所高等院校 4 500 余位专家和学者申报的基础上，3 000 余位申报者经教材建设指导委员会、教材评审委员会审定批准，被聘任为主编、副主编、编委。

本套教材的主要特色如下：

1. **立德树人，思政教育**　教材以习近平新时代中国特色社会主义思想为引领，坚守"为党育人、为国育才"的初心和使命，坚持以文化人，以文载道，以德育人，以德为先。将立德树人深化到各学科、各领域，加强学生理想信念教育，厚植爱国主义情怀，把社会主义核心价值观融入教育教学全过程。根据不同专业人才培养特点和专业能力素质要求，科学合理地设计思政教育内容。教材中有机融入中医药文化元素和思想政治教育元素，形成专业课教学与思政理论教育、课程思政与专业思政紧密结合的教材建设格局。

2. **准确定位，联系实际**　教材的深度和广度符合各专业教学大纲的要求和特定学制、特定对象、特定层次的培养目标，紧扣教学活动和知识结构。以解决目前各院校教材使用中的突出问题为出发点和落脚点，对人才培养体系、课程体系、教材体系进行充分调研和论证，使之更加符合教改实际、适应中医药人才培养要求和社会需求。

3. **夯实基础，整体优化**　以科学严谨的治学态度，对教材体系进行科学设计、整体优化，体现中医药基本理论、基本知识、基本思维、基本技能；教材编写综合考虑学科的分化、交叉，既充分体现不同学科自身特点，又注意各学科之间有机衔接；确保理论体系完善，知识点结合完备，内容精练、完整，概念准确，切合教学实际。

4. **注重衔接，合理区分**　严格界定本科教材与职业教育教材、研究生教材、毕业后教育教材的知识范畴，认真总结、详细讨论现阶段中医药本科各课程的知识和理论框架，使其在教材中得以凸

显,既要相互联系,又要在编写思路、框架设计、内容取舍等方面有一定的区分度。

5. 体现传承,突出特色 本套教材是培养复合型、创新型中医药人才的重要工具,是中医药文明传承的重要载体。传统的中医药文化是国家软实力的重要体现。因此,教材必须遵循中医药传承发展规律,既要反映原汁原味的中医药知识,培养学生的中医思维,又要使学生中西医学融会贯通;既要传承经典,又要创新发挥,体现新版教材"传承精华、守正创新"的特点。

6. 与时俱进,纸数融合 本套教材新增中医抗疫知识,培养学生的探索精神、创新精神,强化中医药防疫人才培养。同时,教材编写充分体现与时代融合、与现代科技融合、与现代医学融合的特色和理念,将移动互联、网络增值、慕课、翻转课堂等新的教学理念和教学技术、学习方式融入教材建设之中。书中设有随文二维码,通过扫码,学生可对教材的数字增值服务内容进行自主学习。

7. 创新形式,提高效用 教材在形式上仍将传承上版模块化编写的设计思路,图文并茂、版式精美;内容方面注重提高效用,同时应用问题导入、案例教学、探究教学等教材编写理念,以提高学生的学习兴趣和学习效果。

8. 突出实用,注重技能 增设技能教材、实验实训内容及相关栏目,适当增加实践教学学时数,增强学生综合运用所学知识的能力和动手能力,体现医学生早临床、多临床、反复临床的特点,使学生好学、临床好用、教师好教。

9. 立足精品,树立标准 始终坚持具有中国特色的教材建设机制和模式,编委会精心编写,出版社精心审校,全程全员坚持质量控制体系,把打造精品教材作为崇高的历史使命,严把各个环节质量关,力保教材的精品属性,使精品和金课互相促进,通过教材建设推动和深化高等中医药教育教学改革,力争打造国内外高等中医药教育标准化教材。

10. 三点兼顾,有机结合 以基本知识点作为主体内容,适度增加新进展、新技术、新方法,并与相关部门制定的职业技能鉴定规范和国家执业医师(药师)资格考试有效衔接,使知识点、创新点、执业点三点结合;紧密联系临床和科研实际情况,避免理论与实践脱节、教学与临床脱节。

本轮教材的修订编写,教育部、国家卫生健康委员会、国家中医药管理局有关领导和教育部高等学校中医学类专业教学指导委员会、中药学类专业教学指导委员会、中西医结合类专业教学指导委员会等相关专家给予了大力支持和指导,得到了全国各医药卫生院校和部分医院、科研机构领导、专家和教师的积极支持和参与,在此,对有关单位和个人表示衷心的感谢! 为了保持教材内容的先进性,在本版教材使用过程中,我们力争做到教材纸质版内容不断勘误,数字内容与时俱进,实时更新。希望各院校在教学使用中,以及在探索课程体系、课程标准和教材建设与改革的进程中,及时提出宝贵意见或建议,以便不断修订和完善,为下一轮教材的修订工作奠定坚实的基础。

人民卫生出版社

2023 年 3 月

◇◇◇ 前　言 ◇◇◇

为了更好地适应新形势下全国高等中医药教育教学改革和发展的需要,按照全国高等中医药院校各专业的培养目标,"十二五"期间在全国高等医药教材建设研究会、全国高等中医药教育教材建设指导委员会的组织规划下,《中国传统文化》教材被列为卫生部规划教材。

中医药学植根于中国传统文化土壤,与中国传统文化有着千丝万缕的联系,在其发生、发展过程中深受中国传统文化的影响。因此只有学习、了解中国传统文化,才能真正地理解中医药学、学好中医药学。虽然中医院校学生都不同程度地对中国传统文化有一定的了解,但毕竟没有经过系统深入的学习,中国传统文化的知识还普遍比较薄弱,因此在中医院校开设《中国传统文化》课程成为当务之急。然而,一方面中国传统文化源远流长、博大精深,另一方面目前中医院校《中国传统文化》课时普遍较少。因此,如何能够在较少的课时内使中医院校的学生对中国传统文化有一个全面系统的学习和了解成为摆在我们面前的一个重要课题。

基于以上认识和多年的教学实践经验,"十三五"期间我们对《中国传统文化》进行了修订,确定了以提高学生中国传统文化素养、为学生学习中医文化打下良好基础为指导思想,以选取最能代表中国传统文化、与中医文化关系密切相关的内容为目标的编写原则。教材除绪论外,共设汉字文化、易学文化、儒学文化、道学文化、佛学文化、中医文化、遭遇西方文化的中国传统文化、余论八章。教材出版发行后,除国内大部分中医院校使用外,还有部分西医院校也在使用,得到了较高的评价和广泛的认可。

"十四五"期间,我们组织全国高等中医院校的专家再次对《中国传统文化》进行修订。本次修订,以"十三五"规划教材为基础,基本的章节结构不变。修订以内容准确(信)、表述通顺(达)、措辞文雅(雅)为要求标准,修订内容包括标点符号、文字错讹、内容的增删及调改、引书版本(古籍)统一及引文核实、部分图片的增删及替换,其中易学文化第三节、儒学文化第一节、道学文化第一节做了较大幅度的修订。同时,教材中还融入了弘扬中国优秀传统文化、中国文化核心价值观、增强中国文化自信等课程思政内容,进行了包括PPT课件、模拟试卷等内容的数字化资源建设。在质量上有了进一步的提升,也更加适应新形势下的教学需要。

本教材的编写,先于2022年9月召开线上编写会议,由主编提出修订的主要内容和修订要求,然后根据编委成员的特长对各章节的编写做了分工,明确各章节负责的主编、副主编及编委。具体分工如下:绪论由臧守虎编写,第一章由臧守虎、周祖亮、孙迪、刘欣怡编写,第二章由臧守虎、段晓华、彭榕华、赵荣波、程佩编写,第三章由刘鹏、林合华、方鹏、杨琦编写,第四章由汪剑、赵庆、王丽编写,第五章由段晓华、熊益亮、周蓉、解爽编写,第六章由臧守虎、李德杏、罗彦慧、胡以仁编写,第七章由郑洪、张净秋、王磊编写,第八章由章原、姜辉、张戬编写。最后由主编吸取各章大部分修订意见以统稿、定稿,秘书刘欣怡、张戬做了大量协助工作。

随着国家对中国传统文化的日益重视,参与本次申报《中国传统文化》教材编写的院校和老师在数量、范围上较以往都有了大幅度的提高和扩展,几乎覆盖了全国各地中医院校。在时间紧、任务重的情况下,参与编写的全国23所中医、西医院校的老师及出版社老师付出了辛勤的努力,但仍难免存在诸多不足之处,恳请各院校在使用过程中继续提出宝贵意见,以便再版时进一步完善和提高。

编者

2023 年 3 月

◇◇◇ 目　　录 ◇◇◇

◇◆◇ 绪 论 ◇◆◇

本教材名为"中国传统文化"，那么什么是中国传统文化，今天的我们尤其是中医院校的学生为什么要学习中国传统文化，又该如何学习中国传统文化，这是本教材首先应该思考和回答的，是为绪论。

一、"中国传统文化"界说

在"中国传统文化"这一短语中，包括"中国""传统""文化"三个概念，其中"中国""传统"为限定词，"文化"是中心词。

（一）"中国"界说

"中"在甲骨文、金文中像一个区域的正中立着一面旗帜，其本义当指某一区域的中央，如《周书·召诰》载"王来绍上帝，自服于土中"，孔传云："于地势正中。""国"在甲骨文中作"或"，由"口""戈"组成，其中的"口"高鸿缙《中国字例》云："国之初字，从口、一，为地区之通象，合之为有疆界之地区之意……""口""戈"会意，是以武器保卫土地之义。金文中由"🔲""戈"组成，"🔲"是四周有疆界的区域，"🔲""戈"会意，也是以武器保卫土地之义。"中""国"组合在一起，即中央地区之义。

远古时期，华夏族（汉族）建国于黄河流域，自认为居天下之中央，故称自己所居住之地为中国，而将周边地区称为四方，如 1963 年陕西宝鸡出土的西周铜器何尊铭文云"余其宅兹中国"，《诗经·大雅·民劳》云"民亦劳止，汔可小康。惠此中国，以绥四方"，其中的"中国"均为此义。"中国"亦称为"中华"，"华"本义为光辉、文采、精粹，用于族名，蕴含文化发达之意，如元人王元亮说："中华者，中国也。亲被王教，自属中国，衣冠威仪，习俗孝悌，居身礼仪，故谓之中华。"（《唐律疏议释文》）

中国地域广大、幅员辽阔，是一个多民族的国家。在长期的历史发展中，汉民族与其他民族不断地融合，最后形成了以汉族为主体的中华民族。众所周知，龙是中华民族的象征。龙之所以能够象征中华民族，正是因为龙的形象象征了中华民族的融合，是组成中华民族大家庭的不同民族崇拜图腾的集合体。据闻一多先生考证，龙最早的原型是蛇，由于以蛇为崇拜图腾的部族势力强大，不断地吞并其他以马、鹿、鱼等作为图腾崇拜对象的弱小部族，因此蛇的形象中才不断融入了其他动物的特征，才有了鱼龙、猪龙、马龙、鸟龙等不同的形态和变体，如《山海经·中山经》中说"凡岷山之首……其神状皆马首而龙身""洞庭山之首……其神状皆鸟身而龙首"；龙才有了驼的头、鹿的角、兔的眼等，如《本草纲目》中云："王符言其形有九似，头似驼，角似鹿，眼似兔，耳似牛，项似蛇，腹似蜃，鳞似鲤，爪似鹰，掌似虎是也。"1949 年中华人民共和国成立以后，疆域内以汉民族为主体的 56 个民族统称中华民族，国号"中华人民共和国"，简称"中国"。以汉民族为主体的中华民族是中国文化的创造者，因而中国文化也就是以汉文化为主体的中华文化。

笔记栏

（二）"传统"界说

"传"的繁体字作"傳"，在甲骨文、金文、篆文中的字形变化不大，都是一人手持纺砖传递给另一个人的形状，因此"传"的最初的意思就是传递物品，后来又引申为"传授""传递""传播"等义，如《论语·学而》"传不习乎"及韩愈《师说》"师者，所以传道授业解惑也"的"传"就是"传授"之义，岑参《逢入京使》"马上相逢无纸笔，凭君传语报平安"的"传"就是"传递"之义，《周礼·祭统》"有善而弗知，不明也；知而弗传，不仁也"的"传"则是指"传播"。

"统"的本义也与纺织有关，指治丝过程中梳理出丝的头绪，《说文解字》释云："统，纪也。"《释名·释典艺》："统，绪也。主绪人世类相继，如统绪也。"正如《淮南子·泰族训》中云："茧之性为丝，然非得女工煮以热汤而抽其统纪，则不能成丝。"统是抽丝过程中的关键，抓住了"统"，丝就有了头绪，才能顺利地梳理下去。由此，"统"引申出在众多因素中能够控制或总领全局的根本或关键之义，指世世代代相传而不失其正的纲纪，某个领域内恒久不变、一脉相承的核心体系，如《孟子·梁惠王下》谓"君子创业垂统，为可继也"，朱熹解释说："然君子造基业于前，而垂统绪于后，但能不失其正，令后世可继续而行耳。"中国古代"道统""皇统""国统""学统""医统"等说法中的"统"等皆其义，如唐代韩愈在《原道》中提出尧、舜、禹、汤、文、武、周公、孔子、孟子关于道的传授系统，称自己继承了真正的孔孟之道，是儒学传承中的正宗。而宋代程颐在为程颢所作的墓表中谈到道统时，则认为孟子以后儒家的道统就失传了，直到程颢才接过这个传统。朱熹将道统论进一步发展完善，他认为儒家的道统是周敦颐和程氏兄弟上接孟子的，而自己又继承了周敦颐和程氏兄弟的儒家道统。

"传""统"合成一个词最早出现于《后汉书·东夷传》中："自武帝灭朝鲜，使驿通于汉者三十许国，国皆称王，世世传统。"南朝沈约《立太子恩诏》中亦云："守器传统，于斯为重。"其中所说的"传统"都是指传承皇统、国统。由此可见，最早的"传统"一词也是一个动宾词组。随着社会的不断发展，传统已扩大到文化的各个领域，除政治、国体外，还指世代相传的具有特色的礼俗、道德、思想、观念、民风、民俗，以及语言、艺术等，此时的"传统"在多数情况下也往往是一个名词，指一个相对稳定、静态的系统。

"传统"有静态、动态之分，本教材中所使用的"传统"也兼取其静态、动态二义，"传统文化"指历史上传承下来的核心文化体系，而"中国传统文化"即指中国历史上传承下来的核心文化体系。

（三）"文化"界说

对于"文化"，目前国内外的界定、描述众多，但细加分析、归纳，不外乎从广义与狭义、静态与动态两个方面的界定。

广义的"文化"以《哲学百科全书》的定义为代表，指"人类在社会历史实践过程中所创造的物质财富和精神财富的总和"，这种界定几乎将人类社会的一切都包罗囊括在内。狭义的"文化"以1871年英国文化学家泰勒在《原始文化》中的界定为代表，"文化或文明，就其广泛的民族学意义来说，乃是包括知识、信仰、艺术、道德、法律、习俗和任何人作为一名社会成员而获得的能力和习惯在内的复杂整体"，这种界定特指人类在历史发展过程中所创造的精神财富总和。

无论是广义的"文化"，还是狭义的"文化"，日常用语中一般都是作为名词来使用，例如，说某人"有文化"是指他具有知识文化，"酒文化"指与酒、饮酒等相关的文化现象等，其中所说的"文化"皆属名词性的、静态的。其实，如果深入地考察一下"文化"的语源，我们发现它本身是一个主谓词组，也呈现出一种动态感。

"文"字的甲骨文、金文像一个人的胸前有刻画的符号，或者是胸前悬挂着好看的贝壳、石块之类的饰物，朱芳圃《殷周文字释丛》说："文即文身之文，象人正立形，胸前之ノ、乂……即刻画之文饰也。"可见，最早的"文"也就是"纹"的古字，是"文饰"之义，《庄子·逍遥游》"越人断发文身"，《史记·吴世家》"文身断发，示不可用"，《周易·系辞》"物相杂，故曰文"，皆其例证。

　　人类考古学表明，最晚在旧石器时代，人类已经知道开始文饰、打扮自己，已经产生了美的观念。"文"作为人胸前刻画的符号或者好看的贝壳、石块之类的饰物，表明人类有了某种思想、观念、意识，而这种思想、观念、意识是人类通过与自然物的交织、互动来体现和反映的。换言之，从源头上说，最早的"文"产生于人类与自然的交织、互动，本来就呈现出一种动态。而当"文"的这种动作相继被其他人模仿时，表明"文"已经开始对他人产生影响。当"文"所代表的思想、观念、意识被人们广泛认同后，就会在一定的时期内相对地稳固下来，此时的"文"又呈现出一种相对的静态。

　　"化"的甲骨文、金文像两个人摔跤的样子，朱芳圃《殷周文字释丛》说："化像人一正一倒之形，即今俗所谓翻跟头。"摔跤是两个人之间力量、技巧的相互作用，因为力量、技巧的相互作用而使两人的位置、姿态乃至精神、心理状态不断改变，由此"化"又引申出人与人之间相互作用、相互影响、相互改变、相互转化等义，例如《国语·晋语》"胜败若化"，《庄子·逍遥游》"化而为鸟，其名为鹏"，《周易·系辞》"男女构精，万物化生"之"化"，2008年北京奥运会以"化"的甲骨文作为柔道、摔跤项目的图标，都证明了这一点。总之，无论是本义还是引申义，"化"都是一种动作行为，都呈现出一种动态。

　　"文"是通过一定的物质形式所反映出的人的思想、精神、意识，"化"是人与人之间相互作用、影响、改变，那么"文""化"合在一起就是人类思想、精神之间的相互影响、相互作用。

　　需要指出的是，在中国人比类取象思维方式、天人合一的思想观念影响之下，本来属于人文的"文"、人文的"化"也被"移情"而扩及自然万物，用以指"天文"，如《周易·贲·彖》中说"刚柔交错，天文也；文明以止，人文也。观乎天文，以察时变；观乎人文，以化成天下"，就是将"文"由"人文"扩及"天文"，同时这段话也是汉语文献中"文""化"连文最早的语境之一。

　　西汉以后，"文""化"逐渐合成一个词，如《说苑·指武》云："圣人之治天下也，先文德而后武力。凡武之兴，为不服也。文化不改，然后加诛。"《文选·补亡诗》云："文化内辑，武功外悠。"其中的"文化"，一是与"武力"对举，其义偏向于道德、思想、法律等狭义"文化"；二是作为主谓结构词组，取其以"文教化""以文影响"等动态之义。

　　汉语中"文化"一词，近世以来也用英文的"culture"来翻译。"culture"来源于拉丁文"cultrua"，原词也是一个动词，本义为土壤改良、植物栽培等物质生产活动，15世纪后由耕作、培养逐渐引申出教育、发展、尊重、练习、陶冶等义。"culture"的这些含义至今程度不同地保留在与拉丁文同属印欧语系的英语、法语、德语等语言中，其引申义也与汉语语境中的动态的"文化"相似。

　　综上所述，"文化"有广义、狭义之分，而无论是广义、狭义的"文化"又皆有静态、动态之分。本教材中所使用的"文化"概念兼取其广义与狭义、静态与动态之义。"中国传统文化"就是中国历史上传承下来的核心的、相互影响的思想文化。

二、学习中国传统文化的意义

　　"中国传统文化"是中国历史上传承下来的核心的、相互影响的思想文化。从其静态的角度来说，也可以说是一种过去的文化。那么，身处21世纪的我们，尤其是中医院校的学生,为什么还要学习中国传统文化? 其目的意义何在?

(一) 有助于认识人类自身

"我是谁?""从哪里来?""到哪里去?"这三个问题是古今中外哲学一直在探求的三大根本问题。

《荀子·王制》中云:"水火有气而无生,草木有生而无知,禽兽有知而无义,人有气、有生、有知,亦且有义,故最为天下贵也。"人之所以区别于水火、草木、禽兽,之所以自誉为高级动物、万物之灵,正是因为人有思想、精神、意识,而"文""文化"就是这样一种思想、精神、意识,因而"文""文化"也就是人类区别于水火、草木、禽兽等的本质。

"文""文化"是人类与自然客体能动过程中所产生和创造的,因而人类就是"文""文化"的起点。文化又是随着人类发展历史的变化而发展变化的,不同的历史时期有不同的文化形态,因此人类发展的历史也就是人类的本质在不同历史发展时期展现的过程。人类创造了"文""文化",而"文""文化"反过来又会影响和作用(化)于人类,因此人类又是"文""化"的结果。所以,人的本质就是文化,所有的人都是程度不同的"文化人",也即经过文化影响、改变了的人,"没有自然的人,甚至最早的人也是生存于文化之中"(兰德曼《哲学人类学》)。

既然"文化"是人区别于其他动物的本质,人是"文""化"的结果,因此人类要认识自己,要认识自己的过去、现在与未来,要弄清"我是谁""从哪里来""到哪里去"的问题,必须学习文化。

(二) 有助于认识中华民族自身

文化的形成与发展受自然环境、生活地域、社会条件等众多因素的影响,因此不同的地域、不同的民族有不同的文化,不同的文化在不同的历史发展时期也表现出程度不同的特点,因而文化可以从不同的角度进行分类。"中国传统文化"是中国自古以来世世代代传承下来的文化,其中"中国"是从地域角度进行的分类,"传统"是从历史角度进行的分类。

文化具有共有的特点,历史上从来没有专属于一个人的文化,即使"在原始社会,艺术完全是功能性的,而且服务于集体,并非为某个艺术家的个人目的服务"(安东尼·斯托尔《孤独:回归自我》),某种思想、精神、观念最初可能是发生在某一个人身上的,但只有当这种思想、精神、观念被一个群体或社会多数成员认同、接受和遵循时,才能够形成文化,才能称得上是文化。中国传统文化之所以能够被世代传承、一直流传下来,正是因为其长期以来得到中华民族大多数成员的认同、接受和遵循。

文化又具有稳定的特点,某种文化一旦形成,落实到一个群体、社会的物质、制度中,就会影响到群体、社会大多数成员的行为、思想,渗透到群体、社会多数成员的骨子里,流淌在群体、社会多数成员的血液中,形成群体、社会成员的共同的思想、精神品格和心理。例如,一般认为,英国人有绅士风度,德国人办事精确高效,美国人崇尚自由开放,日本人善采异邦之长等,这都是不同民族的不同文化精神、品格的体现和反映。

中国传统文化是自古以来世世代代传承下来的文化,是中华民族不同文化融合、凝聚的结果,虽然具有多元性、多样性的特点,但也具有自强不息、勤俭耐劳、谦逊忍让、中正和谐、仁爱包容、内敛保守等基本的、共同的精神。因此,只有学习、了解中国传统文化,才能更好地认识和把握中华民族的精神,才能更加深刻地认识和了解我们中华民族自身。

(三) 有助于中国优秀文化的继承和发展

如前所述,文化又具有动态性的特点。这一特点又表现为实践性、传承性、发展性等多个层面:当文化落实到制度、行为、器物中时,表现为实践性;当文化在人与人、代与代之间发生影响和认同时,表现为传承性;当文化在不同的环境、地域、时代被扬弃改造,被注入新的形式和内容时,表现为发展性。

马克思曾说:"人们创造自己的历史,但是他们不是随心所欲地创造,并不是在他们自己选定的条件下创造,而是在自己直接碰到的既定的、从过去继承下来的条件下创造"(《马克思恩格斯全集》第4卷)。传统是人类社会的一种生存机制和创造机制,只有借助于传统历史才得以延续,人类社会的精神文明和物质文明成果才得以保存和发展。中国传统文化就是我们"直接碰到的既定的、从过去继承下来的条件",是影响中华民族过去、现在和将来的传统,其中所蕴含的思维方式、价值观念、行为准则,既具有强烈的历史性、遗传性,又具有鲜活的现实性、变异性,无时无刻不影响着今天的中国人,为我们开创新文化提供历史的根据和现实的基础。

思政元素

立足中华优秀传统文化,培育和弘扬社会主义核心价值观

《易经·观》六三爻辞云:"观我生,进退。"建设有中国特色的社会主义文化,固然离不开对其他民族优秀文化的借鉴和吸收,但首先要立足于中国国情、立足于对中国优秀传统文化的借鉴和吸收。正如2014年2月24日习近平总书记在中共中央政治局第十三次集体学习时讲话指出:"培育和弘扬社会主义核心价值观必须立足中华优秀传统文化。牢固的核心价值观,都有其固有的根本。抛弃传统、丢掉根本,就等于割断了自己的精神命脉。博大精深的中华优秀传统文化是我们在世界文化激荡中站稳脚跟的根基。"

（四）有助于中医药文化的继承和发展

中医药文化是中国传统文化的一个重要组成部分,两者之间是源与流、母与子、干与支、大系统与小系统的关系;中医药文化植根于中国传统文化的土壤,与中国传统的思想文化有着千丝万缕的联系,两者呈互动影响的关系。一方面,中医药文化在发生发展过程中深受中国传统文化的影响;另一方面,中医药文化反过来进一步丰富和发展了中国传统文化。因此,只有系统、深入地学习、了解中国传统文化,才能从根本上真正地理解中医药文化、学好中医药文化。对此,唐代医学大家孙思邈《备急千金要方·论大医习业》中指出:"凡欲为大医,必须谙《素问》《甲乙》《黄帝针经》、明堂流注、十二经脉、三部九候、五脏六腑、表里孔穴、本草药对,张仲景、王叔和、阮河南、范东阳、张苗、靳邵等诸部经方……并须精熟,如此乃得为大医。若不尔者,如无目夜游,动致颠殒。次须熟读此方,寻思妙理,留意钻研,始可与言于医道者矣。又须涉猎群书,何者? 若不读五经,不知有仁义之道;不读三史,不知有古今之事;不读诸子,睹事则不能默而识之;不读《内经》,则不知有慈悲喜舍之德;不读《庄》《老》,不能任真体运,则吉凶拘忌,触涂而生。至于五行休王,七耀天文,并须探赜。若能具而学之,则于医道无所滞碍,尽善尽美矣。"而只有在理解传统中医药文化、学好传统中医药文化的基础上,才能进一步丰富和发展中医药文化,从而进一步丰富和发展中国传统文化。正如《老子》第五十二章所说:"既得其母,以知其子;既知其子,复守其母。"因此,作为一个中医院校的学生,学习中国传统文化和中医药文化,不仅不矛盾、不冲突,反而相辅相成、相得益彰。

三、学习中国传统文化的方法

中国传统文化源远流长,博大精深,但目前中医院校所设《中国传统文化》课时又普遍较

少,要想在较少的课时内系统、深入地学好中国传统文化,掌握一定的方法十分重要。

（一）课堂学习与课后学习相结合

俗话说:师傅领进门,修行在个人。中国传统文化源远流长,内容博大精深。仅学习教材中的内容,仅依靠课堂上有限的时间,显然是远远不够的。教材内容的学习,只是系统、深入学习中国传统文化的基础;课堂上的学习,只是帮助我们打开中国传统文化的宝库之门。要想系统、深入地学好中国传统文化,课堂学习之余还要通过个人阅读典籍、收看文化节目、师生之间相互交流等多种途径、方法广泛学习,循序渐进、逐步提高,然后才能登堂入室,领略和体会到中国传统文化之富美。

（二）教材学习与社会观察相结合

文化分思想文化、制度文化、行为文化、物质文化等,其中思想文化既是制度、行为、物质文化的高度凝练,又反映和体现在制度、行为、物质文化中。中国传统文化也不例外,除了载于文化典籍中,也呈现和反映在各种制度、器物、道德、礼仪、习俗中,至今存留于我们的社会生活之中,对每个人的行为产生潜移默化的影响,表现出活性和动态。《中国传统文化》教材中的内容,主要是中国传统文化中思想文化层面的内容。这就要求我们拓宽视野,将思想文化的学习与社会观察相结合、相互比照、相互印证、相互补充,从而对于生生不息的中国文化有一个感性的了解。

（三）中国传统文化的学习与其他文化的学习相结合

任何文化都有其优点与缺陷,中国传统文化也是如此。只有认识到中国传统文化优点与缺陷,才能扬长补短、对症下药,更好地继承与发展中国传统文化。但正如苏轼《题西林壁》诗中云:"不识庐山真面目,只缘身在此山中。"对于生于斯、长于斯,深受中国传统文化的熏陶和影响、认同和习惯了中国传统文化的国人而言,并不容易认识到中国传统文化的优点与缺陷。而只有在学习中国传统文化的同时,学习和了解其他文化尤其是西方文化,以其他文化作为参照系,才能准确地认识中国传统文化优点与缺陷,同时借鉴和吸收其他民族的优秀文化以补己之短。

（四）批判继承与开拓创新相结合

中国传统文化是自古传承发展下来的中国文化,其间经过了不同形态的社会发展阶段,尤其是经历了两千多年的封建社会,因此不免也有一些糟粕的成分在内。但我们不能因此采取历史虚无主义的态度,在倒掉洗澡水的同时把婴儿一起倒掉,全盘否定中国传统文化。而应以历史唯物主义的态度,在批判和剔除其糟粕的同时,继承和吸收其精华,作为在新的历史时期发展新文化的必要条件。

●（臧守虎）

第一章

汉 字 文 化

学习目标

　　了解汉字产生、发展的历史及规律,熟悉汉字的特点、汉字与文化的关系。掌握汉字与文化的相互影响、汉字的文化功能。

学习要点

　　汉字基本知识,汉字的特点,汉字与文化的关系,汉字与文化的相互影响,汉字的文化功能。

　　美国路易斯·亨利·摩尔根(Lewis H. Morgan)的《古代社会》一书中曾说:"没有文字记载,就没有历史,也就没有文明。"文字是记录和传达语言的符号系统,是记录和传承人类思想文化的重要工具,有了文字,文化才得以更好地记录、保存、传承和发展。

　　汉字是世界上历史最悠久的文字之一,是中国文化最基本的要素,而且是当今世界上仅有的仍在通行使用的最古老的一种文字。汉字不同于其他文字的特点,决定了它不仅是记录和传承中国文化的工具,本身也承载了丰富的中国传统文化信息,具有文化再造的功能。汉字的产生和发展对中国传统文化的形成、发展和传播产生了深远影响,同时汉字的发展也受到中国传统思想文化的影响。

第一节　汉字的历史

　　汉字不同于其他文字的文化记录、文化传播、文化再造等功能,是由汉字所具有的特点决定的。而汉字的特点,是随着汉字的历史发展而发展变化的。因此,要了解汉字的文化功能、了解汉字不同于其他文字的特点,首先要了解汉字发展的历史。

一、汉字的起源

　　关于汉字的起源,主要有结绳说、八卦说、仓颉造字说、图画说四种不同的观点,下面略做介绍分析。

(一)结绳说

　　《老子》(王弼本)第 14 章云:"……故混而为一。其上不曒,其下不昧,绳绳不可名,复归于无物。"第 27 章云:"善结无绳约而不可解。"第 80 章云:"小国寡民……使人复结绳而用之。"《周易·系辞》云:"上古结绳而治,后世圣人易之以书契,百官以治,万民以察。"《庄子·胠箧》也说:"子独不知至德之世……当是时也,民结绳而用之。"许慎在《说文解字·叙》中亦云:"神农氏结绳为治,而统其事。"皆称远古时代曾经以结绳作为记事的符号。我国云南的傈僳族、哈尼族地区,以及我国台湾省的高山族等都曾流行过结绳记事或类似结绳记事的方法。"十""廿""卅"等汉字,似乎也反映出结绳记事的痕迹。然而,结绳记事虽然在功能上与文字有相似之处,但方式上并不相同。结绳用来计数、计日或提示注意尚可,用来表达复杂的事件、思想则不可,更不可能记录语言。因此,结绳还不是可以记录语言的成系统的符号。

(二)八卦说

《周易·系辞》云:"古者包牺(伏羲)氏之王天下也,仰则观象于天,俯则观法于地,观鸟兽之文,与地之宜,近取诸身,远取诸物,于是始作八卦,以通神明之德,以类万物之情。"《尚书·孔序》:"古者伏牺氏之王天下也,始画八卦,造书契,以代结绳之政,由是文籍生焉。"将八卦与书契、结绳相提并论。至《易纬·乾坤凿度》以八卦符号为文字,如"☰"就是"天"字、"☷"就是"坤"字等,宋人杨万里,今人郭沫若、范文澜皆持这种观点。其实,八卦卦象只是象征天、地等八类事物而不等同于"天""地"等字,其中除了坎象"☵"竖起来的确与"水"的古文相似外,其他都很牵强。《周易·说卦》云:"乾为天,为圆,为君,为父……"如将象征之物等同于文字,岂有"☰"一象即"天""圆""君""父"等众多文字之理?从这个角度上说,文字起源于八卦之说不能成立。

(三)仓颉造字说

关于仓颉造字说,《荀子·解蔽》记载:"好书者众矣,而仓颉独传者,壹也。"《吕氏春秋》中说:"奚仲作车,仓颉作书。"许慎《说文解字·叙》中说:"黄帝之史仓颉,见鸟兽蹄迒之迹,知分理之可相别异也,初造书契。"段玉裁《说文解字注》说:"史者,记事者也。仓颉为记事之官,思造记事之法,而文生焉。"黄帝是传说中的古帝,时代远在夏代之前,而目前一般认为夏代之时尚没有文字,因此不可能有黄帝之史仓颉造字之事。退一步说,即使仓颉参与了文字创造,也不可能一人创造所有的文字,正如鲁迅先生《门外文谈》中所说:"仓颉也不止一个,有的在刀柄上刻一点图,有的在门户上画一些画,心心相印,口口相传,文字就多起来了。"将所有文字的发明权皆归于仓颉一人,也如同将中国历史上的诸多发明归于黄帝、炎帝等古帝一样,是出于英雄崇拜心理使然。因此,仓颉造字说也并不可信。

(四)图画说

许慎《说文解字·叙》云:"仓颉之初作书,盖依类象形,故谓之文。"又云:"象形者,画成其物,随体诘诎,日月是也。"其中关于"文""象形"的界说,已经蕴含着文字起源于图画说。在此基础上,段玉裁《说文解字注》进一步说:"文字起于象形……画图与文字非有二事。"郑樵《通志》中亦云:"书与画同出。画出形,书取象;画取多,书取少。"今人周祖谟《汉字的产生和发展》中则直云:"汉字是由图画发展而来的。"图画在史前时期已经出现,例如:分布于内蒙古阴山山脉、宁夏境内的贺兰山东麓以及黑龙江、新疆、云南、广西等地的崖岩画(图1-1),距今至少已有8 000年历史的新石器时代彩绘陶器上所绘图形。这些都比较直观、具体地描绘、刻画了狩猎、游牧、战争、舞蹈等活动中的人物、动物、器具的形象,与甲骨文中象形类文字非常接近。而在距今5 000~7 000年的仰韶文化遗址和距今4 500~6 400年前的山东大汶口文化遗址出土的陶器上(图1-2),发现了许多端正规整的图形符号和刻画符号,已经不再是直观、具体的图画,表现出更多的抽象符号特征,类似于甲骨文、金文中指事类文字,多数专家认为这些符号应该就是史前文字表达符号。

图1-1 内蒙古阴山岩画

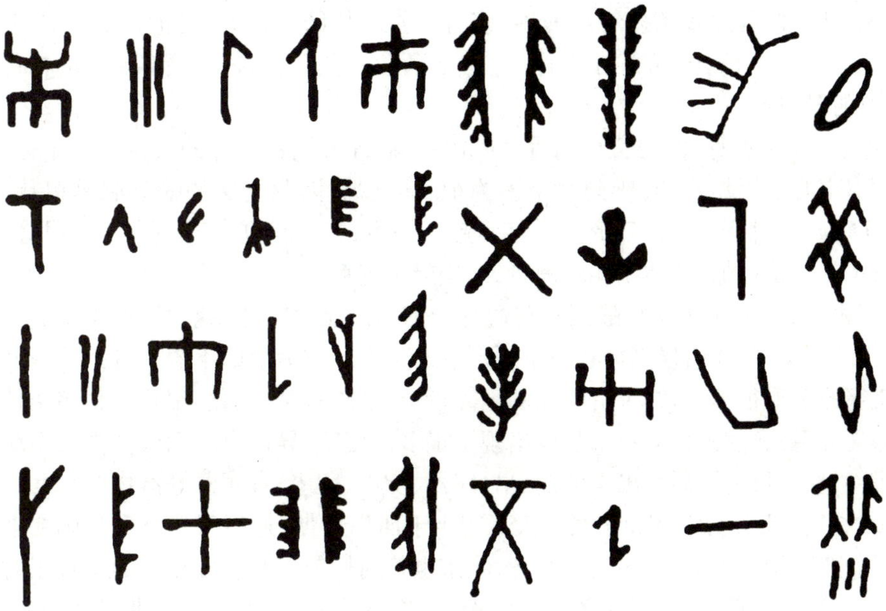

图 1-2　陕西临潼姜寨出土的仰韶文化陶符

以上关于汉字诸说,实际上是从不同的角度对汉字起源的认识,如结绳说着重于功能,八卦说着重于象征,仓颉造字说着重于造字者主体。认识的角度虽然不同,但也有一些共同之处,如八卦说、仓颉造字说、图画说皆强调汉字起源以"仰则观象于天,俯则观法于地,观鸟兽之文,与地之宜,近取诸身,远取诸物""见鸟兽蹄迒之迹"为观察、临摹的基础。结合以上对各种观点的分析,再联系后来已是成熟文字的甲骨文来看,图画说最符合人类认识由具象到抽象的一般规律,故为多数人所认同。

二、汉字的演变

汉字发展的历史体现在书写形体变化、构造形式变化、应用过程中形成的关系三个方面,这三个方面从总体上各自呈现出一种纵向的变化,但在一定历史时期内同时又呈现出不同程度的交叉、交织变化,以下主要从各自呈现的纵向变化来介绍。

(一)书写形体的演变

如果说上述仰韶文化、大汶口文化陶器上的符号是否就是文字还很难确定,那么最晚至殷商时期已经出现的甲骨文已经是成熟的文字却是确定无疑的。自甲骨文开始,由于刻写材料、工具、方式等方面的不同,汉字经过了金文、战国古文、篆文、隶书、草书、楷书、行书等不同形体上的变化(图 1-3)。

1. 甲骨文　甲骨文是殷商时期用于占卜记事而刻写在龟甲和兽骨上的文字。19 世纪末发现于河南安阳商朝后期遗址中,它是商朝第 20 代君王盘庚迁都于殷(今河南安阳的小

| 屯1054 | 毛公鼎 | 石鼓文 | 汗简 | 汉帛书 | 清·吴让之 | 清·赵之谦 | 晋·王羲之 | 清·康熙 | 宋·米芾 |

图 1-3　"鱼"字的不同字体

屯村一带）前后至纣王亡国这段时期通行的字体。由于甲骨文是用刀刻在质地坚硬的龟甲、兽骨上，刻写困难，因此线条多纤细瘦硬，多有方折。从结构来看，后世"六书"理论中的象形、指事、会意、形声等结构方式在甲骨文中皆已程度不同地具备，但诸多文字的构件尚不固定、书写时的置向不一。

2. 金文　金文亦称钟鼎文，是刻写浇铸在钟、鼎等青铜器具上的文字。由于铸造原因，以及青铜器主要是用作礼器，所刻文字多为记功、祝福，因此金文的线条肥厚粗壮、圆浑丰润，风格庄重典雅、精致美观，字形大小基本趋于一致，行款排列趋于整齐。与甲骨文相比，金文中形声字大量增加，异体字相对减少，结构趋于定型。

3. 六国古文　六国古文指战国时期通行于楚、齐、燕、韩、赵、魏六国的文字。它上承商周的甲骨文、金文，是在诸侯割据状态下所形成的文字。政治上的不统一，区域上的隔离，使得六国文字的字形很不一致，带有明显的地方色彩，笔画草率、简化，出现了很多俗体字。因对汉字形义关系的理解很不一致，从而出现了很多讹变字、异体字。六国古文在秦统一六国后即遭废除，现在可见于后世出土的简、帛、陶器、货币、印玺、青铜器等器物上。

4. 篆文　篆文分为大篆和小篆。大篆产生于西周后期，通行于春秋和战国初期。它逐渐脱离了象形图画的原形，结构趋向整齐，线条也趋向均匀柔和。因相传为周宣王时的太史籀整理，故又被称为籀文。《说文解字》中保留了 225 个籀文，是许慎依据所见到的《史籀》九篇集入的，是研究大篆的主要资料。与小篆比，大篆笔画繁复，偏旁常有重叠，书写不便。

小篆是秦始皇统一中国后推行"书同文"政策所采用的字体，由李斯、赵高、胡毋敬等人在大篆的基础上稍加整理简化而成的，故又叫"秦篆"。小篆形体偏长，匀圆齐整，笔法圆融平正，典雅和平，书写完全线条化，象形性减弱。从构造来看，已经形成了相当严密的文字体系，异体字大量减少，形声字大量增加。

5. 隶书　隶书产生于秦代，许慎《说文解字·叙》称："秦烧灭经书，涤除旧典，大发吏卒，兴役戍，官狱职务繁，初有隶书，以趣约易。"隶书打散了小篆的线条，实现了书写的笔画化。由于书写简便，到了汉代隶书成为通行字体，故称"汉隶"。汉隶构形略宽扁，横画长而直画短，讲究"蚕头燕尾""一波三折"，颇具书法观赏价值，至东汉时期达到顶峰，故书法界有"汉隶唐楷"之说。汉字从篆书演变为隶书称为隶变，是汉字发展史上一次重要的变化。它在结构上对小篆进行了全面调整，同一个构件为了布局的需要而形成不同写法，不同的构件因为形体变异而变得混同，许多字的构件被省减或合并。虽然由于简化而便于书写，但也进一步革除了篆书中遗存的图画意味，使汉字全面符号化，基本上失去了象形性，难以通过字形了解字义。

6. 草书　草书产生于汉代，并在当时与隶书一起成为通用字体。草书在后世的发展过程中，字体又有所变化，分为章草、今草和狂草。章草源于古隶书的草率写法，省去了部分字形和笔画，存隶书波折之势，字字不相连，带有明显的隶意。章草到了东晋时期演化为今草，今草则全失隶意，改掉了同隶书相近的笔法，笔画省并更多，笔画连写，字字勾连。今草至唐代经张旭等人创演为狂草。狂草恣意挥洒，纵横捭阖，奔放雄健，笔画万变，字字相连，很难辨识，因而基本上失去了实用价值，只能作为书法艺术为人欣赏了。

7. 楷书　楷书是对隶书略加改造而形成的一种字体，发源于汉代，流行于魏晋，成熟于隋唐，一直使用到今天。楷书基本保存了隶书的结构，去掉了隶书的波挑，笔画平直，结构方正，形成了相互配合的笔形系统。比隶书易写，比草书易认。因此魏晋以后，逐渐取代了隶书，成为应用汉字的主要字体。

8. 行书　行书产生于东汉晚期，魏晋时广泛应用。行书是以草书的笔意写楷书，它既有草书笔画顺畅流利、书写速度较快的长处，又无字迹潦草、难以辨识的缺点，晋代以来逐渐成为通用的手写字体。

（二）构字方法的演变

除了由于刻写材料、工具、形式等原因带来的汉字形体变化以外，在构形方法上汉字也大体经过了象形、指事、会意、形声的发展变化阶段。

关于汉字的结构，《左传》中已有零星的分析，如"止戈为武""皿虫为蛊"等。至东汉许慎《说文解字》，引用"六书"理论对9 000多个汉字结构进行系统分析研究，奠定了汉字结构分析的理论基础。

"六书"之名最初见于《周礼·地官·保氏》："保氏掌谏王恶，而养国子以道，乃教之六艺：一曰五礼，二曰六乐，三曰五射，四曰五驭，五曰六书，六曰九数。"关于"六书"的细目及次序，班固《汉书·艺文志》云："古时八岁入小学，故周官保氏掌教国子，教之以六书。谓象形、象事、象意、象声、转注、假借，造字之本也。"郑众注《周礼·地官·保氏》之"六书"云："六书，象形、会意、转注、处事、假借、谐声也。"许慎《说文解字·叙》中云："一曰指事，二曰象形，三曰形声，四曰会意，五曰转注，六曰假借。"在表述上有细微的差别。

基于对汉字产生和发展规律的认识，后世对于六书多取许慎的定名和解说而依班固的排列次序，即：象形、指事、形声、会意、转注、假借。又因为六书之中，象形、指事、会意、形声才是汉字构造之法，能够产生新的汉字；而转注、假借仅是汉字的运用方法，不产生新的汉字，不涉及汉字的结构。因此，下面仅对象形、指事、会意、形声四种汉字结构法进行具体分析。

1. 象形 《说文解字·叙》中说："象形者，画成其物，随体诘诎，日月是也。"就是说，象形造字法就是画成某一物体的形状，随着物体的形状直曲而直曲，如"日""月"二字就是象形字。

象形字最接近于图画，应该就是承接图画发展而来，如吕思勉先生云："图画简单化，即成象形文字。"（《中国文化史》）这是文字起源于图画的最主要证据。但象形字与图画又有本质的区别：象形字有形有音，而图画则有形无音。象形字所描绘的一般是客观存在的具体事物，但也有少量的描绘想象中的事物；所描绘的多为对象的全体，但个别也只描绘对象的局部特征。

2. 指事 《说文解字·叙》中说："指事者，视而可识，察而见意，上下是也。"就是说，指事字看到就能认识，加以观察后就能明了其意义，如"上""下"二字就是指事字。

指事字与前述仰韶文化、大汶口文化遗址出土的陶器刻划符号非常相似，有可能是在借鉴和吸收了诸如此类史前刻划符号的基础上演变而来。目前一般认为，指事字所表达的是抽象的事物，分为两类：一是纯粹的指事性符号，二是在象形字基础上添加指事性符号。前者如《说文解字·叙》中所举"上""下"二字即是："上"在甲骨文中都先画一横线，再在线上加一短横或竖表示上面；"下"在甲骨文中也是先画一横线，再在线下加一短横或竖表示下面的意思。后者如"本""末"二字即是，就是在象形字"木"的下部、上部分别加一个点儿，表示树木的根部、树梢所在。指事字在六书中所占的比例是绝对的少数，其中纯粹的指事性符号又是少数之中的少数。

纯粹的象征性符号类指事字与象形字，一般不能再拆分成两个或两个以上的独立部分，因此被称为独体字，是组成其他新字的字根。

3. 会意 《说文解字·叙》中说："会意者，比类合谊，以见指㧑，武信是也。"就是说，会意字是把两个或两个以上的象形字组合在一起，表示一个新的意思，像"武""信"二字就是会意字。会意字的组成类型有以下几种：

（1）同体会意：即由两个或两个以上同样的象形字组成会意字，例如"众""森""淼"

笔记栏

等字。

（2）异体会意：即由两个或两个以上不同的象形字组成的会意字，例如"莫""休""寒"等字。这种会意字在整个会意字中占多数。

（3）改变形体会意：即通过一个字本身笔画的增减或改变形体来表示新的意思。例如，把"家"的最后两笔去掉变成"豕"，就是"寂"的异体字；把"有"字里面的两笔去掉变成"冇"，表示"没有"的意思。

（4）组合解释会意：即用两个或两个以上的非象形字，以象形方式组合来会意的方法。例如，以"上""下"组成的"卡"字，以"小""大"组成的"尖"字。

（5）反文倒文会意：即把一个字反写或者倒写而产生新的意义。例如，反"从"为"比"，反"后"为"司"。

由于象形字是在描绘事物基础上形成的，会意字又是会合两个或两个以上的汉字形成的，两者皆具有笔画繁复、书写不便等局限性，难以适应表达众多事物和复杂抽象意义的需求，因而在汉字发展过程中最终被形声造字法取代。

4. 形声　《说文解字·叙》中说："形声者，以事为名，取譬相成，江河是也。"就是说，形声字是以一个表示意义的字和一个表示声音的字组合而成，像"江""河"二字就是形声字。

形声字中表示意义的部分称为形符，形符虽然表示形声字的意义，但一般只表示字义的类属，并不表示具体的意义，有些形声字所代表的事物甚至不是该形符所代表的事物的类属，如"菌""蕈"并不是草类而以"艹"为形符。因为结构不便和笔画重复等原因，少数形声字的形符在书写上是简省的，称为"省形"。如"釜"字本应是"金"形"父"声，由于"父""金"结合部笔画相似，到了隶书中就省却了"金"字上部的笔画。

形声字中表示声音的部分称声符，声符除了表音的功能以外，也有不少同时表义。如同形符的简省一样，充当声符之字形体也多有简省的情况。如《说文解字》云"疫，民皆疾也。从疒，役省声"，即指"疫"是以"役"为声符而简省了其中的"彳"字旁。

另外，有些形声字存在既省形又省声的情况，如"耆"字，从老旨声，形符"老"和声符"旨"中皆有"匕"旁，因而省却其一，既可认为是省形，也可以认为是省声。由于汉字字体演变等原因，有些形声字的形符、声符错综交合，很不容易分别，如"截"，从戈雀声，又省声为"隹"，不易看出，须仔细分辨。

由于形声字与会意字是由两个或两个以上的独体字合起来表示一个新的意义，因此被称为合体字。形声字与会意字虽然都是合体字，但两者又有区别：形声字由形符和声符组成，有标音成分；会意字由两个或两个以上的形符组成，无标音成分。

（三）汉字应用过程中形成的关系

除了书写形体、构形方法的变化之外，汉字在发展和应用的历史过程中，同一字之间、不同的字与字之间形成一定的关系，从另一个侧面反映出汉字的发展变化，其中常见的有假借字、古今字、异体字、繁简字、避讳字。

1. 假借字　指某个被借用做他字的字。分为"本无其字"的借字和"本有其字"的借字两种情况。

借字的产生，大致有两个方面的原因。一是文字的发展落后于语音，现实中已有某音而没有与其相对的文字，因此古人在记录无相应文字的语音时，往往借用已有的同音字，这称为"本无其字"的借字，《说文解字·叙》所说的"本无其字，依声托事，令长是也"就属于这种情况。二是古代尤其是印刷术未发明之前，知识的传授大多通过口耳相传，由于发音不准、辨音不清等原因而产生误听、误记，以某一同音或音近的字来记录某音，称为"本有其字"的借字，如《史记·扁鹊仓公列传》"能使良医得蚤从事"的"蚤"就是这种情况。今天我们所说的借字主要指"本有其字"的借字,这种假借字说白了就是古人用的错别字。

如上所见,借字主要是借字音,而与字的形体和意义无关。具体来说,借字的借音又分同音相借、双声相借、叠韵相借三种情况,当然这里所说的音韵是指上古音韵。因此,是否音同、音近也是判断是否是借字的主要依据。阅读文化典籍时,遇有从字面讲不通的情况,在排除了讹字、误字的情况下,就要从音韵上考虑是否为借字。但由于现代人一般都不熟悉古音韵,因此对于借字的辨别应借助于《汉语大字典》等工具书。

2. 古今字　古今字中的"古""今"是两个相对的概念,古字是指产生年代比较久远的字,今字是指相对于古字来说产生年代较晚的字。

文字的产生是从无到有、由少到多的。汉字产生之初,由于汉字数量较少,一个字需要同时代表众多的意义,容易导致表达和理解上的歧义。后来,为了解决这一矛盾,又在这个字的基础上,增加某些偏旁形成新的汉字,来分担、取代原字所表示的一部分意义。原来的字由于产生的年代较早,因此称为"古字",也称为"初文";在原字基础上新产生的字,由于年代较晚,因此称为"今字",也称为"后起字"。今字大多是以古字作为声符再加上一个表义形符而成的形声字,因此又称为"后起形声字"。例如,"齐"为古字,在"齐"的基础上加上"月"旁,就成了"脐"字;在"齐"的基础上加上"刂"旁,就成了"剂"字。由此也可见,古字、今字并不都是一对一的关系,而存在一个古字对应着两个或两个以上今字的情况。

3. 异体字　异体字就是读音、意义相同而形体不同的字,也就是一字多形。

由于汉字不是一时一地由一人创造出来的,而古代交通、信息不便,不同时代、不同地区的人在造字时不可能相互沟通、协调,因此在表达同一意义时采用了不同的造字方法、不同的构字字形,从而产生了异体字。例如,"艸""草"为异体字,前者采用象形造字法,后者采用形声造字法;"泪""淚"为异体字,前者采用会意造字法,后者采用形声造字法;"痹""痺"为异体字,前者以"畀"为声符,后者以"卑"为声符等。由于异体字只是形体上的不同,因此在任何情况下都可以相互代替。

4. 繁简字　繁简字中的"繁""简"也是两个相对的概念,繁字是指笔画比较繁复的字,简字指笔画相对来说比较简单的字。繁体字的简化,古今主要采取以下方法:

（1）省略:即只保留繁体字的一部分,而省略其余的部分。如"醫"简化为"医","滅"简化为"灭","術"简化为"术"等。

（2）改形:即改变繁体字的部分形体或全部形体。如"飲"简化为"饮","紅"简化为"红"等,为改变形符;"療"简化为"疗","溝"简化为"沟"等,为改变声符;"範"简化为"范","講"简化为"讲"等,为形符、声符均改变。

（3）同音代替:即借用原有笔画简单的字代替一个或一个以上同音繁体字。如"薑"简化为"姜","乾""幹"简化为"干"等。

（4）草书楷化:即采用草书或根据草书略加改变,然后加以楷化。如"東"简化为"东","專"简化为"专"等。

（5）恢复古字:即用古字代替后起字。如"氣"简化为"气","雲"简化为"云"等。

（6）另造新字:即采用重新造字的方法加以简化。如"塵"简化为"尘","驚"简化为"惊"等。

需要指出的是,繁、简字之间不只是一对一的关系,还存在一个简体字对应两个及两个以上繁体字的情况,如上举的简化字"干"就对应着"乾""幹"两个繁体字。同音代替、恢复古字类的繁体字简化中,繁体字与被简化后的简体字在古籍中意义不同,如"穀"现在简化为同音、笔画简单的"谷",但此二字古籍中皆存在,前者是一种粮食作物,后者是"山谷"之义,意义完全不同。汉字简化中存在的这些问题,在阅读、理解古籍和学习、研究汉字文化时应予注意。

5. 避讳字　避讳字就是古代在讲话或写字时为避免直接说出或写出帝王、尊长名字中的字而采用的字。

从根本上说,避讳的产生源于巫术思维。根据巫术思维,一切事物之间都存在神秘的联系和相互影响,因此呼叫某人的名字也可对某人本身施加一定的影响,因而产生了随便呼叫人名的禁忌。后来,到了阶级社会中,由这种原始的禁忌逐渐发展出对帝王、尊长的名字的避讳制度。避讳主要采用改字、空字、缺笔三种方法:

（1）改字:指采用音、义相同或相近的字来代替,有时仅义同或义近,有时仅音同或音近,有时音、义皆同或皆近。例如,《史记·秦始皇本纪》载:"秦王复召王翦,强起之,使将击荆。"张守节《史记正义》曰:"秦号楚为荆者,以庄襄王名子楚,讳之,故言荆也。"又如,《史记》中为避汉文帝刘恒的名讳,"恒山"皆改为"常山",皆属以近义字代替。

（2）空字:指遇有应当避讳之字皆空其字而不书,或代以空围符号"囗",或写作"某某",或径书"讳"字。例如,《尚书·周书·金縢》载:"惟尔元孙某。"孔颖达传:"元孙,武王。某,名。臣讳君,故曰某。"此以"某"代周武王之名讳。再如,许慎《说文解字》中凡遇东汉帝王之名,其字皆空而不书,而书作"上讳",属径以"讳"字代名讳之字。又如,《南齐书》中为避梁武帝父"萧顺之"名讳,除"顺"字改为"从"字外,凡遇"顺之"之名则空之,代以空围符号"囗"。

（3）缺笔:指凡遇有应当避讳之字故意缺脱其中某一笔不书。例如,乾封元年《于志宁碑》中为避李世民名讳,"世"字写作"卋"。又如,宋本《备急千金要方》中为避赵匡胤名讳,"匡"字写作"匤"。

中国古代避讳的历史源远流长,涉及的范围也非常广泛,因而造成大量的避讳字,在文化典籍中普遍存在,形成了中国独特的避讳文化。避讳字的产生和运用,给阅读古代文化典籍带来一定困难,导致诸多误解的产生。例如,"薯蓣"一药,先因避唐代宗李豫名讳改为"薯药",后又因避宋英宗赵曙名讳改为"山药",以致使人误以为是两种药物。但避讳字也可以帮助我们判断文化典籍的年代,例如1973年长沙马王堆出土的帛书《老子》,甲本不避"邦"字,说明它抄写在刘邦当皇帝之前;乙本不避"盈"字而避"邦"字,说明它抄写在刘邦当皇帝之后、刘盈当皇帝之前。另外,避讳字的运用中也能创造一些新的文化现象。

三、汉字发展的规律

由以上汉字书写形体变化、构字方法变化以及应用过程中形成的关系,我们可以看出汉字发展的一般规律和总体趋势。

（一）字数由少向多发展

当图画文字和龟甲、石器刻符演变为记词字符,汉字由零散的、个别的字符逐渐积累,达到一定的数量后,再通过人为规范,就成为一种文字体系。殷墟甲骨文已是能够完整记录汉语的文字体系,这个体系形成的开端应当在夏商之际。《尚书·多士》记载西周初年周公的话说:"惟殷先人有册有典。"这就是说,在殷商之初,已经有了记事典册。

正如《说文解字·叙》云:"仓颉之初作书,盖依类象形,故谓之文;其后形声相益,即谓之字。文者,物象之本;字者,言孳乳而浸多也。"汉字的发展与《说文解字·叙》所说的"文"与"字"关系相似,汉字是以象形、指事字为字根基础上递进式、累积式发展的,尤其是形声构字法极大地促进了文字数量的增加。因此,随着社会不断发展,新事物不断产生,各个历史时期都在产生新字,虽然也有少部分旧字同时消失,但总体上说字数是逐渐积累增多的。如郭宝均《中国青铜器时代》统计,甲骨文中表达衣、食、住的字只有15个,金文中已经累积到

71 个,而汉代《说文解字》中增加到 297 个,几乎是甲骨文的 20 倍。

（二）字形逐渐趋向定型化

从汉字的早期刻写形体来看,有些字在书写时的置向还不固定。例如,甲骨文中"卜"字中的短线条或在左,或在右,或朝上,或朝下;有些字的构件还不固定,如"牢"字的字形,画的是一个牢圈形,牢圈中可以是一头牛,可以是一只羊,还可以是一匹马;书写行款还不很固定,有直书,有横书,有右行,有左行,其中以直书左行为主。这就导致了异体字的产生。异体字是随着汉字的发展而产生的,每个时代都有异体字的产生。时代越是久远,异体字产生、存在的比例越高。例如,"兄"在甲骨文中就有 35 种写法,"贝"在金文中就有 60 种写法。异体字在交流、阅读、印刷上带来诸多不便和麻烦,因此在汉字使用的过程中也不断被规范。汉字字形的规范应该说从汉字产生的那一天就开始了,既有汉字发展使用过程中自觉地调整,也有人为的强制规范。书写形体的每一次演变都伴随着程度不同的规范化,其中尤以秦统一后"书同文"将字形规范为小篆最显著,是中国历史上第一次有组织的大规模字形规范与整理。中华人民共和国成立后,1955 年 12 月中华人民共和国文化部和中国文字改革委员会发布了《第一批异体字整理表》,决定停止使用 1 055 个异体字,确定了 810 个字为留用的正体字。

（三）字形结构趋向形声化

汉字来源于图画,六书构字法中的象形文字产生最早,与图画有直接的关系,但"图画及初期的象形文字,都不是代表语言的。所谓象形文字,最初未必有读音。图画更无论了"(吕思勉《中国文化史》)。同时,由于早期文字数量较少,因此多假借字。据专家研究,在最早的甲骨文中,使用频率最高的就是假借字,占整个文字的百分之九十以上。文化典籍在口耳相传的过程中,也造成诸多以同音字代替原字的情况。如近二三十年以来,考古出土的《周易》《老子》等古籍的竹简本、帛书本在文字上也与通行本存在较大的差异,其中包括诸多同音字,这些字也往往被指为假借字。由于假借字并不是通过文字形体本身来表达概念,而是通过文字所代表的语音来表达概念,因此假借字在汉字中的出现和使用,本就在一定程度上促成了汉字由表意向表音的发展。

当然,汉字结构趋向形声化的重大转折是形声构字法的出现。随着汉字的发展,形声构字法成为主流的构字方法,形声字因此也大量涌现,越到后世发展越快。据统计,汉代的《说文解字》共收字 9 353 个,其中形声字 7 679 个,约占总数的 82%;宋代的《通志·六书略》共收字 24 235 个,其中形声字 21 343 个,约占总数的 88%;清代的《康熙字典》共收字 47 035 个,其中形声字 42 300 个,约占总数的 90%。在现在通用的新简化字中,形声字也占绝对多数。形声系统的形成和完善是汉字构形系统成熟的重要标志,汉字构形的形声字化实质上代表了汉字系统不断趋于成熟的过程。另外,汉字书写笔画的简约化趋向,在逐渐淡化了汉字表意功能的同时也相对地强化了汉字的表音功能。

（四）书写笔画趋向简约化

汉字起源于图画,最初的汉字为了尽可能地临摹出事物的形态,因而笔画往往比较繁复,其中尤以象形字以及在指事字、象形字基础上创造出来的会意字为甚。例如,表达抽象的寒冷义的"寒"字,就用了"宀""草""仌""人"等众多构件。笔画的繁复无疑给汉字的书写带来很大不便,因此对汉字笔画的简化成了一种历史的必然。事实上,汉字发展的过程也是一个汉字简化的过程,汉字的简化贯穿于汉字发展的过程中。对汉字的简化古已有之,如汉《吴仲山碑》中"馀"写作"余",《正字通》中的"墳"俗作"坟","聽"俗作"听",都属于汉字的简化。其中,《正字通》中所谓的"俗"指俗体字,也就是已经在民间流行的简化字。新中国成立以后,文字简化也是文字改革的一个重要内容。在历代汉字简化的基础上,1956 年

1 月国务院公布《汉字简化方案》,把 546 个繁体字简化为 515 个简化字,并规定了 54 个简体偏旁,其后有关机构又多次修订《简化字总表》(或《方案》)。繁体字的简化,固然增强了汉字记录文化的功能,但也程度不同地淡化了汉字表意的文化功能。例如,"東"字在简化为"东"后,字形上已经看不出"日升至木中"的本义。

第二节 汉字与文化

汉字独特的文化功能是由汉字不同于其他文字的特点所决定的,因此要了解汉字文化首先要了解汉字的特点。作为文化出现的标志、文化记录的工具、文化传承的载体,汉字发展历史中的变化,既是受中国文化发展影响的结果,同时也对中国文化产生了程度不同的影响。

一、汉字的特点

记录语言是文字的基本功能。汉字属于文字的一种,记录汉语也是其基本功能。形、音、意是汉字构成的三个基本要素,本身具有不同于其他文字的特点;语词、语音、语法、语意是构成语言的各要素,汉字在记录语言的过程中也形成了一些不同于其他文字的特点。因此,以下以形、音、意三个汉字构成的基本要素为线索,同时结合汉字与语词、语音等的联系与区别,对汉字的特点进行阐述。

(一)汉字的字形特点

世界上多数文字呈线状,字的结构成分像一条线似的依次排列,向一个方向延伸。有的是从左到右横向展开,例如英文;有的是从右到左横向展开,例如阿拉伯文;有的是从上到下纵向展开,例如蒙文;还有的是一行向左、一行向右,来回往复,例如古希腊文。

从构形样态看,汉字是二维平面型方块体文字。它的结构成分都是通过横向和纵向两个坐标来展开的,这就使笔画和笔画的组合方式更加多样。例如,"口"和"力"两个部件,如果只作线性排列,只能有"加""叻"两种方式;而如果作纵横双向排列,就可以增加"另"这种上下组合形式。除了不同的构件可以组合成不同的汉字以外,相同的构件也可以构成不同的汉字。例如,"人""从""众"是构件多少的差别造成的,"比""从""北""化"是构件置向不同造成的。由此可见,较之英文、法文、德文、俄文等线性结构的文字,方块结构的汉字具有信息量大、区别度高等优点,但同时也有结构复杂的缺点。

从书写要求看,汉字以方块作为布局原则,书写时不实行分词连写。汉字的构成部件基本上是沿着纵横双向展开,从而形成一个平面。在这个平面之内,不论一个字有多少笔画、多少部件,都要均衡地分布在方方正正的框架之中,而不能超越这个框架。因此,在长期的书写实践中,笔画之间、部件之间逐渐形成方块结体的美学原则。书写时讲究"相让"(左右结构的字在书写时,笔画少的半边要让出一些空间给笔画多的半边,如"词""横"等)、"上平"(左边偏旁宜靠上,如"增""项"等)、"下平"(右边偏旁宜靠下,如"初""都"等)、"三分"(左中右结构比例均匀,穿插紧密。如"谢""脚"等)、"天覆"(上宜盖下,如"写""军"等)、"地载"(下宜托上,如"坐""呈"等)等原则。所有这些都赋予汉字字形独特的个性,使得汉字成为世界上堪为艺术品文字的典型代表。

(二)汉字的表音特点

吕思勉《中国文化史》中说:"以语言表示意思,以文字表示语言,这是在语言文字发达到一定阶段之后看起来如此。在语言文字萌芽之始,则并不是如此的⋯⋯图画及初期的象形文字,都不是代表语言的。所以象形文字,最初未必有读音,图画更无论矣。"由于文字的基本功能是记录语言,因此语言产生在前、文字产生在后。汉字与汉语也是同样的关系,汉字是记录汉语的,汉语产生在前,汉字产生在后;先有汉语的产生,然后才有相应的汉字。在多数情况下,一个语音用什么汉字来表示,也无必然的规定。

就汉字记录汉语而言,汉字属于音节——语素文字。一般一个汉字记录一个音节,而一个音节又往往代表一个语素。因此,一个汉字既是书写单位,也是读音单位。例如,"我"这个字记录了"wo"这个音节,而这个音节代表"我"这个语素。比较而言,其他文字的情况则迥然不同。例如,英文中 doctor 这个词,d、o、c、t、or 分别代表[d]、[ɔ]、[k]、[t]、[ə]五个音位,doctor 是五个音位拼合的词。

就汉字的构形理据而言,汉字字形与意义的联系较强,而与语音的联系较弱。例如,象形、指事、会意、形声所构造的汉字中,象形字、指事字、会意字的字形只与意义有联系,而与读音没有联系。形声字的形旁与意义有联系,声旁与读音有联系。也就是说,汉字中只有形声字的声旁与读音有联系。然而,由于汉字与语音的联系只是存在于音节的层面上,不能与音位层面发生联系;汉语的同一个音节往往用不同的汉字表示,相同声旁构成的形声字读音也往往不同。因此,即使是形声字中的声旁与语音的联系也很脆弱。

就汉语的发展历史来看,是由单音词向双音词、多音词发展的过程。古代汉语中——特别是先秦汉语中,基本上一个汉字对应一个音节,一个汉字就是一个词,如"人""马""山""水"等,都是句子当中能够独立运用的最小语言单位。先秦以后——特别是唐代以来,双音节词才越来越多,发展为现代汉语词汇的主体。由于汉语音节结构比较简单,有时一个音节对应一个词,有时一个音节对应多个词,有时多个音节对应一个词,因此导致汉语中多同音词的情况。例如,赵元任先生《语言问题》所举"漪姨的故事":"漪姨倚椅,悒悒,疑异疫,宜诣医,医以宜以蚁胰医姨。医以亿弋弋亿蚁。亿蚁殪,蚁胰溢。医以亿蚁溢胰医姨,姨疫以医。姨怡怡,以夷衣贻医。医衣夷衣,亦怡怡。噫! 医以亿蚁胰医姨疫,亦异矣;姨以夷衣贻医,亦益异已矣!"这个故事中,全篇的词只用了"yi"一个音节。语音是作用于听觉的,汉字是作用于视觉的。类似的情况下,只有凭借不同形体汉字的书写,才能把口语中的同音词区别开来。否则,只靠口语表达而不用汉字书写出来,简直令人不知所云。换言之,很多情况下,汉字的语音只能依靠形体各异的汉字书写来表示和区分。

(三)汉字的表意特点

世界上的文字分为表意文字、表音文字两大类,这种分类是根据文字形体直接显示的信息是语义还是语音来确定的。例如,英语 bird 直接拼出了意义为"鸟"的这个词的声音而成为这个词的载体,因而属于表音文字;而汉语"鸟"则用字形勾画一只鸟侧面站立的样子表示意义而成为这个词的载体,因而属于表意文字。

作为表意文字的代表,汉字的形体和意义之间关系十分密切。如前所述的汉字结构方法中,象形字就是对事物的外部特征进行描绘,指事字是用抽象符号或者在象形字的基础上加上抽象符号表示抽象的事物,象形字、指事字皆为独体字,是构建其他新字的字根和基础。会意字是在象形字、指事字的基础上,把两个或两个以上的象形字、指事字合在一起表示一个新的意思。形声字是在象形字、指事字的基础上,用一个或几个汉字作为形符表示意义,用一个汉字作为声符表示声音,或者是一个既表音又表义的汉字作为声符表示声音,共同组成一个新的汉字。汉字是在表意为主的象形字、指事字基础上发展而来,因而决定了后来的汉字都程度不同地与形象、意义有关。正如成中英先生《中国语言与中国传统哲学》中指出:"中国语言以形象为主导。中国文字是象形文字。'六书'就以象形或取象为主,当然也有象声,都是对客观自然现象的模仿。指事也是以形象——符号显示自然关系、模拟自然关系。会意则是对事态的复杂关系的显示，不是单纯的象形。这基本上决定了中国文字的形象性。转注、假借则是语义的延伸，是象形文字的形象性延伸出去。语义的延伸也代表了形象的延伸。"虽然汉字历史上发生的字体书写、简化、规范等都不同程度地弱化了汉字以形表意的特点，但这不能从根本上否定汉字以形表意的固有特点，尤其是对于有汉字修养的人来说，或者相对于其他文字的特点来说，更是如此。

总之，以形表意为主，同时兼表语音，形、音、意三者合一，是汉字不同于其他文字的主要特点。鲁迅《汉文学史纲要·自文字至文章》中说，中国文字"具有三美：意美以感心，一也；音美以感耳，二也；形美以感目，三也"，汉字的这些特点，使得汉字能够通贯古今，能够消弭不同地域、不同民族的语言隔阂，在记录中国文化、反映中国文化、传承中国文化、传播中国文化等方面具有超越时空的功能。

二、汉字与文化的关系

汉字不同于其他文字的特点，决定了其不仅是记录语言和文化的工具，而且本身就是一种文化，蕴含着丰富的文化信息，还能够创造新的文化项、是新文化项创造的基础。

（一）汉字记录中国文化

汉字是记录汉语的书写符号体系，它的产生主要是为了满足有声语言的不足。对此清代陈澧《东塾读书记》中曾做过精彩的描述："盖天下事物之众，人日见之，则心有意，意欲达之，则口有声。意者，象乎事物而构成之者也；声者，象乎意而构成之者也。声不能传于异地，留于异时，于是乎书之为文字。文字者，所以为意与声之迹也。"意义是抽象的，是感觉器官所不能感知的；声音是一纵即失的，只能作用于听觉器官，而不能作用于视觉器官，它虽然能够成为意义的符号，但在技术落后的古代，却无法传之异地，留于异时。而人类社会的日益发展，迫切需要在更加广泛的时空范围内进行思想交流，这种需要促成了文字符号的诞生。可见，就语言和文字的关系而言，语言产生在前，文字产生在后。而语言是人类思想感情交流的工具，反映人类关于事物的认识。汉字也是一种文字，记录汉语是其基本的功能。而汉语也是汉民族思想感情交流的工具，反映汉民族关于事物的认识。汉字记录了汉语，是书写和表达文化的工具和载体，因而也就不可避免地与文化发生了联系。由于汉字是通过记录汉语进而记录中国文化，因此这个意义上的中国文化在一定程度上也可以称为汉语文化。

（二）汉字反映中国文化

文字和语言虽然同是文化的载体，但两者之间却存在着本质差别。就其构成要素来说，语言只有音、义两要素，而文字则有形、音、义三要素。文字的音、义要素是从语言那里承袭过来的，而形体要素才是它自身所独有的。汉字所具有的以形表意的特点，决定了汉字既与汉语有密切关系，又与汉语有着本质的不同，使得汉字具有了汉语所不具备的文化功能。从主观上讲，汉字构形的主要目的是记录汉语中的词；但从客观结果上看，汉字的表意构形不仅记录了词，而且还记录了词以外的其他信息。汉字是表意文字，特别是早期的汉字，字形与所记事物之间有着密切的关系。因而人们可以从字形当中，窥探出与所记事物相关的文化信息，这些文化信息有些是词义能够反映的，但有些是词义所不能反映的。例如，甲骨文中的"王"字，除了记录了"王"这个词外，还以其像斧头之形的构形告诉人们，古代统治者是靠武力统治天下的。这些信息，由于远古文献的贫乏，我们无法从"王"的词义本身获得。在最初造字时，古人并不是有意识地要将这些信息保存在字形之中，而是由于当时统治者必然拥有武器，人们看到武器极易联想到拥有武器的人，于是便用武器之形作为记录"王"这个词的字形，以期在字形和词义之间建立一种明确的联系。后来统治者的形象发生了变化，"王"

的词义也随之改变,人们通过"王"的词义本身已无法了解到古代统治者的特点,而"王"的字形则成了古代统治者形象的历史见证,具有十分重要的文化考古价值。可见汉字的产生本身就是一种文化现象,汉字本身就属于文化项之一,汉字的发展变化也反映文化的发展变化。因此我们可以通过对汉字,尤其是早期汉字的研究去挖掘其中携带的具体文化信息,通过对汉字书写、构形的变化中去探求整体文化特质和文化发展变化的大致脉络。

(三)汉字创造中国文化

汉字文化是整个中国文化的一个有机组成部分,决定了汉字不仅与整个中国文化体系有着密切的关系,也与整个中国文化体系中的其他文化项存在密切的关系。对此,王宁《汉字与文化》中说:"'汉字与文化'这个命题实际上属于文化项之间的相互关系范畴,具体说,它是指汉字这种文化项与其他文化项之间的关系。文化项之间是彼此有关系的,在研究它们的相互关系时,一般应取得一个核心项,而把与之发生关系的其他文化项看作是核心项的环境。也就是说,应把核心项置于其他文化项所组成的巨系统之中心,来探讨它在这个巨系统中的生存关系。如此说来,'汉字与文化'这个命题,就是以汉字作为核心项,来探讨它与其他文化项的关系。"中国文化体系中众多文化项,都是在汉字的基础上发展起来的。例如,汉字历史上曾经过不同书写的字体演变,为中国书法艺术积累了丰富的资源;汉字曾经经过在甲骨、金石上刻写的阶段,直接催生了中国的雕刻艺术;汉字起源于图画,以象形文字为基础,对中国绘画艺术产生了重大影响;汉字以形表意、多字同音的特点,造就了中国诗歌"诗中有画"(苏轼《东坡题跋·书摩诘〈蓝关烟雨图〉》)的特点以及众多的特殊诗歌体裁;汉字字形可拆可合的特点,也为字谜、测字、避讳等文化现象的产生提供了便利。从这个角度上说,汉字还能够创造文化,中国文化中的诸多文化项都是缘起于汉字的特点而创造。

三、汉字与文化的相互影响

汉字与文化之间的密切关系决定了两者之间的相互影响,并且由于汉字、文化两者都是一直处于动态的发展变化之中,因此两者之间的相互影响也贯穿于两者发生、变化的始终。

(一)汉字对中国文化的影响

1. 汉字对中国思维方式的影响　如前所述,汉字的基本功能是记录语言、记录文化,本身又是一种文化,而且能够创造文化,而语言又是思维的工具、媒介。汉字起源于图画,以象形文字为基础,在其发展过程中一直顽强地坚持着以形表意的特点,这就决定了中国人的思维从一开始就以具象思维、形象思维为主,以象形为基础的汉字长期的延续使用更加强化和巩固了这种思维的特征,从而使中国人思维中的运算、推理、判断始终不是一套纯粹而抽象的符号,思想世界始终不曾与事实世界的具体形象分离。虽然随着汉字的运用、字义的不断引申,一些汉字也逐渐发展为抽象的概念,但当人们表述和理解它所代表的意义时,仍然离不开具体的形象,仍习惯于追溯到它最初的字形之义。以"道"字为例,它是《老子》中玄而又玄、难以理解的抽象概念,被赋予了"万物的本源""万物必须遵循的规律"双重意义。对于前者,大概《老子》作者本人也觉过于抽象,因此除了从正面阐述以外,还通过"水""朴""婴儿""古始""纪"等诸多具体的事物,从不同的角度来形象地比喻和说明其特点和功用;对于后者,人们也总是习惯于从其"人行走在路上"的本义到《说文解字》"道,所行道也"的引申义、从其社会人事中"规矩""规则""道义"等抽象之义到自然万物"反复其道,七日来复"(《易经·复》)的抽象"规律"之义的发生过程去探寻。正如《孟子·告子下》中云:"夫道若大路然,岂难知哉?"抽象的概念本是由具体的概念引申而来,人们也只有通过回溯具体概念才能比较容易理解抽象概念。在中国人具象思维、形象思维为主的思维方式下,无论是汉字本身所反映出的文化,还是汉字所记录的汉语文化,以及缘于汉字的特点所创造的新的文化项,也都普遍地带有明显的具象性、形象性特点,而我们在学习、运用这些中国文化时则又进一步训练和强化了这种思维方式。

2. 汉字对中国事物分类的影响　如前所述,汉字是在以象形字、指事字为字根的基础上,通过会意、形声等造字方法大量产生和发展的。在同一字根基础上产生的、与字根意义相关的一批字,在许慎《说文解字》中被看成属于一个部首,而在古人心目中同一部首中的字所表示的现象或事物,就是事实世界中的一个"类"。由于这种对现象或事物的归类,常常是从其可以感知的表象出发,在广泛的想象、联想基础上,以隐喻的方式进行联系,从而使文字中的"类"并不像现代意义上的门类种属那样有分类学上的依据。例如,"木"作为类名,是植物的抽象名称,因此以"木"为意符的字应该都是树木,如梅、李、桃、桂等。但实际上汉字中"木"这一类名的范围却远远超出了树木,它可以是树木的一部分,如"本""末";可以是以树木为原料的建筑部件及各种用具,如"柱""楹""栅";还可以是与树木有关的某些性质与特征,如"枉""柔""枯";甚至还可以是与树木并没有直接的关系,而是从树木引申的其他现象,如"杲""東""杳"。特别是"東"字,本来是"日在木中"之义,象征太阳初起的方向,其中的"木"最多是一种背景,但在想象、联想的作用下,也被归入了"木"一类,所以在后来的五行思想中,人们就把"東"与"木"也连在了一起,构成了中国古代的"类"概念,纳入五行体系之中,如《素问·金匮真言论》云:"东方青色,入通于肝,开窍于目,藏精于肝,其病发惊骇。其味酸,其类草木,其畜鸡,其谷麦,其应四时,上为岁星,是以春气在头也,其音角,其数八,是以知病之在筋也。"这种书面文字中的分类与思维世界中的分类有相当的关系,会影响使用这种文字的人的思想。例如,"彳"这个字,本来的象形之义是通衢大道,诸多从"彳"之字的字义也多与"道路"相关,如"從"本义为"人相从于道","御"本义为"人执马缰于道"。但是,当汉字这种衍生的方式和分类现象被人们作为既成事实接受并且习惯时,也会影响、制约、规范人们对事实世界的认识和理解。例如,"役"在甲骨文中本不从"彳",但当它在后世以"彳"为义符,使人觉得它象征着从役之人真的总是在路上奔波;又如"徹"字,甲骨文本是撤去食器之义,但当它被加上"彳"旁后,人们也常常会误以为这个"徹"字也与贯通的大路有关。

3. 汉字对汉语句法的影响　汉字是记录语言、记录文化的工具,如何表达和如何理解汉字所记录的语言、文化,本来需要有一套共同认可的规则。通常情况下,较为理性化的、完整的、表述充分的句法应当句式规范、结构完备。但是,由于汉字的图像意味浓厚,独立表意功能明显,因而在用汉字记录和表达时即使省略句法,仅凭书写者和阅读者的共同文化习惯,相互之间就能够进行复杂的交流。从较早的汉字甲骨文开始,已经有很多与现代语言相当不同的句式,如主谓颠倒、使动用法、意动用法、省略等,这使得古代中国人在思维、记录、写作中似乎也不那么注意逻辑、次序和规则,语法、句法的规定性、约束性相对比较松散。这些情况在相当长的时间内程度不同地存在于古代汉语书面文字中,越是年代久远的文化典籍越是突出和明显。例如,我国第一部文化典籍《易经》,其卦爻辞可能就是在以往应验占辞的基础上整理加工而来,多数情况下卦爻辞只是在陈述了某一件事情以后就直接给出了"吉""凶""悔""吝""利"或"不利"等不同的断语,而缺少或者说隐去了中间论证的环节,并没有具体解释为什么是"吉"、为什么是"凶"等,如《乾》初九爻辞"潜龙,勿用"、《颐》上九爻辞"由颐,厉,吉,利涉大川"、《困》卦辞"亨。贞大人吉。无咎。有言不信"等。又如,《黄帝内经》是中医的理论经典著作,也表现出这种突出和明显的特点。如上引《素问·金匮真言论》一段中,通过五行将肝脏与自然、社会及人体自身其他部分及功能等联结在一起对疾病进行判断,但并未具体阐述说明各事物之间联系的内在依据。古代文化典籍中这种书面文字呈现形式所表达的意义,对于同时代或者同样文化环境的古人来说,可能是不言自明的,至少是不难理解的。但当时过境迁,时代发生变化以后,包括文字在内的文化环境也随之发生变化,人们对于古代文化典籍只能"以意逆志"(《孟子·万章上》)进行回溯性的理解和阐释,进而从中阐发出新的文化内容。例如,相对于卜筮之书《易经》来说,《易传》已经上升为一部哲学著作,而《易传》其实就是由《易经》的阐释而来。

(二)中国文化对汉字的影响

1. 中国文化对汉字发展的影响　记录文化、反映文化、创造文化是汉字的三大功能,这就决定了汉字无论在文字数量、构造方法、书写形式、表意功能等各方面都随着文化的发展而发展,为适应记录文化的需要而变化。例如,随着人类对事物的认识在范围上不断扩大、在深度上不断提高,为了表达众多的新事物和新的意义,原有以象形、指事法创造的汉字不敷使用,于是创造了会意、形声构字法,从而使汉字在数量上激增;同时,随着文化的转型以及人类抽象能力的提高,原有的一些表示具体事物的汉字也不断消亡,如《说文解字》中记载的"牻""犦""㹋""犦""㹊"等众多代表不同毛色之牛的字,反映了之前曾存在过繁荣的畜牧文化,但随着畜牧文化的消失和人类抽象能力的提高,这些反映不同毛色的牛的字逐渐消亡,而统一以抽象的"牛"字概括。又如,为了方便记录对事物的认识,加快记录日益增多的文化成果速度,于是产生了历代对汉字在笔画上程度不同的简化;为了适应统一的政治文化表达需求,产生了对异体字人为的强制规范,如西周金文、秦代小篆、新中国成立后对异体字的规范皆是,这些文字的简化、规范程度不同地削弱了汉字固有的以形表意功能。又如,为了适应书法艺术、新的诗歌体裁、避讳文化等新的文化项的创造,产生了汉字书写不同置向、笔画变化、笔画缺脱等现象。总之,中国文化对汉字的影响反映在汉字历史发展的各个方面。

2. 中国文化对汉字功能的影响　从根本上说,通过记录语言而记录文化是汉字的基本功能。而语言也是随着时代的发展而演变的,语言的词汇、语音、语法等要素在不同的历史时期都有不同程度的变化,其中变化最快的是词汇,其次是语音,语法的变化最慢,这些变化也对汉字的功能产生不同程度的影响。从词汇的角度来说,汉字记录语言是通过记录词汇的形式完成的,但由于在古代汉语中,往往一个字对应着一个音节,因此一个字往往也就是一个词,因而文化对词汇的影响也主要表现为对汉字的影响,上已述及。从语音的角度来说,由于汉字的产生滞后于语音,于是产生了形声构字法,产生了假借字;随着词汇发展由单音词派生为主逐渐变为以双音合成为主,出现了诸如"徘徊""犹豫""淋漓""窈窕"等一些或双声或叠韵的联绵词;随着各民族之间的交流融合,也用汉字记录其他民族语言,如"骆驼""琵琶""葡萄""苜蓿""和尚""袈裟""菩萨"等;随着国际文化的交流,也用汉字对译异域语言,如"图腾""幽默""罗曼蒂克""吉他""沙发""法兰绒""歇斯底里"等,都使汉字的表音功能逐渐增强而表意功能逐渐淡化。从语法的角度讲,从古代汉语到现代汉语,句式日渐丰富,句子结构日益严密化,这种趋势的形成一方面与外来语言的影响有关,但更主要的是因为汉语中虚词的增多,虚词的不断丰富、功能的分工明确,增强了句法手段多样化、语法的严密性,而汉语中虚词大多是由实词虚化而来的。例如,"而"字形之义本指人的络腮胡子,但后来被虚化为连词、转折词;"莫"字形之义本是太阳落在草丛中,但后来被虚化为否定副词。可见汉语语法、句法的完善也是以牺牲汉字的表意功能为代价的。总之,汉字为记录中国文化而逐渐淡化了自身本来具有的表意功能。换言之,这是汉字为记录中国文化而对自身带来的影响。

3. 中国文化对汉字阐释的影响　在长期使用汉字这种表意文字的过程中,汉民族逐渐形成了强烈的汉字表意意识,在表达思想、阐发理念时形成了从汉字字形之义中寻求佐证的习惯。但由于汉字形体的不断演变以及社会文化的不断变迁,造字之初汉字形体和意义之间的直接联系变得越来越模糊甚至完全无法看出,这就使得人们对汉字构形之义的认识往往与最初的构造意图相违背,从而导致后来产生了一些与汉字最初构形之义实际不符的阐释。

早在先秦时期,人们刚开始进行字形分析的尝试时,就是用社会文化的眼光去审视汉字构形的。但由于当时人们对汉字的本质和历史缺乏了解,使得他们对汉字进行阐释时立足于自己所处的时代文化,而不是造字之初的文化。例如,《左传·宣公十二年》云:"夫文,止戈为武……夫武,禁暴、戢兵、保大、定功、安民、和众、丰财者也。"显然《左传》是把构成"武"字的"止"和"戈"分别理解为"制止"和"战争","武"就是要禁暴戢兵、制止战争。这种解释带有浓厚的《左传》时代文化色彩,而不是"武"字造字时代的文化色彩。甲骨文的"武"的确从止从戈,戈在上、止在下。但是,其中的"止"并不是"制止"之义,而是表示脚的"趾"字的初文,是用一只脚表示人在走路,"戈"代表武器,人扛着武器走路是"出征打仗"之意。可见,《左传》的解释并没有反映出"武"字的真正构形之义,它虽然也是从字形出发对"武"进行解释,但它对字形的理解并不正确,而是打上了时代文化的烙印。春秋战国时期,由于战争频繁,民不聊生,反战求安的呼声非常强烈,在只靠文的手段无法有效制止战争发生的情况下,人们便提出了用战争制止战争的主张。如《司马法·仁本》云:"杀人安人,杀之可也;攻其国,爱其民,攻之可也;以战止战,虽战可也。"《商君书·画策》云:"故以战去战,虽战可也;以杀去杀,虽杀可也;以刑去刑,虽重刑可也。"可见,以战止战的思想观念在当时是十分盛行的。而正是在这种思想观念的影响下,才产生了《左传》对"武"字构形"止戈为武"的错误解释。

汉代许慎的《说文解字》是我国第一部阐释汉字字形的专著,第一次对中国汉字的构形进行系统解释,并且注意到了汉字字形和文化间的密切关系。许慎虽然在书中对汉代出现的"人持十为斗""虫者屈中也"等按隶书字形对汉字进行错误解释的现象进行了有力的批评,但由于许慎本人也没有看到过甲骨文,再加上儒家传统思想的深刻影响,他在根据小篆字形对汉字形体中的文化信息阐释时也有不少误解。例如,他解释"王"字说:"天下所归往也。董仲舒曰:'古之造文者,三画而连其中谓之王。'三者,天地人也;而参通之者,王也。孔子曰:'一贯三为王。'"认为"王"字中的三横分别代表天、地、人,一竖表示王者可以将三者相贯通。这实际上是利用字形的分析为统治者歌功颂德,告诉人们王上可通天,下可达地,中可统民;王是真命天子,能代天立言,为民造福;王之为王,乃天经地义,是字形早就规定了的,因而作为臣民只能服从王的意志。但我们知道,在甲骨文中"王"字像一把斧头的形状,是以斧头代表王者,正说明当时称王天下靠的是手中的武器而不是道德,靠的是武力的征战而不是天命。因此,许慎《说文解字》中对"王"的解释,是从一定的功利主义目的出发,将统治阶级的意志强融于字形之中,这虽然不符合"王"字的本义,但却也反映了当时的文化背景。从许慎解释"王"字所引用的文献中,我们可以看到,孔子早就曾提出了"一贯三为王"之说,而后来的董仲舒在《春秋繁露》中则对孔子的说法进一步发挥:"古之造文者,三画而连其中,谓之王。三画者,天、地与人也;而连其中者,通其道也。取天、地与人之中以为贯而参通之,非王者孰能当是?"可见,王道观念是先秦两汉时期社会思想文化的主流,因而许慎在对"王"字解释时不免受到了这种思想文化的影响。

何九盈《汉字文化学》中说:"汉字储存信息的结构场和认知者的心理场之间同样也不存在一一对应的关系,也会产生视错觉,产生歧解误解。我们要研究的是误解中也包含着特定的文化功能。""字形误解当然是错误的,但不能说错误的东西就没有任何价值可言。学术判断与价值判断不能画等号。从价值判断而言,字形结构的误解可以传达结构以外的文化信息。"的确,类似于上举《左传》《说文解字》对"武""王"字形之义的解释虽然是错误的,但却从一个侧面反映出相关时代的思想文化,甚至歪打正着地在一定程度上发展了文化,因而这些错误的阐释对于文化研究也有一定的参考、利用价值。

第三节 汉字的文化功能

除了记录文化的基本功能以外，汉字不同于其他文字的特点，决定了它具有不同于其他文字的文化传承功能，本身也是中国文化的组成部分，蕴含着丰富的文化信息，同时也具有文化再造和发展的功能。

一、汉字的文化传承功能

汉字的特点使汉字不仅能够记录文化，而且使得汉字能够通贯古今，消弭不同地域、不同民族的语言隔阂，在传承中国文化、传播中国文化方面具有超越时空的功能。

（一）汉字的汉文化记录功能

如同其他民族的进化、发展一样，汉民族的进化、发展也经过了一个漫长的历史时期，其中大部分是没有文字记载的历史，称为"史前时期"；而有文字记载的历史只是其中的一小段，称为"有史时期"。史前时期同样也有文化，但由于没有文字记载而只是通过口耳相传，所以大多没有保存下来，只有一些零星的文化碎片以神话的形式被后人追记下来。汉字的出现是中国文化从"史前时期"走向"有史时期"的界碑，有了汉字才有了中国文化书面的历史记录，从此中国文化才进入了"有史时期"。中国文化源远流长、灿烂辉煌，自古流传积淀下来的古代文化典籍浩如烟海，这在很大程度上应该归功于汉字的记录功能。

（二）汉字的汉文化传承功能

汉字的主要特点是以形表意为主、同时兼表语音，形、音、意三者合一。这些特点不仅使汉字不同于拼音文字，也不同于其他表意文字。世界上也有其他很多表意文字，但在演变过程中，有的变成了拼音文字，有的难以识读而被外来文字取代，只有汉字在数千年的历史发展中顽强地维护着自己以形表意的特点，被从未间断地一直使用至今，成为世界上最古老、系统最严密的表意文字，对汉文化的传承起着至关重要的作用。

众所周知，由于战争、政治等各种原因，中国古代文化典籍的失传现象非常严重。例如，秦国统一中国以后的大规模焚书，使中国文化典籍遭到了空前的浩劫，作为五经之一的《尚书》虽然被秦博士伏生暗藏下来，但后来又因为战争而部分佚失，仅存二十九篇。至汉文帝时，得知伏生传授《尚书》而征召他，但伏生已年老不能应召，于是汉文帝派晁错前往受记。由于伏生已经年高，口齿不清，加上方言的因素，晁错难以听懂，其所受所记乃是经过伏生之女的转述。然而伏生之女本非明于《尚书》者，其转述过程中又增一层方言因素，故晁错所受所记《尚书》难免存在大量谐音字（借字）。《尚书》虽然因此而得以保存，但也造成了《尚书》文字的佶屈聱牙、难以卒读，在一定程度上影响了《尚书》文化内容的传承和发展。这个例子从反面表明了汉字不仅表音而且以形表意这一不同于其他文字的特点在传承发展文化中的重要性。

（三）汉字的中国文化传播融合功能

中国地域广大、民族众多，除了汉族汉语以外，各民族也有自己的不同语言，如藏语、蒙语、满语等；各个地区还有大量的方言，仅从大的方面分，就有北方方言、吴方言、赣方言、湘方言、客家方言、闽方言、粤方言七大方言。显然，只靠语言，不同的语系、不同语言之间的人无法进行交流，即使交流也是鸡同鸭讲、不知所云。但汉字形音义一体、以形表意等特点，还使汉字能够超越空间，在文化传播上也具有其他文字所没有的优势。

在我国悠久的文化史上，不少兄弟民族在创制本民族的文字之前，往往借用汉字作为交际工具同汉族和其他兄弟民族进行交际,如古代的匈奴、鲜卑等民族都长期借用汉字作为记录交流的工具。用汉字记录的少数民族文献如《越人歌》《白狼歌》《蒙古秘史》,以及用汉字记录的许多少数民族古地名、人名等,对古代某些民族语言、民族史实的研究都有重要的参考价值。由于不同的民族有不同的语言,对汉字的借用受到汉字原来音义的干扰,很不方便。因此在不完全废弃借用汉字的情况下,许多少数民族在汉字影响下创制了本民族的文字。我们现在所见到的仿造汉字,绝大多数仿照楷书以后的汉字形体。仿造汉字的少数民族文字可分两类:一是字形结构虽受汉字影响,但有自己的特点,所借用汉字不太多,如契丹文、西夏文、女真文等;二是大量使用音读汉字和训读汉字的方法表达自己的语言,也用形声或其他方法创制表达本民族语词的新字,如方块壮字、方块白字和方块瑶字都属于这一类。非汉语语言的民族借用汉字作为自己语言的书写形式或仿照汉字创造本民族文字,对汉族文化的传播、中华文化的统一和中华民族凝聚力的形成都起到至关重要的作用。

(四)汉字的中国文化国际传播交流功能

汉字在境外的传播是中国文化向境外传播的重要纽带,同时汉字也以自己的方式不断吸收其他语言的营养来丰富自己。汉民族创造了在东方地区遥遥领先的古代文化,汉字记载了先进的文明成果,周边国家通过学习汉语汉字而使自己文化进步是理所当然的事情。在公元前或公元 1 世纪,汉字逐渐向境外传播,北至朝鲜半岛,南至越南,东至日本。在汉字传入这几个国家之前,他们都没有创造自己的官方文字,汉字传入以后,在很长的历史时期内,他们就用汉字作为记录语言的工具。例如,汉字传入越南后,在汉代被确定为越南的官方文字,历时一千余年。文字的借用同时也带来语言的吸收,朝鲜语、日本语、越南语这三种语言,曾受汉语的极大影响,他们的语言中都有大量的汉语借词。例如,日本直到明治维新前夕,很多与西方有关的表示新概念的词语,还是从中国传到日本的,如魏源的《海国图志》中的"铁路""新闻""公司""国会"等都在日本产生了广泛的影响。越南语从汉语借去的词,至少占整个越语词汇的一半以上。朝鲜人直接学习用汉字写成的《周易》《论语》等经典著作,朝鲜语中的汉语借词约占朝鲜语词汇的 60%。尽管三个国家的语言不同,但长期的汉字、汉语借用,必然对其文化精神、思想方式、道德观念、文学艺术趣味、风俗习尚等产生重要影响,从而形成东方文化的许多共同特点。

但因各国语言有不同特点,借用汉字来记录总有诸多不便,后来日本、朝鲜、越南分别仿照汉字创造属于自己的文字。日本起初借用整个汉字来记录日语,或借用汉字的字形字义,读音仍用日语,或形音义一起借用。公元 9 世纪日本人在汉字的基础上自创假名字母,有片假名和平假名两种。片假名是采用汉字、取其片段的方式形成的,平假名是在盛行草书的平安时代简化草书形成的。这样,日本文字就变成了汉字和假名混合的文字。朝鲜创制了谚文,谚文是音位文字,字母近似汉字的笔画,每个音节拼成一个方块,19 世纪后期汉字谚文混合体成为正式文字,汉字写词根,谚文写词尾。现在朝鲜虽已不用汉字,但朝鲜语中存在大量汉语借词的事实并未改变。10 世纪至 13 世纪,越南参照汉字创造了自己的文字——字喃,也是用汉字偏旁和会意、形声等汉字构造方式新造的字。

20 世纪 80 年代以来,随着中国的改革开放不断深化,随着中国在世界上影响力的提高,世界上又掀起了一股学习和研究汉字、中国文化的热潮,在中国文化的国际传播和交流中汉字必将发挥更大的作用。

二、汉字的文化蕴含功能

汉字以形表意的特点,也使汉字本身成为文化信息的载体,每一个汉字都承载着一定的文化信息,是中国传统文化的一个组成部分。因此,我们可以从汉字构形本身获取一定的文化信息,从汉字字形的演变、汉字构造方法的变化、汉字使用中相互之间的关系中,看出一些中国传统文化发展的大体脉络。

(一)一个汉字携带和反映出一定的古代文化信息

汉字是以形表意的文字,时代越早这个特点越明显。例如,"家"字的字形自甲骨文时代基本就是现在这样,没有太大变化。其字从宀从豕,是一个会意字。"宀"《说文解字》释云"交覆深屋也。象形",就是古代一种半地穴式的房屋;"豕"就是猪。"宀""豕"会意,房屋里有猪就是"家",对于现代人来说这是匪夷所思、难以理解的。但考古学、人类学证明古代的确有过人、猪同居一处的时期,这种情形在近现代时期的少数民族地区仍有其踪迹,如卫聚贤《释家补证》中说:"李济之先生说现在云南一带住的房子名叫'栏干',上面住人,下圈牛羊猪等。……栏干下面有一群豕,自远观之其形为家,即以此现象亦可作人的'家'。"由于"家"字在甲骨文中就有了,而甲骨文是商周时期的文字,因此我们起码可以说"家"的造字携带和反映了一定的商周之前人们居住、生活的信息,反映了当时人关于"家"的文化观念。

(二)同类字数量的多少反映出某一文化的盛衰情况

由于汉字本身具有承载文化的功能,因此某一时代、某一领域字的密度能够反映出人类对该领域的关注程度,而通过对这些表达相关、相类意义的字的研究,可以窥见相关文化盛衰的情况。例如,"示"字甲骨文中就已存在,《说文解字》释云:"示,天垂象,见吉凶,所以示人也。从二。三垂,日、月、星也。观乎天文以察时变。示,神事也。"后世以"示"为形符发展出了大量的形声字,这本身反映出祭祀是古代文化生活中的重要活动。而凡是以"示"为形符之字皆与祭祀有关,或指所祭神祇,或指祭祀之名,或指祭祀中的动作,如与天象中的"电"组合为"神",与筑土为坛的"土"组合为"社",皆指神祇;与"司"组合为"祠",与"龠"组合为"禴",分别指春、夏二季的祭祀之名;与手持肉的"夕"组合为"祭",与奉玉于器中的"豊"组合为"礼",皆指祭祀中的动作。因此,通过对这些与祭祀相关、相类字的研究,大致可以窥见古代祭祀文化的概貌。

在不同的时代,同类字的密度又是不断发生变化的,因此同类字密度的变化情况也能反映文化变化的情况。例如,《说文解字》中表示牛、马、羊的字各有很多,为表示不同毛色的牛而造的字就有:"牻,白黑杂毛牛""犤,牛白脊也""犖,驳牛也""犅,牛黄白色""犉,黄牛黑唇也"等。古代之所以会为不同毛色的牛专造不同的字,一方面反映出中国古代曾有过一个畜牧业发达的时代;另一方面也是因为历史上牛曾充当重要的祭品,牛毛曾用作旌旗或部落的标志使然。因为这些不同的用途对牛的毛色有特殊的要求,所以创造不同的字对不同毛色的牛命名以便于分辨。时代发展到今天,虽然那些不同毛色的牛依然存在,但上述那些表示不同毛色牛的汉字已经很少有人认识和使用,则表明畜牧业已经逐渐远离了文化中心,以牛为祭品、以牛毛作旌旗或部落标志的文化已成为历史的陈迹。

(三)同一汉字的古今变化反映出同一事物的发展

如前所述,汉字在书写、构形、使用的历史中,都经过由古到今不同程度的演变,从这种演变中可以窥见汉字所指事物的发展变化。例如,"战"字《说文解字》释云:"战,斗也。从戈,单声。"按许慎的解释,"战"是一个形声字。形声字是取已有汉字为形符、声符基础上构成的,相对于构成其字的形符、声符字时代较晚,因此被称为后起形声字,构成其字的声符字与后起形声字就是古今字的关系。"战"字繁体为"戰",古字为"單",在甲骨文中"單"最早就是一个简单的树杈,再后来树杈的顶端分别绑上圆形的石块。无论是简单的树杈,还是在树杈上绑上石块,最初都是用作狩猎的工具。又由于草木丛生之地是野兽的藏身之所,因此古人还经常采用焚烧草木丛生之地的方法来狩猎。这种狩猎方法一方面可以直接捡取那些

笔记栏

烧死、烤熟的动物吃，或者把动物驱逐出来、驱赶到便于围猎的地方；另一方面烧光了的空地正好可以开垦出来作为农田种庄稼。所以"单"字中又增加了"田"字旁，"狩猎"又称为"田猎"。又因为狩猎的工具也用于人类之间的相互攻击，古代狩猎、田猎与战争也有诸多相似之处，因此作为狩猎工具的"單"也是原始的战争武器。随着金属冶炼技术的发明，战争的武器也得到了极大的改进，金属制作的武器戈、戟、矛、戚、钺等被大量使用，于是又在"單"的基础上增添了"戈"的部件，从而形成了新的"戰"字。从"單"到"戰"字的发展过程，一定程度上反映出武器从原始到先进的发展过程。

（四）同一事物用不同的汉字指示反映出不同时代、不同地域文化差异

如前所述，汉字中的异体字就是不同时代、不同地区的人基于对同一事物的不同认识而造的字，因而异体字的不同构造能反映出中不同时代和地域的文化差异。例如，在甲骨文中，"艹""木"这两个构件的分工还不是很严密，许多字如"蒿""春""刍""莫""枚""栅"等都既有从"艹"的字形，也有从"木"的字形，反映出当时的人们对事物的认识还比较粗浅。但到小篆中，"艹""木"字形的使用已有了明确的分别，说明到了周秦时期，人们对草本植物和木本植物的区分已很清楚，对事物的认识水平有了一定的提高。再如，同是表示"粉末"这一类的物质，北方多用本义为"麦面"的"面"这个字入词，如"胡椒面儿""药面儿"等；而南方则用本义为"米粉"的"粉"入词，如"胡椒粉""药粉""白粉"等，反映了中国北方以种植小麦为主而南方以种水稻为主的农业文化地域间的差异。又如，"醫"有一个异体字"毉"，前者用"酉"作意符，"酉"自甲骨文到篆文都是酒坛子的形状，代表酒。"醫"以"酉"为造字部件，反映出既能止痛麻醉、又能合药、被誉为百药之长的酒与中医的密切关系；而"毉"以"巫"字为构字部件，则反映出医、巫同源，医源于巫的渊源关系。

（五）不同的汉字反映同一文化现象的发展变化

依据目前的汉字理论，有些汉字之间虽然难以明确是什么关系，但在所指代的意义上有关联，因此通过对这些字的研究也可以看出相关文化的发展变化情况。例如，砭刺疗法是中医用以破开脓肿排脓放血，以刺激调节人体气血的一种重要治病方法。于省吾先生通过对甲骨文殷商的"殷"字研究，认为其构形是一人内腹有疾、另一人手持尖利器具施行针刺之术之义。康殷先生通过对金文中"殷"的考证进一步指出"殷"即是"医"的初文，并且殷商时期的大臣、传说"撰用《神农本草》以为《汤液》"的伊尹名字的"伊""尹"二字皆"殷"的变文、省文，也是人手持尖利器具对另一个施行针刺之术，只不过是变针刺人腹为针刺人背之状。从"砭""箴""鍼"等与针刺有关字的不同构造中，也可以看出针刺工具所用材料的不同以及对针刺方法功能的认识。"砭"字《说文解字》释云："砭，以石刺病也。从石，乏声。""砭"以"石"为形符，表明"砭"是以较尖锐的石块充当的针具；"箴"字以"竹"为形符，反映出历史上曾有过用竹针的时期；"鍼"字以"金"为形符，则说明已经出现金属材质的针刺工具。"箴""鍼"二字皆以"咸"为声符，"咸"是"感"的古字，有"感应"之义，如《易经·咸》卦之"咸"皆是"感应"之义。如前所述，形声字中的声符除表音外，有时还兼表义。如此，"箴""鍼"之造字可能还反映了对针刺特点、功能的认识。总之，通过对"殷""醫""砭""箴""鍼"等字的综合研究，从不同角度反映了针刺方法的产生年代、针刺工具材质的变化以及对针刺功能的认识。

（六）字与字的关系反映出某些思想文化观念的渊源

一般情况下，思想文化的生成都有其一定的渊源。但由于年代久远、文献缺失等原因，有些思想文化的渊源已经茫然不为人知。而汉字使用中所产生的假借关系，可以提示我们这方面的线索，通过对相关字的研究，追溯和挖掘其发生的渊源。例如，众所公认，"仁"是儒家的核心思想。但"仁"的内涵是什么？孔子在不同场合、针对不同的人、不同的事有不同的

问答,使人莫衷一是。同时,也由于《论语》之前的文献中,"仁"字很少出现,绝少探求"仁"思想产生的直接线索,"仁"的提出给人以横空出世之感。但从文字的角度来考察,"仁"古与"人""尸""尼"通用,都是指古代丧葬祭祀时代表死者受祭的人,也称为"神主""神像"。在战国以前,这种"神主""神像"是由死者的臣下或者晚辈来充当的,也就是用活人充作"神主""神像",并且这种"神主""神像"有立、坐姿势上的不同,如《公羊传·宣公八年》何休注云:"礼,天子以卿为尸,诸侯以大夫为尸,卿大夫以下以孙为尸。夏立尸,殷坐尸,周旅酬六尸。"而"仁"的最初字形之义就是"立尸",如白奚《"仁"字古文考辨》中说:"'尼'字亦是由一个人形'尸'与'二'字构成,其与后来通行的'仁'字的区别只是对同一个人形的不同写法而已……无论是构成'仁'的'亻',还是构成'尼'的'尸',其实都是'人'的象形,区别只是前者是一个立着的人形,后者是一个坐着的人形罢了。"而以活人为"尸",也正是"尸""尼""仁""人"之间能够通用的原因。了解了"仁"字中所蕴含的这层文化信息,我们才能明白为什么仲弓问"仁"而孔子告诉他"出门如见大宾,使民如承大祭"(《论语·颜渊》),为什么有若说"孝弟也者,其为仁之本与"(《论语·学而》),才能全面深入地理解儒家的"仁"思想。由此可见,汉字中常会有隐藏很深的思想背景和意义,诚如日人加藤常贤《中国古代宗教与思想》中所指出的:"文字中的考古学发掘"可以"解释出比经典更原始的或经典未表现出来的意义"。

需要指出的是,虽然汉字本身蕴含着丰富的文化信息,汉字的发展变化也在一定程度上反映出中国文化发展的大体脉络。但汉字毕竟是一种记录语言的符号,本身并不具备全面、细致描写文化的功能;并且伴随着人类社会的发展,汉字构形系统形成很强的历史层次性,某一个字乃至某一类字具体产生的年代已经难以确考,因而也就无法通过汉字去确认相关文化所属的具体时代以及文化之间的前后关系。所以,在运用汉字考证文化时,一定要持谨慎的态度,准确把握汉字文化的功能,在汉字和文化之间建立起客观真实的联系,从而避免过度、错误地阐释汉字中蕴含的文化信息。

三、汉字的文化创造功能

汉字除了记录文化功能、本身蕴含文化功能之外,还由于其客观上书写形式多样、结构可分可合、多字同音等特点,引发人们在使用汉字过程中创造出种种其他的艺术文化。这些艺术文化体裁丰富、形式多样、构思奇巧,具有突出的汉民族文化特色,以下仅述书法、雕刻、绘画、字谜、特殊诗歌形式和名字文化等数端。

(一)书法、雕刻、绘画

书法就是文字的写法,中国的书法就是汉字的书写方法。汉字产生后,在刻写材料上经过甲骨、金石、纸张等历史变化,在刻写工具上经过刀、毛笔、钢笔等历史变化,不同的刻写材料、刻写工具也带来字体的变化,因此汉字在形体上也经过了甲骨文、金文、战国古文、篆文、隶书、草书、楷书、行书等发展变化阶段。汉字的这些不同历史时期的不同书写方法,以及一字多形多体、二维构形的特点,为书法艺术的产生提供了丰富的资源,如甲骨文的古朴、金文的凝重、篆文的优美、楷书的方正、草书的飘逸等。如此众多不同风格的书体,可供不同的人来选择,借以表达、抒发和培养不同性情、不同志趣,同时也不断提高书写艺术,最终使汉字的书写超越了记录语言的基本实用功能,发展为一门独立的艺术,反映了中国艺术的精神、风格、内涵,历代传世的书法精品也成为中国文化艺术的瑰宝。

雕刻艺术也与汉字有着直接的密切关系,甲骨文、金石文本来就是雕刻的,只不过是雕刻材料不同而已。如甲骨文,顾名思义就是刻在龟甲、兽骨上的文字,金文就是刻在青铜器上的文字,石文就是刻在石头、岩崖上的文字。印刷术发明以后,将文字刻写在木板上制成书板进行印刷,称为雕版印刷,对中国文化的保存和传播起到了巨大的作用。其他的雕刻材料还有玉石、象牙等，不过使用范围较窄。如上述所见，最早的文字雕刻其实也就是文字书写，汉字的刻写形体也是随着时代变化而变化，雕刻也由记录语言的功能向艺术功能发展。

汉字起源于图画，是记录语音的符号，具有多字同音的特点。中国绘画艺术中常常利用汉字的这些特点反映和表达思想感情。例如，平常人家居家生活中，中堂中悬挂画有花瓶的四组画，取"瓶"之谐音，寓意"四季平安"；春节张贴一个胖娃娃怀里抱着一条大鲤鱼的年画，旁边还画有莲藕、荷花之类，取"鱼""莲"的谐音，表达"连年有余"的愿望；给老人祝寿，送上画有猫、蝴蝶形象的画幅，取"耄""耋"的谐音，借以表达健康长寿之意。汉字中的象形字本是出于对客观事物形象的临摹，在象形字基础上组合而成的会意字、形声字又具有可合、可分的特点，故在实物上配上一定的文字以表达思想，也带有绘画和文字结合的意味。例如，《世说新语·捷悟》中记载，杨修在担任曹操主簿时，主持修造相国府，工程进行到建造大门，适逢曹操前来观看，命人在门上写了一个"活"字便离开了。在实物的门上写上一个"活"字，就是"阔"字。杨修见后，立即领会到曹操嫌门建得太阔了，于是命人拆毁重建。又载，有人馈送曹操一盒酥酪，曹操稍稍品尝后，在盒盖上写了一个"合"字后遍示众人，表示"一人一口酥酪"之义，杨修心解其意，于是拿来便吃。随着汉字形体的发展和变化，不同的时期汉字具有不同的特点，这些特点与汉字二维平面构形、字形可拆可合等特点一起，更是对不同时期中国绘画产生了重要影响，如位置、比例、虚实关系的筹划，线条的力度和美感，墨色上或浓或淡变化，结构上的对比呼应，墨点、线条表现出来的拙朴、凝重或飘逸、灵动，对意趣和境界的强调和追求等，都在不同程度上影响了绘画艺术。这种影响在很大程度上决定了中国绘画艺术从一开始就不会像西方古典油画那样主要是采用写实的手法。

（二）诗词、曲赋、楹联

诗、词、曲、赋等是中国文化艺术中瑰宝，在古代已经达到了极高的艺术境界，号称汉赋、唐诗、宋词、元曲。这些文学艺术之所以在中国高度发达，都与汉字的特点密切相关。例如，诗、词、曲、赋的共同特点是追求音韵的平仄、节律的和谐，而汉字一字多音、一字多义、多字同音、多字同义的特点能够满足和适应这种要求。其中诗歌中的五言诗、七言诗，除了要求押韵外，还要求诗句的长短整齐，即在每一句诗中都包含同样的字数，这又与一个汉字对应一个音节、古汉语中单音词居多有关。

尤其应该指出的是，利用汉字以单音节为主、以语序为重要语法手段以及在书写上可大可小、可正可斜等特点，创造了离合诗、神智诗等多种特殊形式的诗歌。离合诗是先把字拆成偏旁，然后把两个偏旁合在一起，组成一个字，例如宋人刘一止的一首离合诗最为典型，全以拆字为句："日月明朝昏，山风岚自起；石皮破仍坚，古木枯不死。可人何当来，意若重千里；永言咏黄鹄，志士心未已。"神智体诗更为特殊，例如如图所示的苏轼《晚眺》一诗（图1-4），解读如下："长亭短景无人画，老大横拖瘦竹筇。回首断云斜日暮，曲江倒蘸侧山峰。"这些特殊的诗体，就是利用汉字的特点所进行的文化再创造，这是其他文字的功能所不能企及的。

楹联与诗歌类似，除了诗歌字数相等、平仄相合、词性相对等相同特点之外，同时也利用汉字构形可离可合、可减可损的特点，委婉含蓄地表达作者的思想感情。例如，纪昀给山东孔府大门题写的对联是："与国咸休安富尊荣公府第，同天并老文章道德圣人家"，但上联"富"字少写了上面的一点，下联"章"字最后一竖笔直通到上面的"立"字，皆并非笔误，而是作者有意为之，以此祝愿孔家永远富贵无顶、文章通天。表达方式独特，构思新颖，意超字外，令人回味无穷。

图 1-4　苏轼神智体诗《晚眺》

（三）字谜、测字

中国的字谜是一种由汉字衍生出的文字游戏,也是汉文化圈所特有的汉字文化现象。它主要是利用汉字结构可拆可合、形义密切相关等特点,运用增损、离合、象形、会意等方法创立的。字谜的谜面和谜底之间关系多种多样。有的是综合利用字形、字义间的关系。例如谜底为"日"的谜面:"看时圆,写时方,寒时短,热时长。"更多的是利用字形结构、笔画关系,例如谜底为"用"的谜面:"一月复一月,两月共半边。一山又一山,三山皆倒悬。上有可耕之田,下有长流之川。六口共一室,两口不团圆。"还有的利用错觉造成字谜,例如谜底为"至"的谜面:"上头去下头,下头去上头,两头去中间,中间去两头。"字谜在中国具有悠久的历史及重要的文化艺术价值,一般认为,最晚在汉魏时期,这种艺术形式就已经产生,并且得到了迅速的发展,是中国古代节日、文化活动中的重要内容,活跃和丰富了人们的精神文化生活。

测字是方士、相士对汉字形体离合以附会、推测人的祸福吉凶的一种江湖骗术。其方法多种多样,如在"田"字之上加上几笔成为"富"字的"装头"法,在"苑"字之下加三笔成为"葬"字的"接脚"法,在"文"中间插入"口"字成为"吏"字的"穿心"法,在"行"字中插入"吾"字变成"衙"字的"破法",在"王"字的基础上增加一点变成"玉"字的"添笔"法,以"帛"字头为"皇"字、以"帛"足字"帝"字的"对关"法等。这种测字术自古有之,长盛不衰,至今仍大有市场。

需要指出的是,字谜尤其是测字中的一些字,对于汉字的离析拼合过于随意随机,与"六书"为代表的汉字理论并不符合,对汉字形体的解释也是牵强附会的、错误的,但也属于一种文化创造,只不过是一种迷信文化,反映了社会大众中普遍存在的求吉避凶心理。正如何九盈先生《汉字文化学》一书中指出:"字形误解当然是错误的,但不能说错误的东西就没有任何价值可言。学术判断与价值判断不能画等号。从价值判断而言,字形结构的误解可以传达结构以外的文化信息。"

（四）名字与名讳

利用汉字以形表义、多字同义、字形可以拆分等特点,还形成了中国古代特有的名字文化。不同于现代将"名""字"混为一谈统称"名字",古代名、字有严格的区别。例如,起名、取字时间不一样,婴儿出生三个月时由父亲命名,男子在二十岁举行成人礼时取字,女子在十五岁待嫁年龄时取字。名只有长辈对晚辈、尊者对卑者时可以叫,而字是平辈之间、晚辈对长辈时称呼的,否则有悖礼仪文化。古人不仅有名而且有字,并且名、字在字形、字义多有一定的联系,如孔鲤,名"鲤"字"伯鱼",字中的"鱼"取自名"鲤"的左半,字义上也是类属关系；又如屈原，名"平"字"原"，名"平"是字"原"的特点。更重要的是，古人的名、字之中寄寓了命名、取字者的理想、志趣，而名、字之字中所蕴的文化意义反过来对人起到暗示、激励的作用，从而生发对人格、理想塑造的文化功能。例如，老子名"耳"字"聃"，字形上名"耳"是字"聃"的一半，字义上"耳""聃"皆指耳朵，不过"聃"是指大耳朵。在传统画像中，大耳朵也是老子其人的突出特征。又"圣"是《老子》一书中最为推崇的理想人格，而甲骨文、金文中的"圣"字就是由"耳""口""人"组成，其中的"耳"大"口"小，寓有"多听少说"之义，因此"圣"也就是指多听少说的人，这也与《老子》"行不言之教"（第2章）、"多言数穷"（第5章）、"希言自然"（第23章）之论之旨相协相合，是名如其人、文如其人的一个典型例证。

　　与名字密切相关的是避讳现象。如前所述，避讳就是古人在讲话或写字时避讳直接说出或写出帝王、尊长名字中的字。从根本上说，避讳的产生源于巫术思维。进入阶级社会以后，由这种原始的禁忌逐渐发展出对帝王、尊长的名字的避讳制度，在一定程度上反映了阶级社会中尊卑有序的思想观念。由于避讳的历史悠久，涉及的范围也非常广泛，如因避讳而改姓名、改官名、改地名、改物名、改干支名、改经文等，因而也产生了一系列相关文化现象。对史书的篡改也可视为避讳的放大，鲁迅先生在《病后杂谈之余》中曾经指出："单看雍正、乾隆两朝的对于中国人的手段，就足够令人惊心动魄。全毁、抽毁、剜去之类也且不说，最阴险的是删改了古书的内容。乾隆朝的纂修《四库全书》，是许多人颂为一代之盛业的，但他们却不仅捣乱了古书的格式，还修改了古人的文章……"这种出于政治目的的避讳历史上屡见不鲜，也算是一种文化创造，只不过是一种扭曲、失真的文化创造。当然，避讳的运用也创造一些诙谐有趣的文化现象，例如五代时有个宰相叫冯道，让属下给他读《老子》。我们知道，《老子》首章第一句就是"道可道，非常道"，内含冯道的名讳，属下因此犯难：上司让读，不能不读；读又不能读出"道"字，否则就犯了上司的名讳。于是他用"不可说"代替"道"字，将"道可道，非常道"读成了"不可说可不可说，非常不可说"。又如《老学庵笔记》载："田登作郡，自讳其名……举州皆谓灯为火。上元放灯，许人入州治游观，吏人遂书榜揭于市曰：本州依例放火三日。"因此留下了"只许州官放火，不许百姓点灯"的典故。

知识链接

汉字是中华优秀传统文化的重要载体

　　国学大师陈寅恪曾说："依照今日训诂学之标准，凡解释一字即是作一部文化史。"汉字本身是中国文化的一个重要组成部分，是中国古代文化的活化石，其中蕴含着中国传统文化的古老基因。汉字对中国人思维方式的影响、汉字中蕴含的中国古代文化、汉字的文化创造功能、汉字的文化传播功能等，都值得我们进一步广泛、深入地研究、学习和应用。

学习小结

　　本章介绍了汉字产生、发展的历史及规律，汉字的特点及与文化的关系，汉字的文化功能。汉字不同于其他文字的特点，决定了其记录文化、蕴含文化、创造文化的三重功能，对以意象思维为主的中国传统思维方式和中国传统文化特征的形成产生了根本的影响。

●（臧守虎　周祖亮　孙迪　刘欣怡）

复习思考题

1. 汉字有哪些特点？
2. 简述汉字与文化的相互影响。
3. 举例说明汉字的文化蕴含功能。

第二章
PPT 课件

◆◆◆ **第二章** ◆◆◆

易 学 文 化

📖 **学习目标**

　　通过学习,了解易学在传统文化中的重要地位,熟悉《周易》的基本构成、内容、卦爻象及卦爻辞的基本含义、易学的发展历史,掌握易学文化的精要以及易学与中医学的关系。

学习要点

　　《周易》的基本知识;易学在不同历史发展阶段的特点;易学文化在象数、图书、义理等方面的体现;易文化与中医文化的关系。

　　《周易》是中国历史上现存最早的文化典籍,其形成年代较早的《易经》部分在本质上是一部占筮之书,由文字系统和符号系统两部分组成。后世在以不同方式、从不同角度对《易经》进行研究和诠释的过程中,形成了专门的易学和蔚然可观的易学文化。易学文化既是中国传统文化的重要组成部分,又对包括儒家文化、道家文化、中医文化等在内的其他中国传统文化产生了深远的影响。也正因此,《易经》被誉为六经之首、大道之源,是中国思想文化的活水源头。

第一节　《周易》简介

　　不同于其他的文化典籍,《周易》一书结构、组成复杂,所用符号、术语独特。因此,要了解、学习易学文化,首先要了解关于《周易》的一些基本知识。

一、《周易》年代与作者

　　关于"《周易》"之名,《左传·庄公二十二年》云:"周史有以《周易》见陈侯者。"《左传·昭公七年》云:"孔成子以《周易》筮之。"《周礼·大卜》云:"太卜……掌三易之法,一曰《连山》,二曰《归藏》,三曰《周易》。其经卦皆八,其别皆六十有四。"这是关于"《周易》"最早的记载,由此可知在春秋时代,已有《周易》的书名了,并且类似于《周易》的书还有夏代的《连山》、商代的《归藏》,即东汉郑玄《易赞》所云:"夏曰《连山》,殷曰《归藏》,周曰《周易》。"《连山》已佚,《归藏》只在其他文献中保留了一些残文,而流传下来的只有《周易》。

　　《周易》的结构、组成复杂,从大的方面说,包括经文、经传两部分内容。经文又称为"古经""易经",传文又称为"经传""易传""十翼"等。经文、经传两部分内容,无论在性质、成书年代、所反映的思想上,都相去甚远,不可混为一谈。因此,要了解《周易》的年代与作者,必须分层次而论,如作八卦者是谁? 重八卦为六十四卦者是谁? 作卦辞者是谁? 作爻辞者是谁？作传者是谁？

关于《周易》的成书年代与作者，古有"人更三圣，世历三古"（《汉书·艺文志》）的说法。所谓"三古"是指上古、中古、近古三个时代，所谓"三圣"是指伏羲、周文王、孔子这三个圣人。即认为伏羲画八经卦、周文王重八卦为六十四卦并作卦爻辞、孔子创作了《易传》。

以上说法存在诸多问题，如伏羲画八经卦只是一种传说，没有历史文物证据；文王作卦爻辞也经不住推敲，因为卦爻辞中载有"箕子之明夷"（《周易·明夷》）、"康侯用锡马蕃庶"（《周易·晋》）等文王以后的人或事；《易传》更是包括诸多不同的部分，思想内容比较复杂，既不是传统的儒家思想，也不是纯粹的道家思想，而是杂糅了各家思想而成，更不可能是孔子一人所作。总之，传统所谓的"人更三圣，世历三古"的说法并不可靠，但它给我们的启示是：《周易》绝非一时、一地、一人所作，而是由不同时代的不同人递相编撰而成。目前学界一般认为《易经》的最终成书时间当在西周中后期；《易传》为各家发挥、解释《易经》之作，最终成书时间约在战国中后期。

二、《易经》的结构与组成

《周易》之所以不同于其他文化典籍，主要是由其《易经》部分所决定的。《易经》不仅有卦爻辞文字系统，还有卦画符号系统，是由卦爻辞文字系统和卦象符号系统两部分组成。

（一）卦画符号系统

《易经》的卦画符号系统也包含"－－""－"符号、八经卦卦象、六十四卦卦象等多个层次，不同的层次形成于不同的历史时期。

1. "－－""－"符号　在《易经》卦画符号系统中，"－－""－"是两个最基本的符号。这两个符号是怎么来的？众说纷纭。有人认为，古代结绳记事，"－－"是两个记事的小结，"－"是记事的一大结；有人认为，"－－"代表女性生殖器，"－"代表男性生殖器；有人认为，古代占卜烧灼卜甲，卜甲爆裂出纹路，"－－"是中间断开的纹路，"－"是中间没有断开的纹路；还有人认为是源自于数字，等等。但不管"－－""－"是怎么来的，其被后世认定为阴、阳的符号，则是确定无疑的。在最早的《易经》阐释之作《易传》中，已经开始以阴、阳阐释"－－""－"。例如，针对《易经·坤》卦"上六：龙战于野，其血玄黄"，《坤·文言》云："阴疑于阳必战，为其嫌于无阳也，故称'龙'焉。犹未离其类也，故称'血'焉。夫'玄黄'者，天地之杂也，天玄而地黄。"又如，针对《易经·泰》卦象☷☰，《泰·彖》云："泰，小往大来……内阳而外阴，内健而外顺。"也正因此，《庄子·天下》篇云"《易》以道阴阳"。"－－""－"因此被分别称为阴爻、阳爻。

2. 八经卦　在"－－""－"两个符号的基础上，三三组合，又形成了☰、☷、☳、☴、☵、☲、☶、☱八个符号，后来分别称为乾卦、坤卦、震卦、巽卦、坎卦、离卦、艮卦、兑卦，这种三画卦又称为"经卦"。为了便于记住这八经卦的符号，朱熹《周易本义》中还编了一个《八卦取象歌》："乾（☰）三连，坤（☷）六断，震（☳）仰盂，艮（☶）覆碗，离（☲）中虚，坎（☵）中满，兑（☱）上缺，巽（☴）下断。"

3. 六十四卦　在八经卦的基础上，再两两重叠，形成了六十四个六画的卦象。其中位于下方的经卦称为"下卦""内卦"或"下体"，位于上方的经卦称为"上卦""外卦"或"上体"。为了与八经卦相区别，后人称六十四卦为"别卦"。为了便于记忆，朱熹《周易本义》中也将六十四卦卦名按卦序编了一个《六十四卦卦序歌》："乾坤屯蒙需讼师，比小畜兮履泰否，同人大有谦豫随，蛊临观兮噬嗑贲，剥复无妄大畜颐，大过坎离三十备。咸恒遁兮及大壮，晋与明夷家人睽，蹇解损益夬姤萃，升困井革鼎震继，艮渐归妹丰旅巽，兑涣节兮中孚至，小过既济兼未济，是为下经三十四。"

六十四卦中,卦象两两相对,共三十二对。例如,《乾》(䷀)、《坤》(䷁)为一对,《屯》(䷂)、《蒙》(䷃)为一对。每一对卦的卦画不是颠倒,就是相反。例如,《屯》(䷂)颠倒过来为《蒙》(䷃),《需》(䷄)颠倒过来为《讼》(䷅),这是卦象相互颠倒。《乾》(䷀)六爻全为阳爻,《坤》(䷁)六爻全为阴爻;《颐》(䷚)上下为阳爻、中间四爻为阴爻;《大过》(䷛)上下二爻为阴爻,而中间四爻为阳爻,这是卦画完全相反。《易经》六十四卦中,有二十八对卦象相互颠倒,有四对卦象相反。即除了《乾》(䷀)与《坤》(䷁)、《颐》(䷚)与《大过》(䷛)、《坎》(䷜)与《离》(䷝)、《中孚》(䷼)与《小过》(䷽)四对属于卦象相反以外,其他二十八对卦卦象都是相互颠倒的。

六十四卦中的每一卦都由"--"或"—"的六个符号组成,每一个"--"或"—"称为一爻。"--"称为阴爻,用"六"标识;"—"称为阳爻,用"九"标识。之所以以"六"标识阴爻、以"九"标识阳爻,与《易传·系辞》所载"大衍筮法"有关。按照大衍筮法,布占中每一爻的结果无非四种情况,即六、七、八、九四个数字,其中六为老阴、七为少阳、八为少阴、九为老阳。《易传·系辞》云:"爻者,言乎变者也……爻也者,效天下之动者也。"根据物极必反、老变少不变的原则,因此以"六"标识阴爻、以"九"标识阳爻。

《易经》的每一卦有六爻,除了《乾》卦全是阳爻、《坤》卦全是阴爻外,其他六十二卦都是既有阳爻又有阴爻,按自下而上的顺序,阳爻依次称为初九、九二、九三、九四、九五、上九,阴爻依次称为初六、六二、六三、六四、六五、上六。这样,六十四卦总共是三百八十四爻。另外,《乾》《坤》二卦还分别多了一条"用九""用六"。

(二)卦爻辞文字系统

卦爻辞文字系统又由卦名、卦辞、爻辞三部分内容组成。

1. 卦名 在卦画的后面,往往标明和反映一卦的主题。卦的命名,或者是根据卦象的象征意义,或者是取自于卦爻辞中的常见词,或者是根据卦爻辞所反映的中心思想,但多数情况下是三方面相互结合命名。

2. 卦辞 是在卦名后面的一段文字,一般是对一卦的主旨、吉凶从总体上进行说明。

3. 爻辞 是排在每一爻后面的文字,一般是从不同的角度、对一卦的主题进行阐述。

卦辞、爻辞尤其是爻辞,又可以根据其性质、作用、叙述方式等的不同,分为以下几种类型:

(1)叙事类:即直白地陈述某件事情、某种行为、某种思想等。如《乾》卦九三爻辞"君子终日乾乾,夕惕若",就是说君子白天勤勉不懈地努力,晚间也保持警惕。

(2)格言类:即以一些对仗式的句子表达和反映事物的道理。如《泰》卦九三爻辞"无平不陂,无往不复",意思是说,没有平坦而一点不倾斜的,没有一去而不复返的。高度概括和反映了事物相互转化的辩证思想。

(3)物象类:即以一种事物来比喻、象征另一种事物,委婉地表达和反映某种思想观念、行为等。这些比喻、象征的喻体非常广泛,包括动物、植物、器物、行为、自然景物、历史故事等。例如,《乾》卦中以"龙"象征阳气,《噬嗑》卦中以饮食行为比喻对犯人的改造,《夬》卦中以"牵羊"象征顺从等。

(4)历史故事类:即历史上真实发生过的历史事件,或者历史上经过占筮并验证了的事件。如《泰》卦六五爻辞、《归妹》六五爻辞的"帝乙归妹",《晋》卦卦辞的"康侯用锡马蕃庶",《既济》九三爻辞的"高宗伐鬼方,三年克之"等,都是商、周历史上真实发生过、有据可考的历史事件。这些历史事件被整理吸收进卦爻辞,并加以或吉或凶的断语,用以启发和警示后人,其本身也已经凝结成为一种经验符号、比喻或象征。

(5)断语类:也称为断占之辞,即对所占问的事情、所陈述的事情给出或吉或凶判断的词。常见的断语有"利"(有利于、适宜于)、"亨"(通顺、顺利)、"吉"(吉祥、吉利)、"不利"(不利于、不适宜)、"吝"(遗憾、麻烦)、"厉"(危险、艰难)、"咎"(过错、错误)、"灾"(灾害)、"凶"(凶险、灾难)、"悔"(悔恨、忧虑)。其中,"利""亨""吉"都是吉词,但判断的角度和侧重点不同,"利"是就将来的趋势而言,"亨"是就过程而言,"吉"则是就结果而言。"不利""吝""厉""咎""灾""凶"都是凶词,但所表示的程度又有不同,按从"不利"到"凶"的次序,所表示的程度越来越严重。"悔"则是人的一种心理、思想活动,往往能够起到使"不利"转化为"利"、使"吝""厉""咎""灾""凶"等转化为"吉"的作用。

当然,并不是每一条卦爻辞中都包括上述各部分内容。有些卦爻辞中可能几部分内容齐备,而大部分卦爻辞往往只有其中两部分内容,还有少部分卦爻辞只有一部分的内容。

下面以《泰》卦为例,以符号"【 】"对《易经》卦的各组成部分内容加以标示说明:

☷☰【卦象】泰【卦名】:小往大来【卦辞中的叙事之辞】,吉,亨【卦辞中的断占之辞】。

初九【第一阳爻】:拔茅茹以其汇【爻辞中的取象之辞】,征吉【爻辞中的断占之辞】。

九二【第二阳爻】:包荒,用冯河,不遐遗,朋亡,得尚于中行【爻辞中的叙事之辞】。

九三【第三阳爻】:无平不陂,无往不复【爻辞中的格言】。艰贞无咎【爻辞中的断占之辞】,勿恤,其孚,于食有福【爻辞中的叙事之辞】。

六四【第四阴爻】:翩翩,不富以其邻,不戒以孚【爻辞中的叙事之辞】。

六五【第五阴爻】:帝乙归妹以祉【爻辞中的取象之辞】,元吉【爻辞中的断占之辞】。

上六【最上阴爻】:城复于隍【爻辞中的取象之辞】。勿用师,自邑告命【爻辞中的叙事之辞】,贞吝【爻辞中的断占之辞】。

就这样,卦画符号系统与卦爻辞文字系统两部分组合在一起,形成一个完整的卦。

三、《易传》的结构与组成

《易传》包括《彖》《象》《系辞》《说卦》《序卦》《杂卦》《文言》七个方面的内容。由于《易经》分为上经、下经,因此《彖》《象》《系辞》也相应地分为上、下,这样共十个方面的内容,因此又称为"十翼"。

(一)《彖》

《彖》也称为《彖辞》,主要包括三个方面的内容:一是从训诂或者卦象的角度解释卦名的意义,二是从八经卦的角度解释卦象的意义,三是从卦象、爻象、义理等角度解释卦辞的意义。如《需·彖》说:"《需》,须也。险在前也。刚健而不陷,其义不困穷矣。《需》,'有孚,光亨,贞吉',位乎天位以正中也;'利涉大川',往有功也。"其中,"须也"解释卦名"需"的意义,"险在前也。刚健而不陷,其义不困穷矣"从上、下两个经卦角度解释卦象,"《需》,'有孚,光亨,贞吉',位乎天位以正中也"是联系九五爻象解释卦辞。

(二)《象》

《象》也称为《象辞》,是解释卦象、爻象的,所以又分为《大象》《小象》两部分。

1.《大象》 《大象》是解释卦象的,着眼于组成六十四卦每一卦中的两个经卦,用两个经卦所象征的事物来解释卦象,又由自然现象引申、比附到人类社会上的事情,然后往往用一句格言性质的话来指出人应有的行为。如《讼·大象》说:"天与水违行,《讼》。君子以作事谋始。"因为《讼》卦卦象为☰☵,坎下乾上,坎为水、乾为天,日月星辰等天体都是从东往西转,而中国的地势西高东低,江河都是由西向东流,运行方向相反,所以以☰☵表示产生了矛盾和争执,有可能发生诉讼。"君子以作事谋始",就是提醒人们是否要打官司,从一开始就要考虑清楚。

思政元素

中华优秀传统文化同科学社会主义价值观主张的高度契合性

习近平总书记在党的二十大报告中指出："中华优秀传统文化源远流长、博大精深，是中华文明的智慧结晶，其中蕴含的天下为公、民为邦本、为政以德、革故鼎新、任人唯贤、天人合一、自强不息、厚德载物、讲信修睦、亲仁善邻等，是中国人民在长期生产生活中积累的宇宙观、天下观、社会观、道德观的重要体现，同科学社会主义价值观主张具有高度契合性。"其中，"革故鼎新""自强不息""厚德载物"即源出于《周易》。

2.《小象》《小象》是解释爻象、爻辞的，主要根据各爻所处的位置是否当位、是否中正，以及各爻之间的比、承、乘、应等关系，结合相应的爻辞，对每一爻的断占之辞进行解释。如《临》卦六三爻说："甘临，无攸利；既忧之，无咎。"《象》的解释是："'甘临'，位不当也。'既忧之'，咎不长也。"其中，"位不当也"是从六三所处爻位来解释为什么"甘临，无攸利"，因为第三爻属阳位，而《临》六三为阴爻，以阴爻居阳位属于不当位，所以说"位不当也"。"'既忧之'，咎不长也"是对"既忧之，无咎"的解释。需要指出的是，《小象》中有些内容往往只是重复了爻辞的内容，可以说对理解爻象、爻辞无任何帮助。至于为什么会出现这种现象是一个谜。

（三）《系辞》

《系辞》旨在通论《易经》，是《易传》中内容最多、最重要的一部分，是我们今天学习《易经》必读的一篇。主要有以下方面的内容：

1. 从不同角度探讨《易经》的起源、形成、作者、成书年代等问题　如"古者包牺氏……于是始作八卦"，这是说伏羲发明了八经卦。又如，"《易》之兴也，其于中古乎？作《易》者，其有忧患乎？……《易》之兴也，其当殷之末世，周之盛德耶？当文王与纣之事耶"，这是从《易经》所反映出的忧患意识以及结合商、周时历史来推测《易经》的成书年代。

2. 简洁明了地解释说明《易经》卦象、象、爻、卦爻辞的名义及其作用　如"象也者，像也。象者，材也。爻也者，效天下之动者也"。

3. 阐述《乾》《坤》两卦在六十四卦中的重要地位及作用　如"《乾》《坤》，其《易》之缊邪？《乾》《坤》成列，而《易》立乎其中矣。《乾》《坤》毁，则无以见《易》。《易》不可见，则《乾》《坤》或几乎息矣……《乾》《坤》，其《易》之门耶"。

4. 通过对六十四卦中一些卦爻辞的解释和发挥，阐述道德修养、为人处世、安邦治国等方面的道理　如在引用了《节》卦初九爻"不出户庭，无咎"这条爻辞后说"子曰：乱之所生也，则言语以为阶。君不密则失臣，臣不密则失身，几事不密则害成，是以君子慎密而不出也"。这样的一些条文往往皆冠以"子曰"的字样。

5. 揭示了《易经》在认识事物规律、预知未来等方面的功能和作用　如"是以君子将有为也，将有行也，问焉而以言，其受命也如响，无有远近幽深，遂知来物"。

6. 记载了最早的起卦方法　其完整地记载了最早的起卦方法——大衍筮法，并从哲学的角度对其过程作了说明和阐发。

在帛书《周易·系辞》中，有些内容是今本《周易·系辞》所没有的。这表明类似于《系辞》这样一些解释、发挥《易经》的内容在当时还有很多，我们今天见到的《系辞》只不过是其中的一部分，是按照一定的价值取向、思想标准，经过删汰、整理以后的结果。

（四）《说卦》

主要说明八卦创立的依据、过程,提出了"观变于阴阳而立卦""穷理尽性以至于命"等重要的思想和观点;依据后天八卦(文王八卦)方位的次序,对八卦的性质、功用进行阐发说明;系统地列举和解释了乾、坤、震、巽、坎、离、艮、兑八经卦卦象所象征的事物。

（五）《序卦》

依据相因或者相反的原则,对六十四卦排列次序的因果关系、逻辑关系进行说明。如"《屯》者,物之始生也。物生必蒙,故受之以《蒙》……《泰》者,通也。物不可以终通,故受之以《否》",由《屯》到《蒙》,这是依据相因的原则;由《泰》到《否》,这是依据相反的原则。在相反的变化中,又有"善变"与"不善变"之分,"善变"指事物由不好的一面向好的一面转化,"不善变"指事物由好的一面向不好的一面转化。如"伤于外者必反于家,故受之以《家人》。家道穷必乖,故受之以《睽》……缓必有所失,故受之以《损》。损而不已必益,故受之以《益》。"由《家人》到《睽》,这是由好的一面向不好的一面转化;由《损》到《益》,这是由不好的一面向好的一面转化。

（六）《杂卦》

《杂卦》则是打乱了六十四卦的顺序,错综杂糅六十四卦,将六十四卦分为三十二对,有对比性地、简明扼要地说明卦名之义。如"《乾》刚《坤》柔,《比》乐《师》忧",因为《乾》卦六爻都是阳爻,《坤》卦六爻都是阴爻,所以说《乾》卦是象征刚强的,《坤》卦是象征阴柔的;因为《比》卦是讲团结联合的,《师》卦是讲军事作战的,所以说《比》卦是令人快乐的,《师》卦是令人忧愁的。

（七）《文言》

《文言》有两篇,是分别专门解释《乾》《坤》两卦的,主要讲解和发挥《乾》《坤》两卦卦爻辞所蕴含的阴阳之理、君臣之义、为人处世、安邦治国、道德修养等方面的道理,极大地扩展和深化了《乾》《坤》两卦卦爻辞所表现的思想。

有观点认为,类似于《文言》这种解释《乾》《坤》两卦的文字,本来每一卦都曾有过,只不过其他的后来佚失了,或者是今本《周易》的最后删定者为了刻意突出《乾》《坤》两卦在六十四卦中的重要地位,故意把其他卦中的《文言》内容删除了。

第二节　易学的发展

易学是围绕《周易》进行研究而形成的一门学问。从西周中后期起,就有了对《易经》的解读和研究,这就产生了"易学"。一般而言,易学分为象数、义理两派,象数易学偏重于天道,义理易学偏重于人事。但这只是就易学发展的大体倾向而言,实际上象数和义理两者难以截然区分。以下分先秦、两汉、魏晋、隋唐、宋元、明清几个时期进行简略介绍。

一、先秦易学

《易经》本是一部在占筮基础上产生的书,并且自它产生后,人们一直用它进行占筮。《左传》《国语》记载了 22 个运用《易经》占筮的例子,可以反映先秦之前易学发展的情况。

例如,《左传·庄公二十二年》载,周朝史官占卜陈厉公之子陈完的命运,所得本卦为《观》卦☷☴,而六四爻为老阴,变回阳爻而成为《否》卦☷☰。史官解释道:"是为'观国之光,利用宾于王',此其代陈有国乎?不在此,其在异国;非此其身,在其子孙。光远而自它有耀者也。坤,土也;巽,风也;乾,天也。风为天于土上,山也。有山之材而照之以天光,于是乎居土上,故曰'观国之光,利用宾于王'。"其中,"观国之光,利用宾于王"是依据《观》卦六四爻爻辞进行的解释;"坤,土也"指《观》卦☷下体为坤;"巽,风也",指《观》卦☴上体为巽;"乾,天也",指《否》卦☰上体为乾;"风为天于土上,山也"中的"风为天",指《观》卦☴变为《否》卦☰,《观》卦☴的上体由巽变为乾,而巽为风、乾为天;"于土上"指《观》☷、《否》☷二卦下体都是为坤;"山也"是指《观》卦☶中六三、六四、九五三爻组成了一个艮象,《否》卦☶六二、六三、九四也组成了一个艮象。由此可见,春秋时代在解卦时,既结合卦象、卦爻辞,也已经开始运用变卦、互体之说,其中所运用的八经卦取象也多与《易传·说卦》相符。

又如《左传·襄公九年》载,鲁成公的母亲穆姜与大夫叔孙侨如通奸,淫乱无德。鲁成公继位,叔孙侨如、穆姜阴谋推翻鲁成公而失败,穆姜因此被迁至东宫。这时,她用《周易》占了一卦预测自己的结局。占得的本卦为《艮》卦,变卦为《随》卦。史官据《随》卦为穆姜解释说:《随》卦有外出的意思,您一定会很快离开这里。"但是,穆姜并不同意史官的分析,而是给出了自己的解释:"《随》卦卦辞说:元亨利贞,无咎。我是一个妇人,淫乱祸害国家,身在下位而行不仁之事,这不能叫'元';使国家不得安宁,这不能叫'亨';因为作乱而害了自己,不能叫'利';放弃自己尊贵地位,而与臣子淫乱,这不能叫'贞'。有此'四德'的人,方可《随》而无咎。这四条我都不沾边,怎么能符合《随》卦之义呢?我自己惹来了灾害,能够无咎吗?必定死在这里,出不去了。"穆姜的解释与《易传·乾·文言》对《乾》卦辞"元亨利贞"的解释"'元'者善之长也,'亨'者嘉之会也,'利'者义之和也,'贞'者事之干也。君子体仁足以长人,嘉会足以和礼,利物足以和义,贞固足以干事。君子行此四德,故曰'乾:元亨利贞'"如出一辙,都是从义理的角度进行的发挥和解释。

约成书于战国中末期的《易传》,一般认为是孔子的弟子和再传弟子根据孔子讲易的精神记录、整理而成。其内容主要是从义理的角度对《易经》进行阐发,但同时又完整保存了迄今为止最古老的一种"大衍之数"起卦方式,反映出孔子以《易经》占卜,但又不局限于占卜的态度。据马王堆汉墓出土的帛书《易传》,孔子最初的确从事过以《易经》占卜之事,但后来则转向阐发《易经》中的义理,如帛书《易传·要》引孔子的话说:"吾与史巫同涂而殊归也""吾求其德而已""我后其祝卜矣,我观其德义耳也"。正是由于这种转向,才产生了以义理为主的《易传》,易学才由卜筮之学上升为哲学、从天命神学转变为天人之学。

先秦时期的易学,以《左传》《国语》为代表,继续沿着占筮的道路发展,形成占筮派、象数派;以《易传》为代表,摆脱宗教巫术的束缚向哲学发展,形成义理派。从此以后,在易学发展历史上,象数派、义理派既互相批判、又互相渗透、长期并存。

二、两汉易学

两汉时期朝野开始了大规模注经。汉武帝时期"独尊儒术",立五经博士,把包括《易经》在内的儒家经典作为选拔人才的基本内容。出于对孔子的尊崇,《易经》和《易传》逐渐合称《周易》甚至直接称"经",极大地促进了易学的发展,尤其象数派易学在两汉时期达到顶峰。

象数易学的盛行与当时的天文历法日趋完善、谶纬之学的大兴和两汉时善言阴阳灾异密切相关。该学派认为圣人无虚言,每句话甚至每个字都与卦爻象、天地之数、大衍之数、五行之数等有着必然的联系。为了建立这种联系,创造了很多解易的体例。如卦气说、卦变说、互体说、纳甲说、十二消息卦、六日七分说等,以至于体系越来越庞杂。

对于汉代易学的特点,朱伯崑《易学哲学史》中曾作如下概括:"西汉学者解易,就其学风说,可以归结为三种倾向。一是以孟喜和京房为代表的官方易学。此派易学,宋人称之为象数之学。其特点有三:其一,依奇偶之数和八卦所象征的物象解说《周易》经传文;其二,以卦气说解释《周易》原理;其三,利用《周易》讲阴阳灾变。二是以费直为代表的易学……费氏易学,后来发展为义理学派。三是以道家黄老之学解释《周易》,或者说,将易学同黄老之学结合起来,讲阴阳变易学说……以上三种解易倾向,在汉代影响大的是孟喜和京房的易学。"朱伯崑的这种总结很有代表性。两汉象数易学达到鼎盛,但也并非只有象数易学,只不过以费氏易学为代表的义理之学在当时影响甚微;以道家黄老之学解释《周易》则与汉初六十年黄老道家占据统治地位有直接的关系。

关于西汉时期易学的传承,据《史记·仲尼弟子列传》记载:孔子传于商瞿(子木),子木传子庸,子庸传子弓,子弓传子家,子家传子乘,子乘传子装(田何),田何传杨何。《汉书·儒林传》又载:田何传周王孙、丁宽、服生。丁宽传田王孙,田王孙又传施仇、孟喜、梁丘贺。孟喜又传焦延寿,焦延寿易学对京房易学影响很大等。其中以施仇、孟喜、梁丘贺、京房的象数易学为正统易学,影响最大,成为西汉易学之主流,《汉书·艺文志》云:"汉兴,田何传之。讫于宣、元,有施、孟、梁丘、京氏,列于学官。"

西汉初期的易学发展与古文经、今文经之争有关。据《汉书·儒林传》记载,费直易学"与古文同",当属古文经学派,在当时也属于民间易学,学术倾向上偏于讲义理。费直易学之所以不受重视,与汉代重视师传和家法有关,而以施仇、孟喜、梁丘贺、京房为代表的象数易学属于今文经学派,也有明晰的师承传授脉络。

时至东汉,易学的传承仍以象数易学为主,代表性的易学家有马融、郑玄、荀爽、虞翻等。应该指出的是,两汉之间随着谶纬之风的兴起,易学领域中也出现了《易纬》,主要包括《乾凿度》《乾坤凿度》《稽览图》《辨终备》《通卦验》《乾元序制记》《是类谋》和《坤灵图》八部,融易学与当时的天文历法为一体,用爻辰说、卦气说、六日七分说等体例解读、阐发《易经》,其地位甚至一度比肩于经学诸书。

两汉时期以象数易学为主流的易学,到东汉虞翻时达到了顶峰,同时也烦琐到无以复加的程度。因其自身的局限,到了汉末逐渐式微,遂被义理派易学所取代。

三、魏晋易学

两汉象数易学盛极而衰,魏晋时期玄学家的代表人物王弼乘其极弊而攻之,完成了易学发展史上非常重要的一次革命:义理派易学取代了象数派易学逐渐占据主导地位。

王弼是魏晋玄学家的代表性人物,虽二十四岁早逝,但留下了《论语释疑》《周易注》《周易略例》《老子注》和《老子指略》等重要的哲学著作,从而在易学史和哲学史上占有非常重要的地位。

本来象数是《周易》区别于其他经典的一个特色,但两汉时期的易学家以象数解易显然走向了极端。对于两汉时期象数派繁琐的注经方式,王弼在《周易略例·明象》中批评道:"是故触类可为其象,合义可为其征。义苟在健,何必马乎?类苟在顺,何必牛乎?爻苟合顺,何必坤乃为牛?义苟应健,何必乾乃为马?而或者定马于乾,案文责卦,有马无乾,则伪说滋漫,难可纪矣。互体不足遂及卦变,变又不足推致五行。一失其原,巧愈弥甚。纵复或值而义无所取。盖存象忘意之由也。忘象以求其意,义斯见矣。"因此,王弼等易学家重拾古文经学派的费氏易学,并结合当时的玄学思潮予以发挥,用老庄思想注解《周易》,把易学改造为思辨的哲学,注重"有无""众寡""动静"等关系的理论阐发,注重从卦主、时、位、德等角度解读《周易》,而极力避免从象数的角度阐发易学。扫象阐理,简约明快,顺应了汉末新兴的清新自然的学术风气,在易学史和哲学史上自成一派。

到了南北朝时期,以王弼为代表的玄学易开始与东汉经学家郑玄的象数易学共同流行,但也相互攻讦批判。当时北方重郑氏易学,南方重王氏易学,两者并行不悖。这种状况到了隋唐时期才有了一个彻底的改观。

四、隋唐易学

隋朝开始了正式的科举考试,唐承隋制并进一步完善了这种制度。为了选拔人才的需要,在唐太宗的诏告下,经学家孔颖达主持编纂了《五经正义》,作为开科取士的基本范本。在《周易正义》底本的选取上,舍弃了郑氏易学,选择了王氏易学,直接导致了郑氏易学的湮灭。《钦定四库全书总目》说:"至颖达等奉诏作疏,始专崇王注,而众说皆废,故《隋志·易类》称'郑学浸微,今殆绝矣'。"今天很难见到郑玄注解《易经》的完整资料,原因就在于此。

孔颖达在《周易正义序》中说:"今既奉敕删定,考察其事,必以仲尼为宗。义理可诠,先以辅嗣为本。去其华而取其实,欲使信而有征。"仲尼指孔子,辅嗣是王弼。从《周易正义序》中可看出孔颖达编纂《周易正义》的指导思想:其一是试图以易学为平台融汇儒道两家思想。因为孔子是儒家学派的开创者,而王弼易学的突出特点是以老庄思想注解《周易》;其二是象数、义理兼顾。《周易正义》尽管以王弼(《系辞》以下为晋韩康伯注)易注为底本,但其中还是选取了两汉以来二十多家象数易学的资料充实到其疏解之中。所以《周易正义》整体上呈现出"纠偏"的学术气象:既纠正两汉象数易学之偏,同时也纠正魏晋玄学易之偏。

唐代中后期,在易学方面又出现了另一部重要的著作《周易集解》。这是唐代学者李鼎祚的一部易学文献汇编,虽然其中个人观点较少,但保留了两汉以来四十余家象数易学的资料,其中以引用虞翻易学最多,其次是荀爽。虽然当时科举考试中很少用到《周易集解》的内容,但在保留两汉象数易学家资料方面,《周易集解》可谓厥功至伟。

五、宋元易学

宋元时期的易学既讲象数,又讲义理,两者并行不悖,逐渐趋于合流。

作为宋明理学的开山鼻祖,周敦颐的易学和稍后的邵雍易学都属于象数易学,但他们接受了两汉象数易学的教训,力图贯通天人。周敦颐从"无极"到"太极"进而"立人极",认为如果不能沟通天人,就违背了《易经》的初衷;邵雍的"元会运世"说,也同样表达了"本天道而立人道"的思想倾向。稍后的张载和程颐的易学偏重于义理之学,但朱熹自觉地予以纠偏,明确提出了理、象、数、辞的易学四要素,根据四要素说考察了北宋五子的易学,认为"理"是易学的核心。对此,余敦康为林忠军《象数易学发展史》(第二卷)所作序言写道:"周子(周敦颐)称此自然之理为'无极而太极',邵子(邵雍)称之为'画前之易',张子(张载)称之为'天易',程子(程颢、程颐)称之为'天理',称谓不同,理无二致,这也就是所谓理一而分殊。由分殊以见其理一,不仅可以集象数与义理两派易学之大成,建构一个统一完整的易学体系,而且可以凸显理学贯通天道性命的主题,集理学之大成,建构一个统一完整的理学体系。"

在象数易学方面,宋元时期最突出的当属"图书之学"。"图""书"之名在先秦文献中屡有记载,如《尚书·顾命》:"大玉、夷玉、天球、河图在东序。"《论语·子罕》:"子曰:凤鸟不至,河不出图,吾已矣夫。"《管子·小匡》:"昔人之受命者,龙龟假,河出图,洛出书,地出乘黄。"《易传·系辞》:"河出图,洛出书,圣人则之。"这些文献中所说的"图""书"到底是什么东西?其样式、功能如何?一直处于神秘状态。从宋代开始,陈抟、朱震、刘牧、周敦颐、邵雍等开始传授易图,或根据文献尤其是《易传》的记载画出易图,并予以阐发和推衍,"图""书"遂成易学发展史上独树一帜的专门之学。

尤其需要指出的是,在这期间,面对日趋繁杂、莫衷一是的各种易图,朱熹决心搞出个究竟,命弟子蔡季通将河图、洛书找来。于是,蔡季通顺长江入三峡,真的找到了河图、洛书献给了朱熹。不过,蔡季通其实得到了三幅易图,而只将其中的河图、洛书两幅献给了朱熹,朱熹将其放在《周易本义》卷首;而蔡季通自己私匿了一幅,这幅图叫天地自然河图,其实也就是我们通常所说的"太极阴阳鱼图"。现代相关研究表明,蔡季通所发现的这三幅易图,的确时代久远、渊源有自,不仅有助于厘清众说纷纭的图书之学,揭示一向神秘的易图的真面目,也进一步证明了易学文化的古奥高深。

六、明清易学

明清时期是我国历史上传统社会的"烂熟"时期,在易学发展中没有多少创新,只是进行了某种程度的延续甚至复古。

明朝永乐年间,永乐帝敕修《五经大全》,于是有《周易大全》问世,但该书庞杂割裂,错漏甚多。因为是官修,清初仍然有不少人使用参考。康熙年间,大学士李光地奉旨编修《周易折中》,其中所采内容,总起来看引用前代二百余家易学家的资料,但所引以宋、明易学家居多,尤以朱熹的《周易本义》为主,同时兼及程颐的《程氏易传》。乾隆年间,纪晓岚奉旨撰修《四库全书》,将《易经》列经类首位,在整理、保存前人资料的严谨性方面优于《五经大全》,并以《四库全书总目提要》形式对前人的易学成果进行了总结、概括和评价,大都精当公允。

在私家易学方面,据林忠军先生考察,其发展大体有两种倾向:一是清算宋代以来的图书之学,其中以黄宗羲、胡渭和毛奇龄为代表。如胡渭《易图明辨》卷十中说:"易之所谓象数,蓍卦焉而已。卦主象,蓍主数。二体六画,刚柔杂居者,象也;大衍五十,四营成易者,数也。经文灿然,不待图而明。若朱子所列九图,乃希夷、康节、刘牧之象数,非易之所谓象数也。三圣之言,胡为而及此乎?"认为图书之学乃是宋元时期易学家的凭空创造,并非《易经》原有的内容,不符合《易经》的本义。二是以惠栋、张惠言和焦循为代表的易学家,努力整理和恢复汉代的象数易学,不仅纠正了前代易学文献中的诸多错漏,还整理、保存了许多重要的易学资料,使汉代易学重新发扬光大。

清代四库馆臣在对易学发展进行总结时,还将易学发展中出现的各种流派归纳为"两派六宗"。"两派"即象数派和义理派,"六宗"指象数派、义理派各分出的三宗。象数派三宗为:汉儒的卜筮宗、禨祥宗和宋儒的图书宗;义理派的三宗为:王弼的宗老庄,胡瑗、程颐的宗儒理,李光、杨万里的宗史事。这种划分比较清晰地勾勒出了易学的各个流派,但不管何派何宗,都是不同时代易学家结合时代特征和自身感悟对《易经》的一种解读,都在不同程度上发展了易学文化。

近现代的易学研究,随着西学东渐,新的理论方法的输入,现代科技的发展,加上考古发掘发现了大量新的文献资料,出现人文易学、科学易学等众多流派,新的思想观点、新的研究成果不断涌现,不再赘述。

第三节　易学文化精要

象数派、义理派是易学史上长期对垒的两派,宋代以后又形成图书之学,从而形成了以象数文化、图书文化、义理文化为主要内容的易学文化。

一、象数文化

"象数"是"象""数"的合称,"象"指爻象、八经卦卦象、六十四卦卦象;"数"指标识爻、卦的数字。由于《周易》中的"数"都有一定的象征意义,因此也可以说是一种"象"。象数是《周易》占筮的基础,是易文化区别于其他文化的主要之处,是在易文化的发展过程中逐步丰富和完善起来的。

(一)爻象

阴爻("––")、阳爻("—")是组成八经卦、六十四卦最基本的符号,也是《易经》中最基本的象。组成每一卦中的六爻分别有众多不同的象征意义,其基本的象征意义如表2-1所示:

表2-1 六爻取象表

爻位　　象征物	天、地、人	社会等级	人体	事物的发展阶段、规律
初爻	地	元士	趾	隐忍待时,积蓄才能
二爻	地	大夫	腿	初出茅庐,渐露头角
三爻	人	三公	腰	跃跃欲试,时成时败
四爻	人	诸侯	胸、脖之间	逆水行舟,或进或退
五爻	天	天子	脸	事业有成,功德圆满
上爻	天	太庙	头	骄傲自满,物极必反

爻所处的位置叫"爻位","爻位"有"阳位""阴位"之分。初、三、五为"阳位",二、四、上为"阴位",也即奇数为"阳位",偶数为"阴位"。如果是阳爻居阳位、阴爻居阴位,称为"当位";反之,阳爻居阴位、阴爻居阳位,称为"失位"。六十四卦中,只有《既济》卦六爻全是"当位",而《未济》卦六爻全是"失位"。一般说来,当位多为利、吉,失位多为吝、厉、咎、凶。但这也不是绝对的,当位与失位是吉是凶,还要结合其他多种因素综合考察。

《易传·系辞》云:"其初难知,其上易知,本末也。初辞拟之,卒成之终。若夫杂物撰德,辩是与非,则非其中爻不备⋯⋯二与四同功而异位,其善不同,二多誉,四多惧,近也⋯⋯三与五同功而异位,三多凶,五多功,贵贱之等也。"一卦之中,初爻象征的事物尚处于初级阶段,所以很难看出吉、凶;上爻象征的事物处于最终阶段,已经水落石出,吉、凶也很容易看出。第二爻、第五爻分别处于下卦、上卦的中间,这叫"得中"。象征守持中道,行为不偏。如果是阳爻处中位,象征有"刚中"之德;如果是阴爻处于中位,象征有"柔中"之德;如果刚好是阴爻处于第二位,阳爻处于第五位,那就是既"中"且"正",称为"中正",既"中"且"正"的情况下,断占之辞大多是吉、利的。而第三爻、第四爻分别处于下卦之上、上卦之下,不是越过就是没有达到"中",因此断占之辞多凶险、恐惧。

一卦之中的六爻之间,还存在着"比""承""乘""应"等关系。凡两爻相邻,称为"比",是吉是凶要通过两爻的承、乘关系来分析。如果是两爻相邻,阴爻在阳爻之上,或者是几个阴爻都在阳爻之上,这叫做"乘刚",简称"乘",断占之辞往往不吉。相反,如果是两爻相邻,阴爻在阳爻之下,或者几个阴爻都在阳爻之下,称为"承刚",简称"承"。这时是吉是凶要看具体情况而定,如果双方都当位,可为利、吉;如果双方不当位,可为不利、凶。下卦一、二、三爻分别与上卦四、五、六爻两两对应,如果对应的两爻一阴一阳,形成互相感应关系,称为"有应",断占之辞往往是利、吉的;如果对应的两爻都是阳爻,或者都是阴爻,不能形成感应,称为"无应",断占之辞往往是不利、凶的。

(二)经卦卦象

由"––""—"组成的八经卦也分别有众多象征意义,在《易传·说卦》中多有罗列,今择其主要者列于表2-2。

表2-2 八经卦取象表

卦名		乾	坤	震	巽	坎	离	艮	兑
符号		☰	☷	☳	☴	☵	☲	☶	☱
物象		天	地	雷	风	水	火	山	泽
特性		健	顺	动	入	陷	丽	止	说
动物		马	牛	龙	鸡	豕	雉	狗	羊
人体		首	腹	足	股	耳	目	手	口
家人		父	母	长男	长女	中男	中女	少男	少女
五行		金	土	木	木	水	火	土	金
卦位	先天	南	北	东北	西南	西	东	西北	东南
	后天	西北	西南	东	东南	北	南	东北	西
卦数	先天	1	8	4	5	6	3	7	2
	后天	6	2	3	4	1	9	8	7
卦时	先天	夏至	冬至	立春	立秋	秋分	春分	立冬	立夏
	后天	立冬	立秋	春分	立夏	冬至	夏至	立春	秋分

以上所列八经卦诸多取象,在春秋战国时期占筮活动中已经应用。为了适应占筮活动的需要,为解卦提供更多的依据,使卦象之义与卦辞爻之义相协调,后世取象的范围不断扩大,逐渐形成庞大繁复的取象系统。

（三）别卦卦象

在八经卦基础上两两重合,形成六十四别卦。汉代以来,卦气说兴起,开始以别卦配属农历的十二个月、二十四个节气、七十二候和一年三百六十五又四分之一日,在卦象、爻象与时间的配属上越来越具体。例如,在六十四卦中选出阴爻、阳爻排列有规律的十二个卦,代表一年农历的十二个月,称为"十二消息卦"或者"十二辟卦""十二君卦"（图2-1）,所谓"辟""君"者,取其统领其他众卦的意思。

图2-1 十二辟卦图

更为具体的配属是将卦爻配属到每年的每一日。《易经》六十四别卦共有三百八十四爻,而一年有三百六十五又四分之一天。为了将卦爻与一年有三百六十五又四分之一天相配,古人将六十四卦中分别代表北、南、东、西四个正方位的四正卦坎☵、离☲、震☳、兑☱不计,用其他六十卦的三百六十爻配一年的天数。一爻主一日,每卦有六爻,因此每卦主六日。但一年有三百六十五又四分之一天,用六十卦的三百六十个爻每爻值一日后,还余五又四分之一日。于是,又把这五又四分之一日平均分到六十卦中。每天为八十分,五又四分之一日就是四百二十分,平均到六十卦里面就是每卦七分,再加上原来每卦主六日,最后就是每卦主六日七分(每爻主一日多一点)。每月平均有三十天,这样就每月与五个卦的三十爻相配,如表2-3所示:

表2-3　六十别卦配月份表

十一月	未济☲	蹇☵	颐☶	中孚☴	复☳
十二月	屯☵	谦☶	睽☲	升☴	临☱
正月	小过☳	蒙☵	益☴	渐☶	泰☰
二月	需☵	随☱	晋☲	解☵	大壮☳
三月	豫☳	讼☰	蛊☶	革☱	夬☱
四月	旅☲	师☵	比☵	小畜☴	乾☰
五月	大有☲	家人☴	井☵	咸☱	姤☴
六月	鼎☲	丰☲	涣☴	履☰	遁☶
七月	恒☳	节☵	同人☰	损☶	否☰
八月	巽☴	萃☱	大畜☶	贲☶	观☴
九月	归妹☳	无妄☰	明夷☵	困☱	剥☶
十月	艮☶	既济☵	噬嗑☲	大过☱	坤☷

与十二辟卦一样,表2-3也可以转换为圆形图示,可以更形象地表达和反映出"反复其道,七日来复"(《易经·复》)、"一阴一阳之谓道"(《易传·系辞》)、"寒往则暑来,暑往则寒来,寒暑相推而岁成焉"(《易传·系辞》)的阴阳此消彼长、往复循环之道。

二、图书文化

图书之学虽兴于宋代之后,但渊源有自。从根本上讲,图书是以图画形式对象数的表达,因此也可归属于象数文化。以河图、洛书为代表的图书,历来神秘莫测、不易理解,传统上多有误读误解之处。因此,以下结合最新相关研究成果,对太极图、河图、洛书以及相关的先天八卦图、后天八卦图等影响较大的易图进行梳理和介绍,以期溯本求源。

(一)太极图

历史上称为"太极图"的图不止一种,这里所说的"太极图"指前述蔡季通私匿的一幅,本来叫"天地自然河图",我们今天俗称为"阴阳鱼图"。由于这幅图被蔡季通私匿下来,因此朱熹并未曾见过。此图在元末明初才终于得到了公布,赵㧑谦《六书本义》一书中列出了该图的图像(图2-2),并在图下加了一段注文:"天地自然之图,虑戏氏龙马负图出于荥河,八卦所由以画也……此图世传蔡元定季通得于蜀之隐者,秘而不传,虽朱子亦莫之见。今得之陈伯敷氏,尝熟玩之,有太极含阴阳,阴阳含八卦之妙。"进一步证明了此图的确是由蔡季通得之于蜀地并且秘不授人的事实。

在存世的古彝文文献《玄通大书》中,也列有多幅"太极图"图像,这些图像在今日也称

图 2-2　天地自然河图（太极图）（采自赵撝谦《六书本义》）

为"太极"，但古彝文则写作"宇宙"，显示其本义与天文有一定的关系。《玄通大书》中的"太极图"大率如一（图 2-3），但也存在一些微小的变化，这些变化应该反映了"太极图"图像的演变轨迹。

图 2-3　古彝文文献所载"太极图"（采自冯时《中国天文考古学》）

　　由图 2-3 可见，早期的古彝文文献中的"太极图"是在一个大圆中绘出一条盘环卷曲的龙，龙绘成白色或其他颜色，大圆的底色涂成黑色。由于在一个固定的空间内绘有这样的龙形，因此它所映衬的黑色部分也显示了同样的龙形，久而久之"太极图"变成了由黑白两条龙相互盘绕的图形，最后两条龙形经过抽象和简化，才变成了今日所常见的这种黑白回互的图像（图 2-4）。

　　由上可见，太极图本叫天地自然河图，根本不是什么阴阳鱼图，而是由龙盘绕回互形成的一种图像，因此文献中又称之为"龙图"，如《易纬·是类谋》云："河龙图，洛龟书。"《礼

图2-4 通行的太极图

记·礼运》孔颖达《正义》云:"河出龙图,洛出龟书。"但是,"河龙图""河出龙图"中所说"河"并不是指地上的黄河,而是指天上的银河;所说的"龙"是指东方七宿所组成的"龙"像,也与《易经》《乾》《坤》两卦中的"龙"有关;而所谓的"河出龙图"指东方七宿所组成的"龙"东升西落、回天运转的轨迹图,也就是"太极图"。而太极图之所以画为圆形,正是象征天之圆;之所以取名"太极",与天上的北极星有关。

那么,太极图与八卦什么关系? 实际上,如果将上述通行的太极图(图2-4)以四条通过圆心的直线均匀分割(图2-5),即成伏羲先天八卦(图2-6),此也即《易传·系辞》所云:"是故易有太极,是生两仪,两仪生四象,四象生八卦。"

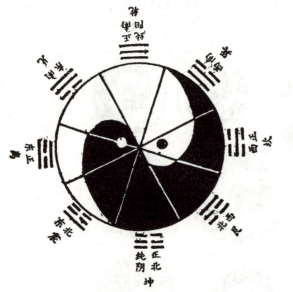

图2-5 通行太极图分割图(采自冯时《中国天文考古学》)

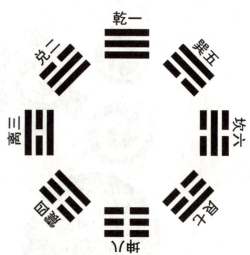

图2-6 伏羲八卦方位图(采自朱熹《周易本义》)

(二)河图

通常所说的"河图"即前述蔡季通献给朱熹两幅图中的一幅,朱熹载于其《周易本义》卷首(图2-7)。

河图是由黑、白圆点组成的图形,对于其中黑、白圆点的寓意,朱熹《周易本义》解释道:"《系辞传》曰:'河出图,洛出书,圣人则之。天一,地二;天三,地四;天五,地六;天七,地八;天九,地十。天数五,地数五,五位相得而各有合。天数二十有五,地数三十,凡天地之数五十有五,此所以成变化而行鬼神也。'此河图之数也。"这是以天地之数来解释图中的黑、白圆点,其中白圆点是天数、黑圆点是地数,白圆点代表阳、黑圆点代表阴。如此,河图其实也就是天地、阴阳化生万物的一种数字化、图式化表达。

在这样一种表达中,天地、阴阳是如何化生万物的?《礼记正义》引郑玄云:"天地之数

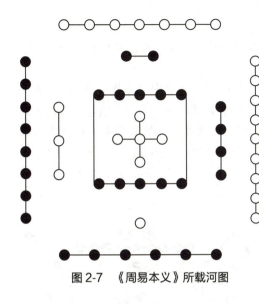

图 2-7 《周易本义》所载河图

五十有五。天一生水于北,地二生火于南,天三生木于东,地四生金于西,天五生土于中。阳无耦阴无配,未得相成。地六成水于北,与天一并;天七成火于南,与地二并;地八成木于东,与天三并;天九成金于西,与地四并;地十成土于中,与天五并也。"古人的观念是"天生而地成",在一、二、三、四、五、六、七、八、九、十这十个数之中,一、二、三、四、五是"生数",六、七、八、九、十是"成数"。"生数"是指万事万物生成的可能性,"成数"是指已经落成为现实。从生数到成数是通过加"五"得到,而这个"五"其实就是"五行",生数各加"五"得到成数,意味着天之气蕴含的各种可能性只有落实到大地上、通过五行的运化才能变成现实。

以上关于河图的数理解释是没有问题的,问题在于"河图"之名。如前所见,河图是天地自然河图,也即太极图(图 2-2)。而图 2-7 与图 2-2 则是两幅完全不同的图,无一名称二图之理,因而将图 2-7 称为"河图"是有问题的。河图在古彝文文献中也能找到渊源,只不过名为"五生十成图",因此《周易本义》所谓的"河图"实质上是"五生十成图"。朱熹之所以命名此图为"河图",当是受《易传·系辞》"河出图……圣人则之"之说以及蔡季通藏匿了真正河图(太极图)的影响有关。

那么朱熹所谓的"河图"、古彝文文献"五生十成图"的实质是什么?如上述所见,天地之数与生成数是两套完全不同的数字体系,因此其布数次序有着自己的特点。"天数一生于北,地数二生于南"等,在布数次序上是互逆的。天为阳、北为阴,地为阴、南为阳,为什么反而"天数一生于北,地数二生于南"?原因就在于"阳无耦阴无配,未得相成",因此"天数一生于北,地数二生于南"等已经寓有阳生于阴、阴生于阳、阴阳互根互生之意。不仅如此,为了进一步突出"相成"之意,还以成数与生数相配,云"地六成水于北,与天一并;天七成火于南,与地二并"等,其中所谓的"并"表现在图 2-7 中就是一、六居于同一方位(北方),二、七居于同一方位(南方),其他依此类推。因此,朱熹所谓的"河图"、古彝文文献"五生十成图"实际上就是生数方位图(图 2-8)、成数方位图(图 2-9)叠加在一起的套图。

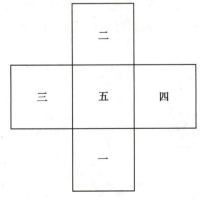

图 2-8　生数方位图(采自冯时《中国天文考古学》)

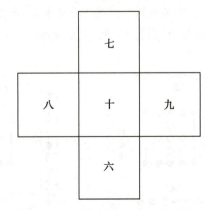

图 2-9　成数方位图(采自冯时《中国天文考古学》)

（三）洛书

通常所说的"洛书"也是前述蔡季通献给朱熹两幅图中的一幅，朱熹同样载于其《周易本义》卷首（图2-10）。

与河图一样，洛书也是由黑、白圆点组成的图形，在古彝文文献中也能找到渊源，只不过也是名称不一样：在《周易本义》名为"洛书"，在彝族古文献中名为"十生五成图"（图2-11），因此《周易本义》所说的"洛书"实质上就是"十生五成图"。而朱熹命名此图为"洛书"，同样也是受《易传·系辞》"洛出书，圣人则之"之说的影响。对于这幅图，朱熹《周易本义》中的解释是和"河图"的解释连在一起的，在解释了"河图"后，朱熹接着说："洛书盖取龟象，故其数戴九履一，左三右七，二四为肩，六八为足。"

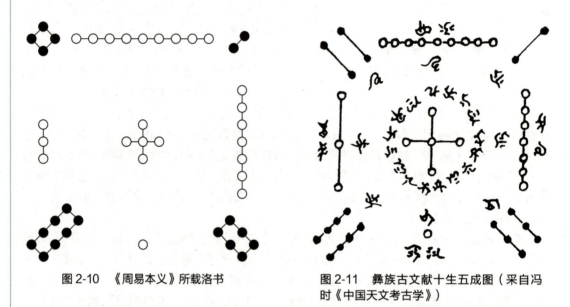

图2-10 《周易本义》所载洛书　　　　　　图2-11 彝族古文献十生五成图（采自冯时《中国天文考古学》）

那么朱熹所谓的"洛书"、古彝文文献"十生五成图"的实质又是什么？如上所述，"五生十成图"是生数方位图（图2-8）、成数方位图（图2-9）叠加在一起的套图，而"十生五成图"只不过是按"地六成水于北，与天一并；天七成火于南，与地二并；地八成木于东，与天三并；天九成金于西，与地四并；地十成土于中，与天五并也"的原则，将朱熹所谓的"河图"、古彝文文献"五生十成图"中代表"二""四""六""八"等地数、阴数的黑点，移至了四隅的位置（图2-12）。其中的地数"十"在《周易本义》所载"洛书"中并没有呈现出来，彝族"十生五成图"中虽然也没有直接的呈现，但在表示"天五"之数的五个白圆点外围有一圈文字，或许就是代

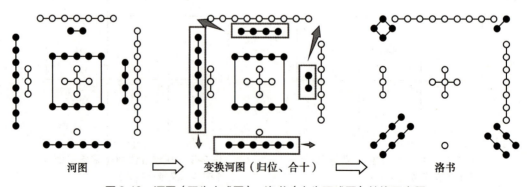

　　河图　　　　　　变换河图（归位、合十）　　　　　　洛书

图2-12 河图（五生十成图）、洛书（十生五成图）转换示意图

替或者说明地数"十"的。其中的原因,盖系蔡季通不识这些彝族文字而省抄。

如上所见,原来《周易本义》所载的河图、洛书两幅图,其实就是一幅图,或者更准确地说是一图两式。河图、洛书本来分别叫做"五生十成图""十生五成图",而"五生十成图""十生五成图"分别被称为河图、洛书,是由于朱熹受了《易传·系辞》"河出图,洛出书,圣人则之"之说以及蔡季通藏匿了真正河图(太极图)的影响。

(四)后天八卦方位图

在朱熹所谓的"洛书"、古彝文文献"十生五成图"中,除五、十重合居中以外,其他八个数各居一方,其中一、三、七、九四个天数居四正之位,二、四、六、八四个地数居四维之位,其实就是一个九宫图(图2-13),而九宫图其实也就是后天八卦方位图,又称文王八卦方位图(图2-14)。

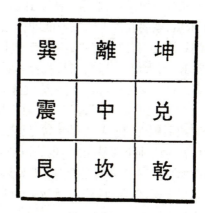

图2-13 九宫图

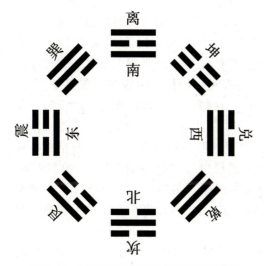

图2-14 后天八卦方位图(采自朱熹《周易本义》)

对于后天八卦方位图中八卦排列的道理,《易传·说卦》释云:"帝出乎震,齐乎巽,相见乎离,致役乎坤,说言乎兑,战乎乾,劳乎坎,成言乎艮。万物出乎震。震,东方也。齐乎巽。巽,东南也。齐也者,言万物之絜齐也。离也者,明也。万物皆相见,南方之卦也。圣人南面而听天下,向明而治,盖取诸此也。坤也者,地也,万物皆致养焉,故曰致役乎坤。兑,正秋也,万物之所说也,故曰说言乎兑。战乎乾。乾,西北之卦也,言阴阳相薄也。坎者,水也,正北方之卦也,劳卦也,万物之所归也,故曰劳乎坎。艮,东北之卦也,万物之所成终而所成始也,故曰成言乎艮。"

通过上述对几幅主要易图及其演变关系粗略的介绍,可见易学文化的确古奥深邃,尤其与天文、历法的关系密切,体现了我国古代优秀的科技文化,值得我们进一步深入地挖掘和研究。

三、义理文化

《易经》在本质上是一部占筮之书,但由于其中的占筮内容涉及了当时社会生活的各个方面,又通过吉、凶、悔、吝等断占之辞给予肯定或否定,因而在一定程度上反映了占筮者、解卦者的思想观念。如果说这些观念在《易经》中尚处于萌芽状态,那么在经过《易传》的阐释发挥后已经成为明确的思想观念。这些思想观念从大的方面来说,有以下几方面。

(一) 忧患意识与能动思想

《易经》占筮的最终目的在于趋吉避凶,所谓"圣人设卦观象系辞焉,以明吉凶"(《系辞》),而这种目的又源自于对人生不易、生命多舛的忧患意识,所谓"作《易》者,其有忧患乎?"(《系辞》)。《易经》中的确处处流露出这种忧患意识,如《乾》九三爻辞说:"君子终日乾乾,夕惕若,厉,无咎。"认为君子不仅要在白天要勤勉不懈地努力,即使到了晚上也要保持警惕,这样即使有危险也不至于造成灾害。又如《小过》九三爻辞说:"弗过防之,从或戕之,凶。"认为只有思想上的"过防",才能达到实际上"防"的目的;反之,如果思想上不加以警惕防范,行为上就会麻痹懈怠,遭遇灾祸受到伤害,因此断语说"凶"。

防患于未然,就要发挥人的主观能动作用。所以《易经》一方面要求"无妄",即不违背自然规律行事,认为"其匪正有眚,不利有攸往"(《无妄》),不遵循自然规律行动就会产生灾害;一方面要求"与天地合其德,与日月合其明,与四时合其序,与鬼神合其吉凶,先天而天弗违,后天而奉天时"(《乾·文言》),充分发挥人的主观能动作用。这种思想用一个概念来表示就是"孚","孚"也就是"信",在《易经》中凡三十九见,通观其"孚"所在的卦爻辞,凡是能够"有孚",其预后则吉、利,起码是无咎;反之,不能做到"有孚",或"孚"之施行受到阻碍,其预后往往凶、厉、吝。同时《易经》中也认识到,即使不违背自然规律,也会出现一些灾害,这就是所谓的"无妄之灾""无妄之疾"(《无妄》),认识到了必然规律和偶然事件之间的关系。但是认为"无妄之疾,勿药有喜"(《无妄》),则又反映了对一味顺从自然规律的迷信。

(二) 变化与尚中、适时思想

《易传·系辞》云:"《易》之为书也不可远,为道也屡迁。变动不居,周流六虚,上下无常,刚柔相易,不可为典要,唯变所适。"变化是《易经》中最核心、最突出的思想。这首先反映《周易》之书名中,"易"字本身就有变化的意思,"周"有圆周、全面的意思,如此"周易"就是指圆周式的变化,而《易经》中所反映的事物变化正是这样一种规律,并且这种变化规律是以"七"为周期的。对此,《复》卦辞说"反复其道,七日来复",《复·象》说"'反复其道,七日来复',天行也",《易传·系辞》说"一阴一阳之谓道"。这种变化规律反映在《易经》每一卦的爻与爻之间、六十四卦的卦与卦之间,也为世界范围内的古代文化所认同。如《乾》卦,从初九到上九,通过"龙"的"潜""见""跃""飞""亢"等不同形态象征阳气在不同时空中的变化,而用九爻辞曰"见群龙无首,吉",意味着《乾》阳盛极以后向《坤》阴的转化,由《乾》向《坤》转化恰好形成一个圆周之道。对于这种变化及其规律,《泰》卦九三爻辞也说"无平不陂,无往不反",认为事物的变化到了顶点,就会走向它的反面,高度概括和反映了事物相互转化的辩证思想。

既然物极必反,那么为了使事物保持在最佳状态,就要执中持中。《易经》每卦的六爻之中,第二爻、第五爻分居上卦、下卦的中位,《易传》中称为"得中"。一般情况下,二、五爻爻辞所述之辞及其断占之辞都是吉的、有利的,如《坤》六五爻辞:"黄裳,元吉。"《师》九二爻辞:"在师中,吉,无咎。"而当一卦之中"- -""—"搭配失调时,卦旨往往是持否定态度的,最明显的如《大过》由四个阳爻、二个阴爻组成,《小过》则由四个阴爻、二个阳爻组成,因此卦名皆称之为"过"。又如《大过》九三爻说:"栋桡,凶。"房屋栋梁向下弯曲,凶。在这种情况下,要使房屋栋梁向上隆起,才能够使之恢复平衡,故九四爻说:"栋隆,吉。"体现了矫枉必须过正的道理。

中和固然是事物的最佳状态,但是这种状态不是一成不变的。事物在达到中和后会向相反的方向运动发展,又在运动发展中趋向新的中和。因此,中和不是静止的中和,而是动态中的中和。要保持中和状态,就要发挥人的能动性,根据时空的变化调整自己的行为,《易经》中以很多具体事例来说明这一道理。如《小过》卦卦辞中说:"飞鸟遗之音,不宜上,宜下。"飞行中的鸟是不鸣叫的,"飞鸟遗之音"表明此鸟受伤。正常情况下鸟儿高飞可以避开猎人的弓矢,对鸟来说是适中的。但受伤后的鸟儿不能也不宜再飞到正常的高度,否则会因用力加剧创伤而加速死亡,而应该适当地调整到低于正常的高度飞行,因此卦辞说:"不宜上,宜下。大吉。"《象》传说:"过以利贞,与时行也。"

（三）对德义思想的发挥

《易传》传统上认为是孔子所作,帛书《易传·要》篇载孔子语曰:"《易》,我复其祝卜矣,我观其德义耳也……吾求其德而已。"从德义的角度解释和发挥《易经》,的确是《易传》的一个主要内容。如《乾·文言》对《乾》卦卦辞"元亨利贞"解释道:"'元'者善之长也,'亨'者嘉之会也,'利'者义之和也,'贞'者事之干也。君子体仁足以长人,嘉会足以合礼,利物足以和义,贞固足以干事。君子行此四德,故曰'乾:元亨利贞'。"从文字训诂上来说,"元"是"始""大"的意思,"亨"是"通顺"的意思,"利"就是"利于"的意思,"贞"就是占问的意思,但经过《文言》的解释和发挥,"元亨利贞"就成了四种美德。又如《坤·文言》解释《坤》卦六二爻辞说:"'直'其正也,'方'其义也。君子敬以直内,义以方外,敬义立而德不孤。'直方大,不习,无不利',则不疑其所行也。"《系辞》中也多从德义的角度对《易经》进行发挥,例如针对《噬嗑》上九爻辞"何校灭耳,凶"发挥道:"善不积不足以成名,恶不积不足以灭身。小人以小善为无益而弗为也,以小恶为无伤而弗去也,故恶积而不可掩,罪大而不可解。"又如针对《复》初九爻辞"不远复,无祗悔,无咎"发挥道:"颜氏之子,其殆庶几乎!有不善未尝不知,知之未尝复行也。"又说:"是故履,德之基也;谦,德之柄也;复,德之本也;恒,德之固也;损,德之修也;益,德之裕也;困,德之辨也;井,德之地也;巽,德之制也。"也是围绕着德义,从不同的角度界定各卦的主旨。对此,孔颖达《周易正义·系辞上》曾说:"六十四卦悉为修德防患之事,但于此九卦最是修德之甚。"

（四）宇宙本体论与宇宙生成论

《易传·系辞》云:"是故易有太极,是生两仪,两仪生四象,四象生八卦。"其中以"太极"为宇宙万物的本源,而太极生阴、阳,阴、阳生太阳、少阴、少阳、太阴四象,四象又生出了八卦。其中既包括了宇宙本体论,也反映了宇宙生成论。在解释大衍之法的原理时也遵循了这一理论,所谓"大衍之数五十,其用四十有九。分而为二以象两,挂一以象三,揲之以四以象四时"(《易传·系辞》),其中那一根抽出不用的就是象征"太极"。阴、阳两仪的相互作用化生万物,所谓"天地氤氲,万物化醇,男女构精,万物化生"(《易传·系辞》),同时也生成一年四季(四象),所谓"日往则月来,月往则日来,日月相推,而明生焉。寒往则暑来,暑往则寒来,寒暑相推,而岁成焉"(《易传·系辞》)。阴阳化生万物的过程用八卦表示即"雷以动之,风以散之,雨以润之,日以烜之,艮以止之,兑以说之,乾以君之,坤以藏之。帝出乎震,齐乎巽,相见乎离,致役乎坤,说言乎兑,战乎乾,劳乎坎,成言乎艮"(《易传·说卦》);用爻数来表示即"乾之策二百一十有六,坤之策百四十有四,凡三百有六十,当期之日。二篇之策,万有一千五百二十,当万物之数也"(《系辞》),正所谓"夫《易》开物成务,冒天下之道,如斯而已者也"(《易传·系辞》)。

第四节　易学文化与中医文化

《易经》是中国第一部文化典籍,为群经之首、大道之源。围绕对《易经》研究、阐发而形成的易学文化既是中国传统文化的一个重要组成部分,也对包括中医文化在内的中国传统文化产生着深远的影响。

一、易学文化与中医文化的关系

易学文化与中医文化关系密切。后世医易同源、医易相通、医易会通诸说,即反映了对易学文化与中医文化密切关系的认识。

（一）易学文化与中医文化的同源

易学文化与中医文化的同源,表现在以下三个方面。首先,《易经》本为卜筮之书,是巫文化的产物;而医巫同源,中医文化也源于巫文化。因此易、医文化的同源首先是同源于巫文化。其次,"天地之大德曰生"(《易传·系辞》),"昔者圣人之作《易》也,将以顺性命之理"(《易传·说卦》),《易经》之设的目的在于指导人们更好地"生生",也即使生命得以生存;而"方技者,皆生生之具,王官之一守也"(《汉书·艺文志·方技略》),因此易、医在"生生"上也是同源的。其三,《易经》卜筮的目的在于趋吉避凶、趋利避害,对疾病的卜筮也是其内容之一;而疾病也是医学所关注、诊治的主要对象。因此对疾病的共同关注,成为易学文化与中医文化同源的另一个方面。

《易经》占筮过程中,通过吉、凶、悔、吝等断占语对所占之事进行肯定或否定,也在一定程度上反映出医学思想观念。例如,《损》六四爻辞说"损其疾,使遄有喜,无咎",减损疾病,使其尽快痊愈,没有过错。表明古人认识到疾病对人体的危害。《明夷》九三爻辞说"明夷于南,狩得其大首,不可疾贞",射猎中射中鸟的头部,占问疾病遇到此爻也是很凶险的。说明认识到了头部对于人生命的重要性。《丰》卦爻辞描述的是古代一次日食的景象,其六二爻辞"往得疑疾"是说在日食发生、天地昏暗之时,人们由于不适应,行动中容易心志疑惑、迷乱,也就是《左传·昭公元年》中所说的"晦淫惑疾"。《易经》中像这样直接出现"疾"字的卦爻辞有九处,或是直接对疾病的占问,或是以疾病为喻象,但都程度不同地反映出疾病的认识。除此之外,《易经》中还有一些卦爻辞,反映出当时保健养生和卫生意识,也属广义医学的范畴。例如,《噬嗑》六三爻辞曰"噬腊肉,遇毒,小吝,无咎",反映了食物变质而引起的中毒现象及相关认识。《艮》卦六二爻辞"艮其腓,不拯其随,其心不快"是说,脚肚子长久不动、连带臀部也不能动,引起心理反应上的不快之感;九三爻辞"艮其限,列其夤,厉,薰心"是说,腰部长时间不动造成的肌肉疲劳,其感觉好像肌肉撕裂一样,反应在心理上好像火焰熏烧一般。都在一定程度上反映了对于生理与心理关系上的认识。

（二）易学文化与中医文化的相通

不同的思维方法决定不同的文化形态,易学文化与中医文化的相通主要是由思维方法上的相通所决定的。《易经》不同于其他文化典籍的奇特之处,在于它的卦象符号系统。而比类取象是卦象符号系统得以建立的方法,如《易传·系辞》云:"古者包牺氏之王天下也,仰则观象于天,俯则观法于地,观鸟兽之文与地之宜,近取诸身,远取诸物,于是始作八卦,以通神明之德,以类万物之情……是故《易》者,象也。象也者,像也。"通过观象、取象、立象等表达对宇宙万物的认识,"圣人立象以尽意,设卦以尽情伪……是故夫象,圣人有以见天下之赜,而拟诸其形容,象其物宜,是故谓之象"(《易传·系辞》),从基本的阴阳符号"--""—"到八经卦卦象、六十四卦卦象,从太极图到河图、洛书无一不是这样的象。通过这些大大小小、各种各样不同的象,将宇宙万物联结在一起,所谓"引而伸之,触类而长之,天下之能事毕矣"(《易传·系辞》),"昔者圣人之作《易》也,将以顺性命之理,是以立天之道曰阴与阳,立地之道曰柔与刚,立人之道曰仁与义"(《易传·说卦》)。"见乃谓之象……制而用之谓之法"(《易传·系辞》),后人在对《易经》创立的这些法象揣摩、感悟的基础上,"见天下之赜"

"感而遂通天下之故"（《易传·系辞》），认识象所象征的事物的意义，从而完成一个思维过程。这样的思维过程就是意象思维的过程，也是中医的主要思维方法，因此易学文化与中医文化在思维方法上是相通的。如果从《易经》和现存最早的中医著作《黄帝内经》成书时间的角度考量，易学文化与中医文化在思维方法上的相通也可以理解为易学文化的思维方法对中医文化思维方法的深刻影响。或者说，正是由于中医文化思维方法受到易学文化思维方法的深刻影响，两者才呈现出高度的一致和相通的特点。

二、易学文化对中医文化的影响

从表面上看，以《黄帝内经》《伤寒论》为代表的中医文化典籍中并没有明引《周易》文句，但实质上中医文化融会和吸收了易学文化，这表现和反映在建构藏象系统，阐释脏腑功能、病因病机，指导疾病诊治、用药组方，推测疾病发生和预后各个方面。

（一）建构藏象系统

在易文化意象思维方法的影响下，中医构建了多种象系统。如《素问·五脏生成》说"五脏之象，可以类推"，通过对"象"的类比推理，《黄帝内经》将人体五脏六腑与形体官窍、生理心理活动，乃至自然界的物象也联系起来，构成了中医学的藏象系统。如《素问·金匮真言论》云："东方青色，入通于肝，开窍于目，藏精于肝，其病发惊骇，其味酸，其类草木，其畜鸡，其谷麦，其应四时，上为岁星，是以春气在头也，其音角，其数八，是以知病之在筋也，其臭臊。"即以五行为框架，将五脏、四时、五方、五气、五味、五色、五畜、五音、五数等联系在一起，从而构建了中医的藏象理论。

（二）阐释脏腑功能

对于脏腑生理功能的认识，也多借用象以推论和说明。如《素问·灵兰秘典论》云："心者，君主之官也，神明出焉。肺者，相傅之官，治节出焉。肝者，将军之官，谋虑出焉……凡此十二官者，不得相失也。故主明则下安，以此养生则寿，殁世不殆，以为天下则大昌。主不明则十二官危，使道闭塞而不通，形乃大伤，以此养生则殃，以为天下者，其宗大危，戒之戒之。"将人体脏腑与社会人事中的职官功能相类比，不仅说明五脏六腑是统一和谐的整体，同时也阐述了五脏六腑的主要生理功能及地位。

（三）阐释病因病机

在象系统建立的基础上，阐述疾病发生的原因和机理。如《灵枢·五变》中说："木之阴阳，尚有坚脆，坚者不入，脆者皮弛，至其交节，而缺斤斧焉。夫一木之中，坚脆不同，坚者则刚，脆者易伤，况其材木之不同，皮之厚薄，汁之多少，而各异耶。夫木之早花先生叶者，遇春霜烈风，则花落而叶萎。久曝大旱，则脆木薄皮者，枝条汁少而叶萎。久阴淫雨，则薄皮多汁者，皮溃而漉。卒风暴起，则刚脆之木，枝折而杌伤。秋霜疾风，则刚脆之木，根摇而叶落。凡此五者，各有所伤，况于人乎！"运用象思维的方法，生动形象地揭示了体质和发病的关系。

（四）指导疾病诊治

中医诊断以司外揣内为基本方法，即观察外在的症状、体征等现象，以推测内脏的变化。司外揣内的方法，必然着眼于患者所表现出的各种病理现象，而对"象"的认识自然离不开取象思维的方法。如《素问·五脏生成》说："夫脉之大小、滑涩、浮沉，可以指别；五脏之象，可以类推；五脏相音，可以意识；五色微诊，可以目察。能合脉色，可以万全。"中医临床诊断的过程，正是在取象思维方法的引导下，根据望、闻、问、切所获得的资料（象），通过相关的物象或意象以达到对病证的认识。在此基础上对疾病进行治疗，如《素问·示从容论》说："夫圣人之治病，循法守度，援物比类。"

（五）指导用药组方

中医临床组方用药，也离不开取象思维的指引。如《本草纲目》中说"人身法象天地，则治上当用(当归)头,治中当用身,治下当用尾,通治则全用",表明中医对药物性能的认识,除实践经验外,比类取象也是一个重要途径。又如《素问·至真要大论》说"主病之谓君,佐君之谓臣,应臣之谓使",表明象思维也是组方配伍,乃至选用煎服方法的思路之一。又如李杲《用药心法》中说"去下部之疾,其丸极大而光且圆;治中焦者次之;治上焦者极小……丸者,缓也,不能速去之,其用药之舒缓而治之意也",还反映出古代医家在认识与说明不同剂型的效能时也运用了象思维。

(六)推测疾病的发生和预后

要预防疾病,达到治未病的目的,首先要预测疾病。中医在易学象数学说的基础上,发展出关于气象、物候、疾病关系的五运六气学说(图2-15、图2-16)。这在《素问》的《天元纪大论》《五运行大论》《六微旨大论》《气交变大论》《五常政大论》《六元正纪大论》《至真要大论》等七篇"大论"中有全面的论述,如《素问·至真要大论》说"少阴司天,热淫所胜,怫热至,火行其政。民病胸中烦热,嗌干,右胠满,皮肤痛,寒热咳喘,大雨且至,唾血血泄,鼽衄嚏呕……"等。在《灵枢·九宫八风》中,将后天八卦方位等与九宫图相结合,组成了代表四方四隅、四立二分二至时空关系的九宫八风图(图2-17),根据"太一"过宫时的风向预测人体的发病,"风从南方来,名曰大弱风,其伤人也,内舍于心,外在于脉,其气主为热……风从西北方来,名曰折风,其伤人也,内舍于小肠,外在于手太阳脉,脉绝则泄,脉闭则结不通,善暴死"等。

图 2-15 五运图

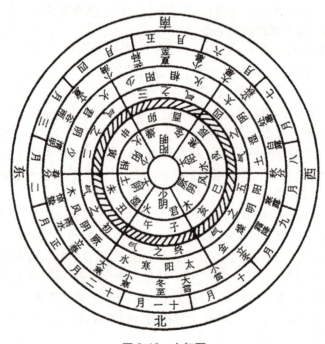

图 2-16 六气图

54

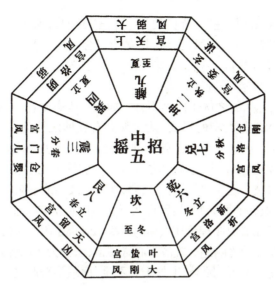

图 2-17　九宫八风图

三、中医文化对易学文化的丰富和发展

在易学文化的影响下,中医在引进和吸收易学文化建构中医理论体系、阐释病因病机、指导疾病诊治的过程中,也在诸多方面丰富和发展了易学文化。今择其数端略述于下。

（一）创造性地运用卦象

在《易传·说卦》中,只是将八经卦象分别与首、腹等人体局部的对应（表2-1、表2-2）,而中医则在面、鼻、耳、舌、腹、手、足等人体局部皆分别建立起八卦模型。例如,定型于金元时期的目轮八廓理论,将眼睛按八卦的部位划出八个不同的方位,而后各隶属于六腑、心包和命门,如瞳仁为水廓,应坎卦,配属膀胱;白睛为天廓,应乾卦,配属大肠等。这一理论把眼睛局部与脏腑统一为一个整体,用以说明眼的生理、病理现象,指导眼病的辨证论治。又如,王好古在《此事难知》一书中论述了老师李杲完善八卦面诊法的内容,载有面部形色八卦图,增添了文王八卦中的四隅图,右腮乾卦对应大肠,左腮艮卦对应小肠,左额巽卦对应胆,右额坤卦对应胃等。

中医对卦象的创造性运用,还突出地表现在以"太极"解释"命门"。"命门"之说初见于《黄帝内经》《难经》,但说法不一。金代刘完素受宋易太极阴阳学说的影响,发展出全新的命门学说。他将《黄帝内经》五运六气中"君火以明,相火以位"思想与藏象学说结合,以心为君火,命门为相火,首创命门相火说。以右肾属火,是后世"肾阳"学说的最早表述。明代是命门学说的全盛时期,孙一奎、赵献可、张介宾都认为命门就是人身之太极,主宰一切,但对命门的认识不同。孙一奎提出了"动气命门"之说,认为"命门乃两肾之间动气,非水非火,乃造化之枢,阴阳之根蒂,即先天太极"（《医旨绪余·命门图说》）。赵献可提出"肾间命门"的说法,"命门即在两肾各一寸五分之间……是为真君真主,乃一身之太极,无形可见"（《医贯·内经十二官论》）,命门已经不再是孙一奎所说的肾间动气,而是有着明确位置及系统构成的先天太极命门,主宰着五脏六腑的生成发育和功能活动。张介宾提出"水火命门"说,"命门居两肾之中,即人身之太极,由太极生两仪,而水火具焉,消长系焉,故为受生之初,为性命之本""命门为水火之府,为阴阳之宅,为精气之海,为死生之窦"（《类经图翼·类经附翼》）,认为左右肾合为命门,即真阴真阳合为太极,主宰五脏。

（二）以易理阐释病因病机

最早以易理阐释病因的记载,见于《左传·昭公元年》医和解释晋平公蛊病的成因:"疾不可为也,是谓近女室,疾如蛊……淫溺惑乱之所生也。于文,皿虫为蛊。谷之飞亦为蛊。

笔记栏

在《周易》，女惑男、风落山谓之蛊。皆同物也。"《蛊》卦的卦象是上艮下巽，据《周易·说卦》，艮为少男、为山，巽为长女、为风，少男、长女的组合暗指晋平公一个男人与众多女人发生关系，导致因女色过度而患病。对于这样一种疾病，作为一个出使晋国的秦国医生不便明言，故通过借用《蛊》卦的卦象委婉地表达。

后世医家以易理阐释病因之例也屡见不鲜。如元代朱震亨在《格致余论·鼓胀论》中以《泰》《否》二卦阐释腹水鼓胀之疾的形成，认为脾具有乾坤之性，脾气正常则形成上下交泰之势，阴升阳降，人体处于正常状态，"是脾具坤静之德，而有乾健之运，故能使心肺之阳降，肾肝之阴升，而成天地交之《泰》，是为无病之人"。反之，脾土之阴受伤，则转输失职，胃气也随之不能运化，则成腹水鼓胀之疾，"故阳自升，阴自降，而成天地不交之《否》。于斯时也，清浊相混，隧道壅塞，气化浊血瘀郁而为热，热留而久，气化成湿，湿热相生，遂成胀满，经曰鼓胀是也"。明代张介宾也善于用卦象原理论述人体的疾病，如《类经附翼·医易义》云"以疾病言之，则泰为上下之交通，否是乾坤之隔绝。既济为心肾相谐，未济为阴阳各别。大过、小过，入则阴寒渐深，而出为癥瘕之象。中孚、颐卦，中如土脏不足，而颐为臌胀之形……"等。

（三）以易象命名丸药、方剂、治法等

中医文化对易学文化的发展，还表现在以易象、卦象、卦名、卦理等命名方剂、治法等。如太极丸、两仪膏、坎离既济丸、三才封髓丹、交泰丸等方剂，都是以易象、卦象等命名的。针刺方法中的灵龟八法等按时取穴针法，即将奇经八脉的交会穴，依洛书之数，配合八卦九宫的方法、次序，类比人体气血流注的次序和盛衰变化，从而因时制宜取穴。针刺中的"烧山火"手法"用九阳而三进三退"，"透天凉"手法"用六阴而三出三入"，也反映出一定程度上的易理。

正是基于易、医文化之间这种密切关系的认识，孙思邈云"不知易，不足以言太医"（《类经附翼·医易》引），张介宾云"岂非医易相通，理无二致，可以医而不知《易》乎"（《类经附翼·医易义》），恽铁樵云"《黄帝内经》之理论，即《易经》之理论"（《群经见智录》）。

知识链接

《易经》中的动态平衡思想

《易经》被誉为中国传统文化的"源头活水"，"经""传"合体后也被称为传统社会治国安邦的"王者之书"，在几千年的社会建制和文化传承中起到极其重要的作用，其中一个重要原因就是为后世奠定了一个以阴阳为代表的动态平衡的文脉系统。平衡则治，失衡则乱。不仅人体健康，需要阴阳平衡。在当前新时代，要实现中华民族伟大复兴，也离不开物质生活和精神生活、城市建设和乡村振兴、沿海和内地、发展和保护等方面发展中的动态平衡。

学习小结

本章介绍了《周易》的基本知识、易学在不同历史时期的发展、易学文化的精华、易学文化与中医文化的关系。其中，结合最新研究成果，对向来神秘纷乱的图书文化进行介绍，以期溯本求源。易学文化源远流长、古奥高深，与中医文化关系密切，要真正学好中医文化，必须同时学习和了解易学文化。

（臧守虎　段晓华　彭榕华　赵荣波　程佩）

复习思考题

1. 谈谈你对《周易》的了解和认识。
2. 简述易学在不同发展阶段的主要特点。
3. 谈谈易学中象数派和义理派的关系。
4. 如何看待易文化对中医文化的影响？

第三章
PPT 课件

❖❖❖ 第三章 ❖❖❖

儒 学 文 化

📝 **学习目标**

　　了解儒学文化在中国历史发展过程中的地位及影响,掌握儒学文化的形成与发展、儒学文化的核心要义、儒学文化对中国社会以及中医学的影响等内容。

学习要点

　　儒学的形成与发展,儒家仁学、礼学、中庸、诚信、孝悌、正名思想,儒学文化与中医文化等内容。

　　儒家是中国历史上最有影响的学派,起源于春秋时期,崇奉孔子学说。儒家学说,亦称儒学。其学术思想崇尚"礼乐""仁义",提倡"忠恕""中庸"之道,政治上主张"德治""仁政",重视伦理道德教育。

　　先秦时,儒家学派只是诸子之一,与其他学派在地位上没有主次之别。从汉武帝施行"罢黜百家,独尊儒术"系列政策开始,儒家逐渐成为我国封建社会占统治地位的学派。在长达两千多年的中国封建社会里,儒学思想一直在官方意识形态领域占据着正统地位,并成为中国社会普通民众的主流意识和核心价值观。可以说,儒学是中国传统文化的主流思想。因此决定了以儒家思想为指导,包含知识、信仰、伦理道德、政治、法律、艺术、风俗习惯等内容的儒学文化,在中国传统文化中占有绝对的主导地位。

　　儒学文化对中国、亚洲乃至全世界都产生过深远的影响。儒家学说从个人层面的修身开始,逐层扩大到齐家、治国、平天下,成为一个无所不包的整体。它已不是一种单纯的哲学或宗教,而是一套完整的安排人间秩序的思想体系,通过两千多年的倡导和实践,已经渗透到国人日常生活的每个角落,形成一种"制度化"的生活方式。同时,儒家思想也成为东亚地区的基本文化信仰。

　　近代以来,西学东渐日盛,儒学思想受到外来文化的冲击,虽然历尽波折,但它依然是中国社会的主流文化思想。20世纪60年代以来,东亚经济的迅速发展引人瞩目,儒家思想的现代价值也越来越为人们所重视。深入挖掘、诠释儒家思想中所蕴藏的适应现代社会发展的精神资源,使其在现代社会中发挥积极作用,不仅是儒家文化自身发展的需要,更是当今我国建设社会主义和谐社会的需要。

第一节 儒学的形成与发展

　　作为中国传统文化的主干,儒学起源于先秦时期。春秋末期,孔子创立了儒家学派,后在孟子、荀子等大儒的推动下,儒学成为春秋战国诸子学说中的显学。儒学的形成与发展可以大致分为如下几个发展阶段：先秦子学时期、汉唐经学时期、宋明理学时期、清代实学时期和近现代新儒学时期。

一、先秦子学时期

据史学家考证，"儒"作为一个社会群体，起初可能与职业礼生（以司礼为职业之人）有关，而后者又可能与殷商的士人有某种关系。但就"儒学"（儒家学派）而言，孔子之前实无所谓"儒学"，因为儒学的基本精神及理论均由孔子提出，所以儒学的创始者应是孔子。据《史记·孔子世家》所述，孔子名丘，字仲尼，春秋时期鲁国人。孔子毕生的理想，是在春秋时期礼崩乐坏的背景下复兴周礼。为实现这一理想，孔子曾周游列国十多年。孔子所创立的儒学以仁学为核心。在此学说中，孔子由"仁""义""礼"等观念出发，创立人文之教、德性之学，其最大特色在于将道德生活的根源收摄于"自觉心"中，由此显现主体自由。可以说，孔子奠定了儒学的理论基础，塑造了儒学的精神方向。孔子的言论由他的弟子及其再传弟子记录下来，保存在《论语》一书中，是研究孔子思想的主要材料，集中体现了孔子的哲学思想、政治理念、道德伦理、教育原则等，为儒家经典"四书"之一。孔子的生平事迹主要记载于《史记·孔子世家》《孔子家语》等书中。后世儒者以孔子思想为根据，基于各自时代和社会的需要而因革损益，逐步将儒家思想发扬光大，最终使之成为中国传统文化及哲学的主流。

先秦儒学的重要发展者是战国中期的孟子。孟子以继承、绍述孔子思想为职志，以实践儒家的"仁政""王道"为理想。他主张"民为贵，社稷次之，君为轻"，此是中国古代"民本主义"思想的滥觞。在人性论层面，孟子力倡本性趋善之说，认为人天生即有恻隐、羞恶、辞让、是非等四端之心，由此四端之心可以逆觉体证仁、义、礼、智四种德性；但在现实生活中，人易受外在因素的影响而障蔽、桎梏本心本性，导致人性的堕落。唯有重视成德的修行实践，基于"存心""养性""尽心""求放心"等一系列道德修养功夫，才可以保养、操存、滋长此本心本性。孟子的思想集中体现在《孟子》一书中。该书亦为儒家经典"四书"之一。孔子与孟子并称"孔孟"，孔子被尊为"至圣"，孟子为"亚圣"。

战国后期，荀子杂取道、墨、法、阴阳等诸家思想，对儒学作了新的发展，成为先秦时期百家思想的集大成者。其学说主要反映在《荀子》一书中。荀子认为天人有别，提出人们应当"制天命而用之"。在人性论方面，荀子倡性恶论，从人的生物本能、自然天性层面定义人性，认为人性本来是恶的，善是后天教化的产物。与此相联系，荀子在政治社会思想的层面，强调礼乐政教的作用，提倡"隆礼重法"。后者体现了荀子对于法家思想的汲取。

总结言之，孔子创立仁学，立"仁""义""礼"合一之传统，代表儒学之创始阶段，孟子提出性善论以进一步完善孔子的学说，代表儒学理论的初步完成。孔、孟立人文之教、德性之学，代表先秦儒学之主流；荀子倡性恶论，又杂取道家、墨家、法家诸派之言，别立系统，未能顺孔孟之路以扩大重德的哲学，就此意义上说，其是儒学之歧出。

二、汉唐经学时期

两汉时期，经学取得了统治地位。秦末，为了统一思想，秦王用法家之言，"焚书坑儒"，故至汉初，即面临经籍佚失的困境。在此背景下，整理经籍和注释经书成为客观需要，因此经学应运而生。而由于注经所据之经籍文本不同，所以又引发了经学中的今古文之争。汉初官方收藏的是以当时流行的隶书所写的儒家经典，称为"今文经"，后来在孔子旧宅和民间陆续发现了一些用战国古字所写的儒家经典，称为"古文经"。"今文经学"以今文经为据，注重阐发经书的微言大义；"古文经学"则以古文经为据，强调对经文本义的理解和典章制度的解释。

汉儒普遍以注经的形式阐发儒家思想。由于汉儒杂采阴阳家的阴阳五行思想,导致其在一定意义上扭转了孔孟儒学的精神传统。以汉儒的主要代表人物董仲舒为例,其昌言天人相应之说,认为天道之大端表现为阴和阳,阳为德,主生,阴为刑,主杀,天道尚阳不尚阴;人道与天道相应,刑主杀而德主生,人道任德不任刑。不难看出,董氏试图将德性价值之根源归于宇宙论意义之"天",德性价值的标准不再依于主体之自觉,显然偏离了孔孟儒学以心性论为中心的精神,而试图代之以宇宙论为中心的哲学。汉代大儒,除了董仲舒之外,还有西汉的陆贾、贾谊、扬雄、桓谭,东汉的王充、郑玄等人。

魏晋时期,玄学居于主导地位,其时学风崇尚《易》(易学)、《老》(道家老学)并举,主张调和儒、道两家。魏晋玄学是对两汉经学的扬弃,其试图摆脱经学胶着于章句训诂的传统,另辟重视义理思辨的新统。魏晋儒家的主要代表有王弼、何晏、阮籍、嵇康、裴頠、郭象等。南北朝时期,经学上形成南北两派。北朝经学谨守汉儒家法,注重通过名物训诂等方式来解经,学风偏保守、谨严;南朝经学受魏晋玄学影响,重视援引佛道思想阐发儒家义理,学风偏开放、激进。

隋唐时期,思想界呈现的是儒释道三家并立的格局。而隋唐儒学一方面表现为对汉魏经学的承续,另一方面表现为与佛、道思想的交涉。隋朝大儒王通,在《中说》中以周公、孔子自任,表达了复兴儒学的愿望;针对当时"三教"并立的思想背景,王通持调和论的立场,力倡"三教合一"之说。

与王通不同,唐代大儒韩愈明确提出"排佛抑老"的主张,以为复兴儒学扫清道路。他在《原道》中提出了"道统"说,认为儒家有一个从尧舜到孔孟的传承先王之教的统绪,但自孟子以后,儒家的道统命运多舛,几乎失传。韩愈因此发愿以传道为己任,以复兴和传承儒家的先王之教为自己毕生的使命。韩愈的后学李翱,在《复性书》中汲取佛教智慧,系统阐发了"节情复性"的人性论思想。李翱人性论的底色是儒家的,是对《易传》《中庸》等先秦儒家思想的创造性发挥。总之,韩愈、李翱都是唐宋之际复兴儒学的先驱,李翱尊信《易传》《中庸》,韩愈表彰《大学》,虽义理尚嫌粗疏,但作为宋明理学的先驱者实当之无愧。

三、宋明理学时期

宋明理学(或称道学)是儒、道、佛思想在宋元明时期新的综合,其以儒学为主干,融摄佛、道的智慧,建立了以本体宇宙论、心性修养论为中心的道德形而上学体系。其代表人物主要包括"北宋五子"周敦颐、邵雍、张载、程颢、程颐,南宋时期的朱熹、陆九渊,明代的王阳明等。劳思光先生曾以宋明理学诸家学说与孔孟之教距离的远近为标准,将宋明理学的发展分为三个阶段,分别以周敦颐与张载、二程(即程颢、程颐)与朱熹、陆九渊与王阳明为代表(《新编中国哲学史》)。

周敦颐与张载的思想代表宋明儒学发展历程的第一阶段,其特征是以"天"("天道")为主要观念,混合形上学与宇宙论以建立哲学系统。周氏依先秦儒家的《易传》《中庸》,作《太极图说》《通书》。其思想混合形上学与宇宙论,又在此基础上处理价值论问题。其形上学观念以"无"为本,价值论观念以"静"为主,宇宙论重"无极""太极""阴阳""五行"等观念。张载的代表作是《正蒙》《西铭》等,文献上亦宗主儒家的《易传》《中庸》。其为学旨趣虽重在建构形上学理论,但其对形上学与宇宙论界限欠分疏,尤其体现在其以"太虚"("太和")等概念为核心建构的气化论哲学体系中。张氏立说与周氏不尽相同,但其学说总体上仍属形上学与宇宙论的混合形态,在这一点上,其与周氏并无不同。

二程与朱熹代表宋明儒学的第二阶段,其特征是以"性"或"理"为主要观念,扬弃宇宙论成分而保留形上学成分。二程之学虽有差异,但其共同特征在于对"性即理"命题的认同。正是这一点决定了二程学说与周、张的不同。后二者立说,常混杂宇宙论成分,二程则扬弃了宇宙论,建立了比较纯粹的形上学系统,这一点程颐表现得更加明显。南宋的朱熹认为"理"是人类社会的最高道德、行为准则,包含了显著的伦理性;"理"又是宇宙间万事万物的唯一本原和共同本质,体现了宇宙的必然性和合理性。他系统论述了"理一分殊","理"是宇宙间万事万物唯一本原和唯一本质,而以"理"为本原的万事万物表现出来的特征是具有明显差异的,从而将宇宙统一本体和万物的多样性之间的关系合理地表达出来。朱熹继承程颐"性即理"的观点,并进行了创造性的发挥,认为人性与天理在本质上是一致的,"性即理也,在心唤作性,在事唤作理"(《朱子语类》)。朱子之学远承孔孟诸子,近通二程、张载,又融会佛老之学,形成了儒学发展至理学时期的成熟形态,其影响极广,不仅开启了我国明清时期之学术,也影响了 13 世纪之后朝鲜、日本、越南等周边国家的官方意识形态。

陆九渊与王阳明代表宋明儒学的第三阶段,其特征是以"心"("本心")或"知"("良知")为主要观念,高扬人之"主体性"观念,建构了心性论形态的哲学系统。南宋理学家陆九渊,直承孟子思想,创立"心即理"之说。其所谓的"心",即"本心",此"本心"是内在的,与生俱来的("天之所与我者");人只要"发明本心",即可复其本善之性。明代的王阳明则顺其理路,以道德主体性"良知"为中心,进一步提出"致良知"说,强调"知行合一",把心与理、知与行、体与用融合为一。严格来讲,以回归孔孟儒学本义为方向的哲学运动,至阳明的"致良知"说方算是正式完成。以"致良知"为核心的心学体系,将宋明理学推向了全新的高峰。

宋明理学不仅是传统儒学应对时势之变的一次重要内部知识调适与嬗变,还对中国传统社会各个方面的发展产生了深远的影响。就中医学而言,宋代以降中医学的发展显现出典型的儒学化特征,无论是宋儒构建新儒学的儒家早期经典文本资源,重新书写儒学传承"道统"的方式与方法,还是理学的具体思想,都对宋以后医家产生了很重要的影响。例如,明清医家对医学传承"医统"的梳理便是对理学"道统"的比附。又如,孙一奎、赵献可、张景岳等明代医家模仿周敦颐太极图宇宙论模式,赋予《黄帝内经》《难经》中的命门以新的本体论意义。以元明之际朱震亨丹溪学派的众多医家为代表,将理学心性论纳入医学之中,构建了以阴虚为核心的身体虚弱易趋性。正是缘于上述身体观转型,因命门学说而强化的温补,以及阴虚身体虚弱易趋性主导的养阴,深刻影响了明清时期温补与养阴之风的盛行。

四、清代实学时期

明清之际,明政权的覆亡对汉族知识分子是一个巨大的刺激。在此背景之下,思想界开始反思明亡的教训。从反思理学之空疏,到抨击君主专制之弊病,再到推尊考证之学、格致实学之"朴实",奠定了清代儒学的务实学风。

清初是实学思潮的初兴期,以倡导"经世致用"的务实学风为主要特征;清代中期(即乾嘉时期),考证之学兴起,学界倡导"实事求是"的实证学风;清末,在中西文化交汇和碰撞的背景之下,学者们开始关注格致实学,强调学习和研究西方科学。清代实学的主要代表人物有王夫之、方以智、颜元、戴震等。

明清之际的大儒王夫之,明确反对程朱理学"存天理,灭人欲"的观念,指出天理即在人欲之中,他极为推崇张载的"气一元论",反对阳明心学的"心外无物"说以及"生而知之"的先验论。王夫之还保持着"理势合一"的历史观,倡导均天下、反专制,是明清之际启蒙主义思想的先导。

方以智是明末清初的大儒,其在明清之际的反理学思潮中占有极重要的地位。其思想的独特之处在于自觉地借鉴西方的"质测之学"(即自然科学),形成"质测即藏通几"的科学哲学观,由此推动了传统气学向近代科学(西方的格致实学)转型。此外,他又继承了传统的气学思想,提出"气""火"互释的一元论,同时用"一即二,二即一"(《东西均》)表达其矛盾观。他还从质测之学出发,在中国科学史上第一次区别了心和脑,认为人的神明在脑不在心。

颜元思想的特色是重"习行"、尚"实学"。他从功利主义出发,批判宋明理学空谈心性,认为圣学之道贯穿在"三事"(即正德、利用、厚生)、"三物"(即六德、六行、六艺)中,而理学偏离了儒学正道。颜元认为,真儒应该重视"学以致用",不能忽视事功、效用,因此他倡导"实学",提倡以学、习、行、能代替道学家的讲、读、著、述。在哲学思想层面,颜元主张在重气的基础上统合理与气的关系,在重形的基础上探讨"性"与"形"的关系。

戴震是清代中期乾嘉汉学的主要代表人物,其为学的特色是重训诂考证,认为训诂明则义理明。戴震治学,不仅重视训诂考证,而且非常讲求"明道",即探求经典中的义理,因此其所取的为学路径,实是以汉学的方法治宋学。在哲学思想上,戴震持气本论,认为万物的本原是气,气在理先;在理欲关系上,批判理学家"存理灭欲"的观点,主张"理者存乎欲者也"(《孟子字义疏证》)的思想。

五、近现代新儒学时期

晚清以降,西方近代的科学、民主等思想陆续大规模地输入中国。这一时期,思想开明的知识分子积极在"中学为体,西学为用"的基础上接纳西学。其中较有代表性的儒家学者是康有为和谭嗣同。

晚清维新派的康有为试图将传统儒学思想同西方近代政治思想,特别是宪政主义结合起来,主张在中国实行君主立宪制,提倡三权分立、权力制衡,这是第一次在现代中国提出的"民权"思想。康有为还在民国初年纠集一帮同道,发起孔教运动,试图通过儒学的宗教化来重树儒学权威,进而借孔教来推动政治上的维新改革,挽救民族国家的危亡。同属于维新派的谭嗣同在《仁学》一书中,糅合近代西方自然科学中的"以太"说与传统儒家的"仁学",创立唯意志的心力论。在现实取向上,上述学说为其"冲决罗网"的战斗精神奠定了形上学的基础。

"五四"时期,陈独秀、李大钊、鲁迅等激进的启蒙思想家对"儒教"进行了空前的深入批判。正是在这一背景之下,现代新儒家(学)崛起了。现代新儒家的主要代表有梁漱溟、熊十力、马一浮、张君劢、冯友兰、贺麟、钱穆、牟宗三、徐复观、唐君毅等。现代新儒家注重反思现代化,强调中国文化的主体性,肯定儒学的深层价值与现代意义,其代表性思想主张有:中国传统文化不是"国故",而是鲜活的、有生命的存在;中国文化虽有多根,但其根本特点是"一本性",即在本原上是一个体系,并且有一脉相承的统绪;中国文化中的伦理道德思想与实践不仅仅是一种外在的规范,而且是一种内在精神生活的根据,包含宗教性的超越精神;传统儒家的心性之学是中国文化的神髓所在;传统儒家的"内圣"之学经过义理的调整,可以开出科学与民主新"外王"。

第二节 儒学文化精要

儒学文化是建立在儒家学说基础之上，包含了知识、信仰、伦理道德、政治、法律、艺术、风俗习惯等内容。而儒家学说又是以仁学思想为其核心内容，从正名思想出发，提倡中庸之道，系统阐述了礼学、诚信、孝悌等一系列伦理道德、政治规范。它对中国社会产生的影响是根深蒂固的，渗透到古代社会的各个方面，至今仍然深深影响着中国人的生活。

一、仁学思想

儒家以"仁"为本，仁学思想是儒家学说的核心内容之一。从早期的文献资料来看，虽然"仁"在孔子之前已经成为社会的一种美德，但其内涵还不十分明确。真正赋予"仁"这个概念明确而丰富的内涵，并加以积极宣传倡导，使之成为道德核心的人是孔子。孔子之后，他的学生和历代儒家在孔子学说的基础上，不断丰富和发扬，使仁学思想在中国社会中不断发展，并经得起实践考验，成为支撑中华民族精神的重要支柱。

孔子把"仁"作为最根本的道德规范来要求，把"仁"摆在了极其重要的地位，并从不同层次对"仁"做出了解释。第一，"仁"是人之所以为人的根本特性。《礼记·表记》引孔子曰："仁者，人也。"《礼记·中庸》载："仁者，人也，亲亲为大。""仁"与人是等同的，人的本质属性就是"仁"，人的本质最大的特点就是"亲亲"，"仁"就是人与人之间相亲相爱。第二，"仁"的核心是爱人。孔子把这种对亲人的爱扩展到普遍意义的仁爱。散见于《论语》各个篇章中的大量关于"仁"的论述，涉及个人生活的方方面面，诸如君臣、父子、兄弟、夫妇、朋友等，是对个人生活的规范。可以说，"仁"是人们应具有的精神品质和生活态度。所以，做人离不开"仁"。樊迟问仁，子曰"爱人"（《论语·颜渊》）、"泛爱众而亲仁"（《论语·学而》）。在孔子看来，"仁"就是"爱人"，是亲情、友情的泛化，即"泛爱众"，是人类文明的最高境界。第三，"忠恕"是践行"仁"的方法。"己所不欲，勿施于人"（《论语·颜渊》），自己不想做的事情，不要强加给别人。反之，就是要"己欲立而立人，己欲达而达人"（《论语·雍也》），在满足自己的欲望和要求时，也愿意帮助别人实现他们的欲望和要求。通过向别人学习来提升自己的道德修养。诸如"见贤思齐"（《论语·里仁》），"三人行，必有我师焉：择其善者而从之，其不善者而改之"（《论语·述而》），做到"以友辅仁"（《论语·颜渊》）。反之，要与不仁言行划开界限，"无友不如己者"（《论语·学而》）。时常反省自己。见到不仁的行为时要反省，"见不贤而内自省也"（《论语·里仁》）。平时也要养成反省的习惯，"曾子曰：吾日三省吾身，为人谋而不忠乎？与朋友交而不信乎？传不习乎？"（《论语·学而》）要选择有助于提升自己道德修养的外部环境。"里仁为美。择不处仁，焉得知？"（《论语·里仁》）由此观之，儒家所讲的忠恕，就是不断从外界吸取养料，以提高自己修养的过程，同时，把自己已获之修养作用于外界，推己及人。忠恕是儒家最终实现"仁"的方法。第四，克己复礼为仁。"克己复礼"是达到仁的境界的修养方法。克己就是自我克制，复礼是指孔子认为春秋时期已经"礼崩乐坏"，故应当恢复西周之仪礼。这实际上是要求形成一个严格有序的社会规范，以确保"仁"的实现，避免天下紊乱。

孟子发展了孔子的仁学思想。他基于性善论，在肯定了"仁"就是"爱人"的同时，认为"仁"是人的原性，"仁，人心也"（《孟子·告子上》）。孟子还进一步把伦常之情扩展到所有的人间之情，"老吾老，以及人之老；幼吾幼，以及人之幼；天下可运于掌"（《孟子·梁惠王上》），强调仁和义的关系，认为仁是人的内在观念，义是人的外在作为。例如："亲亲，仁也；

敬长,义也"(《孟子·尽心上》),"仁,人心也;义,人路也"(《孟子·告子上》),"仁,人之安宅也;义,人之正路也"(《孟子·离娄上》)。孟子处于诸侯争霸的乱世,针对当时的严刑峻法,在孔子"为政以德"的基础上,提出了"仁政"学说,并设计出一系列施行"仁政"的具体措施。第一,制民恒产。恒产,指房屋、土地等不动产。他认为"无恒产者无恒心"(《孟子·滕文公上》),没有恒产的人,容易走上犯罪道路。制民恒产的方式就是推行"井田制"。"方里而井,井九百亩""八家皆私百亩,同养公田"(《孟子·滕文公上》),即每平方里划分为九百亩,中间一百亩为公田,其余分给八户农民为私田,八户农民共同耕种公田,之后再耕种私田。由于当时兼并侵夺之风甚盛,造成国邑之界、井地破坏,出现了不正、不均、不平现象。要想施行仁政,应当先从划定井田经界开始。孟子说"夫仁政必自经界始。经界不正,井地不钧,谷禄不平,是故暴君污吏必慢其经界。经界既正,分田制禄,可坐而定也"(《孟子·滕文公上》)。让百姓拥有最基本的生活资料,有自己的土地,同时"薄赋敛""不违农时",给老百姓生活方面的满足,这是孟子描绘的美好的社会制度。第二,"以德服人"。提出贵民思想,要求执政者在治理国家过程中以民为本。"民为贵,社稷次之,君为轻"(《孟子·尽心下》),如果没有人民的支持,国家政权以及君主的统治地位都将落空。在人才观方面,孟子认为,为了顺利推行仁政,一定要选用仁者当官,"惟仁者,宜在高位;不仁而在高位,是播其恶于众也"(《孟子·离娄上》),所以要求以德配君,要有相应道德才能配得上一定的职务。

荀子继孟子之后,从不同的角度丰富发展了孔子的仁学思想,强调仁与礼的关系,主张行礼显仁。荀子认为,仁是一种原则,必须通过外在的礼来实现。所以"尚贤使能,则主尊下安;贵贱有等,则令行而不流;亲疏有分,则施行而不悖;长幼有序,则事业捷成而有所休"(《荀子·君子》),可见礼与仁是密不可分的。

董仲舒继承了荀子行礼显仁的主张,在"仁"的思想原则基础上,构建了以"仁"为核心的五常体系,"五常"作为古代政治伦理道德体系的一部分,必然为历代统治者和正统思想家所大力提倡,他们逐渐把汉代以来流行的纲常观念推向绝对化、神圣化,并使之广泛深入于人心,从而使之成为中国传统社会(尤其是后期)人伦关系的基本行为准则与道德规范。宋明时期的理学家,特别是二程将"仁"看作是宇宙生生不息之根源,是人心之本有,无须向外界探求。陆王心学对仁与礼的关系多有论述,在继承董仲舒学说的基础上有所发挥。

二、礼学思想

礼学思想是儒家学说的核心组成部分,儒家礼学在几千年的中国传统社会里备受推崇。孔子还把仁学注入到礼学之中,阐述了礼与仁的关系,赋予了礼以深刻的内涵,使礼达到了更高更深的层次。

"礼"具有多层次的含义。许慎《说文解字》曰:"礼,履也。所以事神致福也。"最初的"礼"是指早期先民宗教祭祀活动中的各种规矩。在经过夏、商、周三代之后,"礼"逐渐扩展到社会各个领域,形成了一整套的社会典章制度。《尚书·虞书》中说"修五礼"。《礼记·王制》指出:"修六礼,以节民性。"《礼记·礼器》就有了"经礼三百,曲礼三千"之说。上古时代,政教不分,礼既是伦理范畴,又是政治范畴。周公制礼作乐,有一个基本的指导思想,即"敬德保民"。到了春秋时期,孔子特别推崇周礼,明确提出"克己复礼"(《论语·颜渊》),汉代以后,政教分开,"礼"逐渐成为一个专门的伦理范畴。

孔子把"礼"作为儒家伦理道德的重要规范之一。子曰:"夏礼,吾能言之,杞不足征也;殷礼,吾能言之,宋不足征也。文献不足故也。足,则吾能征之矣。"(《论语·八佾》)"礼"在个人修身成人及人际交往中,有着重要的意义。儒家讲"礼",是为了建立正常的社会秩序,稳定社会。孔子一生,对礼有不可动摇的信仰。孔子自幼潜心习礼,"为儿嬉戏,常陈俎豆,设礼容"(《孔子世家》)。他把仁的意蕴寄寓于礼仪之中,强调了礼的社会规范的作用,孔子说:"人而不仁,如礼何?"(《论语·八佾》)又说"不学礼,无以立"(《论语·季氏》),指出不懂得礼的规范和要求,就无法在社会上立足。"礼"是指整个的社会等级制度、法律规定和伦理规范。任继愈在《中国哲学史》中指出:礼是就社会制度方面说的,他要求贵族们实行礼的时候,不要把礼看作从外面加给自己的约束,而是从思想上对礼要重视起来,多为别人着想。仁就是从伦理关系方面说的,他要求贵族们实行"仁"的时候,要遵循客观标准。所谓"能近取譬"是在周礼所规定的范围内去设身处地(能近取譬),而不能离开了周礼所规定的原则去设身处地。社会的道德总归是为它的政治制度服务的,孔子说"君使臣以礼,臣事君以忠"(《论语·八佾》)。他试图在政治上用周礼和从思想上用仁消除公室和私家的矛盾,所以才提出"仁者爱人""克己复礼"的原则。

孟子继承了孔子赋予礼的神圣价值,强调了礼与仁义的关系,认为礼是仁义的外在表现形式,实行仁义,要有一定的节度、一定的形式,这就是"礼"。"辞让之心,礼之端也"(《孟子·公孙丑上》)。"恭敬之心,人皆有之"(《孟子·告子上》)。孟子基于性善论,强化礼仪背后隐含的主观善心,认为谦让才能行于天下,游于江湖,社会秩序才能安定。

荀子继承发展了孔子关于礼的思想,强调以礼和德为治国之本。主张隆礼重法,以"礼"节制人性,隆礼以使"性伪合"。在治理国家上,荀子更重视"礼",为了确保公共秩序的正常运转,礼免不了有强制性,故而以礼法并称。荀子基于性恶论,认为人的本性生来就是恶的,就不能杜绝人与人之间的争斗,这就须以人为的方法,依靠"礼"来限制人的行为,维护社会秩序,并且引人为善。而矫正人性的最好手段就是"礼乐",完全符合"礼"的人就是圣人君子。《荀子·礼论》曰:"礼有三本:天地者,生之本也;先祖者,类之本也;君师者,治之本也……故礼,上事天,下事地,尊先祖而隆君师,是礼之三本也。""三本"既是礼的来源,又蕴含了礼的功能。《荀子·大略》:"礼之于正国家也,如权衡之于轻重也,如绳墨之于曲直也。故人无礼不生,事无礼不成,国家无礼不宁。"在荀子那里,义礼并称时,礼多指道德。在礼法并称时,礼多指制度。礼与法两者互相配合,在治理国家方面是殊途同归。

儒家的思想体系中,礼学思想占有很重要的地位。从内容上来看,大致可以分为以下三个方面。第一,制度规范。荀子著有《礼论》,论证了"礼"的起源和社会作用。他说"礼者,贵贱有等,长幼有差,贫富轻重,皆有称者也"(《荀子·富国》)。他认为"礼"使社会上每个人在贵贱、长幼、贫富等封建等级制中都有恰当的地位。同时,法治最为重要的手段和工具就是刑罚,而刑罚的来源也是礼,虽然法治能够直接告知一般百姓怎样的行为才能符合社会规范,违反社会规范的行为又会引起怎样的后果,但是总的来说,刑罚是被动的,是不得已而为之。因此,真正想要治理好国家,统治阶级就必须做到礼法并举,先礼后法。儒家认为礼与法是主与辅的关系,立法要以礼为依据,以礼作为罪与非罪的尺度和原则,不合礼的一定不合法。同时执法的最终目的绝非在于刑罚,而是在于教化,而教化的最佳结果则是儒家所向往的"无讼"最高理想。由此可见,儒家的法治观念始终是在礼的指导框架之下的,因此被称作是"礼法"。第二,道德规范。礼是指整个社会的道德规范。儒家对礼进行了全面细致的讨论,涉及日常生活各个方面的礼的体系。儒家认为,社会对于礼的遵奉,有利于提高整个社会的道德水准,尚礼是实现德治的基础。儒家将中国传统社会基本的五种人伦关系,即君臣、父子、夫妇、兄弟、朋友五种关系称为"五伦",对主要的社会道德关系进行了整体的概括,提出了君惠臣忠、父慈子孝、夫义妇顺、兄友弟恭、朋友有信在内的五伦之礼。孟子认为:君臣之间有礼义之道,故应忠;父子之间有尊卑之序,故应孝,兄弟手足之间乃骨肉至亲,故应悌;夫妻之间挚爱而又内外有别,故应忍;朋友之间有诚信之德,故应善。这是处理人与人之间伦理关系的道理和行为准则。对于其中每一种特定的关系,都有具体的礼节规定。《礼记·曲礼上》中说:"人有礼则安,无礼则危。"可见,在儒家看来,礼是人们立身处世的基础,而学礼也就自然成为人们立身处世的前提条件。第三,行为规范。礼是指礼仪、礼节仪式和处世之道。在儒家看来礼的内容的规定,十分复杂、缜密,《礼记·礼运》将古礼分为八类(丧、祭、射、御、冠、昏、朝、聘),《周礼·大宗伯》将礼分为五类(吉、凶、宾、军、嘉),《礼记》的《昏义》和《王制》两篇还有其他的分类方法,而《仪礼》现存十七篇则更为详细地记录了礼仪的具体内容。所以《礼记·礼器》才有"经礼三百,曲礼三千"之说。而这些又与专制统治紧密地结合在一起,上至君臣百官,下至乡里平民,远至国家的社会统治,近至百姓的日常生活,都由礼而治。

儒家所宣扬的繁文缛节的礼,虽然大部分内容已经被历史淘汰了。但是,其精神仍然是现代社会生活所必需的。作为社会成员之一,每一位公民都遵礼守礼,才能建立起良好的社会秩序。

三、中庸思想

中庸思想是儒家学说的又一核心内容。在儒家看来,"中庸"不仅是一种伦理道德观,同时也是一种思想方法。儒家的中庸思想是从前人有关"中"的思想发展演变而来,由孔子首创,再经过后来的儒家,特别是《中庸》作者的充实发展,形成了一整套处世规范。

中庸的本义是以中为用,或者说,以中为常道。郑玄注《礼记·中庸》说:"庸,常也。用中为常道也。"北宋的程颐解释说:"不偏之谓中,不易之谓庸。中者,天下之正道。庸者,天下之定理。"(《二程遗书》)意思是说,不走极端、稳定不变,是一切事物的正道、定理。这个解释,说明了孔子中庸思想的要点。《论语·先进》:"子贡问:'师与商也孰贤?'子曰:'师也过,商也不及。'曰:'然则师愈与?'子曰:'过犹不及。'"可见,儒家通常反对走极端,力求在两个极端之间寻求适中的方法,既不要"过",也不要"不及"。

中庸又称为中和。在《论语》中"中"与"和"虽然是分别讨论的,但在后代儒家经典中却经常并提。朱熹说:"以性情言之,谓之中和;以礼义言之,谓之中庸。"(《朱子语类》)从性情方面讲,是中和;从礼义方面讲,是中庸。两者角度不同,实质相同。《中庸》郑玄注:"中庸者,以其记中和之为用也。庸,用也。"董仲舒从阴、阳的角度解释,认为极阴极阳为中,阴阳相半为和,所以冬至、夏至是中,春分、秋分是和。中和的作用大到治国,小至安身立命。"能以中和理天下者,其德大盛;能以中和养其身者,其寿极命。"(《春秋繁露·循天之道》)德以和为高,道以中为正。用中和治理天下,就会有盛德;用中和养身,就能长寿。在居住环境方面,"居处就其和",即阴阳调和,屋大多阴,台高多阳,都不是和。在人的情绪方面,要"喜怒止于中",不能过度。甚至人得的各种疾病"皆生于不中和"。《中庸》云:"致中和,天地位焉,万物育焉。""致",达到之意。"致中和"指人的道德修养达到不偏不倚,不走极端,使君臣父子各处其位,而且可以参天地之造化,使天地万物各得其所,达到十分和谐的境界,这就是符合"中庸"的标准。

在孔子看来,中庸是最高尚的道德,是"至德"。《论语·雍也》曰:"中庸之为德也,其至矣乎!"《中庸》进一步说:"中也者,天下之大本也;和也者,天下之达道也。"将中庸提高到了"大本""达道"的高度。《中庸》把中庸之道运用于修己治人,进而提出了有德之人首先必须具备"三达德",三达德就是(知)智、仁、勇。智,就是智慧;仁,就是宽厚、仁爱;勇,就是勇敢。其次,要实行"五达道",五达道就是天下通行的五种人际关系,即所谓"君臣也,父子也,夫妇也,昆弟也,朋友之交也"。儒家提倡运用中庸之道调节君臣、父子、夫妻、兄弟以及朋友这五种人际关系,以达到太平和合的理想境界。正确处理这五方面关系的准则是:"君惠臣忠""父慈子孝""夫义妇顺""兄友弟恭""朋友有信"。此外,在治理国家方面要做到"九经",即用中庸之道来治理国家,以达到太平和合的目标,需要通过九条具体措施实现。《中庸》曰:"凡为天下国家有九经。曰:修身也,尊贤也,亲亲也,敬大臣也,体群臣也,子庶民也,来百工也,柔远人也,怀诸侯也。"即:修养自身,尊重贤人,爱护亲族,敬重大臣,体恤众臣,爱护百姓,招纳工匠,优待远客,安抚诸侯。这样才能达到"中庸"的境界。

四、诚信思想

"诚信"是儒家学说中一个基本的德性观念和道德原则。诚信思想是儒家思想的重要内容之一。"诚"最早见于《尚书》。《尚书·太甲》载:"鬼神无常享,享于克诚。"诚可被训为虔诚,表示对鬼神笃信不二的心理。儒家将诚由对鬼神的虔诚心理发展到对道德的虔诚信守与尊重。《礼记·中庸》:"诚者,天之道也。诚之者,人之道也。"什么是"诚"?朱熹注曰:"诚者,真实无妄之谓,天理之本然也。"(《四书章句集注》)"诚者何?不自欺不妄之谓也。"(《朱子语类》)"诚"的本义就是诚实不欺,真实不妄。什么是"信"?许慎《说文解字》:"信,诚也。""诚,信也。"信即诚实守信,即言语与事实相符。信是中国传统道德的重要原则。它要求人们真实无妄,诚善于心,言行一致。人们往往把信与忠、诚连称为忠信、诚信。在中国思想史上,春秋战国时期,儒、道、法、墨诸家都对诚信问题极其关注,到了汉代,"信"被儒家列入"五常"之后,其地位进一步突显,成为最基本的道德规范。

《论语》中"信"字就出现了38次。"子以四教:文、行、忠、信"(《论语·述而》),"信"为"四教"之一。孔子还将"信"列为"五德"之一,是仁的一个重要内容,并将忠和信看作是最重要的道德规范。"与朋友交,言而有信"(《论语·学而》),"民无信不立"(《论语·颜渊》)。可见,信是指对自身言行负责任,做到言必信,行必果。也就是今天所说的诚信,对当代社会仍有十分重要的意义。《周易·乾·文言》提到:"忠信,所以进德也。"把讲求忠信视为增进美德的根本方法。

在儒家看来,诚信既是治国为政的基本准则,也是个人进德修业的根本。孔子把"诚信"看作立身之本、立人之道、立政之本,并进行了比较深入的阐述。第一,立身之本。诚实守信是孔子追求完美人格的要素之一。孔子认为,善人即是信人,他说:"见利思义,见危授命,久要不忘平生之言,亦可以为成人矣。"(《论语·宪问》)孔子这里所讲的"成人",正如朱熹注解所言,是"全人"之意,是一种典范性的人格。孔子特别提出,若能做到诚信也就可以算是"全人"了。由此可见,诚信在人格完善中的重要意义。诚信是个人立身处世的基本前提。在儒家看来,一个人要在世上立足,首先应该具备"信"这一最基本的道德品质。孔子强调:"言忠信,行笃敬。"(《论语·卫灵公》)第二,立人之道。诚信是人们社会交往的基本准则。作为人际交往的行为规范,诚信的基本要求是真诚相待、诚实不欺、信守诺言等。子夏曾说:"与朋友交,言而有信。"(《论语·学而》)第三,立政之本。孔子的弟子子贡曾向孔子求教为政之法。子曰:"足食,足兵,民信之矣。"子贡曰:"必不得已而去,于斯三者何先?"曰:"去兵。"子贡曰:"必不得已而去,于斯二者何先?"曰:"去食。自古皆有死,民无信不立。"(《论语·颜渊》)在孔子看来,得到百姓的信任比什么都重要。如果人民不信任,国家朝政就立不住脚,因而即使去兵、去食,也要存信,宁死必信。孔子把信放在治国的首位,鲜明体现了诚信政治的价值。

但是,儒家认为信是最低限度的道德标准,因而不是绝对的,有时要服从于更高的原则。

例如,有时信要服从义,《孟子·离娄下》:"大人者,言不必信,行不必果,惟义所在。"孟子将信作为"五伦"之一,强调"朋友有信"。孟子也十分重视人格中的诚信问题,《孟子·尽心下》曰:"浩生不害问曰:'乐正子何人也?'孟子曰:'善人也,信人也。''何谓善?何谓信?'曰:'可欲之谓善,有诸己之谓信,充实之谓美,充实而有光辉之谓大,大而化之之谓圣,圣而不可知之之谓神。乐正子,二之中、四之下也。'"先秦儒家纷纷提出了仁、孝、义、礼、恭、宽、信、敏、惠、智、勇等道德规范,在这些规范中,人与人交往的最基本的准则当属于"信"。不仅如此,以子思、孟子为代表的思孟学派更把诚、信的伦理原则上升为天道,对它做了哲学思辨分析。指出诚既是合乎自然法则的天道,也是人道。孟子曰:"诚者,天之道也;思诚者,人之道也。"(《孟子·离娄上》)因此,诚是自然、社会的和谐之道,天、人的和谐之道。

荀子与孟子一样,一方面把"诚"作为人道之准则,德行的基础;另一方面认为天地能以"诚"化生万物,圣人能以"诚"化育万民。这与孟子"诚者,天之道也;思诚者,人之道也"如出一辙。反之,"言无常信,行无常贞,惟利所在,无所不倾,若是则可谓小人矣"(《荀子·不苟》)。可见,在孟荀时,"诚"已成为儒家学派的重要思想范畴,并且具有伦理与哲学的双重意义,是从外在自然与社会的关联上来阐述"诚"。荀子说:"君子养心莫善于诚,致诚则无它事矣。"(《荀子·不苟》)他阐述了君子修养心性最重要的是诚信,达到最诚信的程度就不会有别的麻烦事发生了。荀子把诚信看作是人生最高境界和个人修养的主要原则。

到了汉代,"信"被列入"三纲五常"之中,越来越显示出了其在中国传统道德体系中的地位和作用。董仲舒所倡导的信与先秦诸子所讲的信是有一定的区别,他的信从巩固中央政权的统治出发,强调臣民必须"至忠厚信,以事其君"(《春秋繁露·五行相生》)。强调臣对君的信,君对臣的管理。

北宋周敦颐《通书》以"诚"为核心,指出"诚者,圣人之本。大哉乾元,万物资始,诚之源也;乾道变化,各正性命,诚斯立焉"(《通书》),认为圣人本乎"诚",万物始于"诚",伦理道德也都以"诚"为本。

北宋理学家张载也说:"君子宁言之不顾,不规规于非义之信。"(《正蒙·有德》)如果讲信有违大义,则宁愿食言。可见,儒家讲信,注重的不是其形式,而是其精神实质。如果离开道德的标准,片面地强调信,必然导致对道德责任的否定,破坏正常的社会秩序,这是不符合信的本质的。

二程思想体系中,"诚"与"理"属于同一概念,"无妄者至诚也,至诚者天之道也。天之化育万物,生生不穷,各正其性命,乃无妄也"(《二程全书》),认为真实无妄的"诚",是"天道",是"理"。"诚者"是以人求"天道",以人穷天理者。这样,二程就以"诚"为媒介把"天"与"人"完全统一起来,将儒家伦理上升到哲学的最高范畴。

五、孝悌思想

中国的孝文化源远流长,孝悌观念的萌芽最早可追溯到原始社会末期的尧舜时代。自古以来,孝道一直是中华民族的基本价值观,关乎中国人的精神生活。《说文解字》曰:"孝,善事父母者。""悌,善兄弟也。""孝悌"简言之就是孝敬父母,友爱兄弟。孔子在继承西周孝悌思想的基础上,开创了儒家孝道。曾子、孟子、荀子等将孔子的孝道思想进行了总结,并进一步发展,形成了儒家系统的孝道体系。

孔子提出了"孝悌"为"仁"之本的命题。孔子创立"仁学",非常重视"孝悌",系统地论述了孝道,"孝"是"仁"的重要内容之一,孝悌是做人、做学问的根本。"君子务本,本立而道生。孝悌也者,其为仁之本与!"(《论语·学而》)孝悌是其他道德的出发点和基础。"弟子入则孝,出则悌,谨而信,泛爱众而亲仁,行有余力,则以学文"(《论语·学而》)。因此,孝悌是人的一切行为的前提,对提升个人道德修养具有推动作用。孝悌的主要内容是"善事父母",这不止是让人们从物质上赡养父母,而且还要对父母怀有感恩之心,让父母内心平和,心情舒畅,也就是从精神上尊敬父母,此为"养亲敬亲"。孔子还提倡移孝为忠,将养亲、敬亲以礼法的形式规定下来,并推而广之,使之成为君王行仁政的基础和全社会"泛爱众"的前提,原本貌似只处于家庭伦理道德之中的孝悌思想,也就上升到了国家政治层面,最终实现了"孝亲"与"忠君"之间的关联,行孝必然尽忠,尽忠首先行孝。孝是维系家族的纽带,忠是维系国家的纽带。孝从事亲到事君,从事君到立身,最后成就个人完美品格。

孟子认为"孝悌"是天性,强调用"孝悌"来教化百姓,使百姓懂得孝顺父母、尊敬兄长的伦理道德。"谨庠序之教,申之以孝悌之义,颁白者不负戴于道路矣"(《孟子·梁惠王上》)。他希望"孝悌"在整个社会形成一种良好的社会风气,"老吾老,以及人之老;幼吾幼,以及人之幼"(《孟子·梁惠王上》)。孟子提出了"不孝"的五条标准,他还把"孝悌"与仁义礼智等结合起来。

荀子同样重视"孝悌"观念。荀子孝道的特点是把"孝悌"纳入礼的范围之内,一切服从于"礼"规定,按"礼"来行孝,"礼也者,贵者敬焉,老者孝焉,长者弟焉,幼者慈焉,贱者惠焉"(《荀子·大略》)。荀子把父子关系归纳总结为义高于父,"从义不从父"(《荀子·子道》)。

汉朝建立以后,儒家取得独尊地位,忠孝思想受到统治者大力推崇。董仲舒提出:"天子受命于天,诸侯受命于天子,子受命于父,臣妾受命于君,妻受命于夫。诸所受命者,其尊皆天也。"(《春秋繁露·顺命》)于是,对君父的服从、忠孝,归结为对上天的尊奉。由上天决定的君权、父权、夫权,成就了天下一统的格局。

宋明理学进一步把忠孝抬高到至高无上的地位,将其上升为天理。朱熹认为,孝道是子女的"天分","天分,即天理也。父安其父之分,子安其子之分……则安得私"(《朱子语类》)。孝之天分,实际就是"天理"。这样,源自人间亲情的孝就不只是具有道德情感的意义,而成为天理所寓的义务和天职。

《孝经》是古代儒家的伦理学著作,被列为"十三经"之一,所提倡之孝悌思想是维系家族的纽带,忠是维系国家的纽带。《孝经·开宗明义》说:"大孝,始于事亲,中于事君,终于立身。"子曰:"君子之事亲孝,故忠可移于君。"(《孝经·广扬名》)在孝悌思想的创建、发展与实践过程中,儒家为不同身份、不同地位的社会各阶层设计了有所差别的孝悌内容层次,《孝经》较为具体地将孝悌思想的内容分为三个层次,即庶民之孝、臣子之孝以及天子之孝。第一,庶民之孝。《孝经·庶人》:"用天之道,分地之利,谨身节用,以养父母,此庶人之孝也。"所谓庶民之孝,就是指百姓在日常生活当中,时时处处顾念家中老者,平日当顺应天时地利,务做农事,行为谨慎,用度节俭,以求从物质、精神两方面来奉养父母。庶民之孝关乎家庭,维护了宗族的稳定、和谐,是儒家孝治施政的基础,其根本在于以孝道教化普通民众,使老百姓心甘情愿地成为驯良之民,便于管理。第二,臣子之孝。所谓臣子之孝,是《孝经》中诸侯之孝、卿大夫之孝以及士之孝三者合一的统称,这是孝悌内容扩大化的典型产物,是实践于古代官场的政治行为。这一层次的孝悌,实际上已经由家庭而朝廷,由宗族长幼而庙堂君臣,发生了从孝亲到忠君的递进。臣子之孝鼓励诤谏之臣,敢于逆批龙鳞、直言进谏的大臣就被树立成为臣子之孝的典型和榜样。第三,天子之孝。所谓天子之孝,包括了两个方面:一方面体现在执政者施行仁政,以爱民如子、从善如流的形式回馈臣民给予的孝悌,换句话说,就是以积极的形式回应社会各阶层的"忠君"之举;另一方面指君王应当恭顺而合乎礼法地对待自己的亲长,做好天下的表率,从而感化天下,使老百姓能够纷纷效仿,以实现全社会广泛的孝。

孝悌之道是儒家伦理道德的重要内容,它根植于世世代代中华民族子孙的心中。元代郭居敬辑录古代二十四个孝子的故事,编成《二十四孝》,诸如缇萦救父、汉文帝亲尝汤药、老莱子戏彩娱亲等,在民间广受传颂。而古诗里的人物花木兰更是家喻户晓,她为了使老父亲免受征战之苦,决心女扮男装,代父从军,是一位不可多得的孝女。敬重兄长、善事兄长曰悌。兄弟姊妹之间也要提倡互相友爱。《弟子规》说:"弟子入则孝,出则弟。"至亲者莫若骨肉,手足之情既长且久,兄弟姐妹之间,更要珍爱,相互勉励、扶持。孔融七岁知让梨,就是这一传统的最好体现。

知识链接

传承儒家文化之精华,去其糟粕

孝悌作为儒家伦理道德的重要内容,一方面有利于维系封建社会的统治,保持社会稳定;另一方面,它所提倡的愚忠愚孝,也给社会带来了负面影响。例如,按照"孝"道的规定和要求,父母死亡,子女要守孝三年。这三年之中,子女有很多事情不能做,如不能工作、不能交际、不能娱乐等,后来的"丁忧"制度由此而来。对此,孔子一个叫"宰我"的学生当时就提出了质疑,他对老师孔子说:"三年之丧,期已久矣。君子三年不为礼,礼必坏;三年不为乐,乐必崩。旧谷既没,新谷既升;钻燧改火,期可已矣。"(《论语·阳货》)意思是说:服丧三年时间太长了。君子三年不习礼仪,礼仪一定会败坏;三年不演奏音乐,演奏音乐的技能就生疏了。旧谷子都吃完了,新谷子已经收获,钻木取火用的木头也已经轮过了一遍,服丧一年也就可以了。结果挨了孔子的一通指责、批评、训斥。其实,宰我的质疑是有一定道理的。尤其在现在这样一个发展迅速、竞争激烈的时代,如果完全按照上述守孝三年的要求去做,那恐怕会影响到工作和生活,这对于个人、社会都是不利的。因此,对于儒家文化,我们应该取其精华、去其糟粕,扬弃继承、转化创新,使之与当代文化相适应、与现代社会相协调。对于儒家文化如此,对于中国传统文化也应如此。

六、正名思想

"正名"就是正定名分,使名实相符。孔子最先提出"正名"的原则,它本身是一种政治观念,孔子以此来教育人,这也就是后来所说的名教思想。

孔子正名思想的主要内容,第一,"名"即名分,名分要合乎客观现实。《论语·子路》载:"子路曰:'卫君待子而为政,子将奚先?'子曰:'必也正名乎!'"正名的具体内容,就是"君君,臣臣,父父,子子"(《论语·颜渊》)。在孔子看来,要想拨乱反正,必须使天子像天子的样子,诸侯像诸侯的样子,大臣像大臣的样子,父亲像父亲的样子,儿子像儿子的样子,使实皆如其名,国家才能走向正轨,这就是"正名"。在社会关系中,每个人都有属于自己的名分,与这个名分相对应的是这个人的地位、责任、义务和权利,要名实相副。第二,"名"即名号,也就是抽象出来的概念或者称谓,名号要与其所指的实际内容、存在状态相一致。孔子看到了名号或概念的不确定性、随意性给政治管理带来的巨大不便,因而强调了明辨是非、建立标准以对社会政治产生积极作用。

孔子"正名"的政治涵义,就是用周礼作为尺度去正名分。《论语·子路》说:"名不正,则言不顺;言不顺,则事不成;事不成,则礼乐不兴;礼乐不兴,则刑罚不中;刑罚不中,则民无所措手足。"孔子把春秋看作是礼崩乐坏的时代,认为要制止各种邪说暴行,就必须恢复周礼。所谓周礼,是指西周建立的一整套经济政治制度和道德规范、礼仪等。而恢复周礼的根本方法,就是"正名"。正名思想的实质就是要维护社会已经存在的等级秩序,为维护社会和谐安定服务,维护统治阶级神圣不可侵犯的权利。

关于孔子正名的方法,孟子说:"世衰道微,邪说暴行有作。臣弑其君者有之,子弑其父者有之。孔子惧,作《春秋》……孔子成《春秋》,而乱臣贼子惧。"(《孟子·滕文公下》)通过编修《春秋》正名字、定名分、寓褒贬,便是孔子实行正名的方法。自从孔子提出"正名",古代诸多哲学家都受其影响。

孟子继承和发展了孔子的德治思想,孟子的正名思想是正人之名而排无父无君者于人之外。孟子言:"无父无君,是禽兽也。"(《孟子·滕文公下》)冯友兰先生认为:孔孟之正名,仅从道德着想,故其正名主义,仅有伦理道德兴趣,而无逻辑的兴趣。犹如苏格拉底之"以归纳法求定义",亦原只有伦理的兴趣也。柏拉图讲概念,其伦理的兴趣,亦较其逻辑的兴趣为大。至亚里士多德始有纯讲逻辑之著作。(《中国哲学史》)

荀子延续了孔子的正名思想,其所讲正名对逻辑的兴趣也非常大,着重阐明名实必须相符、同异必须有别。荀子在指出当时以名乱名、以实乱名、以名乱实的"三惑"基础上,提出他的名实思想。第一,"有循于旧名"。认为当"旧名"尚可符合现实之时,即遵循旧名,所谓"刑名从商,爵名从周,文名从礼,散名之加于万物者,则从诸夏之成俗曲期,远方异俗之乡,则因之而为通"(《荀子·正名》)。第二,"有作于新名"。当"旧名"不能合乎社会现实的变化发展时,就要"制名"。一般事物之名可以依照约定俗成的原则,特殊功能事物的名则应遵循"王者制名"的原则。第三,"共则有共"和"别则有别",注意区分一般与个别的关系。"共"就是一般,"别"就是个别的、特殊的。例如说到植物就是一个一般概念,植物可以分为木本植物、草本植物等,木本植物、草本植物又分别可以继续细分,一直到不可再分为止,"至于无别然后止"。

孔子和荀子的名实思想有一个共同的特点,就是从哲学角度出发,但最终的落脚点又指向政治。但是孔子更加强调用确定的"名"来限制客观的"实",而荀子则认为"名"的使用应当与时俱进,随时代的发展而发展,以名来"副实"。两汉时期董仲舒等人也探讨了名实关系,但是突破不大,基本是在孔、荀的思想框架之下进行论述,唐宋明清时期探讨这一问题的儒家学者就更为少见了。儒家名实思想的高峰时期在先秦,最重要的代表人物就是孔子和荀子。

以孔子和荀子思想为代表的儒学名实逻辑,在传统社会特别是先秦时期那样社会秩序严重失衡的时代,为建立相对稳定的政治、经济、社会规范以及伦理道德模式,起到了积极作用,具有较高的历史价值。在当今社会,儒家的名实思想依然有着其合理内核以及可借鉴之处。

第三节 儒学文化与中医文化

经历了两千多年的发展,儒学文化成为中国传统文化的主流,儒学文化已经渗透到中国社会生活的方方面面,对中国人的思维方式、价值理念、行为心态等都产生了重大影响,也在诸多方面参与了对中医文化的塑造。

一、"仁"与中医文化

"仁"重视人的生命与现实生存,与中医学的关注点不谋而合。宋代以后大量儒家知识分子进入中医领域,儒医强调"医乃仁术",将从事医学作为践行仁道的重要途径和具体方式,使得"仁"思想成为中医伦理道德的核心和基础。

(一)仁者爱人

《论语·颜渊》载,樊迟问"仁"于孔子,孔子答曰"爱人",指出了"仁"的核心内涵。《孝经·圣治》引孔子言:"天地之性,人为贵。"这一说法直接被医书所继承,如《素问·宝命全形论》称:"天覆地载,万物悉备,莫贵于人。"

儒家重视人,进而关注人的生命,关注人的身体,关注人的现世存在。如孔子在季路请教鬼神和死亡之事时回答:"未能事人,焉能事鬼?""未知生,焉知死?"(《论语·先进》)在万物之生与人生之间,他首先关注的也是人生。如《论语·乡党》载,孔子在听说马厩被焚时,首先问"伤人乎"而不问马。儒家积极入世的态度和人文关怀精神,深深影响了后世的医家。如孙思邈明确指出:"人命至重,有贵千金。"(《备急千金要方》自序)又引孔子之言斥责轻视人生命的态度:"贵畜而贱身,诚可羞矣。'伤人乎?不问马',此言安用哉!"(《备急千金要方·论药藏》)对生命的重视态度显示了以治病救人为宗旨的医学的意义,儒与医由此达成了一致的价值观,正如戴良《九灵山房集》所言:"医以活人为务,与吾儒道最切近。"

(二)医乃仁术

要做到"仁",首先要爱自己的亲人,即儒家所说的孝悌为仁之本,继而以忠恕之道将这种血缘关系的爱推广到社会上所有的人。从医学的角度看,医药乃生死攸关的大事,治病救人者最基本的条件应该存"爱人"之心。不仅要爱护救治的病人,更要通过治病过程,将仁爱之心播撒到普天下的黎民百姓,为使全社会的家庭和睦、人伦有序、国家长治久安作出贡献。也就是说,以仁爱之心行医,同样可以平天下。正像《灵枢·师传》所说的那样,医学"使百姓无病,上下和亲,德泽下流,子孙无忧,传于后世,无有终时","仁"因此成为儒、医共同的核心价值取向。至明朝王绍隆的《医灯续焰》明确提出:"医以活人为心,故曰:医乃仁术。"这是对中国传统医德思想的高度概括,也是儒家的道德准则"仁"在中医文化中的具体体现。它不仅准确表述出传统医学是通往"仁"的途径,而且以儒家的德行修养为模板,为传统医学树立起道德伦理规范。

医乃仁术表现在两个方面:第一,医为达仁之道。儒家既以仁为己任,将仁作为个人道德修养的最高境界,就必须通过一定的途径去身体力行。古代入世的知识分子,首选仕途,辅佐君王施行仁政。但这条道路并不容易,而儒与医在济世救民上有一定的共通点,所以有"不为良相,即为良医"之说。儒学以人为本、爱人重生的思想正是儒者从医的理论支持。医虽属于技艺,但在有道、有德之人手中施行,便是达到"仁"的最好途径。将爱人重生的思想推己及人,并且从自身做起、从身边人做起,从医也是一个有效的方法。从儒家的思维模式看,医人和医国都是通往"仁"的途径。第二,仁为医德之本。仁学思想介入医学,给医家提出了更高的素质和道德要求。晋代杨泉就曾说:"夫医者,非仁爱之士,不可托也;非聪明理达,不可任也;非廉洁淳良,不可信也。"(《物理论》)他认为仁、智、廉是良医的必备条件,其中"仁"是第一位的,体现了医德的重要性。孙思邈《备急千金要方》也以专篇"大医精诚"规范医德,提出"精"与"诚",强调澄心定志、精勤不倦。在医学教育领域,只有品行端正、聪慧善悟者才有资格学医。医者应对病人有真挚的同情心,一视同仁,"见彼苦恼,若己有之,深心凄怆"(《备急千金要方·论大医精诚》)。要成为良医,还要树立正确的"义利观"。孔子主张重义轻利,孟子更是提出舍生取义。儒医群体中,普遍认为行医是为了践行仁道,而非以医谋利或仅为生计而行医。孙思邈说:"医人不得恃己所长,专心经略财物,但作救苦之心。"(《备急千金要方·论大医精诚》)此也是儒家"推己及人"的"恕"道体现。医生是一个特殊的职业,一举一动关系到患者的生命,所以《素问·金匮真言论》要求"非其人勿教,非其真勿授"。

二、"孝"与中医文化

"孝"即尽心奉养父母,其目的是使父母身心康泰,这与医学的目的也是一致的。孔子认为孝悌是"仁"的根本,孝悌是其他道德的出发点和基础。因此,孝悌是人的一切行为的前提。孝是维系家族的纽带,而践行医学成为履行孝道的重要手段之一,对中医文化产生了深远的影响。

(一)知医为孝

儒家孝悌之道是古代孝子知医行为的直接动力,也直接导致了养老奉亲类老年医学成果的繁荣。父母的身体状况是最让尽孝之人牵挂之事,为人子者懂得一定的医药知识,对于尽孝无疑是有帮助的。为避免父母有疾却误于庸医之手,许多文人儒士开始习医,以便更好地关爱父母的身体而施行孝道。尤其宋代开始,医学逐渐得到全社会的重视,知医被作为行孝的必要条件而得到大力提倡。如《近思录》云:"病卧于床,委之庸医,比之不慈不孝。事亲者亦不可不知医。"不少原来习儒者更是抱着为父母师长疗疾的直接动机,精研医术,正式投入医学这一行业。

"知医为孝"的观念,改变了医疗队伍的结构,提高了医家的整体素质和社会地位,催生出中国医学史上"儒医"这一有鲜明文化特色的群体,是儒家思想对中医文化的重要影响之一。对"孝"的重视,也推进了中医老年医学专科的分化。唐代孙思邈的《千金翼方》中,已有"养老大例"和"养老食疗"的专篇。又由于儒家有"不孝有三,无后为大"(《孟子·离娄上》)的说法,因此,妇科和儿科在中医学中占有非常重要的地位。

(二)全身尽孝

"孝"观念对传统生命价值观产生了多方面的影响。孔子一向强调,仅仅满足父母的衣食需求并不是尽孝,还应关注父母的心理状态,满足父母的精神所需。因此,对待父母要敬、顺,要时刻和颜悦色,尤其是不应让父母担心。由于自己的身体来源于父母,因此爱护自己的身体也是尽孝的一部分。生命是父母赋予的,自身受到损伤,无异就是间接地使父母受到损伤;同时,一旦自身受到损伤,难免使父母牵肠挂肚、忧思费心,这都是不孝的表现。"父母全而生之,子全而归之,可谓孝矣。不亏其体,不辱其身,可谓全矣。"(《礼记·祭义》)所以,谨守孝道首先要珍视个人生命,除了想办法保护自己的身体不受损伤之外,还应保养使之免遭疾病的侵害,最好的保养办法莫过于自己懂得医学知识。保养身体,还应于无病时下功夫,即寓养生于日常生活的每一部分,也是尽孝道的重要内容。

应该指出的是,儒家的孝道思想对中医学的发展也产生了一定的负面影响,主要体现在阻碍了解剖学的发展。《黄帝内经》《难经》中虽已见中医解剖学雏形,但在儒家文化占统治地位的时期被完全遏制。在《南史·顾觊之传》中,曾记载了唐赐之妻遵其遗嘱剖腹探查死因,其子未制止,结果二人一起被处死的事件,其子唐副即是被判"不孝"之罪。由于儒家思想的长期束缚,直至清代中期,才出现了呼吁重视人体内部结构的王清任,但此时的中国解剖学与精细的西方解剖学已经远远不能相比了。

三、"礼"与中医文化

儒家的重"礼"对思想界产生了较大影响,从汉代开始被官方大力提倡,渗透到社会生活的方方面面,从而也与当时形成的中医理论体系有着一定关系。

(一)礼以立身

孔子曰:"不知礼,无以立也。"(《论语·尧曰》)孔子的礼,是一种人人应当遵循的道德和行为规范,"知礼"是在社会的等级秩序下各司其职、各尽其责,是人安身立命之本,是维持正常社会交往的基础。在社会生活中,"礼"能使整个社会得以稳定而规范地运行,为个体的生存发展提供保障。《论语·颜渊》中载齐景公语:"君不君、臣不臣、父不父、子不子,虽有粟,吾得而食诸?"一旦失去礼的约束,出现混乱的局面,日常的饮食生活都不能够得到保证,健康与养生更是无从谈起。

儒家重视人伦,"礼"是维护血缘关系的重要形式。孟子说:"人人亲其亲,长其长,而天下平。"(《孟子·离娄上》)联系到医学,这使得中医在医疗方式和事业传承中,家庭和亲友产生的作用非常重要。而在具体诊疗中,也要时刻关注家庭伦理关系带来的影响。对于个人来说,遵循"礼"的生活方式,一定是节制而规范的。因此,"礼"对于调养身心有很大的作用。《荀子·强国》称:"所以养生安乐者,莫大乎礼义。"《荀子·修身》说:"凡用血气、志意、知虑,由礼则治通,不由礼则勃乱提僈;食饮、衣服、居处、动静,由礼则和节,不由礼则触陷生疾……故人无礼则不生,事无礼则不成。"但"礼"形成了僵化的"礼教"之后,对于人的身心健康也产生了不利的影响。

(二)礼以致和

礼的推行和应用要以和谐为目的,但单纯为了和谐而讲和谐,没有礼的约束和限制也是不行的。因此,既要遵守礼所规定的等级差别,相互之间又不能出现不和。中医基础理论在形成的过程中,借助儒家对于社会次序和功能分工的认识,来阐述人体器官功能及其相互关系。如《素问·灵兰秘典论》将脏腑与官职一一对应:"心者,君主之官也,神明出焉。肺者,相傅之官,治节出焉。肝者,将军之官,谋虑出焉。胆者,中正之官,决断出焉……"各个脏腑各司其职,并通过生克制化的作用达到"和"的状态,那么人体就基本处于健康状态。可见,作为社会规范的"礼"被中医学吸收,并参与其理论的构建,从另一个角度对"礼之用,和为贵"进行了阐释。

(三)礼以促行

"礼"是规范"行"的规则。儒家经典中的《周礼》《仪礼》《礼记》集中记载了上古的礼制文化,其中有不少内容与中医文化相关。如《周礼》中规定的日常生活中的清洁卫生习惯,既是礼制所要求的,又是与医学相关的行为。例如,当时洗手和漱口已是必需的礼仪,《周礼》多次提到"沃盥"。《礼记》则详细记载了日常生活中"盥""漱"的场合与礼仪,如进食后用酒漱口以清洁口腔的习惯,称为"酳";沐浴有时间规定;清洁身体对于疮疡也有预防和治疗作用,"头有创则沐,身有疡则浴"(《礼记·曲礼》)等。"三礼"中,如这样能体现出中医文化的礼仪行为还有很多。这些行为已经形成了"礼"的一部分,"礼"又可以督促、保障这些防治疾病行为的持续进行。

四、"和"与中医文化

"和"是儒家思想的核心理念,也是中医文化的核心理念,体现了中医的生命观、疾病观和治疗观,是对医疗目的的高度概括,又是具体治则治法的总结。

（一）和谐为健

天地的和谐是生命形成的根本条件,荀子概括为"万物各得其和以生"(《荀子·天论》)。"和"的状态落实到人体,主要体现在人与自然、人与社会、人体内部三个层面。人、自然、社会之间如能达成和谐状态,便是健康的表现;任何一方失和,便导致疾病的产生。但"和"绝非静止的,而是一种恒动的平衡。首先,自然界是在不断运动变化之中的,人生于天地间,亦随着自然界的变化而变化,两者只要相互适应,便能达到"和"的状态;其次,社会因素的变化与人的健康和发病有着密切联系,《素问·疏五过论》曰:"尝贵后贱,虽不中邪,病从内生,名曰脱营。尝富后贫,名曰失精。"因此,要减少疾病的发生,就要主动适应社会,与社会保持和谐一致;再次,人体内部要和谐,阴阳、形神、精气神、气血津液、脏腑经络、五志七情等之间的调顺和正常是维持人体正常生命活动的基本条件。

（二）和其不和

人体的"和"与"不和"是对健康与疾病的高度概括,"和其不和"是治疗手段的最终目的,也是治疗原则的总纲,同时也指具体治法。治疗的目的,就是通过各种手段来祛除"不和",恢复"和"的状态,如《素问·生气通天论》中云:"凡阴阳之要,阳密乃固,两者不和,若春无秋,若冬无夏,因而和之,是谓圣度。"作为治疗原则的"和"主要指调和,如《素问·至真要大论》中云:"谨察阴阳所在而调之,以平为期。"作为具体治法的"和"是使机体达到和谐状态的治法,主要采用阴阳相配、相反相成的组方原则,用药相对平和,寒温攻补皆不过度,能够同时解决多方面的矛盾,以尽快恢复人体内环境的动态平衡为目的,具体可分为和解法和调和法,以小柴胡汤为代表方。

（三）和而不同

春秋时代有所谓"和同之辨"。"和"是不同性质事物的统一体,而"同"是完全的一致。"和"是动态的,互相作用的,不停发展的;而"同"是静态的,不同的事物之间没有相互作用或处在依附状态,是有碍于发展的。"和"是不同性质的事物以相反相成的原则组合起来的状态,正与中医方剂配伍的原则相一致。在《伤寒杂病论》中已发展完善的、以君臣佐使为代表的方剂配伍原则正是"和而不同"含义的直观体现。

五、养生思想与中医文化

在传统养生文化中,儒家养生的内容虽然不如道家丰富、系统,但其对生命的认知、对个人德行修养的重视、积极乐观的入世态度,以及一些具体的调摄方法,都是中医养生文化的重要组成部分。

（一）体悟生命

对人生命的重视决定了儒家对生命现象的细致观察。孔子根据每个年龄段的特点,规划并完善自己的一生,实现了不同层次的自我超越。《论语·为政》中孔子自述云:"吾十有五而志于学,三十而立,四十而不惑,五十而知天命,六十而耳顺,七十而从心所欲,不逾矩。"孔子又针对不同年龄阶段的生理特点,指出精神调节和个人修养的重点,提出"君子有三戒",即"少之时,血气未定,戒之在色;及其壮也,血气方刚,戒之在斗;及其老也,血气既衰,戒之在得"(《论语·季氏》),对人体气血功能盛衰规律有一定认识,对于不同年龄阶段的保健养生具有重要的指导意义,对后世"三因制宜"的养生观念亦有所启发。

（二）修身养德

儒学文化重视个人道德修养。孔子曰:"知者乐,仁者寿。"(《论语·雍也》)认为具有仁爱思想的有德者能够长寿。《礼记·中庸》中以舜之大孝为例,指出:"大德必得其位,必得其禄,必得其名,必得其寿。"董仲舒在《春秋繁露·循天之道》中对"仁者寿"进一步论述,指出"循天之道以养其身,谓之道也……故仁人之所以多寿者,外无贪而内清净,心和平而不失中正,取天地之美以养其身,是其且多且治。"

在通往修身、齐家、治国、平天下的途径中,修身为根本。而要达成修身,需经格物、致知、诚意、正心四个不断加强自我修养的阶段。掌控情绪,用理智来驾驭情志,集中精神、心无旁骛地修养品性,才能最后达到中正平和的心态。因此,儒家强调以"和""中庸"为指导,节制情感和行为,以免情绪过激、嗜欲过度。如《论语·述而》云:"子温而厉,威而不猛,恭而安。"《论语·八佾》云:"乐而不淫,哀而不伤。"《论语·颜渊》云:"君子不忧不惧。"孟子提出"养心莫善于寡欲"(《孟子·尽心下》),"不动心""养浩然之气"(《孟子·公孙丑上》)等。

(三) 乐观豁达

孔子奔走于诸侯间,始终未能施展抱负。但他仍抱着乐观豁达的态度,坚持理想,享受生活,云"君子食无求饱,居无求安,敏于事而慎于言,就有道而正焉,可谓好学也已"(《论语·学而》),自称"发愤忘食,乐以忘忧,不知老之将至云尔"(《论语·述而》)。他精通六艺,兴趣广泛,提出"知(同"智")者乐水,仁者乐山"(《论语·雍也》),爱好音乐,安贫乐道。在当时的条件下,孔子活过了古稀之年,与其积极乐观的心态密切相关。

(四) 饮食起居

儒家也有许多具体的养生方法,主要体现在起居与饮食等方面。孔子云:"寝处不时,饮食不节,逸劳过度者,疾共杀之。"(《孔子家语·五仪解》)以日常起居、饮食为疾患的主要来源。因此,"智士仁人,将身有节,动静以义,喜怒以时,无害其性,虽得寿焉,不亦可乎?"(《孔子家语·五仪解》)说明有规律的日常生活对养生非常重要,应该遵循起居有时、饮食有节、劳逸合度、动静结合、情志无过等原则。

孔子对饮食的要求更加具体、详细,如《论语·乡党》载:孔子"食不厌精,脍不厌细。食饐而餲,鱼馁而肉败,不食。色恶,不食。臭恶,不食。失饪,不食。不时,不食。割不正,不食。不得其酱,不食。肉虽多,不使胜食气。惟酒无量,不及乱。沽酒市脯不食。不撤姜食,不多食。祭于公,不宿肉。祭肉不出三日。出三日,不食之矣。食不语,寝不言。"在饮食卫生的各方面都非常重视,并且以"礼"规范饮食的行为,如进餐要适时,摆放要整齐,进食时要专心等,都是"饮食有节"的体现。

学习小结

本章介绍了儒学的形成与发展,从先秦子学、汉唐经学、宋明理学、清代实学、近代新儒学等各个历史时期阐述了儒家思想的发展过程。介绍了儒学文化的核心思想,即仁学、礼学、中庸、诚信、孝悌、正名思想。从"仁""孝""礼""和"等角度探讨了儒家文化与中医文化的关系。为了加深对本章内容的理解,可以进一步阅读儒家文化相关典籍及其现代诠释著作等。

(刘鹏 林合华 方鹏 杨琦)

复习思考题

1. 简述儒家的发展过程。
2. 仁学思想的主要内容是什么？
3. 怎样解释"中庸"？
4. 儒文化对中医文化的发展有哪些影响？

◇◇◇ 第四章 ◇◇◇

道 学 文 化

📝 学习目标

通过学习道家、道教文化发展的历史概貌,了解以老庄学说为代表的道家哲学和与其密切相关的道教文化的思想精髓、基本特征,进一步丰富相关人文历史知识,并认识其对传统医学产生的影响,为学习中医药基本理论及经典著作相关课程,建构具有传统中医特色的思维模式奠定基础。

学习要点

道家、道教的区别与联系;老、庄哲学的基本思想;道家思维方法对中医学的影响;道教内丹学对中医产生的主要影响。

"道学"是"道家"和"道教"的统称。"道家"是以先秦老子、庄子关于"道"的学说为核心思想的学术派别。道家学说突出自然天道观,强调人们在思想、行动上应效法"道";政治上主张"无为而治","不尚贤,使民不争";伦理上认为"礼"为"忠信之薄而乱之首",主张"绝仁弃义"。道教是形成于东汉之际的一种有组织的宗教,以修道成仙为核心信念,尊奉老子为其教祖,并以《道德经》为本教经典,对其文辞进行宗教性阐释。"道家"与"道教"既密切相关,又明显有异。早期道家哲学关于道生万物、气化宇宙、天人合一的宇宙论,阴阳对立统一、相互转化的辩证思维,自然无为、清虚素朴的治国修身法则,以及斋心静观、体道合真的认识方法,都对道教的教理教义和修持法术有着极为深远的影响。但道家哲学仅是道教构建其宗教神学及宗教形式的主要来源之一,作为一种宗教实体,道教不仅有其独特的经典教义、神仙信仰和仪式活动,而且还有其宗派传承、教团组织、科戒制度、宗教活动场所,与早期道家学派有着明显的不同。在中国传统文化这个大系统中,道学文化的地位和作用是不容忽视的,其对中国政治、思想、科技、文化、艺术都有着深刻的影响。儒、道是中国文化中互为因果相互作用的两股力量,相生相融,相辅相成,最终成为中国传统文化的两大主干和主体结构。

第一节　道学的形成与发展

纵观道家产生及其发展的历史,老子学说的出现标志着道家的形成,庄子之学、黄老之学、魏晋玄学为道家发展过程中的重要学说代表。道教随着中国古代社会制度的变更和文化潮流的演进而不断发展,考察其历史形成,是萌发于周秦之际,成形于东汉顺、桓年间,成熟确立于两晋,繁盛变革于唐宋金元,衰微于明清。

一、道家的形成与发展

春秋战国时代，社会转型，礼崩乐坏，众说纷起，由是出现了"百家争鸣"的活跃态势。老子提出的"无为"治国、"清静"修身理论奠定了后世道家学说的思想基础，其著作《道德经》成为道家的原始经典。庄子对老子的学说有了进一步发挥。文子、列子著作早佚，伪托的《文子》和《列子》之书，含有不少老、庄思想内容。杨朱的"全性葆真"说，宋钘、尹文的"情欲寡浅"说，彭蒙、田骈、慎到的"弃知去己"说，都是对老子之学的继承。其后，战国末期的申子和韩非，亦深受老、庄哲学影响。

先秦并无"道家"之称。学术界习惯称老庄学派为道家，是后起的一种学派分类观念。"道家"之名首见于西汉司马谈《论六家要旨》，亦称为"道德家"。司马谈把先秦学派概括为道、儒、墨、名、法、阴阳六家，对道家多有推崇，云："道家使人精神专一，动合无形，赡足万物。其为术也，因阴阳之大顺，采儒墨之善，撮名法之要，与时迁移，应物变化，立俗施事，无所不宜，指约而易操，事少而功多。"《汉书·艺文志》把道家作为诸子中的一家予以介绍："道家者流，盖出于史官，历记成败存亡祸福古今之道，然后知秉要执本，清虚以自守，卑弱以自持，此君人南面之术也。"其中所说的"道家"皆指黄老学派。汉初道家正是以黄老清静无为思想为基础，吸收儒、墨、阴阳、名、法各家思想的长处而创立的新体系，代表西汉时期融合各派的一种思潮。魏晋间玄学盛行，王弼、何晏等以老、庄理论解释儒家经文，促成儒、道融合。宋明理学力倡儒家道统，对道家思想不无吸收。佛学传入中国后，学者亦曾以老、庄之学诠释佛典，又呈释、道合流之势。

（一）道家的形成

道家之称虽始见于司马谈《论六家要旨》，但道家学说实则产生于春秋末期，其理论创始人和奠基者是老子。老子第一次提出了关于"道"的学说，并形成了以"道"为核心的哲学体系。

据《史记·老子韩非列传》记述，老子，姓李名耳，字聃，楚国苦县（今河南鹿邑）人，曾做过周守藏史。晚年见世道衰微，决意隐居，在隐居之前"著书上、下篇，言道德之意五千余言而去"，随后不知所踪。老子留下的"五千余言"即今流传的《老子》一书，汉以后被称为《道德经》。据宋人及近代学者的考证，《老子》也有可能是道家后学根据老聃的思想言论记述而成，成书大约在战国初期。其说概而言之，主要有二：

1. 阐述道生万物的自然观　"道"是老子哲学的最高范畴，也是最基本和最核心的概念。"道"具有超越时空的特性，"道"不仅"先天地生"（《老子·二十五章》），而且"迎之不见其首，随之不见其后"（《老子·十四章》），不能为我们的五官所感知，"视之不见""听之不闻""搏之不得"（《老子·十四章》）。道是虚无的，"天下万物生于有，有生于无"（《老子·四十章》），"无"并非是不存在，而是指感官无法把握。老子以"道"解释宇宙万物的演变，认为"道生一，一生二，二生三，三生万物"（《老子·四十二章》），即把天地万物的起源、变化，国家的治乱、兴衰，人生的吉凶、寿夭等，一概责之于"道"。老子认为，道的本质是听任万物自然的变化而不加干涉，即"道法自然"。道产生天地万物乃是自然的一种状态，它的存在、运动、变化亦皆自然而然，具有非人能左右的"无为"性，"道之尊，德之贵"，就在于"夫莫之命而常自然"（《老子·五十一章》）。"道"的运化方式有两个特点：一是无限前行延展，永无休止；二是循环往复，周而复始。所谓"独立而不改，周行而不殆""大曰逝，逝曰远，远曰反"（《老子·二十五章》）、"万物并作，吾以观复。夫物芸芸，各复归其根"（《老子·十六章》）。

2. 形成秉"道"修身治国理念　《老子》针对动乱失序的社会，提出了清静恬淡、自然无为、谦卑不争等修身治国之道。在清静恬淡方面，如第十三章云"吾所以有大患者，为吾有身，及吾无身，吾有何患"，认为一切罪恶皆在利欲之念，第十二章告诫世人"五色令人目盲，五音令人耳聋，五味令人口爽，驰骋畋猎令人心发狂，难得之货令人行妨"。在自然无为方面，第二章云"圣人处无为之事，行不言之教，万物作焉而不辞"，第三章云"为无为，则无不治"，若按照"无为"的原则去做，办事顺应自然，那么天下就会太平。反之，若刻意而为，譬如推行仁义礼法之类，则足以使世界愈加陷入混乱。在谦卑不争方面，第二章主张"生而不有，为而不恃，功成而弗居"，第三章主张"不尚贤，使民不争"，第八章云"上善若水。水善利万物而不争，处众人之所恶，故几于道"；第九章进一步申明"持而盈之，不如其已；揣而锐之，不可长保。金玉满堂，莫之能守。富贵而骄，自遗其咎。功遂身退，天之道也"等。

（二）道家的发展

1. 杨朱之学　杨朱，文献中或作"阳生""杨子""阳子"，为战国前期宋国的隐士学者，略晚于墨子而早于孟子、庄子。其学说受到孟子、庄子的评判，但又对庄子有重要影响。杨朱无著作传世，其思想言行主要保留在《列子》《孟子》《庄子》《淮南子》等著作中。

杨朱学说的思想纲领是"为我""贵己""全性葆真，不以物累形"，认为追求个人的生存，是生物天向的趋向。如果拿身外之物甚至天下与自身相比，则自身生命为重，身外之物及天下为轻。因此，个人应首先保全自我性命，使之不受外在的名利物欲牵累和损害。《列子·杨朱》载杨朱之言曰："古之人损一毫利天下，不与也。悉天下奉一身，不取也。人人不损一毫，人人不利于下，天下治矣。"与"为我""贵己""不与"并行不悖的，是提倡"不取"以顺应自然的原则。

杨朱这种思想带有自私、狭隘和保守的局限性，是乱世中人无可奈何的一种消极生存的原则。但它一方面切中了人类心灵中最为深刻的生存意识，一方面依凭了天道自然的自然主义合理思想。不仅是先秦道家学说从老子通向庄子的中介，而且对后世魏晋玄学名士以及佛教、道教的人生观都有重要影响。

2. 庄子之学　庄子（约公元前369—前286），名周，宋国蒙（今河南商丘）人。是继老子之后最重要的道家学派代表人物。据《史记·老子韩非列传》记载，庄周曾做过短期的蒙"漆园吏"，生活一度极其困顿。但却鄙视权贵，不慕名利，不愿与统治者同流合污，极力保持个体自由和人格独立。曾"著书十余万言"，也就是《庄子》一书，流传至今的有33篇，分内篇、外篇、杂篇。目前学界一般认为《内篇》是庄子本人所撰，而《外篇》《杂篇》则是庄子后学的著作。《庄子》一书，大旨本于《老子》，但多有演进发展，所论广及伦理、哲学、政治、人生、美学、艺术、语言、养生等诸方面，思想丰富，言辞汪洋恣肆、姿态万端，在中国文化发展史上居于独特的地位。庄子对道家学说的发展主要体现在以下四个方面：

（1）继承和发展了老子关于"道"的学说：庄周继承了老子关于"道"的思想，并有所发挥。他明确了"道"是能够使物成为物的"非物"，"有先天地生者，物邪？物物者非物，物出不得先物也，犹其有物也。犹其有物也，无已"（《庄子·知北游》）。认为"道"先于物并生成各物，是使万物成为各自个体的那个"物物者"。在此基础上，他进一步提出道无终始，亦无所谓"高"与"深"、"久"与"老"。庄子宣称，"道"无所不在，"东郭子问于庄子曰：'所谓道恶乎在？'庄子曰：'无所不在。'东郭子曰：'期而后可。'庄子曰：'在蝼蚁。'曰：'何其下邪？'曰：'在稊稗。'曰：'何其愈下邪？'曰：'在瓦甓。'曰：'何其愈甚邪？'曰：'在屎溺。'"（《庄子·知北游》）。

（2）继承与发挥老子对立转化观：老子首先发现无论在社会中还是在自然界，矛盾都是客观和普遍存在的，对立的事物都有可能向它的反面转化。庄子则进而提出"齐"的思想，认为无论大小、长短、贵贱、美丑、成毁、寿夭、是非、生死等一切差别都不存在，从而奠定了其无为的政治论与人生哲学的理论基础。

（3）宣扬"天道无为"，追求无条件的精神自由：庄子认为人活在世上，犹如"游于羿之彀中"，到处充满危险，名利欲望使人丧失天真进而招惹种种烦恼，逐利忘形必有后患。故而提倡一切顺应自然，安时而处顺，知其无可奈何而安之若命。反感"人皆知有用之用，而莫知无用之用"（《庄子·人间世》），认为无用无为才是人生之福。

（4）倡导清静抱神的养生方法：庄子实践和发挥了老子清静无为的修道养寿观，认为"无视无听，抱神以静，形将自正。必静必清，无劳女形，无摇女精，乃可以长生"（《庄子·在宥》）。

3. 黄老之学 黄老学说萌芽于老子的弟子文子，形成于齐国稷下学宫，其代表著作为《黄帝四经》。《汉书·艺文志》曾著录此书，但汉之后失传。1973 年马王堆汉墓出土《经法》《十大经》《称经》《道原经》，有学者认为这 4 篇古佚书就是《汉书·艺文志》里所说的《黄帝四经》，并根据其内容、文字、篇章数目等，判定成书时期当晚于《老子》，早于《管子》《孟子》《庄子》等文献，体现了道家学说由老子一派向黄老学派的转变。

黄老学说的基本精神是以老子的自然无为之道谋划治世方略，认为治理国家的最高原则是因顺自然之道。黄老之学虽然假托为黄帝和老子的思想，实为道家和法家思想结合为主，并兼采阴阳、儒、墨等诸家观点而成。黄老之学继承、改造了老子"道"的思想，也把"道"看成是宇宙的最高本体，认为"道"作为客观必然性，"虚同为一，恒一而止""人皆用之，莫见其形"（《道原经》）。在社会政治领域，黄老之学强调"道生法"，主张"是非有分，以法断之，虚静谨听，以法为符"（《经法》），认为君主应"无为而治""省苛事，薄赋敛，毋夺民时"（《经法》）。

汉初，经过长期的战争，民不聊生，统治者鉴于秦亡的教训，力图安集百姓，恢复和发展生产，缓和各种社会矛盾，因而采取了与民休息的方针。顺应此种客观情势，自然无为思想流行于朝野，自汉文帝、汉景帝至汉武帝初年，由于窦太后喜好黄老之言，厌恶儒术，黄老之学盛行一时，在汉初统治的七十余年间成了治国的指导思想，在政治上得以成功实践，实现了"文景之治"的局面。但继汉武帝建元六年（前 135 年）重用大儒董仲舒，实行"罢黜百家，独尊儒术"的国策以后，黄老之学沉没了一百五十余年，至东汉初年光武帝刘秀和明帝刘庄时代才得以重获振起机会。及至汉桓帝刘志时代，由于刘志本人酷爱黄老之学，黄老之学与佛教比肩盛行，道家思想因此获得新的发展。

4. 魏晋玄学 魏晋以降，许多文人学士崇尚老、庄，兼糅儒教和神仙家思想。魏正始（240—249）中，何晏、王弼等以老、庄思想解释儒家经典并注《老子》，兴起玄学。

玄学讨论的中心问题是"本末""有无"问题，即用思辨的方法讨论关于天地万物存在根据的问题。贵无派主张"以无为本"，认为万有统一于一个共同的本体"道"或"无"，世界万物之所以能够存在，就是因为有这个本体，形形色色的宇宙万物，都是这个本体的表现，即所谓"天地万物皆以无为本"。崇有派主张"自生而必体有"，反对贵无派"以无为本"的说法，认为"有"之所以发生，并非另外有一个东西使之成为"有"，而是万物"自生""自有"，把宇宙的全体看成是由万物自身所构成的，即所谓"始生者，自生也""总混群本，终极之道也"。玄学以解决名教与自然的关系问题为其目的。王弼用以老解儒的方法注《易经》和《论语》，把儒道调和起来，认为名教是"末"，自然是"本"，名教是自然的必然表现，两者是本末体用的关系。郭象提出了名教即自然的理论，认为道家的自然与儒家的名教是一致的。阮籍、嵇康提出"越名教而任自然"的主张，表现出反儒的倾向。玄学思想玄奥，观点不一，其代表性学派主要有：

（1）正始玄学（240—249）：代表人物为何晏（190—249）、王弼（226—249）。何晏著《道论》《无名论》《论语集解》,王弼作《周易注》《老子注》《论语释疑》,皆以道家思想解释儒家经典,意为齐一儒道,调和自然与名教的矛盾。

（2）竹林玄学（255—262）：代表人物为阮籍（210—263）、嵇康（223—262）等人。竹林玄学前期思想倾向与正始玄学相同,持"名教出于自然"的观点,这时期的著作以阮籍的《乐论》《达庄论》、嵇康的《声无哀乐论》《养生论》《明胆论》《释私论》为代表。后期表现为激烈批判名教,持"越名教而任自然"的观点,以之抵制司马氏政权的名教政治。

（3）元康玄学（约263—316）：代表人物为裴頠（263—300）、郭象（253—312）。裴頠作《崇有论》批评"越名教而任自然"的风气,重新肯定名教的作用,提出"至无者无以能生,始生者自生也"的哲学观点,认为万物是"自生而必体有",没有别的东西作为其存在的根据,从而完成了从贵无向崇有的过渡。郭象著《庄子注》,进一步发展了裴頠的崇有论思想,提出"无不能生有""物各自造而无所待焉"。郭象否定一切宇宙根本的存在,建立了"性"本体论哲学,肯定了人在宇宙中心的地位。

（4）江左玄学（约317年前后）：代表人物为张湛,著作有《系辞注》《列子注》。张湛综合"崇有""贵无"之说,提出"群有以至虚为宗,万品以终灭为验"的思想,把世界和人生视为瞬息万变,稍纵即逝,虚伪无常,主张采取"肆情任性",把玄学引入了绝境。

5. 唐代道家的发展　唐代经济繁荣,国家昌盛,儒、道、佛并重,但由于唐代皇帝与道家创始人老子皆姓"李",因此道家尤为唐代皇帝尤其是唐高宗李治、唐玄宗李隆基所重,设《老子》《庄子》《文子》《列子》博士,唐玄宗李隆基亲自为《老子》作注,道家思想因之得到广泛传播。

二、道教的形成与发展

道教是中华民族固有的传统宗教,因其以"道"为最高信仰而得名。道教以道家思想为其主要理论渊源,尊老子为教主,以《道德经》为主要经典,吸收了阴阳家、墨家、儒家以及谶纬学的一些思想,并与神仙家的修炼方术、民间鬼神崇拜观念和巫术活动有机结合而形成的一种有组织的宗教。鲁迅先生曾言:"中国根柢全在道教……以此读史,有多种问题可以迎刃而解。"（《致许寿裳》）道教对中国古代社会的政治制度、学术思想、宗教信仰、文学艺术、医药科技等各方面产生过重要的影响,中国人的价值观念、人格理想、思维方式、审美情趣以及风俗民情等皆留有道教的印痕。

（一）道教产生的背景

从先秦道家发展为汉代道教,经历了数百年之久,这是道教的前史时期。追根溯源,道家的哲学理念、神仙家的养生方术、古代民间的巫术和鬼神崇拜活动,是道教构造其宗教神学、修炼方术和宗教仪式的三个主要来源。

道教学术思想的根基是老、庄为代表的先秦道家哲学。《老子》一书最早提出"道"的概念,将之视为宇宙天地万物神秘而玄妙的母体,同时又是宇宙万物生成运化的最高自然法则。道家之"道"同样为道教所信奉。"道教"从字面上释义即为"道"的教化或说教,是信奉"道"、企图通过精神形体的修炼而"成仙得道"的宗教。老子因此亦被后世道教神化,成为道教的"教主",如《魏书·释老志》称"道家之源,出于老子",老子"先天地生,以资万类,上处玉京,为神王之宗;下在紫微,为飞仙之主……授轩辕于峨嵋,教帝喾于牧德,大禹闻长生之诀,尹喜受道德之旨"。

道教教义的另一个主要来源是"神仙家"的信仰和方术。神仙家也是春秋战国时期的诸子百家之一,最初由燕齐沿海地区的某些方术之士创立,以寻仙采药、谋求长生不老为特色。据史料记载,秦皇汉武皆受其蛊惑,耗费财力无数,虽皆以失败告终,但其影响颇巨,使

笔记栏

得秦汉时期神仙迷信活动大为盛行。东汉时期，黄老养生学又与神仙方术相结合，促进了养生成仙学说的发展。循天道、任自然、无为治国、清静养生是黄老道家的基本思想。汉初，黄老学说一度成为治国的指导思想。及至汉武帝"罢黜百家，独尊儒术"，其政治学说不再为时所重，而走向以偏重个人养生为宗旨的学说。黄老养生学与神仙方术、宗教信仰的结合，是道教得以孕育的文化温床。

道教的形成还离不开古代鬼神崇拜和民间巫术。受原始思维方式的影响，中国文化自古即表现出万物有灵的祀神传统。同样，从氏族社会到宗法社会的发展，由于重视血缘关系，又形成所谓夏人"郊鲧而宗禹"、殷人"祖契而宗汤"、周人"祖文王而宗武王"的祀祖传统。故而鬼神在中国文化中占据着极其重要的地位，上自皇室贵族，下至田夫野老，皆敬神祀鬼。《周礼·春官·大宗伯》载："大宗伯之职，掌建邦之天神、人鬼、地示之礼，以佐王建保邦国。"上述祀神、祀祖两大传统融汇于道教神谱，是其特有神谱结构的文化根源。作为一种成熟的宗教形式，道教徒的信仰和思想还需要一定的法术予以呈现，而这种法术很大一部分直接来自民间的巫术方伎。在中国古代宗教领域，道教最大程度地保留了原始巫术形式，包括"降神""预测""圆梦""祈雨""占星""招魂""祝咒""巫医"等，并汲取方士的"神仙方""炼金方""辟谷却老方"等，构成了一整套法术体系。

（二）道教形成的标志

道教组织最初兴起于民间，太平道和五斗米道为最早的两大教派，同时道教经典著作《太平经》的问世，标志着道教最终形成。

1. 《太平经》　《太平经》即《太平清领书》（170 卷），无署名作者和成书时间，来历传说甚多。官修正史关于《太平经》的记载最早见于范晔的《后汉书》。《后汉书·襄楷传》云："初，顺帝时，琅邪宫崇诣阙，上其师干吉（或称于吉）于曲阳泉水上所得神书百七十卷……号《太平清领书》，其言以阴阳五行为家，而多巫觋杂语。有司奏崇所上妖妄不经，乃收藏之。后张角颇有其书焉。"由此可知，至少于东汉顺帝（125—144 年在位）时，《太平经》已经成书，并由宫崇献给皇帝，当时未被采用而收藏于官府。至桓帝延熹九年（166 年），平原隰阴人襄楷再次"自家诣阙上书"，仍未引起统治者重视。后来黄巾起义，张角利用此书以聚众才得以公开流传。《太平经》是从西汉末年到东汉顺帝时经过长时间的积累，由"好道者"不断增饰，最后由于吉、宫崇等人编纂而成。

《太平经》内容庞杂，言及天地、阴阳、五行、灾异、鬼神等事，主要继承老子之学和天神信仰，运用神道设教的方式，宣扬天人合一、善恶报应以及封建伦理观念，认为解决好君、臣、民的相互关系是实现"太平世道"的关键，也提倡自食其力、周济贫穷、反对压榨的思想。此外，还论及生死之道及包括治病方术在内的相应各种道术，构建起以爱气、养神、重精为主要修炼内容的养生思想。《太平经》的问世，标志着早期道教基本教义初步形成，对汉代原始道教组织的创立产生了重要影响。

2. 太平道　据《后汉书·襄楷传》及注中记载，东汉顺帝时宫崇的老师于吉，号称得神书《太平清领书》（即《太平经》），以为经典，在今山东地区开始传播太平道。至东汉灵帝时，钜鹿张角利用《太平经》在中原地区传播太平道。他自称"大贤良师"，奉"中黄太一"为最高神，以符水咒语疗病，并且派遣弟子四处宣传，争取了众多百姓。只十余年间，信徒达数十万，遍及青、徐、幽、冀、荆、扬、兖、豫八州。设立 36 方，大方万余人，小方六七千人，各设渠帅统领其事。汉灵帝中平元年（184 年），张角以"苍天已死，黄天当立，岁在甲子，天下大吉"为号召，把民众组织起来，定在甲子日（三月初五）起义。凡起义军皆头戴黄巾，故史称黄巾起义。这次起义遭到统治者的残酷镇压而终于失败，太平道也受到沉重打击，从此只能在民间秘密流传。

3. 五斗米道 五斗米道是东汉顺帝(125—144年在位)时,张陵(道教徒称之为张道陵,沛国丰人)在蜀郡鹄鸣山(今四川省大邑县)所创立,后至附近青城山进一步发展。因信奉者须交纳五斗米而得名。张陵自称受太上老君之命充任"天师",故又称"天师道"。五斗米道奉老子为教主,视《道德经》为基本经典,设立24治,置祭酒统领道民。张陵死后,由其子张衡主持传道。衡死后其子张鲁继为首领。由于曹操控制的汉朝中央政府,正忙于中原地区的混战,无暇征讨张鲁,便拜张鲁为镇夷中郎将,领汉宁太守。于是,张鲁在汉中建立政教合一的政权,利用道教信仰指导行政管理。张鲁自封师君,把张陵在创教时所建立的24治扩大为44治,其下以祭酒为首领,中央教区设在汉中阳平关(今勉县西)。各治于每年阴历十月初一聚会汉中,收纳信米,以备救灾。奉道的人,每年须会师汉中3次,进行录籍、迁赏、庆生、建功、闻科戒等活动。建安二十年(公元215年),曹操亲率十万大军西征汉中,张鲁弟张卫以数万人马据阳平关坚守,为曹操所破,张鲁避走巴中,不久降操。曹操遂一方面对其本人及其五子和臣僚封侯拜官以笼络人心,另一方面又采用调虎离山之计,将他和家属带回北方,令居邺城。随之,大量徒众北迁。次年,张鲁卒,五斗米道失去统一领导。汉中教民北迁到三辅(长安、洛阳、邺城)之后,利用曹魏政权宽待张鲁家族之机,或明或暗地向社会下层和上层传播五斗米道,使之得以在北方广泛传播开来,但同时也因组织涣散、教规松弛、思想紊乱从此开始分化。

《太平经》的问世和太平道、五斗米道的创立,是早期道教形成的重要标志。至此道教不仅作为一种意识形态,同时也作为一种宗教社会力量出现在中国历史舞台上。

(三) 道教的发展

道教随时代演进而不断发展,至魏晋南北朝进入成熟改造期,隋唐至北宋得以兴盛发展,南宋金元对峙时期内部分化繁衍、宗派纷起,明清时期开始从兴盛走向停滞衰落。

1. 成熟改造期 道教发展至魏晋南北朝,其天道自然观、人道养生观与魏晋士人的尚玄好道风尚相契合,逐渐从原始的民间道团向上层阶层迈进,经由某些门阀士族道教徒的改造,在理论和组织上日趋完善和成熟,并逐渐成为同儒、释三足而立的官方正统宗教之一。这个时期道教宗派林立,丛杂不一,主要代表人物有葛洪、寇谦之、陆修静、陶弘景等人。

葛洪对道教的发展具有重要贡献,是道教从旧天师道、太平道等早期民间道教组织向后来的上清、灵宝等上层道派过渡的桥梁。葛洪,自号抱朴子,出身于江南贵族名门。他认为"道者儒之本也,儒者道之末也",主张以神仙养生为内,以儒术应世为外,故著《抱朴子·内篇》讲仙道,《抱朴子·外篇》谈儒术。《抱朴子·内篇》全面系统地总结了神仙理论和方术,同时注重将道教的神仙方术与儒家的纲常礼教结合,强调"欲求仙者,要当以忠孝和顺仁信为本。若德行不修,而但务方术,皆不得长生也",为上层士族道教的出现奠定了理论基础。《抱朴子·外篇》专论人间得失,世事臧否,主张治乱世应用重刑,提倡严刑峻法,为封建统治阶级镇压民间道教提供了理论依据。

东晋兴宁二年(364年),道士杨羲声称南岳魏夫人魏华存传授给他《上清经》31卷。后人多认为此书为杨羲、许谧、许翙等人所著,经东晋末年道士王灵期增补,开始广泛流传。上清派即以传播习炼《上清经》而得名,主张存神服气,辅以诵经、修功德,奉魏华存为开派祖师,以元始天尊、太上道君为最高神。上清派的开创人物均为士族出身,有较高的文化修养,和统治阶级上层亦有联系。上清派的出现,反映了民间道教向士族道教发展的转变。灵宝派的出现略晚于上清派,葛洪族孙葛巢甫以古《灵宝经》为基础,加以附会引申,著有大批"灵宝"类经书,也正是在此基础上,逐渐形成以此经书命名的灵宝派。上清派和灵宝派的出现,标志着道教组织的正式分化,代表上层封建统治阶级利益的道派已经形成。

对民间早期道教的成功改造,是在南北朝之时。其时,一批有识的道教上层人士认识到：要使自己宗教发展,必须取得统治者支持,为封建统治服务。因此,他们决心抛弃复旧的老路,革新旧道教,以适应统治者要求。北魏太平真君年间(440—450),嵩山道士寇谦之成为北方道教领袖。在崇信道教的魏太武帝以及宰相崔浩的共同支持下,他自称奉太上老君意旨,按照"专以礼度为首"的原则,对天师道进行改革。但凡符合儒家礼教者便保留、增益,否则革除、废弃。他扬言"除去三张(注:张陵、张衡、张鲁)伪法",废除了三张时期的租米钱税制度,整顿组织,加强科律,坚决制止教徒利用天师道犯上作乱。强调"服食闭练","佐国扶命",并制定了乐章诵戒新法。在北魏国都平城(今山西大同市)建立天师道场,号称新天师道,后世称之为北天师道。

在南方,南朝庐山道士陆修静则"祖述三张,弘衍二葛(注:葛玄、葛洪)",成为南方道教领袖。他广泛收集包括上清、灵宝、三皇各派经典在内的道教经书并加以整理,计有道教的经戒、符图、方药等千余卷,分为洞真、洞玄、洞神三洞经典,使道藏经典初具规模。他所编撰的《三洞经书目录》是中国最早的道藏目录。他还依据封建的宗法思想和制度,并吸收佛教修持仪式,进一步完善道教斋戒仪范,以改革五斗米道。后世称之为南天师道。

道教的教规、仪范,经过寇谦之、陆修静的修订,得以逐步定型。至南朝齐梁时,茅山道士陶弘景继续吸收儒、释两家思想,充实道教内容,主张儒、释、道三家合流,对道教理论的发展具有重要影响。陶弘景字通明,生于刘宋孝建三年(456年),著述达80余种,梁武帝时为名噪一时的"山中宰相"。他对道教的贡献主要有三个方面:其一,建立了道教神仙谱系。陶弘景编撰了《真灵位业图》,叙述道教传授历史,对道教崇信的众神列仙进行整理、编排,理顺它们的位次,体现了儒家等级差次的思想,也有助于道教的传布。其二,发展了道教的修炼理论。其三,弘扬了《上清经》,开创了茅山宗。至陶弘景时,茅山成为上清派活动的中心,之后的上清派被称为茅山宗。

经过南北朝时期的改造,上层化的官方道教从形式到内容都逐步得以健全和充实,成为维护封建统治的御用工具,故而受到封建统治者的崇奉和扶植。

2. 兴盛发展期　隋唐到北宋,整个国家基本统一,经济繁荣,为文化进步提供了有利的条件。由于统治者的极力推崇,道教极为兴盛发达,主要表现为教理不断深化和向前发展。魏晋南北朝时期与儒、释之间的辩争,促使道教自觉加强教理研究,主动吸纳儒、释各家的思想以充实完善自己的理论;而南北天师道宗派差异逐渐弥合,亦有利学术的交融。另一方面,这一时期,许多封建统治者试图利用道教为巩固其统治服务,故推崇道教,不仅大力提高道教地位,而且大力提倡对道书的研究。

唐代李氏王朝出于利用道教为统治服务的特殊政治需要,自称是老子后裔,对道教极为尊崇,尊道教为儒释道三教之首,大力提升道士的社会地位。唐高宗尊老子为"太上玄元皇帝",要求各州建观祭祀。唐玄宗时甚至规定百姓每家须藏《道德经》一部;设置崇玄学,教授学生;科举考试设有道举科,规定贡举人皆须兼通道经,并把《老子》《庄子》《文子》《列子》定为真经,作为"明经"科的内容之一进行考试;命人广泛搜罗民间道教经典,整理为《开元道藏》,且亲自为道经作注。

北宋王朝亦利用道教神化其统治,注意扶持道教,宋真宗加封老子为"太上老君混元上德皇帝",宋徽宗示意道箓院上章册封自己为"教主道君皇帝"。诏令天下求访道教仙经,校勘整理,编纂道藏。在科举考试中设立道学科,允许道士参加科考。对于退休官员,常常授予"提举××道观"之职,继续领取俸禄。

3. 宗派纷起期　隋唐北宋时期,道教宗派林立,如正一派、上清派、楼观道、北帝派、镇元派、孝道派等,颇为繁盛。唐末五代,以修持内丹术为主的金丹道派开始兴起,对宋元时期道教的发展和变革产生了重要的影响。南宋金元对峙时期,道教内部分化繁衍,宗派纷起。

此时期各派教义的主要特点是宣扬儒释道三教合一,注重内丹修炼。元朝统一之后,南北各道派重新组合,逐渐形成以内丹为主的全真道和以符箓为主的正一道两大派系。

在江南,除仍然受到南宋统治者尊崇的旧有三山符箓派(即龙虎山的天师道、茅山的上清派、阁皂山的灵宝派)外,还有自称独得异传,从中分化出来的神霄派、清微派、混元派(天心正法派)、东华派、紫阳派、净明派等。他们大多倡导儒、释、道三教的同源一致,大量融合儒、释思想,并以援引、融摄理学思想为其特色。

在北方,则有金朝道士王重阳创立的全真道,以及刘德仁创立的大道教、萧抱真创立的太一道等。全真道宣扬抱元守一、存神固气为真功,济贫拔苦、先人后己、与物无私为真行。功行具备,即是全真。主张儒、释、道三教合一,宣传"儒门释户道相通,三教从来一祖风",因此劝人同时诵读《道德经》《般若心经》和《孝经》。全真道不重符箓,不事烧炼,注重钻研经典,严格遵守戒律。后王重阳弟子丘处机被元太祖赐号"神仙",掌管天下道教,于是全真道广泛传布,兴盛一时。

南方天师道为了与新起的全真道相抗衡,遂与上清、灵宝、净明等符箓派逐渐合流,统一了各教派。元成宗大德八年(公元1304年),第38代天师张与材被朝廷授予"正一教主",主领三山符箓,称为正一道。正一道主要奉持《正一经》,宣扬鬼神,注重念咒画符、驱鬼捉妖、祈福禳灾等。从此,正一道和全真道成为南北两大教派。

值得一提的是,南宋以后,部分文士不屑与金、元统治者为伍,转而隐居入道,促成了道教文学的兴盛发展。特别是明代,不仅道教的各种劝善书渐增,而且用诗词等文艺形式表述道教教理的著作和宣扬道教法术的神魔小说也日多。

4. 停滞衰微期　明清时期道教宗派仍颇博杂,除正一道、全真道两大教派之外,另有武当、三丰、内丹东派、内丹西派等诸多道派。此时期是道教教义从兴盛走向停滞衰落的时期。统治者对道教的尊崇扶持远逊于唐宋,道教组织日趋腐化,教义、制度停滞不前,导致道教的社会地位及其影响力大幅降低。

但出于维护统治的需要,明朝统治者对道教仍旧相当尊崇。朱元璋还曾亲自注解《道德经》,并命道士编写《大明玄教立成斋醮仪》。明成祖朱棣则由于争夺帝位而极力崇奉"真武玄帝",使武当派大兴。嘉靖皇帝自号"玄都境万寿帝君",任命道士邵元节、陶仲文等担任朝廷要职,参与朝政,并亲自从事斋醮。斋醮时,要向神祇敬献祝文。一般都是用朱笔写在青藤纸上,因此也称为"青词"。当时许多文臣如顾鼎臣、李春芳、严嵩等争相以擅写青词博得了皇帝的宠爱,甚至做了宰相,被人讥笑为"青词宰相"。明朝对道书的整理亦有所成就。正统、万历年间分别编出《正统道藏》《万历续道藏》,共计5 485卷。虽然以前历代都编撰《道藏》,但历经兵火灾难,都已失散,因此明代的这两部《道藏》对道教经典的保存和传播,起到了重要作用。

清朝贵族入关之前已信奉藏传佛教,入关后又重视儒学治国,于道教虽予以保护,但已远不及明朝。自乾隆时代起,益愈推崇儒家理学,佛道二教地位大为降低。

第二节　道学文化精要

以老庄思想为代表的道家学说,以及在其基础上产生的道教,是中国传统思想文化的主干之一,对中国文化的影响甚为深广。虽两者皆可统称之为"道学",但就其文化精要而言,实则有较大差异。道家是以"道"为最高范畴,主张尊道贵德,效法自然,以清静无为法则治国修身的学派。道教虽源于道家,但其杂收古代神仙家的方术和民间巫术、鬼神信仰等,是以"道"为最高信仰，并企图通过精神形体的修炼而"成仙得道"的一种宗教，与早期道家学派明显有异。

一、道家文化精要

道家文化源于先祖"天人合一"的观察和体悟，生发于"道"之哲思，形成了"涤除玄览"的认识论、"道通为一"的世界观和逍遥游世的人生观，并主张以清静无为之法施之于治国理政，以保持人之浑朴自然和社会的和谐安定。

（一）"道"的本体论与生成论

"道"是道家哲学的最高范畴，也是最基本和最核心的概念。道家的另一个基本范畴是"德"，是道在具体事物中的体现，是得自于道、依附于道的。至于其他一些范畴，比如无、无为、不争、虚静等，都是对道的本质、特性、功能的表述。

东汉许慎《说文解字》云："道，所行道也。"可见，"道"的本义是指人所走的道路。道入于哲学领域，在其本原意义上向抽象的方向升华，成了一个具有深刻内涵的哲学概念。老子以其高超的哲思和睿智，试图对天地万物进行追根溯源，建立了"道"的思想体系，将道看作一个先于天地万物的客观实在，是产生天地万物的总根源，并决定着天地万物的存在和发展。在老子思想里，道是兼具物质属性与非物质属性的一种混沌状态。他一方面提出"道之为物，惟恍惟惚。惚兮恍兮，其中有象。恍兮惚兮，其中有物"（《老子·二十一章》），"有物混成，先天地生"（《老子·二十五章》）。另一方面，又说"视之不见名曰夷，听之不闻名曰希，搏之不得名曰微。此三者不可致诘，故混而为一。其上不皦，其下不昧，绳绳不可名，复归于无物，是谓无状之状，无物之象，是谓惚恍"（《老子·十四章》），道是看不见、听不到、摸不着的一种无形、无声、无体的超感知的东西，是无形、无状、无象的"恍惚"，最终是归于"无物"。尽管老子的道兼具唯物主义与唯心主义的双重色彩，带有自我矛盾的两重性，但他能概括出一个最高实体的道作为世界万物的本原，与用自然的特殊实物（如五行学说的水、火、木、金、土和八卦学说的天、地、风、雷、水、火、山、泽）的性质和作用来说明事物的多样性及其统一性的原始唯物主义观点相比，是人类认识的深化。

老子以"道"解释宇宙万物的演变，认为"道生一，一生二，二生三，三生万物"（《老子·四十二章》），"道生之，德畜之，物形之，势成之。是以万物莫不尊道而贵德"（《老子·五十一章》）。万物不但因道而生，而且要顺道而行，正所谓"人法地，地法天，天法道"（《老子·二十五章》），道是宇宙万物运化的法则。这究竟是一种怎样的运化法则呢？老子提出了"道法自然"的命题。什么是"自然"？"自然"概念首现于《老子》，《老子》全书共出现"自然"五处，含义为"自然而然""自己如此"，作为宇宙的普遍原则和终极价值，突出万物所具有的自然生成性和本然自在性。所谓"道法自然"，并非说道之上还有个更高的"自然"法则和主宰，而是说道运化本身就具有自然而然的特性。道虽化生万物，却并不是万物的主宰，道是自然界本身所固有的本原及其规律性的概括。万物"法道"，即是"法自然"，就是自己按照自然规律自我运化，道是"无为"而任天下万物自在自为的，这就是老子所说的"无为而无不为"（《老子·三十七章》）。老子将道的这种特性称为"玄德"，"生而不有，为而不恃，长而不宰，是谓玄德"（《老子·五十一章》）。在道的运化方式上，老子提出了"反者，道之动"的著名命题。老子认为，世界的事物都包含着矛盾对立的两个方面，如刚柔、祸福、荣辱、虚实、强弱等。而这两个方面又互相联系、互相依存，"有无相生，难易相成，长短相形，高下相倾，音声相和，前后相随"（《老子·二章》）。一切事物都要向它的反面转化，"祸兮，福之所倚；福兮，祸之所伏"（《老子·五十八章》），"曲则全，枉则直"（《老子·二十二章》），"物壮则老"（《老子·三十章》）。

庄子继承和发展了老子关于"道"的学说,反对把道实体化,认为"道"周遍于万物之中,通过物质的运动得以呈现。"天不得不高,地不得不广,日月不得不行,万物不得不昌,此其道与!"(《庄子·知北游》)他宣称"道"无所不在,《知北游》载有"东郭子问道"的故事,即是表明这个观点。无论是老子还是庄子都无法说清楚"道",但是他们都坚信道的存在,并认为道化生万物,且为万事万物永遵不背的法则,"且道者,万物之所由也。庶物失之者死,得之者生。为事逆之则败,顺之则成。故道之所在,圣人尊之"(《庄子·渔父》)。

(二)"静观""玄览"的认识论

道家认为对道的认识不同于认识具体事物,不需要感性认识,只要用心体悟就可以了。《老子·四十七章》云:"不出户,知天下;不窥牖,见天道。其出弥远,其知弥少。是以圣人不行而知,不见而名,不为而成。"《庄子·天地》篇载有"象罔寻珠"的故事:"黄帝游乎赤水之北,登乎昆仑之丘而南望,还归,遗其玄珠。使知索之而不得,使离朱索之而不得,使吃诟索之而不得也,乃使象罔,象罔得之。黄帝曰:'异哉!象罔乃可以得之乎?'"这里的"玄珠"指代"道"。才智超群的"知"、明察秋毫的"离朱"和善于闻声辩言的"吃诟"都无法得道,只有无智、无视、无闻的"象罔"得道了。

之所以如此,一方面道家认为外界的感性世界能够迷惑人的心志,"五色令人目盲,五音令人耳聋,五味令人口爽"(《老子·十二章》),另一方面认为人为的认知是对大道的遮蔽,"是非之彰也,道之所以亏也"(《庄子·齐物论》),因而主张"绝圣弃智""绝仁弃义"(《老子·十九章》)、"绝学无忧"(《老子·二十章》)。在老子看来,要体悟大道,就必须抗拒外界感性事物的干扰,抛弃人为的所谓知识,做到"涤除玄览"(《老子·十章》),就是说要把人的内心打扫得干干净净,像一面最清澈的镜子。只有达到空明的心境,"致虚极,守静笃"(《老子·十六章》),内心清静、虚寂达到极致,才能直接把握道。庄子则提出"心斋"和"坐忘"。"若一志,无听之以耳而听之以心,无听之以心而听之以气!耳止于听,心止于符。气也者,虚而待物者也。唯道集虚。虚者,心斋也。"(《庄子·人间世》)"堕肢体,黜聪明,离形去知,同于大通,此谓坐忘。"(《庄子·大宗师》)所谓"心斋",就是关闭一切感觉器官,隔绝外界虚幻世界的干扰,求得精神上的宁静,扫除心内的杂念,获得空虚清洁的心灵世界。正所谓"虚室生白,吉祥止止"(《庄子·人间世》),空寂的心灵,纯白无瑕,空旷明朗,一派祥和,自然会与大道融通一体。所谓"坐忘",就是静心空物,物我两忘,此种状态可和大道浑同相通。

道家对道"静观""玄览"的认识论,主张从整体上把握大道,甚至是整个身心与大道的融合无间,既超越了"生而知之"的先验认识论,又具有观察的客观性、深入性和整体性的合理内核,有其符合人类认识发展逻辑进程的一面。但他无视"耳目之实"的感觉经验,也否定了学问思辨的理性知识,又陷入了一种唯心主义唯理论的认识路线,具有一定的神秘主义色彩。

(三)"道通为一"的世界观

道家是立足于道来认识世界的,以道为全,以具体事物为"偏"。道衍生万物,而万物只不过是道不断"物化"产生的"形","万物以形相生"(《庄子·知北游》)。以"形"相生相易的万物都有成有毁,道则是无成无毁的,是绝对的"全"。庄子说:"其分也,成也;其成也,毁也。凡物无成与毁,复通为一。"(《庄子·齐物论》)由此出发,庄子提出了著名的"齐物论"思想。

所谓"齐"就是"同",就是"一",就是"无差别"。"齐物"就是取消万物之间的任何差别,齐"物""我",齐是非,达到万物相通为一的境界。任何事物都可以还原到其源头"道",在道那里没有差别性的事物存在。世界一开始是没有差别的,世界有了差别的过程,也就是道被损毁的过程，"古之人，其知有所至矣。恶乎至？有以为未始有物者，至矣，尽矣，不可以加矣。其次，以为有物矣，而未始有封也。其次，以为有封焉，而未始有是非也。是非之彰也，道之所以亏也。道之所以亏，爱之所以成"（《庄子·齐物论》）。现实社会中认为万物都是分"彼""此"的，但"彼""此"的观念是相对而生、相依而存的，"物无非彼，物无非是。自彼则不见，自是则知之。故曰彼出于是，是亦因彼"（《庄子·齐物论》）。而且"彼"与"此"的相对是变动不居的，"方生方死，方死方生；方可方不可，方不可方可；因是因非，因非因是"（《庄子·齐物论》）。因此，庄子指出分别"彼""此"的做法"圣人不由"，而应"照之于天"。从本然观之，则"是亦彼也，彼亦是也"。"彼是莫得其偶，谓之道枢"，没有彼此之分，彼此不相对待就是大道的枢纽，"枢始得其环中，以应无穷"（《庄子·齐物论》），合于道枢才能得入大道圆环的中心，以顺应无穷的流变。

人们对事物的判断也没有统一的标准。"民湿寝则腰疾偏死，鳅然乎哉？木处则惴栗恂惧，猿猴然乎哉？三者孰知正处？民食刍豢，麋鹿食荐，蝍蛆甘带，鸱鸦嗜鼠，四者孰知正味？猨猵狙以为雌，麋与鹿交，鳅与鱼游。毛嫱丽姬，人之所美也，鱼见之深入，鸟见之高飞，麋鹿见之决骤。四者孰知天下之正色哉？"（《庄子·齐物论》）人、鱼、鸟和麋鹿四者谁的审美能作为共同的标准呢？再比如事物大小、寿命长短，"天下莫大于秋毫之末，而太山为小；莫寿于殇子，而彭祖为夭"（《庄子·齐物论》），秋毫之末再小，但比起比它小的东西来说它又是大的；泰山再大，可比起比它大的东西来说它又是小的。夭折的婴孩寿命虽然短暂，但比起比他短命的来说他是长寿的；彭祖虽然长寿，可在整个历史长河中也只能是短暂的一瞬。世间之所以有差别，正是因为人们没有从事物的根源上来把握，如果从道的根源上来看世界，这个世界正是个无差别的世界，"故为是举莛与楹、厉与西施，恢诡憰怪，道通为一"（《庄子·齐物论》）。

（四）逍遥游世的人生观

在老子、杨朱思想的基础上，庄子从世界皆"齐"的视角出发，认为万物皆融通同一于大道，因循大道而行，达到"天地与我并生，而万物与我为一"（《庄子·齐物论》）的境界，逍遥无为以游世才是人生的最高追求。

庄子认为名利权位，甚至自我都是"物累"，必须要舍弃。《庄子·大宗师》中指出，只有做到"外天下""外物""外生"，方能"朝彻"，朝彻之后方能"见独"。所谓"外"即是让之不入于心，如此物我两忘之后，就大梦觉醒般地彻底觉悟了。觉悟之后，就可以领悟独一无二的大道。悟道之后，即可以进入一种无古无今、无生无死、无成无毁、内心虚静与万物融通的玄妙境界。"外生"忘我的一个关键点就是看破生死。庄子认为生死是自然的运化，因此妻子死后，他"箕踞鼓盆而歌"，并解释说："察其始而本无生，非徒无生也而本无形，非徒无形也而本无气。杂乎芒芴之间，变而有气，气变而有形，形变而有生，今又变而之死，是相与为春秋冬夏四时行也。人且偃然寝于巨室，而我噭噭然随而哭之，自以为不通乎命，故止也"（《庄子·至乐》）。人之死生乃是气的聚合与流散，犹如四季的更替一般运化不停，人之死只是回归自然罢了，又有什么可悲伤的呢？

庄子主张一定要善于"用"自己，而"用"有"小用""大用"之分。追求名利，包括治理天下都是"小用"；只有逍遥放达，自然无为方为"大用"。惠子告诉庄子自己有大葫芦，因为太大没有什么用处就把它打碎了，庄子就批评他"拙于用大"，说："今子有五石之瓠，何不虑以为大樽而浮乎江湖，而忧其瓠落无所容？"惠子告诉他自己有棵大树，"其大本拥肿而不中绳墨，其小枝卷曲而不中规矩，立之涂，匠者不顾"。庄子就说："今子有大树，患其无用，何不树之于无何有之乡，广莫之野，彷徨乎无为其侧，逍遥乎寝卧其下。不夭斤斧，物无害者，无所可用，安所困苦哉！"（《庄子·逍遥游》）庄子的所谓"用大"，实际上就是无用、无为。庄子之所以有这种思想,和当时的时代密切相关。楚国狂人接舆曾这样描述当时的社会:"方今之时,仅免刑焉。福轻乎羽,莫之知载;祸重乎地,莫之知避。"(《庄子·人间世》)而人为什么有祸患呢?正是由于"有用"。庄子说:"山木自寇也,膏火自煎也。桂可食,故伐之;漆可用,故割之。人皆知有用之用,而莫知无用之用也。"(《庄子·人间世》)所以,庄子主张在乱世中"无用"以自保。在《人间世》中庄子甚至描写了一位极度残疾的"支离疏"来论述自己的观点,"支离疏者,颐隐于脐,肩高于顶,会撮指天,五管在上,两髀为胁。挫针治繲,足以糊口;鼓策播精,足以食十人。上征武士,则支离攘臂而游于其间;上有大役,则支离以有常疾不受功;上与病者粟,则受三钟与十束薪"。支离疏正是由于身患残疾才在乱世中不遭祸患,不但得以全身,而且生活逍遥。

当然庄子并不是希望人人都像"支离疏"那样残疾,而是希望人人都能超脱于世俗道德观念之外,做到生死不入于心,得失不留于意,逍遥自适,他说:"夫支离其形者,犹足以养其身,终其天年,又况支离其德者乎?"(《庄子·人间世》)在《德充符》中他依次叙述了六名残疾贤士王骀、申徒嘉、叔山无趾、哀骀它、闉跂支离无脤、瓮㼜大瘿,他们都是"才全而德不形"的人。"死生存亡,穷达贫富,贤与不肖毁誉,饥渴寒暑,是事之变,命之行也;日夜相代乎前,而知不能规乎其始者也。故不足以滑和,不可入于灵府。使之和豫、通而不失于兑,使日夜无郤而与物为春,是接而生时于心者也。是之谓才全",认识到死生存亡、穷达贫富、贤与不肖、毁誉、饥渴、寒暑都是天命运行的结果,因此,内心的和谐不会受到这些事情的影响,内心世界始终和谐、宁静、通达,这就叫"才全"。"平者,水停之盛也。其可以为法也,内保之而外不荡也。德者,成和之修也。德不形者,物不能离也",内心像静止的水那样保持极端的渊静,就会涵纳万物,而不为万物所动。这种成万事、和万物的修养,就叫做"德"。这种"德"与世俗的道德是不同的,它是不著形迹的,能够拥有这种德的人,万事万物都会亲近不离。

当然,这种所谓的洒脱在某种程度上是对悲惨现实的一种无奈的消解,因此有时庄子不由自主地流露出宿命的观点。《庄子·山木》中有一个小故事:庄子行于山中,见大木,枝叶盛茂,伐木者止其旁而不取也。问其故,曰:"无所可用。"庄子曰:"此木以不材得终其天年夫!"出于山,舍于故人之家。故人喜,命竖子杀雁而烹之。竖子请曰:"其一能鸣,其一不能鸣,请奚杀?"主人曰:"杀不能鸣者。"明日,弟子问于庄子曰:"昨日山中之木,以不材得终其天年;今主人之雁,以不材死;先生将何处?"面对弟子的询问,庄子让弟子"乘道德而浮游",这是面对残酷现实的一种无奈,也是"与时俱化,无肯专为"的应天顺命思想。

(五)清静无为的治国理念

道家看似逍遥,实则具有浓厚的社会忧患意识。"大道废,有仁义;慧智出,有大伪;六亲不和,有孝慈;国家昏乱,有忠臣"(《老子·十八章》),"天下多忌讳,而民弥贫;民多利器,国家滋昏。人多伎巧,奇物滋起;法令滋彰,盗贼多有"(《老子·五十七章》),"民之饥,以其上食税之多,是以饥。民之难治,以其上之有为,是以难治。民之轻死,以其求生之厚,是以轻死"(《老子·七十五章》),无不流露出对动乱失序社会的担忧。

而社会之所以会如此混乱无道,在道家看来正源于治理者的乱为,激发了人的智和欲,使人背离了质朴的原真状态,"人多伎巧,奇物滋起"。人们努力制订一些所谓的社会规范,试图构建社会秩序,但结果是"慧智出,有大伪"(《老子·十八章》)、"法令滋彰,盗贼多有"(《老子·五十七章》)。正确的治理理念是使人无知无欲,重返浑朴自然的本真状态。"不尚贤,使民不争;不贵难得之货,使民不为盗;不见可欲,使民心不乱。是以圣人之治,虚其心,实其腹,弱其志,强其骨。常使民无知无欲,使夫智者不敢为也。为无为,则无不治"(《老子·三章》),"古之善为道者,非以明民,将以愚之。民之难治,以其智多。故以智治国,国之贼;不以智治国,国之福"(《老子·六十五章》)。治国应施无为之政,顺自然之人性,让老百姓逍遥自为。老子教导君王说"治大国若烹小鲜"(《老子·六十章》),治理国家不能胡乱施政,应无为而治,"我无为而民自化,我好静而民自正,我无事而民自富,我无欲而民自朴"(《老子·五十七章》)。君王要循道而行,处下守雌,无为不争。《庄子·应帝王》中教导帝王云:"游心于淡,合气于漠,顺物自然而无容私焉,而天下治矣。""明王之治,功盖天下而似不自己,化贷万物而民弗恃;有莫举名,使物自喜;立乎不测,而游于无有者也。"在《在宥》篇中,庄子指出"乱天之经,逆物之情,玄天弗成;解兽之群,而鸟皆夜鸣;灾及草木,祸及止虫"皆"治人之过也",君王治理天下的正确做法是"徒处无为,而物自化。堕尔形体,黜尔聪明,伦与物忘,大同乎涬溟,解心释神,莫然无魂。万物云云,各复其根,各复其根而不知;浑浑沌沌,终身不离;若彼知之,乃是离之。无问其名,无窥其情,物固自生"。

二、道教文化精要

道教文化颇为繁杂,就其核心内容而言,其要有三:道教哲学,信仰与教义,科仪、方术与戒律。

(一)道教哲学

道教继承老庄道家哲学思想,从宗教哲学的角度加以改造发展,将其神秘化、宗教化,并深受儒家思想和佛教哲学的影响,形成了独具特色的道教哲学,成为中国哲学的重要组成部分,并推动了中国哲学的融会发展。

道教哲学内涵丰富,下面择其要,从三个方面加以简述:

1. 以"道"为本根的自然宇宙论与神学创世论 道教是以"道"作为宇宙的始基,以"气"作为构建宇宙论的基本范畴,以阴阳五行、八卦学说解释宇宙的组合结构。道教将"道"神化、人格化成主神予以尊奉,太上老君、元始天尊等主神在道教学说中都被描述成天地万物的化育者,故而道教创世理论又具有神学色彩。

2. 个人本位的追求生命永恒的生命哲学 以"道"为始基的宇宙论是其生命哲学的前奏,人道同体的神仙是教徒尊奉的对象和效法的楷模,实现个体的修道成仙、长生不死为道教教义的重要组成部分。

3. 人道合一的自然哲学 儒家重人世伦常,佛家主张出世,皆不及道教重自然。道教是从人道合体、追求生命永恒的视角看待自然,认为自然大道既具有超越性,同时又内在于万物,人类生命与自然本体及宇宙万物息息相通。以此出发,极力探寻自然界的奥秘,并试图用道术驾驭自然,从而实现生命的超拔。

道教哲学在文化上兼收并蓄,吸纳儒道佛诸家因子,形成了道、一、玄、重玄、有无、动静、元气、精气神、心性等一套独特的哲学范畴,以及神仙不死、人能长生成仙等命题,对中国古代哲学产生了深远的影响,并最终对中国哲学三教合流的思想融会做出了巨大贡献。三教合流产生的宋明理学许多理论皆源于道教哲学,尤其是宇宙生成模式及心性学受道教影响颇大。理学家的宇宙生成模式图就渊源于宋初道士陈抟,理学中如"理""无极""太极""心性""道器""体用"等哲学范畴和命题在唐宋道教中早已论及。

(二)道教基本信仰与教义

道教作为一种成熟的宗教,有其独特的信仰和教义,要而言之有二:一是尊道贵德,以"道"为最高信仰;二是谋求长生成仙,由对"道"的信仰衍化出神仙信仰和追求长生不死。这种信仰和教义是道教对于宇宙和社会的基本看法和认识,并是道教仪式、方术行为以及教徒规戒的理论出发点。

1. 尊道贵德 道教之名根源于《道德经》,老子所言之"道"是道教的理论基础,是其核心的教理教义、根本的信仰。唐代吴筠《玄纲论》称"道"为"虚无之系,造化之根,神明之本,天地之源"，《太平经》则云"道"是"万物之元首，不可得名者。六极之中，无道不能变化。元气行道，以生万物，天地大小，无不由道而生者也"。尽管道教在历史上宗派繁出，各派的经文或有差异，科仪方术亦各有侧重，但以"道"为最高和最根本的信仰却是共同的。《云笈七签》卷九十称："学道君子，非路而同趣，异居而同心。"道教修炼的最高追求就是返本还原，与"道"同体，实现永世长存。

"道"在人和万物中的显现就是"德"，故万物莫不尊道而贵德。道教不单信仰老子之"道"，同时还重修老子所言之"德"。《道教义枢·道德义》云："道德一体而具二义，一而不二，二而不一。"唐玄宗在注解《道德经》序文中直言："道之在我就是德。"道教认为"德为道之基"，《太平经》认为"道者，天也，阳也，主生；德者，地也，阴也，主养"，要想得道，必须积德。《抱朴子》云："非积善阴德，不足以感神明。""德"与"道"同为道教教理教义的基本原则，是信仰和行为的总准则。道教其他诸多教义，比如"无为而无不为""清静""自然""寡欲""慈、俭、让""抱一"等，皆是从"道""德"引申而来。

道教以"道"和"德"为核心的教义思想主要是从天、地、人、鬼四个方面展开，从而构成其教义思想的层次架构系统。唐代道士吴筠《玄纲论》中云："天地、人物、仙灵、鬼神，非道无以生，非德无以成，生者不知其始，成者不见其终。"唐末五代道士杜光庭《道德真经广圣义》中云："《道德经》者乃天地之至妙，有天道焉，有人道焉，有神道焉，大无不包，细无不入，宜尊之焉。"概而言之，道教的"天道"教义内容主要包括天的形成与构成，以及居于天中的神；道教的"地道"教义内容主要包括地的形成、地理方位，以及地上诸神灵；道教的"人道"教义内容主要包括人的形成、人与自然神鬼的关系，以及人的行为规范等；道教"鬼道"教义内容主要包括人死后去所、鬼之分类，以及人鬼关系等。

由于"道"极玄妙，为了普通教徒信仰的需要，道教将"道"人格化为道教的主神加以尊奉，典型的做法是神化老子，将之视作"道"的化身，奉为道教教祖。《老子想尔注》云："一者道也，既在天地之外，又入在天地之间，而且往来人身中，散形为气，聚形为太上老君。"但道教与世界上的其他宗教不同，其虽有自己最高的主神，但基于农耕经济文化的多神信仰特征，这个最高的主神并不是绝对唯一的神。受中国古代原始宗教万物有灵论的影响，道教认为"万二千物，各自存精神，自有君长"，其神谱具有囊括天、地、人的兼容性，其尊奉之神有"三清"（玉清、上清、太清）、"四御"（玉皇大帝、中央紫微北极大帝、勾陈上宫天皇大帝、后土皇地祇）以及日月星辰、江河山岳、风雨雷电、城隍土地诸神，无所不包。

2. 长生成仙　道教重生，强调要修道积德以求长生，《抱朴子·内篇·勤求》云："天地之大德曰生。生好物者也，是以道家之所至秘而重者，莫过乎长生之方也。"《太平经》曾提出："要当重生，生为第一。"但获得长寿仅是道教的低级追求，其终极目标则是长生成仙。

道教崇神体系中的一个独特之处就是神仙崇拜，道教认为人亦可通过修炼得以位列仙班，梁代陶弘景所撰《真灵位业图》中即列有诸多得道仙人。《汉书·艺文志》云："神仙者，所以保性命之真而游求于外者。"《天隐子·神解》云："能通变者曰神仙。"《南华真经》中载有神人、至人、真人、圣人等，对神仙形象进行了最初的描述。如《逍遥游》中云："藐姑射之山，有神人居焉，肌肤若冰雪，绰约若处子。不食五谷，吸风饮露，乘云气，御飞龙，而游乎四海之外。"《齐物论》中言："至人神矣！大泽焚而不能热，河汉冱而不能寒，疾雷破山而不能伤，飘风振海而不能惊。"历代道教典籍中皆有大量神仙的记载，如东晋葛洪《神仙传》记有仙人 92 位，宋代陈葆光《三洞群仙录》录有神仙 1 000 多位。这些神仙成为道教徒尊崇和追随的对象。神仙思想乃由我国古代不死思想而起，道教崇拜神仙乃是出于对生命永恒的追求。《金莲仙史》云："仙道者，长生之道也。"《坐忘论》中写道："神仙之道，以长生为本。"

神仙信仰和长生不死是"道"信仰的衍化。神仙既是道的化身，又是得道的楷模。成仙不但可摆脱死亡的威胁,而且可获得超越常人的"神通",从而达到一种完全自由的、与大道合一的境界。故道教徒既信道德,又拜神仙。长生成仙是道教的基本信仰,是道教各派修炼的出发点和归宿。

(三)道教科仪、方术与戒律

道教的信仰和教义落实到具体的宗教活动中,主要表现为道教礼仪、方术行为以及教徒戒律。

1. 道教科仪　中国自古尊崇礼教。儒家礼制颇为繁琐,道教礼仪亦为丰富。道教要处理神、人、鬼之间的关系,而沟通神、人、鬼则需要一定的典礼仪式,道教称之为"科仪"。道教科仪丰富多样,其拜师、诵经以及行住坐卧皆有科仪。但其主体是斋醮,亦称斋醮科仪,俗称"道场"。"斋""醮"在道教产生之前即已存在。"斋"为斋戒、洁净之意,指在祭祀前必须沐浴更衣,不饮酒茹荤,不行房事,以示对神灵的虔诚;"醮"本是古代冠娶礼祭,亦指祭祀礼仪。道教斋醮仪式是中国古代祭祀仪式的变易。斋醮科仪起初在内容和形式上都十分简单,东晋、南北朝时,经上清派、灵宝派道士推演,尤其是经过寇谦之和陆修静等人的整编修订,逐渐形成整套的仪范和程式。唐、宋、元时期,道教发展繁盛,斋醮科仪亦随之盛行。唐末五代道士杜光庭搜集、整理、编纂、删定了南北朝以来的各种科仪,并新修《太上正一阅箓仪》《洞神三皇七十二君斋方忏仪》《道门科范大全集》等科醮书多种,是道教斋醮科仪的集大成者。明代以后,道教转衰,斋醮科仪因俗简化,流传于民间。

根据斋醮仪式的使用范围和不同功能,道教传统上将斋仪区分为内外斋和三箓七品。内斋指道士内修的斋法,由个人进行。外斋指道士为他人他事举行仪式的斋法,大多由集体进行。外斋分为三箓七品。三箓指金箓斋、玉箓斋、黄箓斋;七品指三皇斋、自然斋、上清斋、指教斋、涂炭斋、明真斋和三元斋。斋醮首先要设立坛场,其规模样式视斋醮形式而不同。斋醮科仪须有必要的设置和用品,如幡、法尺、法剑、九节杖、手炉、朝板、令牌、印信等法器,香、花、灯、水、果等供品,关牒、表申、章奏、榜文之类的文检等。另外,参加斋醮科仪的道士还必须穿着合乎要求的冠服。斋醮仪式由坛场执事共同完成,据《太清玉册》载,坛场执事主要有高功、都讲、监斋、侍经、侍香、侍灯、炼师、摄科、正仪、监坛、清道、知炉、知磬、词忏、表白等,皆各有职守。其中高功、监斋、都讲"三法师"是科仪主持的核心人物。斋醮科仪由一系列的仪范程序构成,主要包括上供、祝香、升坛、宣卫灵咒、鸣法鼓、发炉、存想、降神、迎驾、上表、奏乐、步虚、散花、赞颂、宣词、复炉、唱礼、祝神、送神、散坛等。

斋醮乃人神交接,故坛场清规甚严。《太清玉册》载有《醮坛清规》,所列凡三十五条,对登坛失仪明列惩处标准,如"履屦不整,罚二十拜","倚斜不正坐,罚五拜","语言戏笑,罚十拜"等。若犯威仪弹罚不伏者,则逐出坛场不用。

2. 道教方术　道教是以术见长的宗教。道教之所以重术,《云笈七签》卷四十五《秘要诀法·序事》云:"道者虚无之至真也。术者变化之玄伎也。道无形,因术以济人;人有灵,因修而会道。"道教认为方术是推行大道的方法,道与术是体与用的关系,《道法会元》云:"道乃法之体,法乃道之用。"道教所行之方术颇为博杂,大体可分为三类:一是修炼养生方术,如存思、导引、辟谷、行气、按摩、咽液、房中、外丹、内丹等;二是用以召役鬼神、镇邪治病、禳灾祈福的法术,如符箓、祝由、咒语、掐诀、步罡等;三是风水、占验、杂技魔术之类,如堪舆、占卜、吞雾吐火、入水不溺、穿墙隐遁、撒豆成兵、踩高跷等。这些方术有些来自中国的原始宗教和民间文化,有些出自历代高道法师的创造,还有些是汉唐时期陆续从西域和印度传来的。下面择要介绍五种:

(1)服饵:指服食丹药。如《抱朴子·内篇·仙药》引述《神农》四经曰:"五芝及饵丹砂、玉札、曾青、雄黄、雌黄、云母、太乙禹馀粮,各可单服之,皆令人飞行长生。"只是道教所言丹药有些是有毒性的,若服用不当会伤身害体,甚至危及生命。

（2）行气:亦称"服气""食气""炼气"。是指一种以呼吸吐纳为主,往往辅以导引、按摩的养生内修方法。道教认为宇宙万物皆须气以生,故非常注重行气。

（3）存思:亦称存想。修炼时要求闭合双眼或微闭双眼,存想内观某一物体或神真的形貌、活动状态等,以期达到集中思想,去除杂念,通过意念进入一种设想的境界,以实现健身疗疾、证道成仙的目的。

（4）炼丹:是古人为追求"长生"而炼丹的方术,分为炼制外丹与内丹。外丹术,又称外丹黄白术,或称金丹术,指通过各种秘法烧炼矿物质用以制造令人长生之丹药,用以服食。因其毒性非常大,不少人因服食而亡。后来道教转而以炼内丹为重,此术将人体拟作炉鼎,用以习炼精气神。

（5）符箓:符是一种笔画屈曲,似字非字的图形;箓是记天曹官属佐吏之名,又有诸符错杂其间的秘文。据说,符箓是天神的文字,有召神驱鬼、镇邪治病的功效,故常和禁咒一起被道士们用来召神劾鬼,驱妖镇邪。以符箓作为主要方术是符箓派道教的基本特点,从最早出现的五斗米道和太平道,至南宋繁衍的诸多符箓支派,莫不如此。

3. 道教戒律　道教戒律是约束道教徒言行,指导他们生活、修炼的准则,是道教仪范的重要组成部分。道教初期原无正式戒条,至两晋南北朝时期,由上清派、灵宝派、新天师道等沿袭佛教戒律,制定"五戒""八戒",并汲取儒家忠孝纲常观念而制定"十戒"和其他戒律。金代,全真道丘处机开创传戒制度。元明之际,道教仍袭于佛教,于戒律之外另设清规,用以惩处犯戒道士。现存道教戒律主要收入《正统道藏》三洞之戒律类,《云笈七签》和《道藏辑要》亦有收录。其著作有《太上经律》《洞玄灵宝天尊说十戒经》《太上老君经律》《天仙大戒》《初真戒》《中极戒》等。

道教戒律虽因时而异,各教派亦有不同,甚至同一教派不同经典表述亦会有出入,但其主要内容不出道家清虚抱朴、儒家忠孝节义以及佛家诸恶莫作的思想范畴。道教尊老子为教祖,其戒律即以《道德经》为理论根基和衍化起点,如想尔九戒:"行无为,行柔弱,行守雌,勿先动,此上最三行。行无名,行清静,行诸善,此中最三行。行无欲,行知止足,行推让,此下最三行。"道教戒律吸纳融摄了儒家的伦理思想,儒家的忠孝仁爱、三纲五常等伦理观念在道教戒律中多有体现。曹魏时天师道《大道家令戒》要求道民"当户户自相化以忠孝,父慈子孝,夫信妇贞,兄敬弟顺",显然是儒家伦常的翻版。天师道正一派的"正一五戒"则将"五戒"与儒家的仁、义、礼、智、信等"五常"相配。初真戒是入道者必须遵守的金科玉律,是入道的门户,是修道的起点,其"十戒"第一戒即云:"不得不忠不孝,不仁不信,当尽节君亲,推成万物。"道教戒律受佛家影响是很明显的,其戒条的出现即是沿袭于佛教而来,其五戒、八戒内容皆与佛教戒律基本无异。

总之,道教戒律是融合儒释道三教思想而成,但其核心思想乃是基于老子的大道无为、见素抱朴、清虚寡欲等理念,其目的在于维护道教自身的宗教尊严和秩序,维系道门的严肃、清静和纯洁,督促教徒修行,使道教的信仰教义得以落实。为了使戒律得以遵行,元明时期出现了惩处条例,即清规。根据所犯过失轻重,分别处以跪香、催单(劝离)、革出(逐出)、杖革(杖责逐出)以及火化(处死)等。

第三节　道学文化与中医文化

道学文化和中医文化都是产生于中国本土的优秀传统文化,在漫长的历史发展进程中,两者互相借鉴、彼此渗透、不断融合,在思维方式、理论学说、人物方技、养生理法、典籍文献等领域并驾齐驱、同赢共进,形成了中国传统文化中的一道独特风景。

一、道家文化对中医文化的影响

道家文化广博而悠久、丰富而深邃,对中医的思维方法、理论构建、养生理念等产生了广泛而深远的影响。

(一)对中医思维方法的影响

道家文化对中医整体、意象、直觉、顺势、辩证等诸种思维方法产生了重要影响。

1. 对中医整体思维的影响　《老子》第二十五章曰"人法地,地法天,天法道,道法自然",阐明了人与天地是一个统一的整体,皆因循无形之大道运化不息。天人相应之说在道家典籍中多有体现,如《淮南子·精神训》谓"头之圆也象天,足之方也象地""天有四时、五行、九解……人亦有四支、五藏、九窍"。其《地形训》谓"坚土人刚,弱土人肥",《时则训》谓"孟春……行秋令,则其民大疫,飘风暴雨总至",则揭示了地理环境和气候异常对人的体质和疾病的影响。整体观是中医学的基本特点之一,既表现在人体各部是有机的整体,又表现为人与天地自然是一个整体。《素问·宝命全形论》曰"人以天地之气生,四时之法成",《灵枢·邪客》云"人与天地相应",与道家的整体观、天人合一思想一脉相承。

2. 对中医意象思维的影响　意象思维是用某种具体的形象的东西来说明某种抽象的观念或原则,老子、庄子的"道"即是中国传统意象思维中的玄想意象思维。《老子》曰"道之为物,惟恍惟惚"(第二十一章),"道之出口,淡乎其无味,视之不足见,听之不足闻,用之不足既"(第三十五章)、《庄子·天道》云:"得之于手而应于心,口不能言,有数存焉于其间。臣不能以喻臣之子,臣之子亦不能受之于臣。""道"说不出、看不见、听不到、摸不着的,不能由具体的感官来认识,而只能由个人意会、领悟。这种思维方法对中医以意象为主导的思维方法产生了直接的影响,如郭玉云:"医之为言意也。腠理至微,随气用巧;针石之间,毫芒即乖。神存于心手之际,可得解而不可得言也。"(《后汉书·方术列传·郭玉传》)。

3. 对中医直觉思维的影响　直觉思维是指不受某种固定的逻辑规则约束而直接领悟事物本质的一种思维形式。直觉思维具有迅捷性、直接性、本能意识等特征。《老子》所云"不出于户,以知天下;不窥于牖,以知天道"(第四十七章),"道者,万物之奥……虽有拱璧以先驷马,不如坐进此道"(第六十二章),可以认为是直觉思维的体现。道家的直觉思维也影响了中医思维,如《素问·八正神明论》云:"神乎神,耳不闻,目明心开而志先,慧然独悟,口弗能言,俱视独见,适若昏,昭然独明,若风吹云,故曰神。"《史记·扁鹊仓公列传》曰:"越人之为方也,不待切脉、望色、听声、写形,言病之所在。"都反映了中医的直觉思维。

4. 对中医顺势思维的影响　顺势思维即顺应自然趋势及事物时序变化因素的思维方法。《老子》第二十五章"人法地……道法自然"告诉我们要遵循自然界本身的客观规律与法则,《史记·太史公自序》云"道家……其术以虚无为本,以因循为用",说明因循顺势是道家的思维特征之一。顺势也是中医的重要思维方式,中医三因(因时、因地、因人)制宜和辨证论治原则就是顺势思维的具体体现。如《素问·生气通天论》谓"苍天之气,清净则志意治,顺之则阳气固,虽有贼邪,弗能害也,此因时之序",《素问·阴阳应象大论》谓"其高者,因而越之;其下者,引而竭之",《素问·八正神明论》谓"因天时而调血气"。《素问·异法方宜论》则根据东西南北中不同地域居民的体质和病理状况,分别采用砭石(东方)、药剂(西方)、灸焫(北方)、九针(南方)、导引按蹻(中央)等不同治法手段,收到理想的治疗效果,正如文中所载:"黄帝问曰:医之治病也,一病而治各不同,皆愈何也?岐伯对曰:地势使然也。"也是顺势思维的反映。

5. 对中医辩证思维的影响　对立统一、质量互变、否定之否定等是辩证思维的基本规律。《老子》中以大量篇幅揭示了事物的辩证规律,反映了辩证思维是道家的重要思维方式,如"有无相生,难易相成,长短相形,高下相倾,声音相和,前后相随"(第二章)、"合抱之木,生于毫末;九层之台,起于累土;千里之行,始于足下"(第六十四章)、"祸兮福之所倚,福兮祸之所伏"(第五十八章)、"反者道之动"(第四十章)等。中医学的辩证思维方法与道家辩证思维方法如出一辙,其阴阳学说中的互根互用、此消彼长、互相转化和五行学说中的相生相克、相乘相侮都是辩证思维的具体体现。如《素问·阴阳应象大论》曰:"阴在内,阳之守也;阳在外,阴之使也。"《灵枢·论疾诊尺》云:"重阴必阳,重阳必阴……故寒甚则热,热甚则寒;故曰寒生热,热生寒。此阴阳之变也。"《素问·五运行大论》谓:"气有余,则制己所胜而侮所不胜;其不及,则己所不胜侮而乘之,己所胜轻而侮之。"皆为其明证。

(二) 对中医理论构建的影响

道家文化对中医基础理论的概念术语、精气学说、阴阳学说、五行学说等方面具有直接或间接的影响。

1. 对中医理论概念和术语等的影响　概念、术语是理论体系构建的重要基础,道家文化对中医理论的影响,通过中医经典《黄帝内经》大量援引道家概念、术语、文句用以阐述医理可见一斑。以《素问·上古天真论》为例,其中的"妄""常""朴"都是道家著作尤其是《老子》中的特有概念、术语,"至人""真人"则出于《庄子》,"圣人"为《老子》所推崇,"持满"化出于《老子》第九章"持而盈之,不若其已","美其食,任其服,乐其俗"出于《老子》第八十章"甘其食,美其服,安其居,乐其俗",《素问·阴阳应象大论》"同出而名异""是以圣人为无为之事"诸句亦引自《老子》"同出而异名""是以圣人处无为之事",如此等等,不胜枚举。

2. 对中医精气学说的影响　《老子》认为"道"是化生宇宙万物的源头,如第四十二章云:"道生一,一生二,二生三,三生万物。""道"之所以能够化生万物,是因为其中有"精",如第二十一章云:"道之为物,惟恍惟惚……窈兮冥兮,其中有精。其精甚真,其中有信。"而"气"亦是构成万物的本原,如《庄子·知北游》曰:"通天下一气耳。"战国时期"精""气"合为一词,如《周易·系辞上》云:"精气为物,游魂为变。"《管子·水地》曰:"人,水也。男女精气合,而水流行。"提出人的生命是由精气和合而成。《淮南子·览冥训》则径言:"精气为人。"精气学说是古代哲学对中医理论影响极为重要的学说之一。首先中医认为"精"是构成人体和维持生命活动的基本物质,如《素问·金匮真言论》曰:"夫精者,身之本也。"精气泛指构成和维持生命的精华物质及其功能,具体如生殖之精,《素问·上古天真论》云:"丈夫……二八,肾气盛,天癸至,精气溢泻,阴阳和,故能有子。"又指饮食化生之精微物质(营气、卫气),《素问·经脉别论》云:"饮入于胃,游溢精气,上输于脾。"《灵枢·营卫生会》云:"营卫者精气也。"也统指人体正气,《素问·通评虚实论》云:"邪气盛则实,精气夺则虚。"总之,精气是人体生命的动力,精气足则生命活动正常。

3. 对中医阴阳学说的影响　道家早就认识到阴阳是自然界事物发生、变化的基础。《老子》第四十二章曰:"万物负阴而抱阳,冲气以为和。"《淮南子·天文训》云:"道始于一,一而不生,故分而为阴阳,阴阳合和而万物生。故曰:'一生二,二生三,三生万物。'"同时,天地阴阳平衡是道家追求的至高理想,《庄子·天道》曰:"天地平而道德之至也。"《淮南子·泛论训》云:"阴阳和平,风雨时节,万物蕃息。"《诠言训》云:"平者,道之素也。"中医阴阳学说是古代哲学思想(道家思想)和医学实践相结合的产物。认为阴阳是自然界的根本规律,世间万物的纲纪,一切生物生长、发展、变化、消亡的根源,如《素问·阴阳应象大论》曰:"阴阳者,天地之道也,万物之纲纪,变化之父母,生杀之本始。"联系到人身亦不例外,"人生有形,不离阴阳"(《素问·宝命全形论》)。由于阴阳失调是疾病发生最基本的机理,因此医家治病希冀达到的状态即是阴阳调和,《素问》云"谨察阴阳所在而调之,以平为期"(《至真要大论》)、"阴平阳秘,精神乃治;阴阳离决,精气乃绝"(《生气通天论》)、"阴阳和,故能有子"(《上古天真论》)。

(三)对中医养生理念的影响

道家养生内容非常丰富,对中医的影响反映在多个方面。以下仅从顺应自然、形神兼养、未病先防三个方面加以阐述。

1. 顺应自然 所谓"自然"即顺从事物的自然本性,不人为刻意造作。道家非常推崇"自然",《老子》第二十五章曰"人法地,地法天,天法道,道法自然",第六十四章曰"辅万物之自然而不敢为",《庄子·应帝王》云"顺物自然而无容私焉,而天下治",《元气论》谓"与自然同性,则可以无始无终",《固气还神论》则云"孰有弃自然之本而能长存"。道家顺应自然的思想对中医养生学产生了深刻的影响,《灵枢·本神》曰:"故智者之养生也,必顺四时而适寒暑,和喜怒而安居处,节阴阳而调刚柔,如是则僻邪不至,长生久视。"《素问·上古天真论》中列举上古之人通过"法则天地""和于阴阳""调于四时""从八风之理"等顺应自然的养生方法获得健康长寿。《素问·四气调神大论》更是详述了如何顺应春、夏、秋、冬四季变化的具体养生之道。当然,在顺应自然的基础上,道家养生还倡导"我命在我不在天"的观点,积极地创造多种条件,干预不利因素,以更高层次、更有效地适应自然。因而使道家养生术得到了不断发展。

2. 形神兼养 道德全备、形神兼养是道家养生的重要法则。《庄子·天地》曰:"执道者德全,德全者形全,形全者神全。"《庄子·在宥》载:"广成子……曰:抱神以静,形将自正。必静必清,无劳汝形,无摇汝精,乃可以长生。目无所见,耳无所闻,心无所知,汝神将守,形乃长生。"《史记·太史公自序》论道家曰:"凡人所生者神也,所托者形也。神大用则竭,形大劳则敝,形神离则死。"《素问·上古天真论》中强调道德对于养生长寿的重要性,"所以能年皆度百岁而动作不衰者,以其德全不危也","中古之时,有至人者,淳德全道……此盖益其寿命而强者也","帝曰:夫道者年皆百数,能有子乎? 岐伯曰:夫道者能却老而全形,身年虽寿,能生子也","合同于道,亦可使益寿……"反之,"中古之世,道德稍衰,邪气时至"(《素问·汤液醪醴论》)。《素问·上古天真论》中除了论述养神、养形诸法,如"精神内守,病安从来""形劳而不倦"之外,特别重视形神兼养的养生理念,如云"故能形与神俱,而尽终其天年,度百岁乃去""形体不敝,精神不散,亦可以百数""独立守神,肌肉若一,故能寿敝天地,无有终时,此其道生"等。

3. 未病先防 《老子》第六十四章曰:"其安易持,其未兆易谋,其脆易泮,其微易散。为之于未有,治之于未乱。"第七十一章曰:"夫唯病病,是以不病。圣人不病,以其病病,是以不病。"其意是说正因担心疾病的发生,才能更好地预防疾病。宋代沈辽所撰《云巢编》卷一《赠有道者》曰:"昔吾知养生,始自《皇人经》。其说乃浩博,隐奥通神灵……"而《皇人经》中则曰:"至人消未起之患,治未病之疾。"(《无上秘要》卷五)。中医的"治未病"理论明显来自于道家防患于未然、"病病"的思想,《素问·四气调神大论》云:"是故圣人不治已病治未病,不治已乱治未乱,此之谓也。夫病已成而后药之,乱已成而后治之,譬犹渴而穿井,斗而铸锥,不亦晚乎!"《备急千金要方》谓"善养性者则治未病之病,是其义也"(《养性序》)、"上医医未病之病,中医医欲病之病,下医医已病之病"(《论诊候》)。《素问·刺热》则论述了治未病的具体方法云:"肝热病者,左颊先赤;心热病者,颜先赤;脾热病者,鼻先赤;肺热病者,右颊先赤;肾热病者,颐先赤。病虽未发,见赤色者刺之,名曰治未病。"

笔记栏

道家文化对《黄帝内经》的影响

道家文化对于中医学、中医文化的影响,尤其是对于中医理论的经典著作《黄帝内经》的影响是全面而深刻的,因此诸多学者指称《黄帝内经》就是一部(黄老)道家著作。所以,我们要学好中医、发展中医,要全面、正确地理解《黄帝内经》这部中医理论的经典著作,离不开对道家文化的学习和理解。如此,才能辨章学术、追根溯源,从根本上把握中医思维、中医理论的本质和特点,从而更好地发展中医。

二、道教文化对中医文化的影响

在以成仙为重要追求的修道过程中,道教对生命规律进行了持续的探究,形成了一系列独特的理论和方术,在中医学术思想、养生方法、医政教育、民俗医药文化等诸多方面产生了不可忽视的影响。

(一)对中医学术思想的影响

内丹学是道士为追求长生不死的目的而对人体生命规律进行深入探索的重要学说。其术以人体为鼎炉,精气神为药物,在体内修炼结丹,以期达到强身健体、延年益寿甚至成仙的目的。

命门是内丹术中的重要概念,自唐五代之后,内丹著作中的命门主要指向与肾有密切关系的下丹田,如唐梁丘子注《黄庭内景经》"闭塞命门保玉都"句曰"元阳子曰:命门者,下丹田,精气出入之处也",从而扩充了中医原有的命门含义,明张介宾《类经附翼·三焦包络命门辨》称道曰:"是皆医家所未言,而实足为斯发明者。"

内丹术中十分强调"元阳"的重要性,《钟吕传道集·论水火》云:"三火(君火、臣火、民火)以元阳为本……元阳尽,纯阴成,元神离体,乃曰死矣。""人身之中,以一点元阳而兴举三火……若此阳弱阴盛,火少水多,令人速于衰败而不得长生。"此说对明清医家的学说思想产生了一定的影响,如《景岳全书·传忠录》云:"道产阴阳,原同一气……其在人身,是即元阴元阳,所谓先天之元气也。"(《阴阳篇》)"命门有火候,即元阳之谓也,即生物之火也。然禀赋有强弱,则元阳有盛衰……而凡寿夭生育及勇怯精血病治之基,无不由此元阳之足与不足,以为消长盈缩之主"(《命门余义》)。

(二)对中医养生方法的影响

仙道贵生,道教徒们在修道过程中,创造或完善了许多养生方法,如药物服食、导引按摩、呼吸吐纳、存思守一、外丹内丹、房中术等。其中大多数方法对中医养生学产生了重要影响,有的甚至被直接采用。

药物服食方面,如陶弘景《本草经集注·序录》云:"以《神农本经》三品……及仙经道术所须,并此序录,合此三卷。"《医心方·延年》载录《太上洞玄灵宝五符序》中的延年益寿方、五茄酒方等。导引按摩方面,如巢元方《诸病源候论》在每种病候之后附有"养生方·导引法",《备急千金要方·养性》则引载了《太清道林摄生论》中的老子按摩法。存想方面,如《古今医统大全·摄生要义·存想》谓:"摄生之要,莫大乎存想。存谓存我之神,想谓想我之身。闭目见自己之收心,见自己之身,不离我身,不伤我神,则存想之渐也。"房中术方面,如《备急千金要方·养性》有"房中补益"一节,提出"务存节欲,以广养生,此房中之微旨也",并引录《仙经》、彭祖等诸家房中之术。

虽然道教养生术中有一定的菁芜并存现象,但绝大部分还是具有较高的科学、实用价值,是中医养生学中不可或缺的宝贵财富。

（三）对中医咒禁疗法的影响

"咒"即"祝"之义，是巫术的一种。我国早期医巫不分，如《素问·移精变气论》载："黄帝问曰：余闻古之治病，惟其移精变气，可祝由而已。"《灵枢·贼风》云："岐伯曰：先巫者，因知百病之胜，先知其病之所从生者，可祝而已也。"春秋战国至秦汉时期医、巫既泾渭分明又并行不悖，如扁鹊曰"信巫不信医，六不治也"（《史记·扁鹊仓公列传》），《素问·五脏别论》云"拘于鬼神者，不可与言至德"，而约成书于春秋战国时期的《五十二病方》中则有"天神下干疾，神女倚序听神语""祝曰""禹步"等与巫术相关语汇，编纂于东汉顺帝时的《太平清领书》曰"祝是天上神本文传经辞也……为除疾……所向无不愈者也。但以言愈病，此天上神谶语也"（《神祝文诀》）。

符咒是道教法事中的重要环节，被认为具有驱鬼治病的效用。自魏晋起，符咒在医籍中较为频繁出现，与作者具有道教背景大有关系，如葛洪《肘后备急方》之"治寒热诸疟方""治目赤痛暗昧刺诸病方"中就出现了咒法，"救卒中恶死方""就卒客忤死方"等则出现了符术（不排除陶弘景补阙时羼入），陶弘景《本草经集注》有"五色符"药味，孙思邈《备急千金要方》载有多种咒法及治疟符，《千金翼方》更是载有《禁经》——"有禁咒焉，有符印焉"（禁，即以咒祝来禁止发病之谓）。唐代太医署设医、针、按摩、咒禁四科，咒禁科设咒禁博士、咒禁师、咒禁工、咒禁生等多人，以咒禁禳除邪魅为灾。《圣济总录》是宋大观间官修大型综合性方书，笃好道教的宋徽宗赵佶在御制序中称："首之以风疾之变动，终之以神仙之服饵，详至于俞穴经络、祝由符禁，无不悉备。"书后卷一百九十五至卷一百九十七共 3 卷为"符禁门"，内容包括持禁总法、行符总诀、咒禁掌诀、咒童子令说鬼法、禁疟法、禁尸注法……林林总总，无所不禁，并载有符咒约 300 道，明显受道教影响。

虽然咒禁、祝由术包含的一些气功、心理疗法等内容具有一定的科学性，但就目前来看有价值内容不多，故总体而言对医学发展的正面影响十分有限。

（四）对民俗医药文化的影响

道教神仙传记中对一些医家的描述已成广为流传的医学典故，对民俗医药文化影响极大。葛洪《神仙传》载："董奉者，字君异……君异居山间，为人治病，不取钱物，使人重病愈者，使栽杏五株，轻者一株，如此数年，计得十万余株，郁然成林。"后世遂称中医为"杏林"，并出现了"誉满杏林""杏林春暖"等称颂之词。《历世真仙体道通鉴》载：苏耽飞升前"谓乡人曰'更后二年，郴人大疫'，乃殖橘凿井，曰'受病但食一橘叶，饮泉水一盏，自愈'……苏仙冲升之后二年，郴人果大疫，乃取橘泉治病，即时皆愈，所存活者千百人"，"橘井"遂成为中医药的代名词，赞誉医家常称"橘井飘香"。《神仙传》载："壶公者……入市卖药，人莫识之。其卖药口不二价，治百病皆愈，语买药者曰'服此药必吐出某物，某日当愈'，皆如其言。得钱日收数万，而随施与市道贫乏饥冻者，所留者甚少。常悬一空壶于坐上，日入之后，公辄转足跳入壶中，人莫知所在。"行医遂称"悬壶"，治病救人则被誉为"悬壶济世"。

📖 学习小结

本章介绍了道学的形成与发展、道学文化的基本要义以及道学文化对中医文化的影响。在学习的过程中，要注意道家与道教的联系与区别，掌握其各自的文化特征、历史地位与社会影响。道学大要以"自然"为宗，仙缘深而世缘浅，但其以"自然"大道扭世俗"人为"之偏的努力亦不容忽视。

（汪 剑 赵 庆 王 丽）

笔记栏

复习思考题

1. 道家、道教有什么联系和区别？
2. 如何理解庄子"齐"的思想？
3. 道家文化对中医思维方法有哪些影响？
4. 道家、道教文化对中医养生理念和方法有哪些影响？
5. "杏林""橘井"典故分别对应哪位仙道医家？

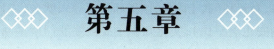

第五章

佛 学 文 化

学习目标

了解佛教文化在中国的传播及佛教主要宗派的基本理论,掌握佛教文化的学说及佛教文化的核心要义、佛教文化对中国社会以及中医学的影响等,拓展知识领域,提高文化素养。

学习要点

佛教的形成及其在中国的传播与发展,佛教主要宗派的基本理论,佛教文化的缘起性空、十二因缘、四谛说、三学六度八正道,佛学对中国古代社会的影响,佛学与中医学的关系。

佛教创始于古代印度,在传入中国后,逐渐与中国传统文化相互交融碰撞,最终与中国本土的儒家、道家并列为三,成为中国文化不可或缺的重要组成部分。究其根本原因,在于它有一套独特的与中国本土文化形成互补的人生哲学,从而使得中国文化实现了圆融和通彻。中国传统本土文化从本质上说是一种关于人生的学问,重视现实的社会和人生是其最根本的特点。佛教则以三世轮回、超越生死的眼光来看待人的生死,从缘起性空、万法无常的观点来看待现实的宇宙人生,与儒、道相比具有独特的价值和意义。"儒以治世,道以治身,佛以治心"高度概括了儒、道、佛的不同特点,也揭示了佛教在中国传统文化中的地位。在中国文化中,从政治到人生,从哲学到文学,从艺术到民俗,无不烙下佛教的印记。了解中国佛教,才能很好地了解汉代以后中国哲学的发展以及整个中国社会和文化的发展,真正把握中国传统文化的特点与精神。

第一节 佛教的形成、传入与发展

佛教原本产生于印度,两汉之际传入中国。佛教在中国流传的过程,实质上是佛教中国化的过程。所谓佛教中国化,一方面佛教学者从大量经典文献中精炼、筛选出佛教思想的精髓,确定适应中国国情的教义理论、礼仪制度和修持方式;一方面使之与固有的中国文化相融合,逐步深入到中国人民的生活之中。因此日益与中国社会的政治、经济、文化相适应,成为独具本地区特色的佛教,表现出中华民族传统思想特征和精神面貌。

一、佛教的形成

佛教起源于古印度。当时印度社会的种姓制度把人分为四个等级:婆罗门(宗教人员,掌握神权和文化知识)、刹帝利(武士阶层,国王和贵族等)、吠舍(农民和手工业者)、首陀罗(地位最低下的非雅利安土著平民),文化知识主要被婆罗门所垄断,平民没有受教育的权利,也没有平等的社会地位,被婆罗门肆意驱逐甚至残害。当时印度的主要宗教是婆罗门教,婆罗门教宣扬婆罗门种姓高贵,主张向天神祭祀献供,信徒们需要耗散大量的资财,这就引起其他种姓的不满。公元前6到公元前5世纪,印度出现了与婆罗门教相对立的沙门思潮,佛教便是其中最有影响的派别之一。

"佛"是梵文"佛陀"音译的简称,也作"浮屠""浮图""没驮""勃驮"等,意思是"智者""觉者",即认识真理的人。《牟子理惑论》说:"佛者,谥号也,犹名三皇神、五帝圣也。"佛教的创始人释迦牟尼,本名叫乔达摩·悉达多,出生于古印度迦毗罗卫国(今尼泊尔境内),约生活于公元前6—前5世纪。他早年受到印度婆罗门教的教育,后来对其产生怀疑。29岁时出游见到人类生老病死的状态,感到生命无常和人世间的痛苦,因而出宫修行,立誓拯救众生脱离苦海。六年后开悟,称为"佛(Buddha)",即后来所称的"释迦牟尼"。"释迦"是种族名;"牟尼"是尊称,即"圣人"之义;"释迦牟尼"意即"释迦族的圣人",有时也简称为"释尊"。佛教理论吸收了婆罗门教的生死轮回学说和因果报应的思想,但又对婆罗门教做了较大改进,相信人人都可以通过修行来证果开悟。因其超越了种姓制度,倡导种姓平等,故受到基层民众的欢迎,传播区域不断扩大,拥有越来越多的信徒,从而组织教团,形成佛教。佛教在印度的传播经历了1500多年的时间,大致分为四个阶段:

(一)原始佛教时期

原始佛教属于佛教的早期阶段,指的是佛陀释迦牟尼和弟子们传教时期。因佛陀讲经当时并未记录下来,在释迦牟尼涅槃后,由大迦叶于王舍城主持了第一次集结,由阿难负责诵出经藏,优婆离诵出律藏,建立了原始佛教的基本经典与僧团戒律。其主要思想是"四谛""五蕴""十二因缘"等,核心内容是讲现实世界的苦难和解决苦难的方法。其次,又从缘起思想出发,提出了"诸行无常""诸法无我"和"涅槃寂静"的学说。后人把原始佛教的修持,概括为戒定慧三学、慈悲喜舍四无量心以及四念处、四正断、四神足、五根、五力、七觉支等三十七菩提分法等。

(二)部派佛教时期

部派佛教时期是指释迦牟尼佛涅槃后,佛教因对教义理解不同而分化为上座部与大众部两派。这是佛教的一次大分裂,上座部和大众部分裂几百年后,各自又分化出二十几个更小的部派。上座部与大众部的分歧主要有三:一是佛陀观不同。上座部认为释迦牟尼是一个历史人物,开悟的导师、智者。而大众部认为释迦牟尼是具有无边神通的神佛。二是世界观不同。上座部认为我空法有,即承认在变化的世界中有一个永恒不变的主体存在。大众部认为我空法空,一切事物都是虚幻不实的,都是为了方便而立的假名而已。三是修证方法不同。上座部主张恪守戒律,通过努力修习禅定,来自我解脱,最终证果,并认为世间一般的人不能成佛。大众部则致力于弘扬佛法,普度众生,并认为人人皆可以成佛。

(三)大乘佛教时期

公元一世纪左右是佛教的大乘时期。大乘佛教是从部派佛教中发展而来,在教理上有很大的发展。因其主张普度众生,人人成佛,故称为"大乘"。把与之相对、只强调自我修行而达到解脱的方法,贬称为"小乘"。

（四）密教时期

大约从公元7—12世纪佛教在印度衰落为止。密教以真言、陀罗尼为中心，以《大日经》《金刚顶经》为主，主张诵持密咒，也称为真言宗。其后融入性力派教说，成为左道密教。8世纪以来，传入西藏，遂成为喇嘛教之主要思想来源。

二、佛教的传入

佛教传入中国的具体时间，现在很难考定，学界一般认为是在两汉之际由西域传入。史籍记载，汉明帝永平七年（64年）派遣使者12人前往西域访求佛法。公元67年他们回到洛阳，带回经书和佛像，开始翻译了一部分佛经，相传就是现存的《四十二章经》。同时在首都建造了中国第一个佛教寺院，就是今天河南洛阳白马寺，这个寺院据说是以当时驮载经书佛像的白马而得名。就此来看，佛教传入中国虽未必始于汉明帝，但佛教作为一个宗教，得到中国政府承认，并在中国初具基础和规模，可以说是始于汉明帝年代。

佛教由于传入时间、途径和民族文化、社会历史背景的不同，主要有三大系，即汉传佛教、藏传佛教和上座部佛教。从地理位置划分，佛教派别最初分为南传佛教和北传佛教两支。由古印度向南方传播到斯里兰卡、东南亚以及中国云南等地，以上座部佛教的流传为主，被称为"南传佛教"，其经典多为巴利语所写，现在流行于斯里兰卡、缅甸、泰国、柬埔寨、老挝等地。北传佛教主要由北方经丝绸之路向中亚、中国、朝鲜半岛以及日本等国传播，其经典多为梵文、各种中亚文字和中文记录。自藏传佛教出现后，南传、北传佛教两支的划分渐渐淡化，取而代之的是汉传佛教、藏传佛教和南传佛教的划分法。

（一）汉传佛教

汉传佛教，是以地理位置划分的佛教派系，是佛教的三大地理分支之一。所谓汉传佛教就是将佛经翻译成汉语，以汉文化为传播载体，流传于中国，并伴随中国文化的影响力传播到朝鲜半岛、日本与越南等地，为北传佛教中的一支，主要以大乘佛教为主。汉传佛教是吸收了儒家、道家文化后再创造的产物，影响人口数量最多，对中国传统文化的影响也最深远，已经成为中国传统文化不可分割的一部分。

（二）藏传佛教

藏传佛教经尼泊尔传入西藏，又从西藏沿中国西北传到内蒙古、外蒙古以及俄罗斯远东地区，是流行在我国青海、西藏、内蒙古以及距离西藏较近地区的一种佛教派系，也称为喇嘛教。藏传佛教有两层含义：一是指在藏族地区形成和经藏族地区传播并影响其他地区（如蒙古、锡金、不丹等地）的佛教；二是指用藏文、藏语传播的佛教，如蒙古、纳西、裕固、土族等民族，即使有自己的语言或文字，但讲授、辩理、念诵和写作仍用藏语和藏文，故又称"藏语系佛教"。藏传佛教以密教为主，其影响的地域比较广阔。而且随着喇嘛教在西藏的发展，上层喇嘛逐步掌握地方政权，最后形成了独特的政教合一的藏传佛教。

（三）南传佛教

南传佛教是由印度向南传到斯里兰卡并且不断发展形成的佛教派系，主要流传于斯里兰卡、缅甸、泰国、柬埔寨、老挝（旧称寮国）等南亚和东南亚国家，以及我国云南省的傣族、布朗族、德昂族地区。在教义上，南传佛教传承了佛教中上座部佛教的系统，遵照佛陀以及声闻弟子们的言教和行持过修行生活，因此称为"上座部佛教"，或称为"声闻乘佛教"，也即俗称的"小乘佛教"。从佛教经典的语言文字来看，南传佛教主要依据巴利文经典，因此又称作"巴利语系佛教"。巴利语原为古代印度流行的一种大众语言，南传佛教相传佛就是用这种语言说法传教的。由于南传佛教在我国主要流行于云南，所以习惯上又称为"云南上座部佛教"。

三、中国佛教的发展

思政元素

中国特色的佛教文化

2014年3月27日,国家主席习近平在巴黎联合国教科文组织总部发表重要演讲时指出:"佛教产生于古代印度,但传入中国后,经过长期演化,佛教同中国儒家文化和道家文化融合发展,最终形成了具有中国特色的佛教文化,给中国人的宗教信仰、哲学观念、文学艺术、礼仪习俗等留下了深刻影响。中国唐代玄奘西行取经,历尽磨难,体现的是中国人学习域外文化的坚韧精神。根据他的故事演绎的神话小说《西游记》,我想大家都知道。中国人根据中华文化发展了佛教思想,形成了独特的佛教理论,而且使佛教从中国传播到了日本、韩国、东南亚等地。"

佛教在中国的发展过程,实际上是佛教与中国本土文化相结合,从而形成了中国佛教的过程,也就是佛教中国化的过程。这一点在汉传佛教中表现得尤为突出。而汉传佛教宗派的形成则是中国佛教成熟、兴盛的集中表现,也是佛教中国化的重要标志。

(一)汉传佛教的发展

中国汉传佛教已有两千年的历史,就它与中国本土文化的关系来看,其发展大致可分为四个阶段。

1. 译述佛经阶段 这一阶段是佛教的初传阶段。从两汉之际初传到魏晋时期,历时约四、五百年。这一时期重要的佛教代表人物都是外国的译经僧人,他们是佛教经典传译的主持人。他们的任务就是把佛教经典翻译成汉文,并介绍佛教的基本内容。这一时期,佛教处在中国本土文化的附庸地位,依附黄老之学,攀缘玄学。佛教经典的翻译,佛教经文的汉语化,使佛教在中国文化系统中渐渐立足、生根,并成为中国文化的一部分。同时译述佛经的过程,也是佛教思想中国化的过程。为了使佛经中的思想内容与中国儒家伦理道德相协调,常常通过选、删、节、增等方法,从而背离了印度佛经的本意,而平添了中国儒家文化的色彩。

2. 编撰佛经阶段 这一时期是中国佛教的创造发展阶段。从东晋时期鸠摩罗什抵达长安到南北朝晚期佛教宗派出现,历时约三百年。这一时期佛教的创造发展者几乎都是中国僧人,著作的内容也从原来对佛教经典的翻译、转述、介绍发展到对佛教经典的解读、阐释和发挥。中国佛教学者继承了中国古代以述为作、以述代作的传统方式,对佛教进行研究。他们的著作名为对佛经的注疏和阐发,实际上是借注释佛经之名而行构建自己的理论体系之实。有些发挥是赋予印度佛经以新意,有些干脆脱离对印度佛经的依傍,完全阐发自己的理论。经过中国僧人编撰佛典,佛教就更加中国化了。像禅宗的理论在印度佛教中几乎找不到根据,他们自称为"教外别传"。而这些"别传"却是当时时代思潮的反映,丰富了佛教的内容,开创了中国佛教理论研究的新局面。这一时期的佛教开始产生了清醒的自我独立意识,佛教义理大大深化,佛教经学和佛教学派开始出现,逐步形成与儒、道两家鼎足之势,开始与中国传统的儒、道尤其是儒家传统文化产生摩擦与冲突,并在摩擦与冲突中相互协调,进而与中国传统文化相融合。

3. 创宗立派阶段 从南北朝晚期佛教宗派出现到唐武宗"会昌废佛",历时两百多年。南北朝时期,佛教得到帝王的直接支持,拥有了有利于自身发展的寺院经济和僧尼信徒基础,在中国繁盛起来。隋唐时期,佛教进入创宗立派的新阶段,天台宗、三论宗、法相宗、华严宗、禅宗、净土宗、律宗、密宗等宗派林立、学说纷纭。为吸引更多的信徒,各大宗派尽量简化修行方法,吸纳普通平民。佛教文化被深深地融入传统的民俗文化之中被广泛地传播,并转化为一种民族文化的力量去陶冶中华民族的心性与抚慰他们的人生。这一时期,佛教的中国化趋于成熟,佛教与中国传统文化进一步全面契合。

4. "三教合一"阶段 从会昌废佛到民国初年,这一阶段也叫做"佛教的儒学化"阶段。这一时期,从韩愈排佛运动到宋明理学的兴起,儒学继汉代独尊之后又开始高踞于中国社会意识形态的上层,佛教固有的宗教义理和思维方式被儒学所利用。佛教与中国传统的儒学和道学,从排斥、冲撞到交流、融通,逐渐渗透到中国传统文化的中枢部分。尤其是中国传统文化中的儒学,深得佛教心性之学的影响,又与道家思想相融合,从而形成了中国传统文化中的宋明理学。

(二)佛教宗派的形成

佛教在传入过程中,逐渐与中国传统儒家、道家思想碰撞、融合,从南北朝晚期开始,在中国大地上形成了一个个"有创始、有传授、有信徒、有教义、有教规的宗教集团",正是由于创始、传承、教义、教规和尊奉经典的不同而成为不同的宗派。汉传佛教宗派的形成是中国佛教成熟、兴盛的集中表现,也是佛教中国化的重要标志。汉传佛教宗派主要有天台宗、唯识宗、三论宗、华严宗、律宗、密宗、禅宗、净土宗等,多来自于印度,唯独天台宗、华严宗与禅宗是由中国独立发展出的三个本土佛教宗派。其中尤以禅宗最为独特,是中国佛教规模最大、流传最广、最具中国化佛教特点的宗派。佛教进入中土,就面临着如何适应新的土壤,在完全异质文化背景下生长的重大问题。而禅宗正是佛学理论与中国传统的儒家与道家思想在相撞激荡的基础上融合的结果,其特点在于高度理性化,几乎完全没有了宗教神学气息。中国佛教的特质在禅,禅宗的出现是中国佛教史上的一场革命,标志着中国佛教史进入了一个崭新的阶段。

1. 禅宗 禅宗是汉传佛教宗派之一,始祖菩提达摩、二祖慧可、三祖僧璨、四祖道信、五祖弘忍、六祖慧能,以禅定作为佛教全部修习而得名。中晚唐之后成为汉传佛教的主流,也是汉传佛教最主要的象征之一。其核心思想为"不立文字,教外别传;直指人心,见性成佛",称为"教外别传"。

五祖弘忍之前的早期禅宗主要依《楞伽经》立宗,五祖弘忍以来则大力弘扬《金刚经》。《金刚经》的核心思想为万法皆空,要求菩萨无我相、无人相、无众生相、无寿者相。菩萨观诸法如幻如化,虽志求无上菩提,广行一切善法,愿度尽一切众生,但不见有一法可得,有一众生得度,唯有如此,才能融入般若性海,成就无上菩提。而要做到这一点,就须"于自念上离境,不于法上生念",也就是《金刚经》所说的"应无所住而生其心"。

相传五祖弘忍为选嗣法弟子,命弟子各作一偈。弟子神秀作偈云:"身是菩提树,心如明镜台;时时勤拂拭,勿使惹尘埃。"弘忍以为未见本性。慧能也作一偈云:"菩提本无树,明镜亦非台;本来无一物,何处惹尘埃。"弘忍以为得禅之心要、空之真谛,遂密授法衣,令其南下,慧能因此成为禅宗六祖,而神秀继续在北方传法,禅宗遂分立为南宗、北宗。南宗主张顿悟,北宗主张渐修。由于南宗传播广泛,遂为禅宗正统。

以慧能为代表的禅宗,主张心性本净,佛性本有,觉悟不假外求,不读经,不礼佛,不立文字,直指人心,见性成佛。为此,慧能提出了"无念为宗,无相为体,无住为本"的悟道途径和方法。"念"就是人的意念,是第六识的意识活动。凡夫所以不能成佛,就是因为有"念",对于诸法心有贪染、执著,从而不能自见本性。而"无念"不是要停止一切意识活动,而是要人于念中去除虚妄的贪染、执著。《坛经》云:"何名无念? 无念法者,见一切法,不著一切法;

遍一切处,不著一切处,常净自性,使六贼(指眼耳鼻舌身意六识)从六门中走出,于六尘(指色声香味触法)中不离不染,来去自由,即是般若三昧,自在解脱,名无念行。"慧能以后,以辑录慧能言行的《坛经》为主要依据的禅宗广为流传,于唐末五代时达于极盛。

从初祖达摩至六祖慧能,禅宗一直是一脉单传。六祖以后,出现五宗七家的繁荣局面。自六祖慧能建立南宗,分传出荷泽神会、南岳怀让、永嘉玄觉、南阳慧忠和青原行思五家,其中南岳怀让和青原行思两家最盛,由此二家分传出后来的沩仰宗、临济宗、曹洞宗、云门宗和法眼宗五宗,其中临济宗又分化出黄龙与杨歧两家,是为五宗七家。五宗七家禅学重禅风,即禅行,强调成佛之方法。中国禅宗到慧能、神会,虽说已趋成熟,但主要是讲禅理,至于怎样顿悟、如何至无念等禅行的问题,修行者仍然不甚了了,而五宗七家的禅学补禅宗禅行之缺。这是五宗七家对中国禅学的贡献,也是他们禅学的主要特点。

2. 天台宗　天台宗在隋代形成,是我国创立最早的一个佛教宗派。因其创始人智𫖮(538—597年)常驻浙江天台山说法,故名。又因此宗教义以《法华经》为主要依据,所以也称为"法华宗"。据该宗学系谱,初祖上推至印度龙树,二祖北齐禅僧慧文,三祖慧思,四祖智𫖮,以后是灌顶、智威、慧威、玄朗、湛然,九祖相承。而实际上创始人是四祖智𫖮。智𫖮,俗姓陈,颍川(今河南许昌)人,系梁元帝时散骑常侍孟阳公陈起祖的次子,世家出身,门第甚高。他因目睹南北朝时王朝频繁更迭,亲属离散,颠沛流离,哀叹人生无常而遁入空门。18岁出家,23岁从慧思受业。智𫖮被称为智者大师,他所开示的内容,后由弟子笔录整理而成《法华经玄义》《摩诃止观》《法华经文句》,被奉为"天台三大部"。此外,《观音玄义》《观音义疏》《金光明经玄义》《金光明经文句》和《观无量寿佛经疏》"天台五小部",也体现了他的思想。其教义主张一切事物都是法性真如的显现,以中、假、空三谛圆融的观点解释世界。根据"心佛及众生,是三无差别"的教义,把诸法归结于刹那一念而演说出"一念三千",即吾人当下一念之中具足三千诸法,包容现象界的全体。

3. 华严宗　因推尊《华严经》为最高佛典,用它来统摄一切教义,故名。《华严经》是一部大乘经典的总集名称,其基本思想是把现实世界看作是毗卢遮那佛的显现,提倡"法界缘起""三界唯心"的世界观,主要理论是"四法界说",宣传"圆信""圆解""圆行""圆证"等"顿入佛地"的解脱论。此宗又因武则天赐号其创始人法藏为"贤首",后人因此称法藏为"贤首大师",故又称"贤首宗"。此宗还因发挥"法界缘起"的旨趣,也被称为"法界宗"。

华严宗学说的传承系统,一般作杜顺(法顺)—智俨—法藏—澄观—宗密。智俨(602—668年)撰《华严经搜玄记》《华严一乘十玄门》《华严孔目章》等,纲要性地阐发了"华严"经文。法藏(643—712年)原籍西域康居,本人生于长安,17岁出家,入终南山听智俨讲《华严经》。后参加八十卷《华严经》的新译,对经文的理解更为透彻。法藏曾为武则天阐释华严宗义理,其讲经记录被整理成《华严金师子章》。著作约百余卷,其中主要是关于"华严"的著述,如《华严经探玄记》《华严一乘教义分齐章》等,都有自己的新解。法藏以《华严经》为依据,又吸收玄奘新译的一些理论,完成了判教,充实了观法,建立了宗派。他宣扬"法界缘起"理论,认为本体是现象的根据、本原,一切现象均由本体而起。由此说明一切现象和本体之间,现象和现象之间都是圆融无碍的,佛教各宗派的教义也是圆融无碍的。"圆融无碍"是观察宇宙、人生的法门,也是认识的最高境界。

4. 净土宗　是以"往生西方极乐净土"为目的的宗派。净土宗认为,世风秽浊,靠"自力"解脱甚难,而主张靠"他力"往生净土,其途径就是一心专念"阿弥陀佛"名号。此宗的理论是以修持者念佛行业为内因,以弥陀的愿力为外缘,内外相应,往生西方极乐世界。此宗强调不一定要通达佛经,广研教乘,也不一定要静坐专修,只要信愿具足,一心称号念佛,即口称佛名,就可进入佛土。因本宗以称念佛名为主要修行方法,希望借助弥陀本愿的他力,往生于西方极乐净土,所以又称为念佛宗。净土宗创立前,隋唐佛教各宗派,或由于唯心主义理论比较深奥,或由于仪轨极端繁杂,由此较多地流行于宫廷和上层知识分子之间。而净土宗理论简单,法门简易,更适合在民众中传播。我国净土宗从庐山慧远倡导净土思想,历经北魏昙鸾、唐朝道绰、慈愍等大师的大力推弘,成为中国佛教影响民间信仰最为深远的宗门。

净土思想主要依据的是"三经一论","三经"是《无量寿经》《观无量寿经》《阿弥陀经》,"一论"是《往生论》。三大经典之中,《阿弥陀经》描述阿弥陀佛西方净土种种庄严的事相,并说明发愿往生的意义及方便,赞叹阿弥陀佛不可思议的功德。经文较短,很容易诵读,被奉为净土宗修行者必诵之经。《无量寿经》详述阿弥陀佛在因地为法藏比丘时所发的四十八愿,以致圆满成佛,庄严国土,摄受十方念佛众生,并说明三辈往生的条件。《观无量寿经》旨在说明想要往生西方极乐国土的众生所必修的净业正因,并以十六观法谛观阿弥陀佛的身相及极乐净土相,又解释九品往生的因果。《往生论》则说明修习"五念门"可得种种成就,令众生得以往生安乐国土。

5. 三论宗　由隋朝吉藏创立的一个汉传佛教宗派,因依据龙树的《中论》《十二门论》和提婆的《百论》等三论立宗而得名。又因主张"诸法性空",也称"法性宗"。因天台宗、华严宗也自称"法性宗",故又称此宗为"空宗"。三论宗实际上是印度中观系统的流派,是龙树、提婆学说的直接继承者。

吉藏(549—623 年),俗姓安,祖先为西域安息人,生于金陵,年少时即随法朗出家学"三论"。撰有《三论玄义》,创立了三论宗。此宗中心理论是以真俗二谛为纲,从真空的理体方面揭破一切现象的虚妄不实,宣传世间、出世间等一切万有都是众因缘和合而生,是无自性的,也就是毕竟空无所得,但是为了引导众生需要用假名来宣说,这就是"中道",就是一切无所得的中道观。

6. 唯识宗　创始人为唐代玄奘法师及其弟子窥基(632—682 年)。唯识宗是玄奘大师留印十六年所专门研究的佛教宗派。这一流派的远祖,是古印度的无著菩萨(约 410—500 年)和世亲菩萨(约 420—500 年)。因用许多佛教范畴对世界一切现象进行概念的分析、解释,宣扬"万法唯识"的唯心论,故名。该宗从分析法相入手,以表达"唯识真性",所以又称"法相宗"或"法相唯识宗"。又因玄奘和窥基常住长安大慈恩寺,故唯识宗也称为"慈恩宗"。还因以《瑜伽师地论》为根本教典,又名瑜伽宗。《解深密经》《成唯识论》和《瑜伽师地论》一经二论是此宗最基本的典籍。

唯识宗奉印度大乘有宗,其基本理论是用逻辑的方法论证外境非有、内识非无,即"唯识无境"说;十分重视"转依",即转变思想的认识,视认识上的由迷转悟为修持目的;主张五种姓说,认为有一种无性有情者永远不能成佛,改变了过去"众生皆有佛性"的看法。因此宗的理论过于繁琐及不合潮流等原因,仅三传就由极盛转向衰微了。

7. 律宗　是依据小乘法藏部《四分律》并加以大乘教义的阐释而形成的宗派。因专事宣扬佛教戒律中的"四分律",又称"四分律宗"。还因创始人唐代道宣居陕西终南山创立戒坛,制订中国佛教的仪制,又有"南山律宗"或"南山宗"之称。唐代国家统一,佛教内部需要实行统一的戒律以加强自己的组织,在这种情况下,道宣创立了律宗。

道宣(596—667 年),世称"南山律师"。本姓钱,吴兴(今浙江湖州)人,一说丹徒(今属江苏)人。10 岁出家,20 岁从智首受具足戒。道宣泛参广学,重点钻研律学,专事《四分律》的弘扬,同时因参加玄奘的译场,深受唯识宗的影响,所以又用大乘教义解释《四分律》,作《四分律戒本疏》《四分律删补随机羯磨疏》和《四分律删繁补缺行事钞》等律学著作。其学说主要是心识戒体论。所谓戒体是指弟子从师受戒时所发生而领受在自心的法体,也即由授受的做法在心理上构成的一种防非止恶的功能。道宣说《四分律》通于大乘,以"阿赖耶识"所藏种子为戒体。他把戒分为止持、作持两门:"止持"是"诸恶莫作"的意思,规定比丘250戒、比丘尼384戒;"作持"是"诸善奉行"的意思,包括受戒、说戒和衣食坐卧的种种规定。我国佛教由于道宣律宗的流行,僧人在修习大乘三学时,仍重视遵行上座部戒律的止作二持。

8. 密宗　密宗亦称密教、秘密教、真言乘、金刚乘等。因自称受法身佛大日如来深奥秘密教旨的传授,为真实言教,而真言奥秘,不经灌顶,不经传授,不得任意传习及显示非密宗信众,故名。密教原是印度7世纪以来大乘佛教部分派别与婆罗门教——印度教相结合的产物,8世纪时由善无畏、金刚智、不空法师等宗派祖师传入中国。密宗是用咒语作为修习方便为特征的宗派,此宗派依《大日经》《金刚顶经》等建立三密瑜伽,事理观行,修无上本尊秘法,仪轨极为复杂,需经导师(阿阇梨)秘密传授,具有浓厚的神秘色彩。

密宗认为世界万物、佛和众生都由地、水、火、风、空(空隙)、识(意识)"六大"所造。前"五大"为"色法",属"胎藏界",是大日如来的显现,表现"理性"方面,即本来具有的觉悟,但隐藏在烦恼中而不显,故名"胎藏"。识为"心法",属金刚界,与胎藏界不同,表现"理德"方面,任何法不能破坏它,而它却能摧毁一切烦恼,故名。"色法"与"心法"摄宇宙万有,而又皆具众生心中,所以佛与众生也没有根本差异。众生修持密法如能达到身、口、意"三密相应",就能使自己身、口、意"三业"清净,从而与佛的身、口、意相应,这样就与佛没有根本差异了。

9. 藏传佛教各宗派　藏传佛教虽然宗派很多,但总的来说分为两大类,即宁玛(旧派)和萨玛(新派)。在此基础上形成了现在的四大教派,信守古老密宗教义为主的宁玛派和以遵循新的密宗教义为特征的萨迦派、噶举派、格鲁派。

宁玛派形成于公元11世纪,在藏传佛教各派中历史最久。"宁玛"一词的意思为"古"或"旧",宁玛派即古派或旧宗派。由于该派的僧人都穿红色袈裟、红色僧裙,戴红色僧帽,所以也被称为红教。该派的主要教法为九乘三部。九乘包括显教三乘、外密三乘和内密三乘,三部指心部、界部和要门部。其教义中最突出的就是所谓"大圆满法",认为人的心体本质上是纯洁的,通过修法把心体安置于一个理想的境界,就可以成佛。

萨迦派11世纪时由昆·贡却杰布创始。因主寺围墙上涂有象征密宗三大怙主文殊、观世音和金刚手菩萨之智慧、慈悲和力量的红、白、黑三色条纹,故常被称为花教。萨迦派特别注重"道果"即悟道证果的佛学理论及其实修法门,"道果法""轮涅无别"是最重要的教义之一。此外,"时轮金刚法"和"金刚持法"的体系传承在萨迦派中也占有重要地位。

噶举派形成于11世纪,是藏传佛教中支系最多的一个教派。"噶举"意为教授传承,此派注重密法和大手印教法,重在师徒口耳相传。由于噶举派僧人修法时穿白色僧衣、僧裙,故又称"白教"。

格鲁派14世纪由宗喀巴创始。藏语"格鲁"意即善律。该派强调严守戒律,故名。因该派僧人戴黄色僧帽,故汉语中又俗称黄教。在修持上,该派主张显密并重,先显后密,强调教理和因明等都有助于解脱。提倡闻、思、修,即先听闻经教道理,然后思其意义,最后才依之起修。

第二节　佛学文化精要

佛学文化的理论核心是寻求人生乃至宇宙的"真谛",为人类解脱苦难寻求理论的依据。

为了寻求这种"真谛",佛教经历了内容由简到繁,范围由小到大,程度由浅到深的思想历程。从着重考察人生现实问题,到探索人生与宇宙相关的问题,最后扩展和深入到整个人生、整个宇宙,着力探求人生的真义、宇宙的实相。佛学文化繁杂,就其精要而言,追求解脱是佛教哲学的根本目的,解脱是全部佛学的出发点和落脚点,甚至可以说,佛学是一门解脱的哲学,着重阐释解脱人生苦难和成就佛果的根据、道路和方法。缘起说是全部佛教哲学的理论基石,善恶、净染、真假是佛教哲学的中心内容。

一、四谛说

佛教的伦理宗教理想,是以释迦牟尼提出、后人加以发挥的"四谛"说为基础的。"四谛"即苦谛、集谛、灭谛、道谛。"谛"是真理的意思。"苦",是痛苦;"集",是原因;"灭",是寂灭,佛教追求的理想境界;"道",是途径、方法。四谛就是阐述四种真理:人生的痛苦现象,造成人生痛苦的原因,指明解脱人生痛苦的理想境界和解脱痛苦、实现理想境界的途径。

苦谛,指现实存在的种种痛苦现象。"苦"是佛教全部教义的出发点,是释迦牟尼对人生深切的、根本的体察,表现了他对人生本质的洞彻和人生价值的判断。佛教认为,变化无常的大千世界,不外苦集之场。由于众生不能自我主宰,为无常患累所扰,所以没有安乐,只有痛苦。佛教通常讲的苦,有二苦、三苦、四苦、五苦、八苦,乃至一百一十种苦等无量诸苦。其中最常见的说法是八苦:生苦、老苦、病苦、死苦、怨憎会苦、爱别离苦、求不得苦、五取蕴苦。这"八苦"当中,前四苦是对人生过程的描述,是生理上、肉体上的痛苦。第五至第七苦,是对人的情感、思想、意识的描述,是精神性的痛苦。第八种五取蕴苦,是前面七种苦的汇合点,即所有痛苦都归结到五蕴的苦。佛教认为人身是五蕴和合而成的集合体。"蕴"是梵文的音译,积聚或者和合的意思。五蕴是指构成人的五种要素、成分,分别是色、受、想、行、识。色是物质现象,指人之肉体;受、想、行、识是精神现象。五蕴与"取"(指一种固执的欲望、执著贪爱)联结在一起就产生种种贪欲,称为"五取蕴"。有了五取蕴就会产生生、老、病、死、怨憎会、爱别离、求不得诸苦。总之,佛教对人生之苦作了全面、深刻、形象的揭示,即:一切皆苦。

集谛,指造成痛苦的原因和根据。集,是集合、汇聚的意思。集谛就是探求痛苦之所以产生的原因。佛教从一切现象都是和合产物的角度,论证了世事空幻、人生痛苦的根源。

灭谛,指佛教最高理想的无痛苦状态。灭,指人生苦难的灭寂、解脱。灭谛就是讲灭尽贪欲、根绝欲望,从而灭除痛苦的道理。认为要脱离人生的苦海,就必须从根本上摆脱生死轮回,进入涅槃境界,寂灭一切烦恼,圆满(具备)一切清静功德,从而实现了人生的最高境界。

道谛,指实现佛教理想境界应遵循的手段和方法。道,指道路、途径、方法。道谛就是引向灭除痛苦、证得涅槃的正道。为此佛教提出了正见、正思(或正志)、正语、正业、正命、正精进、正念、正定"八正道"。强调通过坚定的信仰、精勤的态度以达到个人的道德自我完善、心灵宁静,从而实现人生的理想境界。

苦、集、灭、道四谛中,苦谛是关键,是佛教人生观的理论基石。正因为佛教把人生设定为一个苦难重重的历程,从而奠定了超脱世俗的立场。佛教倡导的道德责任和奉献精神,去恶从善、约束自我等,都是由此生发出来的。佛教教义最关切的问题就是寻找人类受苦的根源以及解脱痛苦的方法和途径。

二、缘起与性空

缘起性空是佛教的根本教理。所谓"缘起",就是世间上没有独存性的东西,也没有常住不变的东西,一切都是因缘和合而生;所谓"性空",就是因缘和合所生起的假有在本性上是空的。缘起性空是宇宙人生的真理,世间万有都是因缘和合而生,也都将随着因缘分散而灭。因为一切现象都是缘起而有,那么就不会有自己的个性,没有不变性、永恒性和自主性,所以它的本性是"空"。正因为缘起性空,所以世间万有随缘幻现。幻现的万有虽然历历在目,但却如梦幻泡影、如露亦如电。"缘起"与"性空"之间存在着互为因果的关系,这就是"缘起性空,性空缘起"。

(一)缘起说

"缘起"说是释迦牟尼所创立的原始佛教的理论基础,各种理论都是这个源泉的支流。由此可见缘起说在整个佛理理论中的重要地位。"缘"是结果所赖以生起的条件,"起"是生起的意思。缘起重在"缘"字,"起"不过是表示缘的一种功能。缘起就是指一切事物和现象的生起,都是由相待(相对)的互存关系和条件决定的,离开关系和条件,就不能生起任何事物和现象。一因不能生果,任何果都必须至少有两个因才能产生,任何单独的因,如果没有适当的外缘,就不能产生果。佛教由"缘起"说又导出"无常"和"无我"的基本论点。世界万物都是因缘和合而生的,也就没有独立的、永恒的实在自体,是为"无我"。世界万物都处在因果联系之中,都受时空条件的制约,生生灭灭,变动不居,是为"无常"。

缘起论的实质就是事物间的因果关系的理论,具有合理性的思想内容。但其阐述宇宙人生一切因果现象普遍原理的根本目的是为宗教信仰和出世主义提供哲学理论根据的。佛教因果论,主要还是侧重于人的心理和行为方面,特别注意业(因)和业报(果)。因果论的中心问题是要阐明两种相反的人生趋向:一是作恶业而引起不断流传,即生死轮回;二是作善业而引向还灭,即归于涅槃。这也就是所谓缘起流传和缘起还灭的两大因果律。佛教大小乘各派都以缘起论作为自己全部世界观和宗教实践的理论基础,各派的思想分化、理论分歧,也都是出自对缘起的看法的不同。

(二)性空说

性空的意思是说,众缘合成的一切事物,其性本空,没有真实的自体可得。这里所指的"性"是指一种不依条件(缘)的独立存在的"自性"(自体),"自性"是自己有、自己成、自己规定自己、本来如此、实在恒常的意义。我们只要冷静推论、反复思考就会发现,世界万事万物都是在一定的时空条件下,由多种因素组合而产生的现象,并不存在不依条件的、绝对单一独立的"自性"。宇宙万物都是由各种条件(缘)而产生的,任何事物都是"缘生则生""缘阙则阙",即产生该事物的条件具备了,该事物就产生而存在;条件不具备,就不能产生。缘生的事物不能离缘而存在,这就叫做"无自性",即"性空"。由于佛教主张世界万物与人之身体皆由地、水、火、风四大元素和合而成,所以提出了"四大皆空"。

佛法说的空,是"缘起性空"的空,是"因缘所生法",本身"无自性"的空,不是空无所有的空虚的空,也不是否定事物具有的作用及事物相续转化的断灭空。人们通常认为,"有"是存在,"空"是不存在,"空"与"有"对立。而佛法是依"有"言"空","空""有"一体,"空""有"不二。"有"中存在着空性,空性不会在"有"之外存在,也不必等"有"毁灭了才谈空性。正如《心经》所云:"色不异空,空不异色,色即是空,空即是色。""色"(一切事物和现象)与"空"并非截然对立,而是一体两面。"色"都是因缘和合的产物,都没有固定的实体存在,皆无自性,其本质是"空"的。这里的"空"指的就是"自性空",并非否定"色"的存在的空,"自性空"是一切因缘和合之物的永恒不变性质。

佛法讲"四大皆空"的用意是要人们认清宇宙人生的真相,以解除身心的束缚,获得解脱和自在。由于人之贪欲和烦恼皆因不了解"有"的空性本质,过分执着于"有"。于是佛法就用"四大皆空"(或"万有性空")来破除他们对世间假"有"的执着。但如果只明了"有"的

"性空"本质,不了解缘起事物的作用不空、相续不空,不了解整个宇宙人生皆是具有互相影响、互相联系、互相依赖和互相作用的刹那生灭相续的更高深道理,则极易滑入虚无主义的泥潭,导致放纵自己、为所欲为,或者消极厌世、颓废悲观,于是佛法又以"性空妙有""相续不空"来破除他们执着于"空"的断见。

三、轮回与业报

轮回业报是印度独有的产物,是一切印度宗教的立宗之本,也是古代印度人建构其独特的形上哲学的核心所在。其本源来自婆罗门教,佛教予以沿袭并加以发展,注入自己之教义。

"轮"是车的轮盘,"回"指车的转动,"轮回"则比喻众生的生死流转,又作生死轮回、生死相续、轮回转世,谓众生由惑业之因(贪、嗔、痴三毒)而招感三界、六道之生死轮转,因业受报,随业转生,无休无止,生生灭灭,相续不断,形成了迁流不息的生命流转,犹如车轮旋转不停一般,永无终期。佛教的轮回业报思想,与印度传统的轮回学说是有着极大的差异。既不同于西方宗教的"灵魂复活",也不等于传统印度宗教的"灵魂转世"。

业报是因果规律。佛教宣扬业力是众生所受果报的前因,是众生生死流转的动力。众生的行为和支配行为的意志,从本质上说就是业力。"业"是行动或作为的意思,体现着力量和作用,功德和过失。释迦牟尼认为业力的影响是不会消除的,众生所作的善业和恶业都会引起相应的果报,所谓善有善报,恶有恶报。过去或现在所造的业,将会招感众生在来世受果报;不同的业力决定产生不同的果报。从某种意义上讲,我们现在是我们过去的结果,我们的未来又将是我们现在的结果。众生在善恶因果的严密关系中,修善的随福业而上升,作恶的随罪业而下堕,如此上升下堕,死此生彼,生生延续,世世升沉,不断在苦海中沉浮,在"六道轮回"中流转,永无了期。只有皈依佛教,弃恶从善,虔诚修持,才能跳出六道轮回的桎梏,求得超出生死的解脱。

业报说强调个人的善恶决定自身的祸福,因此每个人都要对自己的行为负责。这在一定意义上有其合理的一面,实际上是阐发道德与生命的关系的理论,具有劝善的动机和目的,对人们的行为确实起到了一定的劝诫和约束作用,对于人类遵守道德、维护社会安定、推动文明进步起到了积极的作用。

四、三法印

从"缘起说"出发,释迦牟尼进而提出了关于人生的三大命题,也是佛教的三项根本佛法,是印证真正佛教的标准,可用以印证各种说法是否正确,可检验自身修行是否正确,故称"三法印"。三法印的一般表述是"诸行无常,诸法无我,涅槃寂静"。

"诸行无常"指世界万有是变化无常的,人的一生始终处在不停地流转变化之中,没有永恒不变的实体。"行"是流转变化的意思。佛教认为,世间一切事物现象都是变化不已,没有常住不变的,都处在无常的生灭变化之中。

"诸法无我"指一切现象皆由因缘和合而成,没有独立的实体或主宰者,没有独立的自性。"诸法"是现象与本质、此岸世界和彼岸世界的总称。换句话说,世界上没有单一独立的自我存在、自我决定的永恒事物,一切事物都只是因缘聚合而成的,是相对的、暂时的。从佛教人生观来看,"诸法无我"的核心,是为了破除"我执"。而执著于自我,叫"我执"。

"涅槃寂静"是超脱生死的寂静境界。"涅槃"是佛教理想世界、彼岸世界的极乐境界。"涅槃"是梵文音译,意译作"灭""灭度""圆寂"等。所谓灭、灭度,是指灭烦恼、灭生死因果。所谓圆寂,圆者圆满,不可增减;寂者寂静,不可变坏。涅槃的分类很多,通常分为有余涅槃和无余涅槃两种。有余涅槃是指断除贪欲,断绝烦恼,即已灭除生死的因,但作为前世惑业造成的果报身即肉身还在,仍然活在世间,而且还有思虑活动,是不彻底的涅槃。无余涅槃是相对于有余涅槃而言,不仅灭除生死的因,也灭尽生死的果,即不仅原来的肉体不存在了,而且思虑也没有了,生死的因果都尽,不再受生,是最高的理想境界。

五、八正道、三学、六度

佛教关于获得人生解脱、达到最高理想境界的途径和方法,论述很多,但各派尤其是大小乘的讲法也不尽一致。概而言之,比较典型的有八正道、三学和六度。

(一)八正道

"苦"是人生实相,离"苦"得"乐",人之所欲。学佛最终的目标,即是透过佛法的修学体证,达到解脱生死轮回的"苦",获得涅槃寂灭的"乐",这是人生最究竟圆满的境界。因此,佛陀成道之初,即为众生开示八种转凡成圣、通向涅槃解脱的正确修行方法,称为"八正道"。所谓"正"者,以此八法尽离邪非故;所谓"道"者,因其能通达不生不灭、寂灭最乐之境故。循此八正道,可使众生苦集烦恼永断,证得涅槃的圣贤境界,因此又称"八圣道"。

1. 正见　离开邪非的正确见解,也就是具有佛说的四谛知识,远离唯神、唯我、唯物等主张。简单地说,正见就是佛教智慧。

2. 正思维　也作"正思""正志"。指离开世俗的主观分别,离开邪妄迷谬,作佛教纯智慧的思索。

3. 正语　纯正净善的语言,合乎佛法的言论。也就是不妄语,不慢语,不恶语,不谤语,不绮语,不暴语,远离一切戏论。

4. 正业　合乎佛教要求的正当的活动、行为、工作,也就是不杀生,不偷盗,不邪淫,不作一切恶行。

5. 正命　正当的生活,即按佛教的标准谋求衣食住的必需品,远离一切不正当的职业,如诈现奇特、自说功德、星相占卜等,都应反对。

6. 正精进　也作"正方便"。谓正确的努力,止恶修善,向解脱精进。要按照佛教的标准辨别善恶,去恶从善,并强调自觉努力,反对懈怠与昏沉。

7. 正念　正确的念法,即忆恃正法、明记四谛等佛教真理。

8. 正定　正确的禅定,即正身端坐,专心一志,身心寂静,以佛教的智慧观察整个世界,洞察人生的真实,领悟四谛的真义,从而获得身心的解脱。

八正道中,"正见"居首。有了正见的智慧,对于是非、善恶、真伪才能做正确的思维判断,才有发诸于身、口、意的正确行为,而不至于造下三涂之因,自然免受五趣轮回之苦。八正道虽分为八,实为一体,其中任何一项的实践,必然使其余七项同时圆满成就。佛法虽有八万四千法门,然而每一法门都不能背离八正道,由此可见八正道的重要性。八正道为佛教徒的修持方法确立了原则,奠定了基础。

(二)三学

八正道可归结为戒、定、慧三学,其中正语、正业、正命属于戒,正念、正定属于定,正见、正思属于慧。正精进是就学佛的态度而言,是全面的,通于戒、定、慧三学。戒、定、慧三学相互联系,通常被认为是学佛者修持的全部内容,又称三无漏学。丁福保《佛学大辞典》云:"学佛人可通学者有三:一、戒学,戒者禁戒也,能防禁身口意所作之恶业者。二、定学,定者禅定也,能使静虑澄心者。三、慧学,慧者智慧也,观达真理而断妄惑者。戒学者律藏之所诠,定学者经藏之所诠,慧学者论藏之所诠。依戒而资定,依定而发慧,依慧而证理断恶。因位之修学,过此三者,果上则无学也。"

1. 戒学 作为三学之一,"戒"是指佛教为出家和在家的信徒制定的戒规,借以防非止恶,从是为善。按其内容又分为止持戒和作持戒两大类。所谓止持戒,意指防非止恶的各种戒,如五戒、八戒、十戒和具足戒等。所谓作持戒,意指奉持一切善行的戒,如二十犍度等。止持戒和作持戒分别止恶作善,相辅相成。"戒"和"律"二字经常连用,称为戒律。戒律一般地说也是指出家和在家信徒制定的一切佛教戒规。但"戒"和"律"也有区别,单言"律"是指专为出家比丘、比丘尼制定的禁戒,是所谓能制伏诸恶的,在家佛教信徒不得闻知。

由于大小乘的不同,其戒律有所不同。另外,对出家的僧侣和在家的居士也有所区别。例如小乘有五戒、八戒、十戒、具足戒等。五戒为不杀生、不偷盗、不邪淫、不妄语和不饮酒,是佛门四众(比丘、比丘尼和男女居士)弟子的基本戒律。后因考虑到在家信徒难以天天坚持,故而规定每个月有六天斋日,遵守此五戒,另再加上不做任何赏心悦目的娱乐活动和不任意装扮自己、不坐不睡高广华丽的大床,不食非时食(即过午不食)三戒,合为八戒。十戒是指 7 岁以上 20 岁以下的出家男子(称为"沙弥")和出家女子(称为"沙弥尼")奉行的十条戒规,为不杀生、不偷盗、不淫、不妄语、不饮酒、不涂饰香鬘、不歌舞及观听、不坐高广大床、不食非时食、不蓄金银财宝。具足戒也称"大戒",是出家僧尼奉行的戒条,戒条数目说法不一,通常依《四分律》所说,比丘戒 250 条,比丘尼戒 348 条,对出家僧人的宗教生活和日常生活的各种细节,都作出了繁细而严格的规定。因与沙弥、沙弥尼所受十戒相比,戒品具足,故名具足戒。

大乘戒在小乘戒的基础上又作了进一步的发展。小乘佛教重在解脱生死,认为生死的根源是贪欲,因此以断除个人的贪欲为戒规的基本内容。大乘佛教强调自私的贪心是一切恶行的根源,戒律必须以根断私心、贪心为根本,并且相应地提出"摄众生戒",也称"饶益有情戒",以教化济渡众生。大乘戒重要的是"十重戒"("十重禁戒")和"四十八轻戒"。十重戒是:杀戒、盗戒、淫戒、妄语戒、酤酒戒、说四众过戒、自赞毁他戒、悭惜加毁戒(即对于各啬施财施法,并加以诽谤诋毁的戒)、瞋心不受悔戒(即对于仇恨与损害他人和不受对方忏悔的戒)、谤三宝(佛、法、僧)戒。违反十重戒者构成破门罪,要被开除并驱逐出僧团,所以是重戒。与此相对的四十八轻戒,是对轻罪的禁戒,其内容包括不敬师友戒、饮酒戒、食肉戒等。犯此种戒的均按戒律规定进行忏悔,不受开除处分。

2. 定学 定学即禅定,指摒除杂念,专心致志,观悟四谛。"定"是梵文 Samādhi 的意译,音译为"三昧""三摩地",指心专注于一境而不散乱的精神状态,佛教以此作为取得确定认识、做出确定判断的心理条件。定有两种:一是"生定",指人们生来就有的一种精神功能;二是"修定",指专为获得佛教智慧、功德、神通而修习所生的功夫。"禅"与"定"有区别,"禅"是梵文 Dhyāna 的音译"禅那"的省略,意译为"静虑""思维修"等,意思是心绪宁静专一,深入思虑义理。中国佛教学者通常把"禅""定"合称,含义比较广泛。中国禅宗以"禅"命名,进一步扩大了禅定的观念,重在"修心""见性",而不再限于静坐凝心、专注观境的形式。

佛教十分重视禅定,以之作为修行的主要方法。佛教各派关于禅定的说法很多,小乘有四禅,大乘有九种在禅、百八三昧等。小乘四禅为:初禅,即禅定的初级阶段,这时沉思于专一,摒除情欲,消除不善心,这就是"离"。由此渐进而生喜乐,即欣喜与慰安。但此时尚有思虑,尚未达到表象的沉静,故称初禅。二禅,由初禅进而安住一想,达到表象的沉静,获得一种更高的喜乐。三禅,由二禅进而舍离喜乐而达到完全安静境地,获得"离喜妙乐"。这时已产生了智慧,达到了正念和正智的阶段。但此时身体尚有妙乐的感觉,所以离涅槃境地还有一段距离。四禅,由三禅再进一步,完全超脱苦、乐,连自身的存在都已忘却,达到舍念清净的境界,即涅槃境界。四禅就是经过四个层次的禅定,引导众生脱离欲界感受,专心于佛教的修证功德,而形成一种"不苦不乐"的特殊的心理感受。九种大禅为:自性禅、一切禅、难

笔记栏

禅、一切门禅、善人禅、一切行禅、除烦恼禅、此世他世乐禅、清净禅。百八三昧为般若经典中所说的一百零八种禅定。

3. 慧学　"慧"是梵文 Mati 的意译,指通达事理、决断疑念取得决断性认识的精神作用。此指能使修持者断除烦恼、达到解脱的佛教智慧。为培养、增加佛教智慧而进修,称为慧学。佛教通常把智慧分为三种:①闻所成慧,指听闻佛法,学习五明(即声明、工巧明、医方明、因明、内明五类学问),即从他所闻得的智慧;②思所成慧,依前闻所得慧而进行深思熟虑、咀嚼融会、条理贯通、得于自己思索的智慧;③修所成慧,依由闻和思所得的智慧,修习禅定,由定生明,证悟人生和宇宙的实相,是得于证悟的智慧。由此智慧而断绝一切无明烦恼,进入涅槃境界,成就为佛。

戒、定、慧三学概括了全部佛教教义,其中以慧最重要,而戒和定都是获得慧的手段。只有获得慧,才能达到最终解脱的涅槃境界。

(三)六度

"度"是梵文 Pāramitā(波罗蜜多)的意译,又译作"度彼岸""到彼岸""度无极"。"六度"也作"六度无极""六到彼岸"。也就是从生死烦恼的此岸渡人到达觉悟涅槃彼岸的六种途径和方法。是大乘佛教最主要的中心教义。大乘佛教认为,没有众生的解脱,就没有个人的真正解脱,因此提出"救苦救难""普度众生"的口号,并相应地将以个人修习为中心的戒、定、慧三学扩充为具有广泛社会实践价值的"菩萨行"——六度。

1. 布施度　布施是指用自己的财力、体力和智力去济助贫困者和满足求索者,是为他人造福成智,也使自己积累功德以至求得解脱的一种修行。布施有三种:凡以物质利益施与大众的叫做"财布施",包括身外的财物和自身的头目手足和生命;凡保护大众的安全使他们没有怖畏的叫做"无畏布施";凡以真理告知大众的叫做"法布施"。

2. 持戒度　上述五戒、十戒、十重戒和四十八轻戒等就是持戒的重要内容。戒也有三种,即防止一切恶行、修集一切善行和饶益有情。菩萨最根本的戒是饶益有情戒,就是一切为了利益大众,其余所有戒条都要服从这一条。

3. 忍辱度　忠于信仰,安于苦难和耻辱。要求信徒宁愿忍受"汤火之酷,菹醢之患",也决不做有害众生的事,终不放弃救渡众生的志愿。

4. 精进度　在修善断恶、去染转净、喜济众难、普度众生的修行过程中,努力不懈,决不退却。精进度的作用能使其他五度皆精进不懈,对发心布施、持戒修身、修行忍辱、修学禅定、勤求智慧都会产生积极作用。

5. 禅定度　有世间禅定、出世间禅定、出世间上上禅定之分。因众生是心性散乱、妄想纷飞、心猿意马的,菩萨修习禅定,能够度脱散乱之心。大乘佛教的禅定不专注于静坐沉思,而是强调悟解事物的实相,重视将禅定活动贯穿到普度众生的教化事业中去。

6. 智慧度　智慧能度愚痴,要消灭众生的无明烦恼、痴迷无知,就要靠智慧。智慧度在六度次第中虽位居第六,但其功用实为第一。布施、持戒、忍辱、精进、禅定五度,如果没有智慧,就不会发心修行,所以智慧又是六度的先导。

"六度"体现了大乘佛教的伦理道德观念,它以大慈大悲、济渡众生为道德的出发点,以克制自我、救助他人为行为的准绳,以"自利利他""自觉觉人"作为社会伦理关系的基本原则,也作为人生解脱的最高理想。

第三节　佛学文化与中医文化

随着佛学、佛教在中国的传播与发展,佛教医学也传入我国。佛教医学是佛祖释迦牟尼及其弟子们在修行成佛的价值取向下,融摄了古印度吠陀医学而逐渐发展起来的一种具有独特医学体系的宗教医学。佛学、佛教医学与传统中医药学既有各自特色,亦有其相通之处,如佛学的极微说与中医的元气论,佛学的缘起法与中医的天人感应,佛学的诸行无常与中医的恒动观,佛学的四大学说、五大归纳法与中医的阴阳五行学说,佛学的中道观与中医的整体观、平衡观等。佛教医学在佛学文化与中国文化发生全面融合的过程中,也渗透到中医药学,在病因学说、诊疗技术、养生思想以及医德医风等方面皆留下了印迹。但我们必须清醒地认识到,当佛教医学传入中国的时候,中医药学的理论体系已经形成,因此佛学文化并没有改变中医药学的理论体系,而是被中医药学消化吸收以为己用。

一、病因学说的相通

中医将病因主要分为内伤七情(喜、怒、忧、思、悲、恐、惊)与外感六淫(风、寒、暑、湿、燥、火),另外还有虫兽、金刃、创伤等其他病因,从内因、外因来探讨疾病产生的原因,佛经中也颇多相似的阐述。例如《大智度论》认为,生病有"外缘"和"内缘"两种因素,"外缘"即为外在原因,如受寒伤热、饥渴、摔伤、挫伤等;"内缘"即内在原因,如纵欲贪色、发怒、恐惧、思虑等。此外,佛陀又说贪欲、嗔恚、愚痴是人类三大祸患,此三大祸患分别以不净、慈心、智慧等三药对治,这是佛陀教导众生救济调和身心病苦的良方。又如《佛说佛医经》中说,人得病有十种因缘:一者,久坐不卧;二者,食无贷(饮食无度);三者,忧愁;四者,疲极;五者,淫佚;六者,嗔恚;七者,忍大便;八者,忍小便;九者,制上风;十者,制下风。《摩诃止观》亦指出造成疾病的原因有六种,即四大不调、饮食不节、坐禅不调、鬼神得便、魔神所扰、恶业所起。前三种因素引起的疾病,只要改善饮食,不受病菌感染,即可治愈;后三者则与患者自身的业力相关,必须藉由拜佛礼忏修福,才能减轻病苦。《大智度论》中记载,疾病的产生是由外在的因缘或内在的因缘所造成的。南传的《清净道论》也提到引起疾病的八种原因:风、痰、饮食不调、业、外伤、非人、鬼、魔。

佛教医学关于病因的论述主要有两点:一是四大不调,二是贪嗔痴毒。

(一)四大不调

所谓四大,指的是地、水、火、风。在印度哲学看来,四大是构成物质世界万有的基本要素,四大各有不同的性质和业用,地大以坚为性,能载万物;水大以湿为性,能使物摄聚不散;火大以热为性,能使物成熟;风大以动为性,能使物成长。人身也是由四大所成,这是印度医学的理论基础。佛学认为地水风火"四大"元素构成世界万物,世界上的一切事物和现象都是暂时的,非永恒的,人类只不过是大自然的一部分并和自然息息相通,大自然的变化必定影响人的生理和病理,人的肉身和生命由地、水、火、风的坚、湿、暖、动等属性所构成,若"四大"不调,就会导致各种疾病,甚则败坏分崩,即所谓"四大分散"。因此佛教医学认为"四大"是构成人体的四种基本元素,同时又是伤害人体的四种致病因素,每一种致病因素会导致一类疾病的产生。《小止观》说,人身四大各能生一百零一病,合生四百四种,即一切身病的总称。其中,地大病相为身体沉重,坚结疼痛;水大病相为饮食不消,腹痛下痢;火大则会全身发热,大小便不通;风大会引起肺闷,气急呕吐。

(二)贪嗔痴毒

外在的四大不调固然是致病的因素,而内在的贪、嗔、痴三毒更是引发各种疾病的主因。佛教医学认为一切疾病的根本原因,来自人内心攀缘外境所产生的妄念。

"贪"是对于自己的喜爱境生起染污心。《摩诃止观辅行》认为贪着美好的色、声、香、味、触五种东西,都会产生疾病。因为色、声、香、味、触会蒙蔽人的心智和德性。因此,佛教的养生之道认为,沉迷色境的人多半会生肝病,贪享声音的人多半会生肾病,贪爱香气的人多半会生肺病,贪图口味的人多半会生心病,眷恋触觉的人多半会生脾病。可见凡事以中道为宜,若能有所节制,求其适中,则易拥有健康的人生。

"嗔"是嗔怒。《大智度论》指出,三毒之中,嗔怒对人的伤害是最严重,是九十八种烦恼中最顽固的,在所导致的各种心病中也是最难治疗的。嗔心起时,使人血脉贲张,容易引起高血压、心脏病等疾病。

"痴"是愚昧无知,不明事理。众生被无明烦恼缠缚身心,而不得出离生死苦海,即使生病,也只相信偏方密医,而不愿探究病痛产生的前因后果,予以对症治疗。身体外在的病,容易察觉,但心里的毛病,却如影随形地跟着人体而不自知,久积则易成病。

佛陀有八万四千法门,专治众生八万四千烦恼病。例如贪欲心重者,佛陀教他用不净观来对治,观想不净的种种,自然不会再起贪爱。对于嗔恨心重的人,就教他慈悲观,发脾气时,只要一念慈悲心起,怒气就发不起来。若愚痴太重,就以因缘观来对治,想到世间一切都是因缘和合,生灭无常,犹如飞尘与粪土,从而转惑见为真智。明代憨山德清大师说:"老病死生谁替得,酸甜苦辣自承担,一剂养神平胃散,两重和气泻肝肠。"若是懂得陶冶心神,修养自己的心地,凡事心平气和,必能受用无穷。总之,佛法的诸多药方都是在教育众生如何去除贪嗔痴三毒,净化身心。

二、诊疗技术的互鉴

在疾病的诊断及治疗方面,佛教医学更是独具特色。《大藏经·金光明最胜王经疏》中制定了疾病的治疗法则"八术总摄诸医方":"一疗被刺针法,二疗破伤,三疗身疾,四鬼损,五中毒药,六疗孩童,七延年,八养生。"《佛说医喻经》对医者水平作了明确划分:"如世良医,知病识药,有其四种,若具足者,得名医王。何以为四?一者识知某病,应用某药;二者知病所起,随起用药;三者已生诸病,治令病出;四者断除病源,令后不生。"又云:"云何名为知病所起,随起用药。谓知其病或从风起,或从痒起,或从痰起,或从阴起,或从骨节起,或从积实所起。知如是等病所起处,随用药治,令得安乐。云何名为已生诸病,治令病出。谓知其病应从眼出,或于鼻中别别治疗而出,或烟熏、水灌鼻而出,或从鼻窍引气而出,或吐泻出,或于遍身攻汗而出,乃至身分上下随应而出。知如是等病可出处,善用药治,令得安乐。"这里讲到的汤药、烟熏、灌鼻、汗、吐、下等疗法,与中医诊疗方法大体相同。

《天竺经眼论》中的金针拨障术是我国有史可考的手术治疗白内障的最早记载,由印度僧人传授予谢道人,《外台秘要》称"用金篦决,一针之后豁然开云而见白日"。由于这种手术疗效显著,被医家广泛采用,融入我国眼科学。《目经大成》中的审机、点睛、射复、探骊、扰海、卷帘、圆镜、完璧等金针拨障术八法,已达到相当高的水平。《龙树菩萨方》的七十二眼方也直接影响了中医眼科学的发展,有的至今仍被运用于临床。

佛典中记载的草类、木类、动物类等生药达数千种,其中常用的药物约320种。有些原产于印度、东南亚和西域等地,如丁香、木香、龙脑、豆蔻、诃黎勒、乳香、没药、郁金、阿魏、返魂香等,伴随佛教传入我国,成为中药的重要组成部分。同时,佛香的来源广泛,用途有浴香、涂香、焚香,除了在佛家活动中起到环境消毒和醒神怡神的作用外,还可应用于医疗。由于佛家戒律中以"不杀生"为五戒之首戒,所以佛经中用以治疗的药物少有"血肉有情之物"。

三、养生思想的融会

佛教修心、素食、戒酒、饮茶等丰富的养生、卫生内容,多与中医养生思想融通,经历代医家的吸收,改变了原有的宗教内涵,被逐渐纳入中医养生学之中。

（一）修心

佛教在拯救众生诸苦的基本理论中,向众生提供了医治"心病"和"身病"的技艺。佛学的全部教理行果,正是为诊治和彻底改善世俗之病态人生而设,可以说是一门完备的、多层次的身心医学。从现代医学角度来看,佛教的八正道、三学、六度等修持之道都是行之有效的身心疗法,对指导形成正确的生活态度,保持身心健康和人格健全,都具有重要的意义。

佛教的八正道是指达到佛教最高理想境地(涅槃)的八种方法和途径,其中最根本的一道是正见,其余七道则都是在正见的基础上进行精进不懈地修行。佛教戒、定、慧三学是对八正道的归纳总结,是佛教修行的根本和修行者获得解脱的必由之路。戒学的目的是让佛教徒严防身、口、意三业,不做一切非法的、不合理的、足以使身心染污的事情,促使身心安定,品行纯洁,达到清净无染的境界;定学即为禅定,清除杂念,精神集中,心专注于一境而不散乱,使心灵和思维纯净,除掉人生诸多烦恼,渐渐进入彻悟之境;慧学是三学的最高阶段,是在戒学、定学的基础上解脱成佛,彻悟宇宙人生真相,通达社会事理。佛教的六度是六种人生修行的方法,包括布施到彼岸,持戒到彼岸,忍辱到彼岸,精进到彼岸,禅定到彼岸,智慧到彼岸。佛学修行,目的在于寂灭人间凡尘的苦恼,达到涅槃境界。为求得解脱,僧众们普遍采用静坐修禅法,这虽是宗教修炼方式,但通过参禅打坐,入静止观,内省静虑,明心见性,摆脱世俗杂念的束缚、名色的诱惑,使思虑集中,身心安宁,以臻虚静状态,协调和恢复脏腑的生理机能,在客观上也起到了良好的健身作用。这与《老子》第十六章"致虚极,守静笃"、《孟子·告子下》"养心莫善于寡欲"、《素问·上古天真论》"恬惔虚无,真气从之,精神内守,病安从来"等养生宗旨异曲同工。

（二）饮食

佛学素食、戒酒及饮茶的斋戒生活,虽然清苦,但的确可起到延年益寿作用,被中医养生学所采纳且备受推崇。

1. 素食　中医学在饮食方面,提倡饮食清淡,多食素,少食肥甘厚味。早在《黄帝内经》时期,人们就认识到膏粱厚味的害处,《素问·生气通天论》中有"高粱之变,足生大丁"的论述,意即过食肥美厚味,多生大疔毒疮之类疾病。后世医学亦多提倡清淡饮食,认为饮食清淡自然,则补益之功卓著,厚味甘肥则易于偏伤脏腑。佛教素食制度则在一定程度上丰富了中医饮食养生理论。佛教素食制度是佛教传到中国后,在中国由汉族僧尼形成的。佛教认为肉食易累积成邪气,形成疾病。因为动物被宰杀时恐惧、愤怒之气充塞肉身,影响肉质。而素食可使身心避免受浊气干扰,气有黑白、浊清,吃素可感召白气,有助于纯净身体及神经,使人清新平和、延年益寿。

2. 戒酒　佛教经典对饮酒的害处有不少论述,化导世人远离酒患。《佛貌分别善惠所起经》认为饮酒过量会生病,"醉便整顿,复起破伤面目""醉卧觉时,身体如疾病""醉便吐逆",故而禁酒。《大爱道比丘尼》将酒譬为毒药、毒水、毒气,视之为众恶之本。《沙弥戒经》《大智度论》更分别数列了饮酒的 36 失和 35 失。中医学认为"酒为百药之长",用酒治病、炮制中药,特别是制成药酒来防治疾病。适度饮酒有通血脉、养脾气、厚肠胃、润皮肤、去寒气、消毒杀菌的功效,但过量饮酒则会诱发多种疾病,严重危害身心健康。元代医家忽思慧在《饮膳正要》中云:"少饮尤佳,多饮伤神损寿,易人本性,其毒甚也。醉饮过度,丧生之源。"明代医家李时珍在《本草纲目》中亦云:"若夫沉湎无度,醉以为常者,轻则致疾败行,甚则丧邦亡家而陨躯命,其害可胜言哉!"

3. 饮茶　茶在佛教饮食中占有重要地位。由于佛教寺院多在名山大川,这些地方一般适于种茶,而茶本性又清淡醇雅,具有镇静清心、醒脑宁神的功效。故种茶不仅成为僧人们体力劳动、调节日常生活的重要内容,也成了培养他们对自然、生命热爱之情的重要手段,而饮茶则成为历代僧侣漫漫青灯下面壁参禅、悟心见性的重要方式。饮茶在中医学中也历来深受重视,中医学认为饮茶有上清头目、中消食滞、下利二便等多种益处,如李时珍《本草纲目》中指出:"茶苦而寒,最能降火……火降则上清矣。"《随息居饮食谱》认为茶有"清心神醒酒除烦,凉肝胆涤热消痰,肃肺胃明目解渴"等功效。《遵生八笺》亦云:"每食已,辄以浓茶漱口,烦腻顿去,而脾胃自清。凡肉之在齿间者,得茶漱涤之,乃尽消缩,不觉脱去,不烦刺挑也。"

(三)卫生

在卫生保健方面,佛教的卫生习惯也被中医养生学吸收应用。佛教重视沐浴,东汉安世高所译《温室洗浴众僧经》详细论述了人体洗澡的卫生意义,并记载俗僧洗澡必备"燃火、净水、澡豆、酥膏、淳灰、杨枝、内衣"七物,认为通过沐浴可以达到"清净、面目端正、身体常香、肌体濡泽、口齿香好"的养生、美容效果,更能起到"除风病、湿痹、寒水、热气"的治疗作用。其中提到用杨枝揩齿,可令人"口齿好香,方白齐平",是修禅的必经程序。另外,僧人还有焚香避秽等卫生习惯。这些卫生保健措施在我国《诸病源候论》《备急千金要方》《外台秘要》等医书中都有反映。《诸病源候论》记载"以水杨枝洗口齿",《备急千金要方》则把佛教揩齿和道教叩齿并提:"每旦以一捻盐纳口中,以暖水含,揩齿及叩齿百遍……口齿即牢密。"《千金翼方》也记载"口嚼杨枝,去口中秽气"。《外台秘要》更有升麻揩齿方,说"每朝杨柳枝咬头软,点取药揩齿,香而光洁"。

四、医德医风的影响

佛教把悲天悯人作为道德的出发点,主张救苦救难、大慈大悲、普度众生,把诸恶莫作、众善奉行、自净其意作为行为准则,都对中医学的医德医风产生了重要影响。

(一)普度众生的慈悲思想

慈悲是佛法的根本,所谓"慈悲"即"拔苦与乐",将众生从苦难中解救出来,给予福乐。古代许多医家用佛教的道德观来鞭策自己,如唐代孙思邈在《备急千金要方·论大医精诚》中云:"凡大医治病,必当安神定志,无欲无求,先发大慈恻隐之心,誓愿普救含灵之苦……一心赴救,无作工夫形迹之心。"提出医家不仅要医术精湛,更要医德高尚。孙思邈还身体力行,曾亲自带领600多名麻风患者同住深山,仔细观察病情,揣摩治疗方法,为这一烈性传染病免于社会扩散做出了巨大贡献。孙思邈嗜好佛典,与名僧交往甚密,因此在他的言行里反映出这些佛家思想绝不是偶然的。

佛教中这些积极的思想,经过历代医家的消化、吸收,已改变了它特有的宗教内涵,逐渐被纳入到我国传统的伦理道德之中,成为传统医德的组成部分。我国诸多医学著作书名用"慈""惠""普济""普救"等字词,如《慈幼筏》《慈惠方》《慈济方》《慈幼纲目》《普济方》《普救回生草》等,均体现了佛教慈悲为怀思想对医书作者的影响。除医学著作之外,中医方剂名中也经常出现佛教词语,如观音散、金刚丸、卧佛汤、佛手散、救苦丹、观音应梦散等,都是用了体现佛教精神的词语,以体现拟方者救苦救难的思想。

(二)佛教对医德医风的影响

佛教在管理弟子时制定一些规定,如五戒、八戒、十戒等。受其影响,我国一些医家也制定了医学道德戒律,如唐代孙思邈的《备急千金要方》中的"大医精诚"、明代陈实功《外科正宗》中的"医家五戒十要"、徐春甫《古今医统大全》中的"慎疾慎医"、李中梓《医宗必读》中的"不失人情论"、清代张璐的《医家十戒》、喻昌《医门法律》中的"治病"篇等,都是专论医德的著名篇章,其他散见的论述则更多,都程度不同地受到佛家戒律等文化的影响。历代名医也无不身体力行、言传身教以垂范后世,对于规范医者的思想行为、促进和提升医德医风起到了积极作用。

学习小结

　　本章介绍了佛教的形成及其在中国的传播、佛教的主要宗派及其基本理论、佛教文化的基本要义、佛教与中医的融会。佛教文化以解脱为出发点和落脚点,论述了人从何来、人归何处以及现实人生之所以如此的根源,从而扩展到对整个宇宙万物的现象与本质的探讨和论述,成为拯救人类灵魂和治理社会问题的重要理论。佛教文化涉及世界观、人生观、宇宙观、本体论、认识论、方法论和修养论。学习佛教文化必须注意化消极为积极和拨开迷信洞见真谛。

●（段晓华　熊益亮　周蓉　解爽）

复习思考题

1. 请简述佛教传入中国的三大派系。
2. 请谈谈你对禅宗的认识。
3. 何谓佛教的"八正道"?
4. 谈谈你对佛文化与中医文化关系的认识。

◇◇◇　第六章　◇◇◇

中 医 文 化

　　中医文化是中国传统文化的一个组成部分,在其发生发展过程中深受中国传统文化的影响,在各方面大量吸收和借鉴中国传统文化,用以构建自己的理论体系,运用于医疗实践活动中,进一步丰富和发展了中国传统文化。广义的中医文化内容广博丰富,从其表现形态上可以分为四个层面,即中医思想文化、中医制度文化、中医行为文化、中医器物文化。本章即从这四个层面对中医文化的主要内容进行介绍。

第一节　中医思想文化

　　中医思想文化是中医文化的精华,是中医文化基本精神的高度凝结和概括,属于狭义的中医文化范畴。主要反映在中医思维方法、中医价值观念、中医伦理观念三个方面,体现和反映在中医制度文化、行为文化和物质文化中,贯穿于中医对人体生命运动的认识、中医理论的构建、中医对疾病的诊断治疗整个过程之中。

一、中医的思维方法

　　不同的思维方法形成不同精神、制度、行为,决定不同的文化形态。不同文化之间的差异,其本质就是思维方式的差异。中医文化是中国传统文化的一个组成部分,在其发展过程中深受中国传统文化影响,在思维方法上也呈现出与中国传统思维的一致性、同步性,并且在中医药具体实践活动中进一步深化发展了中国传统思维方法。

(一)中医思维方法分类

　　关于中医的思维方法,从起源、工具、媒介、条件、特点、目的等不同的角度,目前有巫术思维、经验思维、意象思维、整体思维、变易思维、中和思维、直觉思维、虚静思维、顺势思维、功能思维等众多不同的表述及分类。

　　1. 巫术思维　是普遍存在于人类早期的一种思维方法,是一种非理性、非逻辑的思维方法。也可以称为原始思维、原逻辑思维等。

2. 经验思维 就是建立在经验基础上的思维方法,是一种从实际经验出发思考问题和解决问题的思维方法,是人类认识和把握自身与客观世界及其关系的一种最普遍、最基本的方法,也是其他思维方法的基础,为其他思维方法提供了坚强的经验事实参照。

3. 意象思维 是思维主体运用带有直观、形象、感性的文字、图像、符号等工具或媒介来认识事物的思维方法。通过类比、象征在人体与自然、人体与社会、人体各部分之间建立起广泛的联系,对中医理论体系的构建、临床诊断、用药治疗等均产生了极为深刻的影响。

4. 整体思维 指在观察分析和研究处理问题时,注重事物本身固有的完整性、统一性和联系性,以普遍联系、相互制约的观点看待宇宙及万事万物的思维方式。

5. 变易思维 指在观察分析和研究处理问题时,注重事物的运动变化规律的思维方法。这种思维方法将生命、健康和疾病看作是普遍联系和永恒运动变化着的过程,不仅重视疾病的转变转化,而且重视治疗的应变而动。

6. 中和思维 指在观察分析和研究处理问题时,注重事物发展过程中各种矛盾关系的和谐、协调、平衡状态的思维方法。中医学强调在观察分析和研究处理生命问题时,注重各种矛盾关系的和谐、协调或平衡。如在疾病的认识上,中医学侧重于"阴阳失调"的关系性因素,提出了以关系失调为核心的病因病机理论;在治疗上,其注重的是宏观地调和人的阴阳状态,而不是微观地消除病原体,提出了调和致中的治病、养生学说。

7. 直觉思维 指在思维过程中,摒弃一切妄想、外界干扰,集中所有的思维能力,在一切已知的思维材料和认知经验基础上,对事物本质及其规律做出迅速识别、敏锐洞察、直接领悟的一种思维方法。又称为"心悟""心法"。在直觉思维过程中,人们的思维能动性被充分发挥,思维潜力得到充分发掘。因而直觉思维具有逻辑思维无法代替的功能。

8. 虚静思维 指在观察分析事物和研究处理问题时,注重通过虚心静神的体证方法,回复到事物最初状态或清静本真的状态,达到合同大道目的的思维方法。养生的"恬惔虚无"、情志的"清静安和"、诊脉的"虚静为保"、针刺的"无营众物",都体现了这一思维特征。

9. 顺势思维 指在观察分析和研究处理问题时,重视顺应自然趋势以及事物的时序变化因素的思维方法。无论是治则治法,还是养生预防,中医学都强调顺应人体气机之势、正气抗邪之势、脏腑体质情欲之势、天时日月盈昃之势、地理差异之势。这种思维方法既考虑了疾病过程中机体的各种反应性,又考虑到了各种内外因素对机体反应性的影响。

10. 功能思维 指在观察分析和研究处理问题时,注重事物的功能、属性、效用,而不是形态、结构、组成;注重取得实效,解决问题,而不侧重分析、验证物质机理的思维方法。

由于上述是从不同角度对中医思维方法的表述,因而存在繁复、重叠、混乱的现象,不利于从总体上把握中医思维方法。

由于意象思维在人体与自然、人体与社会、人体各部分之间建立起广泛的联系,因而在一定程度上体现出整体思维、逻辑思维的特点;又因为事物运动是绝对的,意象思维在广泛的联系的基础上,从运动、变化的角度阐述人体生理、病理、用药、治疗的规律及其变化,因而也在一定程度上反映出变易思维、顺势思维、辩证思维的特点;又因为意象思维的取象类比也包括事物动态功能之间的类比,因而又反映出功能思维的特点;又因为意象思维发展到极致必然走向直觉思维,而意象思维、直觉思维都需要内外环境的虚静,所以直觉思维、虚静思维也可包含、统摄在意象思维之中;又因为无论哪一种思维方法,都是以使人体达到中和、健康状态为最终目的,所以一切中医思维方法又必然延伸、发展到中和思维。换言之,整体思维、变易思维、中和思维、直觉思维、虚静思维、顺势思维、功能思维都与意象思维有着程度不同的联系,是意象思维不同角度、不同程度的反映和延伸,都应该包含、统摄在意象思维中,这在以《黄帝内经》《神农本草经》《伤寒论》为代表的中医理论、药物、临床经典中都已经得到充分的运用和反映。

以上众多中医思维方法之中,巫术思维、经验思维、意象思维是贯穿于中医思维历史发展过程中的几种思维方法,其中巫术思维是意象思维的先导,经验思维是意象思维的基础,意象思维是中医核心思维方法,而其他思维方法都是意象思维不同角度、不同程度的体现和延伸。换言之,其他思维方法都不同程度地反映、体现在意象思维方法中。

(二)中医意象思维的运用

中医借助意象思维方法将人体与自然、社会形成了统一整体,并构建了天人合一的大系统,由此来说明人体构成、生理功能、病理变化,并指导疾病诊断、用药、治疗等。

1. 建立了人与自然的统一整体　中医运用意象思维建立人与自然的关系,表现在以下几方面。

(1)观天地自然来认识人体:如《灵枢·邪客》中云:"天圆地方,人头圆足方以应之;天有日月,人有两目;地有九州,人有九窍;天有风雨,人有喜怒……此人与天地相应者也。"《内经》中经脉有十二条,这个数字也来源于自然,正所谓"地有十二经水,人有十二经脉"。心理、情志也是人体生命活动中不可缺少的内容,借助这种"取类比象"方式,中医将其纳入所构建的基本理论体系中。如《素问·阴阳应象大论》云"东方生风……在志为怒""南方生热……在志为喜""中央生湿……在志为思""西方生燥……在志为忧""北方生寒……在志为恐"。

(2)从天地自然来体悟生命:自然界一年四季表现出春生、夏长、秋收、冬藏的规律,人体生命活动也有与此类似的规律,如《素问·阴阳应象大论》云:"天有四时五行,以生长收藏,以生寒暑燥湿风。人有五脏化五气,以生喜怒悲忧恐。"在季节气候规律性变化的影响下,人体脏腑功能活动也呈现出相应的规律性,如《素问·离合真邪论》云:"天地温和,则经水安静;天寒地冻,则经水凝泣;天暑地热,则经水沸溢;卒风暴起,则经水波涌而陇起。"此外,不同地域的不同气候对人体生命活动也产生影响,如《素问·五常政大论》云:"东南方,阳也,阳者其精降于下,故右热而左温。西北方,阴也,阴者其精奉于上,故左寒而右凉……故治病者,必明天道地理。"在对自然与人体关系认识的基础上,中医理论还建立了运气学说。

(3)顺天地自然以治疗疾病:人体生命活动以及疾病的转归发展都表现出明显的时间节律性,如《灵枢·顺气一日分为四时》云:"朝则人气始生,病气衰,故旦慧;日中人气长,长则胜邪,故安;夕则人气始衰,邪气始生,故加;夜半人气入脏,邪气独居于身,故甚也。"因此在疾病治疗中,一定要结合时令考虑,正如《素问·脏气法时论》云:"合人形以法四时五行而治。"地域不同也会影响到人的体质、易患疾病、治疗方法的不同,如孙思邈《备急千金要方》中从南、北方比较后提出:"凡用药皆随土地所宜,江南岭表,其地暑湿,其人肌肤薄脆,腠理开疏,用药轻省;关中河北,土地刚燥,其人皮肤坚硬,腠理闭塞,用药重复。"

(4)法天地自然以识药用药:在天人相应观念指导下,中医借助取类比象方法,形成了系统的用药法象理论体系。如张志聪《侣山堂类辩·药性形名论》云:"五气分走五脏,五味逆治五行,皮以治皮,节以治骨,核以治丸,子能明目,藤蔓者治筋脉,血肉者补血肉,各从其类也。如水草、石草,其性主升;梢杪子实,其性主降。甘香之品,能横达于四旁;寒热之气,性浮沉于上下。在土之根荄,本乎上者亲上,本乎下者亲下。"充分表明传统中医药学理论的构建,除了实践经验的基础之外,也借助了取象比类的思维方式。

2. 建立了人与社会的统一整体　人的本质是一切社会关系的总和,中医学在对疾病的诊治中考虑到政治、经济、道德、人际关系等社会因素,凸显了中医文化的人文性。

(1)将治身与治国同构互喻:如《抱朴子·地真》说:"故一人之身,一国之象也。胸腹之位,犹宫室也。四肢之列,犹郊境也。骨节之分,犹百官也。神犹君也,血犹臣也,气犹民也。故知治身,则能治国也。"在这种同构关系下,中医学从社会人事职官的角度阐发人体脏腑关系及其功能,如《素问·灵兰秘典论》云:"心者,君主之官也,神明出焉。肺者,相傅之官,治节出焉。肝者,将军之官,谋虑出焉……"还以社会人事职官组织阐发说明药物的组方配伍,如《素问·至真要大论》云:"君一臣二,奇之制也;君二臣四,偶之制也;君二臣三,奇之制也;君二臣六,偶之制也……主病之谓君,佐君之谓臣,应臣之谓使。"

(2) 疾病诊治中考虑社会因素:从不同社会形态的角度认识疾病的发生以及所采用的不同治疗方法,如《素问·移精变气论》指出:"往古人居禽兽之间,动作以避寒,阴居以避暑,内无眷慕之累,外无伸宦之形,此恬憺之世,邪不能深入也。故毒药不能治其内,针石不能治其外,故可移精祝由而已。当今之世不然,忧患缘其内,苦形伤其外,又失四时之从,逆寒暑之宜,贼风数至,虚邪朝夕,内至五脏骨髓,外伤空窍肌肤,所以小病必甚,大病必死,故祝由不能已也。"从同一社会中不同人的社会地位、经济状况等的不同认识人的体质、耐病能力、易患疾病、用药治疗以及疗效的不同,如《灵枢·根结》云:"夫王公大人,血食之君,身体柔脆,肌肉软弱,血气慓悍滑利。"《素问·疏五过论》云:"故贵脱势,虽不中邪,精神内伤,身必败亡。始富后贫,虽不伤邪,皮焦筋屈,痿躄为挛。"李中梓《医宗必读》云:"大抵富贵之人多劳心,贫贱之人多劳力……劳心则中虚而筋柔骨脆,劳力则中实而骨劲筋强……故富贵之疾,宜于补正;贫贱之疾,利于攻邪。"

3. 建立了人体自身各部分联系的统一整体　在意象思维方法指导下,中医学还把五脏、六腑、五官、九窍、四肢百骸等全身内外联成一个有机整体,在此基础上进行疾病的诊断和治疗。

(1) 构建人体整体结构和功能的意象模型:如《素问·阴阳应象大论》云:"北方生寒,寒生水,水生咸,咸生肾,肾生骨髓,髓生肝,肾主耳。其在天为寒,在地为水,在体为骨,在脏为肾,在色为黑,在音为羽,在声为呻,在变动为栗,在窍为耳,在味为咸,在志为恐。"这些自然、社会、人体之象的不同组合,形成一个意象模型,从而使人体成为一个多重意象相互构连、相互交叉、错综复杂的整体。在此基础上,中医学将阴阳、五行、气的属性、功用具体落实到五脏、六腑、气血、津液等的阐述上,如《素问·金匮真言论》云:"夫言人之阴阳,则外为阳,内为阴。言人身之阴阳,则背为阳,腹为阴。言人身之脏腑中阴阳,则脏者为阴,腑者为阳。"

(2) 确立司外揣内的诊断方法:在"视其外应,以知其内脏,则知所病矣"(《灵枢·本脏》)观念的指导下,中医通过望、闻、问、切等方法,观察、分析五官、形体、色脉等外在征象表现,借以揣测、判断其内在脏腑的病位、病机变化。以望法而论,《灵枢·邪气脏腑病形》云:"十二经脉,三百六十五络,其血气皆上于面而走空窍。"所以通过对神色、面色、舌色的观察可以来判断脏腑气血的虚衰变化。其具体过程为:首先建立五色与五脏对应关系,如《灵枢·五色》云:"以五色命脏,青为肝,赤为心,白为肺,黄为脾,黑为肾。"其次,描述五脏色泽的正常与异常,作为判断对应脏腑是否正常的依据,如《素问·脉要精微论》云:"赤欲如白(帛)裹朱,不欲如赭。"最后,将五色的浮沉、清浊、微甚、散抟、泽夭与表里、阴阳、虚实、新久、轻重相结合,进一步判断疾病的具体情况。

(三) 中医思维方式的特点

以意象思维为主的中医思维方法,既有优点又有其不足,这些优点与不足,在与西方医学思维方法比较下更为明显。

1. 重合轻分　基于"天人相应"的思想,中医学以"和合"为思维方式和价值取向,而其最基本的特征是整体思维。整体思维不仅强调事物的完整性和统一性,而且认为世界万物

笔记栏

的本原是整体,各个部分都是由整体分化而来。在这一观念影响下,中医学认为,人的本原是混沌未分的元气。因此,中医学强调人与自然、社会以及人体自身的整体性。中医将人体以五脏为核心分为五个功能系统,强调了五脏之间整体关联的和合关系。中医还将人与自然看成一个整体,即所谓的"人身小宇宙,宇宙大人身"。它采用类比、类推的方法,将人体各部分与外界各事物融为一体。

2. 重用轻体　中医观察分析和研究处理问题时,注重事物的功能、属性、作用。它描述人体生命的术语,基本上都是"功能"范畴。中医学从功能上把握人体藏象,"五脏"是五个生理功能系统,而不是五个解剖学脏器。中医学把显露于体表的功能现象当做研究的基础,以此确定脏腑概念和脏腑之间的关系。因此五脏六腑虽然包含着若干解剖学的成分,但却是一个标志各种整体功能联系的符号系统。中医学是从功能上认知病因病机,辨识疾病和调治疾病的。

3. 重象轻形　"象"思维深深影响着中国传统医学的理论建构。"象"是意象,非物象,它是动态、功能、超形体的"象"。"象"思维以象数为思维模型,以取象运数为思维方法,重视在"象"模型范式上的归类"合一",是以"象"进行类比、类推的方法。中医学采用这一方法,将人体各部分与天地万物融为一体。故中医学的名词术语大多是"象"而不是"形"。中医"藏象"概念绝非生理解剖意义上的形体结构,而是指功能相同、时空节律形态具有同步性、全息性的一组动态结构。

4. 重时轻空　中医学重视时间,重视时间与人体生命的关系。中医学认为,人类是自然演化的产物,人的生命活动与天时自然密切相关。《素问·宝命全形论》说:"人以天地之气生,四时之法成。"在生理上,气候的改变,季节的更替,昼夜的转换等,均可导致人体生命活动呈相应的变化;在病理上,异常气候变化,能引起脏腑、气血、经络及精神失调,从而引起或加重疾病。因此,在诊断和防治疾病时,要充分考虑到天时的变化对人体的影响,顺应天时自然之势进行调整。

5. 重悟轻测　直觉体悟是中国传统的认知方法,中医对人体生理、病理的认识充分体现了这一特点。藏象学说主要是通过直觉体悟感知的。中医学脏腑的生理结构与人体实际解剖并不完全相同。望、闻、问、切四诊是一套由表知里的诊断方法,通过对脏腑经络功能性变化的感知,把握疾病的发生原因、转变机制。这与西医运用仪器把握病变机理的实测、量化方法有所不同。中医辨证有高明与低劣、正确与错误的差异,主要取决于认知主体。

二、中医的价值观念

中医的价值观念是中医药文化的灵魂,决定着中医药文化的存在和发展,是中医药几千年发展进程中积累形成的文化精髓,是中华民族深邃的哲学思想、高尚的道德情操和卓越的文明智慧在中医药中的集中体现。

(一)生命观

中医的生命观是指它对生命的基本看法和根本观点,即对待生命的态度、生命现象如何产生以及生命活动如何存在,内容包括人命至重、气生万物、生气通天。

1. "人命至重"的观念　中医学认为人是万物之首。如《素问·宝命全形论》说:"天覆地载,万物悉备,莫贵于人。"孙思邈在《备急千金要方·序》中说:"人命至重,有贵千金。"《备急千金要方·论治病略例》又说:"夫二仪之内,阴阳之中,惟人最贵。人者禀受天地中和之气。"他把自己撰写的医学著作均以"千金"冠名,就是为了强调生命的价值。由此可见,"人命至重"是医学的主导思想。生命如此宝贵,因此每个人都要善待生命,注重养生和预防,有病早治,要相信医学,不要相信巫术,治病要选择好的医生;作为医生,要尊重病人的生命价值和人格尊严,把治病救人始终放在第一位,不要贪名逐利,把"以人为本"的思想贯穿于整个治疗过程。

2."气生万物"的观念 "气"既是人体生命活动的最基本物质之一,也是自然界的物质本原。《素问·六节脏象论》中说"气合而有形,因变以正名",意思是"气"聚合在一起而形成了具有不同形态的物质,人体的生命活动由"气"来推动。庄子所说的"通天下一气耳"也是这个意思。中医认为,人体是由气所构成,它和自然界的"气"相通。气又分为阴气和阳气两类,清轻的阳气主热、主升、主动;沉浊的阴气主寒、主降、主静。阴气和阳气相互作用,使气处于运动不息的状态,促进和推动着一切事物的运动变化。气的运动变化形式是"升降出入",中医认为气的运行正常,人便处于健康状态;否则,人便处于病理状态。

3."生气通天"的观念 《素问·宝命全形论》说:"人以天地之气生,四时之法成。"这说明人是自然界的产物,生命的产生需要从自然界获取基本能量,所以中医认为"生气通天",十分强调自然环境对人体生命的重要性。不仅如此,在生命体发展过程中自然界对它也产生着重要影响,四季变换、月亏月盈、海水潮汐,无一不对人体产生作用。例如,五脏之气在不同的季节有着不同的盛衰状态,如"肝气旺于春,心气旺于夏……"由于自然和人的生命活动关系密切,所以不论是治疗还是养生都要注意保持人与自然协调统一。

(二)健康观

中医的健康观是指对人体生命活动健康状态的基本看法和独特理解,以及维护生命健康的一般原则和方法。它的内容包括气和则生、形神合一、天人相应、恬惔虚无。

1."气和则生"的观念 儒家经典《中庸》云:"中也者,天下之大本也;和也者,天下之达道也。致中和,天地位焉,万物育焉。"中医学继承了这一思想,"和谐"成为中医健康观的核心理念。人体生命健康的本质就是机体内外环境变化都处于"和谐"的生理状态。反之,若机体内外环境失去平衡协调,就会出现"失和"的病理状态。故而,中医学的"阴阳自和""气血调和""五脏和调""天人和谐""形神合一"的生命健康观都强调了"和谐"。《灵枢·本神》所说:"故智者之养生也,必顺四时而适寒暑,和喜怒而安居处,节阴阳而调刚柔,如是则僻邪不至,长生久视。"也是在强调养生应该以天地人的和谐统一为目标。

2."形神合一"的观念 "形"是指躯体。"神"有广义之神和狭义之别。广义之神是指人体生命活动的外在表现,狭义之神是指人的意识、思维、情绪等精神活动。"形神一体"就是形与神的统一性,如《素问·上古天真论》曰:"故能形与神俱,而尽终其天年,度百岁乃去。"强调"形与神俱"是养生的至高境界。中医学不但认识到,形是生命活动的载体,更强调了神对形的反作用,神乃生命活动的根本。如《灵枢·本神》中说:"故生之来谓之精,两精相搏谓之神。"《素问·六节藏象论》中说:"气和而生,津液相成,神乃自生。"反之,则如《素问·五常政大论》说"神去则机息",《素问·移精变气论》说"失神者亡"。

3."天人相应"的观念 人体是生活在环境中的,不管是自然环境,还是社会环境,人的生命活动都要与之保持和谐统一。例如,人的生命活动表现出来的时间节律性,不论是年节律、月节律还是日节律,均是"天人相应"观念的具体表现。如《灵枢·顺气一日分为四时》指出一日分为四时,朝则为春,人气始生;日中为夏,人气盛长;日入为秋,人气始衰;夜半为冬,人气入藏。而《灵枢·五乱》则云:"四时者,春秋冬夏,其气各异,营卫相随,阴阳已和,清浊不相干,如是则顺之而治。"明确指出人体营卫气血运行与自然界四时阴阳变化步调一致,处于一个恒动平衡的状态。

4."恬惔虚无"的观念 《黄帝内经》非常重视养神,书中提出精神调养是养生防病、预防早衰的重要原则。人的很多疾病都是由精神因素所造成的,情志可以伤神,所以在情志疾病中,伤神是主要的,通常以治神、调神作为防治疾病的重要环节。《黄帝内经》提出要少私寡欲、恬惔虚无、精神内守。少私寡欲就是要减少私心和嗜欲,恬惔虚无是使精神处于一种安静和虚无的状态。中医认为,人生活在天地之间,自然对人体有直接影响。因此,人应该效法天地精神来怡养心神、调摄情志。

(三)疾病观

中医的疾病观是指它对疾病发生原因、机制的一般看法和根本认识,内容包括邪实正虚、阴阳失衡、生克失常。

1. "邪实正虚"的观念　正常情况下人体生命与自然界保持和谐的关系,如果这种关系失常,就可能导致疾病发生。中医学的疾病观涵盖了邪气、正气两方面,而邪实正虚贯穿了疾病的发生发展过程。邪气实是外在因素,正气虚是内在因素,疾病发生中正气虚起着决定性的作用,正所谓"邪之所凑,其气必虚""正气存内,邪不可干"。如《灵枢·百病始生》所言:"风雨寒热,不得虚,邪不能独伤人……此必因虚邪之风与其身形,两虚相得,乃客其形……其中于虚邪也,因于天时与其身形,参以虚实,大病乃成。"

2. "阴阳失衡"的观念　《素问·生气通天论》云"生之本,本于阴阳",以阴阳和谐来说明生命健康。中医学运用阴阳观来说明人体生理功能、病理变化,如《素问·生气通天论》所说:"凡阴阳之要,阳密乃固,两者不和,若春无秋,若冬无夏,因而和之,是谓圣度。"就生命物质而言,精血津液为阴,故"阴者,藏精而起亟也";气为阳,故"阳者,卫外而为固也"。作为构成人体和维持生命活动的基本物质,气血调和是人体健康的基本条件之一,如《灵枢·天年》所说:"血气已和,营卫已通,五脏已成,神气舍心,魂魄毕具,乃成为人。"以脏腑功能而论,五脏主"藏而不泻"为阴,六腑主"泻而不藏"为阳,五脏功能平衡协调是维持机体内外环境相对稳定,从而维持生命健康的重要条件。就疾病治疗而言,最终目标也是"阴阳和谐"。

3. "生克失常"的观念　中医学认为,人体健康是一个动态变化过程,人体内部以及它与外在环境之间处于统一平衡。这种平衡如果能够维持,人体就健康;反之,如果平衡被打破,人体就会生病。如《素问·六微旨大论》云:"亢则害,承乃制,制则生化,外列盛衰,害则败乱,生化大病。"张介宾《类经图翼·运气》中说:"盖造化之机,不可无生,亦不可无制。无生则发育无由,无制则亢而为害。"五行生克制化的思想在中医学里就体现在对五脏生克关系的认识之中。正常生理下,人体五脏六腑维持着生克平衡,一旦生克失常,五脏六腑就会功能紊乱。

(四)治疗观

中医的治疗观是指它对疾病防治一般原则和方法的根本看法,内容包括扶正祛邪、治病求本、纠偏调和、防治未病。

1. "扶正祛邪"的观念　扶正是采用补虚方法来扶助正气。祛邪是采用泻实方法以祛除病邪。这一思想来源于《老子·七十七章》"天之道损有余而补不足"。《黄帝内经》继承了这一思想,《素问·三部九候论》曰"虚则补之""实则泻之",《灵枢·邪客》也说"补其不足,泻其有余"。扶正与祛邪虽然不同,但相互为用、相辅相成。中医学非常注重两者的辩证关系,所谓"正胜邪自去""邪去正自安"。同时,扶正和祛邪要掌握适当的时机和分寸。

2. "治病求本"的观念　自然界万物生长、变化、衰亡的根本原因是"阴阳",故治病以"阴阳"为出发点和回归点。如张志聪在《黄帝内经素问集注·阴阳应象大论》中说:"本者,本于阴阳也。人之脏腑气血,表里上下,皆本乎阴阳……故曰治病必求其本。"既然疾病是阴阳失调的结果,治疗就是恢复阴阳平衡,这就是求病之根本。治病求本还体现在对病因、病机的推求。《景岳全书·传忠录》曰:"起病之因,便是病本。""万事皆有本,而治病之法,尤惟求本为首务……万病之本,只此表、里、寒、热、虚、实而已。"这说明只有通过研究疾病的现象,才能认清疾病的本质。治病求本还体现在照顾"先后天之本",这是明清温补派发挥的重要理论。李中梓在《医宗必读·肾为先天本脾为后天本论》中说："经曰'治病必求于本'。本之为言,根也……而本有先天、后天之辨。先天之本在肾……后天之本在脾。"

3. "纠偏调和"的观念　疾病的发生,本质上就是机体阴阳平衡状态被破坏,所谓"一阴一阳谓之道,偏盛偏衰谓之疾"。既然如此,调节人体气血阴阳平衡,使其达到"平和"的状态,这是疾病治疗的终极目标。中医学认为,要根据机体阴阳失调的状况,损其偏盛,补其偏衰。如《素问·阴阳应象大论》说:"审其阴阳,以别柔刚,阳病治阴,阴病治阳。"《素问·至真要大论》更是明确指出:"谨察阴阳所在而调之,以平为期。"气和血是人体阴阳的具体代表,气血调和则健康,气血不和则生病,故在治疗时以调和气血为原则。调理脏腑也是在整体观念指导下,针对脏腑功能失常制定"调和"的治疗原则。

4. "防治未病"的观念　"治未病"首见于《黄帝内经》,《素问·四气调神大论》曰:"是故圣人不治已病治未病,不治已乱治未乱,此之谓也。"其他篇章也有记载,如《素问·阴阳应象大论》曰"善治者治皮毛"、《灵枢·逆顺》曰"上工,刺其未生者也"、《素问·刺热》曰"病虽未发,见赤色者刺之,名曰治未病"等。中医学认为"治未病"就是防患于未然,包括未病先防、有病早治、既病防传和瘥后防复。未病先防,就是在疾病未发生之前,采取积极的预防措施;有病早治,就是强调对疾病的早期诊查和积极治疗;既病防传,是指当疾病已成时,应掌控病机,阻截传变;瘥后防复,是指在疾病将愈或愈后,防止疾病复发。因此,"治未病"的核心,就是一个"防"字,充分体现了"预防为主"的医学思想。

三、中医的道德精神

医德是医生在职业活动中应遵循的行为规范和道德准则。我国古代医家强调医德的社会影响,主旨是强化医生的自律环境。关于医德的记载,早期论述可以在先秦诸子著作和《黄帝内经》中零散见到,而比较系统的医德规范当推《备急千金要方》一书中的《论大医精诚》。

(一)医者仁心

作为一个好医生,要有一颗仁爱之心。它是指对病人的同情心,是看见别人病痛之苦,竭尽全力去爱护、救治,使之免于困厄的深厚情感。医生有仁心,才能博施济众,对患者用心皆一,施药无二,才能不辞劳苦,救病人之急,才能清正廉洁,不图酬报。在古代医家看来,"欲救人而学医则可,欲谋利而学医则不可"(《医方论·序》),行医不是追名逐利的手段。正因为此,中医被称为"仁人之术"。这里充分反映了儒家"爱人"(《论语·颜渊》)、"老吾老,以及人之老;幼吾幼,以及人之幼"(《孟子·梁惠王上》)的思想。《备急千金要方·论大医精诚》中有一段极为深刻的描述:"凡大医治病,必当安神定志,无欲无求,先发大慈恻隐之心,誓愿普救含灵之苦。若有疾厄来求救者,不得问其贵贱贫富,长幼妍媸,怨亲善友,华夷愚智,普同一等,皆如至亲之想。"则反映了佛家"普度众生"的崇高意境。中医历史上很多医家都指出医者当以德为先。清代医家吴瑭《医医病书·医德论》说:"天下万事,莫不成于才,莫不统于德。无才固不足以成德,无德以统才,则才为跋扈之才,实足以败,断无可成。"明代龚廷贤在《万病回春》中的"医家十要",首要就是"存仁心"。明代陈实功《外科正宗》中的"医家五戒十要"篇中提出第一"要",就是先知儒理,然后方知医理。正因为这样,古代很多医家都有施医舍药、济世活人的优良传统。

(二)医术精湛

医德要求必须落实在医术上。在某种意义上来说,两者是成正比的关系。晋代杨泉在《物理论》中说:"夫医者,非仁爱之士,不可托也,非聪明理达,不可任也……如此乃谓良医。"这就说明中医对医生的要求是德术双馨,医德是医术的前提,医术是医德的保障。大凡历史上的著名医家,学医无不刻苦奋发,以求医术上的精湛。例如,医圣张仲景"勤求古训、博采众方"；针灸大师皇甫谧"耽玩典籍,忘寝与食"；朱震亨为了拜罗知悌为师,前后往返十次,罗氏竟不接见,朱震亨反而"志益坚,日拱立于其门,大风雨不易"。毕竟,治病救人靠的是精湛的医疗技术,没有精湛的医术很难谈得上医德高尚,如《医门法律·先哲格言》中说:"医为人之司命,不精则杀人。"孙思邈提出"大医精诚",其中的"精"就是指医术上的精湛,"诚"就是指医德的高尚。孙思邈把"精""诚"作为一名优秀医生的两个必备条件,由此也可见医术之精湛与医德之高尚间的关系。

（三）淡泊名利

"但愿世间无疾病,不患架上药生尘。"这是人们赠送明代杭州医生张大经的诗句,赞美他济世救人,不图酬报的高尚品德。我们熟知的"杏林"一词的典故说的也是医德。一千多年来,人们以"虎守杏林""杏林春暖"的典故来形容医生的医德和技艺。中医文化对古代医德风貌的描述,一是对患者"事如慈母而有常",另一点就是"轻财如粪土"。北宋名医庞安时"活人无数",但"病人持金帛来谢,不尽取也"。明代医家潘文元,医名远播,每日求诊者"盈门塞巷",但他却轻远钱财,安贫乐道,以至行医数十年,连几亩地都没有。然而,他们的名字却永远铭刻在世人的心里。对于贪财求报的丑陋行为,则予以憎恶与鄙视,如《医学入门·习医规格》中说:"病愈后而希望贪求,不脱市井风味者,欺也。"

（四）求真务实

求真务实是一种科学精神品质。《素问·五脏别论》中提出"拘于鬼神者,不可与言至德",《史记·扁鹊仓公列传》也说"信巫不信医,六不治也"。吴有性在《温疫论》中记载,一位以卜卦为生的人患病,在疾病的关键时刻,以卜卦求神的方式来选择医生的治疗方案,终至病情因贻误而急剧恶化,最后不免一死。吴氏为此哀叹:"嗟乎,向以卜谋生,终以卜至死,可为巫卜之鉴!"中医史上讲求事实、反对迷信的实例很多,如张仲景指责"钦望巫祝"者是"蠢若游魂",只能"束手受败"；张从正治一燥结患者,反对"鬼神阴谴"之说,坚持用攻下法取效；李时珍驳斥服石炼丹的世风等。这些事例都反映出了古代医生求真务实的品质。

第二节　中医制度文化

中医制度文化指在长期医事活动中建立起来的比较明确的、官方色彩浓厚的、具有较强约束力的各种规章制度、行为规范及组织形式等。中医制度文化建立在中医实践活动基础上,反过来又对中医实践活动进行组织、指导和规范。中医制度文化主要体现和反映在医官及医疗机构的设置、医学教育制度、医事法律等方面。

一、医官制度文化

中医医官及医疗机构的设置,反映不同历史时期中医发展的状况以及所呈现的中医文化的特点。

在巫医并存的阶段,政教合一,氏族、部落首领往往是最大的巫者,兼有医药之责。随着巫者职能的分化,出现专事医药的巫者,如《说文解字》云:"古者巫彭初作医。"巫彭之外,文献中记载的巫咸、巫即、巫盼等都是以医药活动为主的巫者,可视为最早的医官。

随着社会分工的发展,巫、医的职能也逐渐分化。在反映西周至战国时期官制制度的《周礼》中,已经把"巫祝"列入"春官宗伯"职官中,而把"医师"归于"天官冢宰"职官系列。表明此时巫、医已经有了初步的分工,医学开始走上独立发展的道路。

从《周礼》的记载还可以看出,周代已经设立了比较完备的医官制度,反映出医学发展已经达到较高的程度。主要表现在以下五个方面:一是设立了由医师、士、府、史、徒等组成的医政组织。《周礼·天官冢宰》中有"医师上士二人,下士四人,府二人,史二人,徒二十人"的记载,其中医师是众医官之长,主管医药行政,负责王室和邦内的疾病治疗和预防,下设负责治病的上士和下士、负责保管药物器具及会计事务的府、掌管文书及记录医案的史、专供役使的徒各若干人。二是有了初步的医学分科。据《周礼·天官冢宰》记载,"食医中士二人""疾医中士八人""疡医下士八人""兽医下士四人",说明当时周王室的医生有食医、疾医、疡医、兽医的初步分类。三是创立了相应的医疗考核制度及考核标准。《周礼·天官冢宰》中有"岁终则稽其医事,以制其食。十全为上,十失一次之,十失二次之,十失三次之,十失四为下"的记载,到了年终考核医师治病的成绩优劣,并据以决定其级别和俸禄。四是建立了病案记录制度。根据《周礼·天官冢宰》"凡民之有疾病者,分而治之,死终则各书其所以而入于医师"的记载,可以看出当时已经开始分类治疗病者,并对死亡者的死亡原因做出说明报告,并呈送医师记录存档。五是建立了基本卫生保健制度,并针对清扫、除虫、防暑降温等设立了相应的专门官职。如《周礼·夏官司马》记载"隶仆掌王寝之扫除粪洒之事";《周礼·秋官司寇》又记载"庶氏掌除毒蛊""翦氏掌除蠹物""壶涿氏掌除水虫";为防暑降温,周代还设置了名为"凌人"的专门分管冰的官职。

秦代医官情况未见完整的文献记载。但据《史记·扁鹊仓公列传》"秦太医令李醯自知伎不如扁鹊也",知秦时设太医令。据《通典·职官七》"秦有太医令丞,亦主医药,属少府",则秦还设有太医丞。20 世纪末,在西安市北郊向家巷村发掘出数以千枚计的秦封泥,其中即有"泰(太)医丞印"。据《左传·成公十年》《左传·昭公元年》,战国时秦国有名噪诸侯的医生缓、和;据《战国策·燕策三》"侍医夏无且"及《史记·荆轲列传》"无且爱我,乃以药囊提荆轲也"的记载,秦时还设有侍从秦王左右的侍医。另据《睡虎地秦墓竹简》,秦时也设有地方医官,已有法医及完整的医案。

西汉时期的医官制度,据《汉书·百官公卿表》载,设置分别隶属于太常(中央行政机构)和少府(皇室服务机构)两支,其下又设太医令、太医丞、侍医、尚方、乳医等。各分封王国医制基本仿照中央而略有不同,如《史记·扁鹊仓公列传》载"齐王侍医遂病,自炼五石服之",遂即是齐王的侍医。东汉时期太常所属太医令被删汰,仅在少府中设太医令、丞,据《后汉书·百官志》记载,设太医令 1 人,掌医事管理,下辖药丞、方丞各 1 人,药丞主管药事,方丞主管配方。员医 293 人,员吏 19 人。魏晋南北朝时期医事制度主要承袭汉制,均设太医令丞。

隋代医官,根据《隋书·百官志》的记载,分统于门下省、太子门下坊、太常寺、太仆寺四个部门。门下省统有尚药局和尚食局,两者其下又有各级医官若干,主要为皇宫服务;太子门下坊统太子藏药局,其下又有各级医官若干,主要为东宫服务;太常寺统太医署,太医署主管一般医事及医学教育,下设太医令 2 人,太医丞 1 人,主药 2 人,医师 200 人,药园师 2 人,医博士 2 人,助教 2 人,按摩博士 2 人,祝禁博士 2 人。

唐代基本承袭了隋代的医政制度,但在各方面比隋制更为严密,同时规模也更加宏大。据《旧唐书·职官志》等载,如地方诸府诸州,也有了医职的设置,增设了针科博士,尤其是医学教育人员众多,已实行分科教学。

宋代设立翰林医官院主管医药行政,医政命令、医疗事务都由其管辖。设立太医局专管医学教育,并对医官的选拔任用和医学队伍实行严格考核。还设立校正医书局,专门负责医书的校订刊行。设立官办药局如"和剂局""太平惠民局"等,对方便民众求医问药、规范成药处方、推广成药使用都有积极的意义。设立了一些与医疗有关的具有慈善性质的机构,如由僧人主持的主要为贫困百姓治病的安济坊、收养孤寡病老者的福田院等。与前朝相比,宋朝的医事管理机构已较为全面,其医疗卫生事业也已不仅仅局限于宫廷官府,在面向社会民间方面明显地迈进了一大步,尽管实际功效有限,但对当时的中国来说,无疑是医政制度方面一大进步。

元代的医药制度总体上承袭宋制,但有其自己的特色。如把宋代的翰林医官院改称为"太医院"(此名称后一直沿用至明清两代),并大大提高了医官的品秩和太医院职权,太医院院使正二品,太医院下辖医学提举司、官医提举司、广惠司、回回药物院、惠民药局等机构。医学提举司负责医生资格考试、医官考核、医书编审、药材辨验、医务人员培训等。官医提举司负责医生的管理、各地药材的进贡验收等。广惠司掌管民族医学。回回药物院掌管外来药物的管理。惠民药局主要负责制售成药,为贫民治病。

明代直接沿用宋元医药制度,只在职官配置及机构职责方面略作变动,如洪武六年设御医,以太医院医士充任(《明史·职官志》)。清代的医政制度沿袭明代的基础上略有不同,在某些方面更加严格完备。如在太医院院使、院判之上又设有管院事王大臣一人(《清史稿·职官志》)。御药房分东西两处,并有明确的御医值班制度。在医官职务升补上,除了看考试成绩外,还需有医官保结。在医学分科中,除去以前各朝祝由、禁咒等科,这无疑是有医学进步意义的;但它在太医院中停止针灸科,又表现出其保守的一面。

二、教育制度文化

中国古代的医学教育,有私学和官学两种模式。私学包括父子相传、师徒相授两种方式。官学就是由国家政府设置的医学教育。

父子相传的医学教育、传授方式也称为家学,这种方式培养出来的医生称为"世医",如《礼记·曲礼下》云:"医不三世,不服其药。"宋濂《赠医师葛某序》云:"吾乡有严生者,三世业医矣。"这种医学教育、传授方式,在传授内容上往往以某一方面的经验、技能、药方为主;在传授对象上,受中国宗法思想、小农经济思想的影响,恪守传男不传女、传家人不传外人的规定。

师徒相授的方式在文献中多有记载,如僦贷季之再传岐伯,岐伯、少俞、少师、伯高之传黄帝,黄帝之传雷公(《黄帝内经》),长桑君之传扁鹊,扁鹊之传子阳、子豹,公乘阳庆、公孙光、杨中倩之传淳于意,淳于意之传宋邑、高期、五禹、冯信、唐安(《史记·扁鹊仓公列传》),涪翁之传程高、程高之传郭玉(《后汉书·方技列传》),华佗之传吴普、樊阿(《三国志·魏书·方技传》)等,都属于师徒形式的教育、传授,师承脉络清晰。师徒方式的教育、传授,虽然也属于私学,但较之于父子相传,在传授对象的选择上更具灵活性,更注重考察传授对象的智力条件、习医动机等;在传授内容上各具特色,形成众多不同的学术派别。师徒相传的教育、传授方式,是我国古代最早的医学教育形式,也是古代中医教育、传授最普遍、最基本的方式,符合中医自身的特点,因而在中医学校教育兴起以后,仍是中医教育、传授的一种重要形式。

中医学校教育,一般认为始于南北朝的刘宋时期。据《唐六典》载,太医令秦承祖于文帝元嘉二十年(443年)奏请设置医学,以广传授,这里的医学是正式的官办医学教育机构即学校,因此这应该是中国古代官办医学学校教育的正式开端。稍后北魏也有太医博士、太医助教的医官设置(《魏书·官氏志》)。

隋朝国祚虽然短暂,但官办医学教育有了较大发展。太常寺领导下的太医署作为医学教育机构,负责医学生的教育与培训。太医署有医务人员、教员及行政管理人员,分科培养各类医生(《隋书·百官志》)。

唐代在总体承袭隋代官办医学教育制度的基础上,使其发展更加完备。同样设立了太医署,由行政、教学、医务、药工四部分人员组成,既是中央医疗单位,也是中央医学教育机构,设医科、针科、按摩科、咒禁科四科,医科又分为体疗、少小、疮肿、耳目口齿、角法五个专业,各有不同的学习年限。在课程设置上,学生须先学习《素问》《神农本草经》等基础课程,然后再分科学习,学习过程中还注重道德教育。同时还有月考、季考、年考等较严格的考试考核制度,规定学习9年仍不达标者责令退学。

唐代的医学官学还有两个创举:一是在京都设立了相对独立的药学部门——药园,进行药学教育,培养药学人才。药园每年从民间招收少量15岁以上青年为药园生,由药园师教授药物鉴别、种植、采集、加工、配伍等,药园生毕业考核合格后可充任药园师。药园同时承担医学部门各科学生学习《本草》时熟悉药形、认识药性的实习任务。二是唐代首次建立了地方性的官办医学教育机构,要求各州府设立医学校,并设有医学博士、助教等以教习学生。总之,唐代的官办医学教育组织严密,分科较细,规模较大,范围广泛,管理规范,注重医学教育与药学教育的结合、基础教育与临床教育的结合、专业教育与道德教育的结合、综合教育与分科教育的结合、中央教育与地方教育的结合,达到了当时世界上领先的水平。

宋代的官办医学教育在继承唐代官办医学教育的基础上,又进行了许多积极探索和损益改革,其虽不如唐代长期稳定,但更加详备。其突出创新之处有:

一是在中央设立直接专门管理医学教育的机构太医局。北宋熙宁九年(1076年)太医局从太常寺中正式独立出来,成为国家独立的医学教育管理机构,也是国家最高医学教育学校,有学生300人,设提举(校长)1人,判局(副校长)2人,并特别规定判局一职要由专业人员担任。医学各科均设教授1人,为我国医学校最早的教授设置,并设助教作为辅助。地方各州郡也仿照太医局开办地方医学,设置医学博士教习医书。

二是宋徽宗崇宁年间,将医学与太学、律学、武学置于同等地位,皆在国子监管辖之下,打破了以往医学教育往往附属于政府医疗机构的格局,医学教育被首次纳入了国家官学系统之中,大大提高了医学和医学教育的地位。

三是在医学教育中引入王安石的"三舍法"。太医局把学生按成绩优劣分为上舍(40人)、内舍(60人)、外舍(200人),外舍生经一年学习后如成绩优良升为内舍生,内舍生经两年学习后如成绩优、平者可升为上舍。上舍生再分为三等,毕业时据等授官。太医局不但强调学生的理论学习,还注重实际医疗技术的实践训练,规定医学生要轮流为其他学校(太学、律学、武学)与各营将士治病,并要做出病历记录,根据治疗结果把学生分为上、中、下三个等级,奖优罚劣,医疗过失多或严重者,开除学籍。这对促使学生努力学习、不断进取有积极的推动作用。

四是随着印刷术等科学技术的进步发展,宋朝官办医学教育的教学方法、工具等也有改革创新。如许叔微《仲景三十六种脉法图》,在教科书中加入绘图示意以助学习理解;精编《圣惠选方》等医著教材;王惟一铸造出针灸铜人作为针灸教具,增加教学的形象化、直观化(《宋史·职官志》《宋史·选举志》《元丰备对》)。

元代官方亦十分重视医学教育,但多承宋制,其特色之处在于注重对医学教师的严格管理和质量保障。如设立了专门的"医学提举司",其主要职责之一就是负责对医学教师和医官的考核;国家各级行政机构都有一套严格的对医学教育师资及教育活动进行管理的制度,对医学教学工作进行定期检查,不认真教学、敷衍塞责的教员及管理人员都要受到不同程度的处罚(《元史·百官志》)。

明清时期,中国封建社会已进入末期,其保守僵化日甚,除比前朝更重视地方医学教育外,在官办医学教育的制度设计上已没有多少明显的亮点。

在中国进入近代阶段以后,在西方近代医学教育的冲击下,在中国社会整体转型的大背景下,中医学校设置虽多,但在课程设置、教学内容、教学方法诸方面皆受西医的影响,古代中医学校教育的模式日渐解体。

古代中医学校教育出现虽然较晚,其地位、作用和影响也不如私学,但在中医教育制度发展史上仍然有其独特而重要的地位,标志着中医的影响在不断扩大,中医学校教育有了合法地位。中医学校教育在教学师资、招生数量、教学器具、教学场所等方面的优势,极大地弥补了民间私学中医教育的不足之处,推动了中医文化更大范围内和更深程度上的传播。

三、医事法律文化

中医医事法律是在长期的医学发展历史中形成的,既是中国古代法制文化的重要组成部分,也是中国古代法制文化在中医药领域的具体化。

从《周礼·天官·冢宰》的记载看,周代已有比较完备的医事制度,其中也包括对医生的考核奖惩规定。要求医生建立病案,记载治病过程,说明死亡原因,上报主管医师,"死终则各书其所以,而入于医师"。到了年终,医师则根据医生的治愈率,确定医生的俸禄和等级的升降,"岁终则稽其医事,以制其食。十全为上,十失一次之,十失二次之,十失三次之,十失四为下"。兽医也不例外,"死则计其数以进退之"。

秦朝的医事法律,一如其他方面之严苛。《史记·秦始皇本纪》载:"秦法,不得兼方,不验辄死。"对此,张守节《史记正义》云:"令民之有方伎不得兼两齐。试不验,辄赐死。"无论是"不得兼方"的医术要求,还是"不验辄死"的惩罚规定,皆过于严苛残酷。在"焚书坑儒"事件中,所坑之"儒"也有兼有医者之能的方士在内。方士因投始皇之所好,屡以为始皇寻求长生不老之药为名而骗取钱财,因此遭到坑杀之祸。在秦朝高度专制的政权下,皇帝个人的意志、命令往往就是法律。因此,"坑儒"事件也一定程度上反映出秦朝医事法律的严苛残酷。

汉代医事法律虽未见明文记载,然从一些文献记载的情况看,作为医生无故拒绝给人治病,或治病过程中不尽心力,是要被问责的。如《史记·扁鹊仓公列传》载,西汉名医淳于意"或不为人治病,病家多怨之者",此或即"文帝四年中,人上书言意,以刑罪当传西之长安"的原因。《后汉书·方术列传》载,东汉名医、曾任太医丞的郭玉,为贫贱之人治病"必尽其心力……一针即差",而"医疗贵人,时或不愈",汉和帝因此"召玉诘问其状",其中"诘"字即是"责问"之义。《三国志·魏书·方技传》载,华佗"本作士人,以医见业,意常自悔",后因借故不给曹操治病而遭逮捕乃至处死。另外,巫医、方士、方术在汉代与医学、医术仍多有纠缠,汉武帝对李少君、少翁、栾大等方士由宠信到惩罚以至处死(《史记·孝武本纪》),也在一定程度上反映了汉代医事法律文化。

医生在古代属于"工",《说文解字》曰:"医,治病工也。""工"前加上、中、下、良、粗等限定词,则标明了医生的不同等级。其中良工相当于中工以上者,粗工则相当于下工。此外,还有相当于上工而高于上工的"圣人"之称。《黄帝内经》中把是否具有基本的医学理论知识作为一个医生的基本条件,如《灵枢·官针》中云:"故用针者,不知年之所加,气之盛衰,虚实之所起,不可以为工也。"把是否具备全面的临床诊治技术、是否能够在临床治疗中随机应变、能否治"未病"等,作为区别"上工""中工""下工"的标准,如《灵枢·邪气脏腑病形》云:"见其色,知其病,命曰明;按其脉,知其病,命曰神;问其病,知其处,命曰工……故知一则为工,知二则为神,知三则神且明矣……能参合而行之者,可以为上工,上工十全九;行二者,为中工,中工十全七;行一者,为下工,下工十全六。"又如《素问·八正神明论》中说:"上工救其萌芽,必先见三部九候之气,尽调不败而救之,故曰上工。下工救其已成,救其已败。"把是否具备包括天地阴阳、四时经纪、人事变化在内的广博知识作为医圣的必备条件,如

《素问·疏五过论》中云:"圣人之治病也,必知天地阴阳,四时经纪,五脏六腑,雌雄表里,刺灸砭石、毒药所主,从容人事,以明经道,贵贱贫富,各异品理,问年少长,勇惧之理,审于分部,知病本始,八正九候,诊必副矣。"一般认为,《黄帝内经》的成书年代不会早于西汉,其中关于医生上工、中工、下工、圣人划分的标准,虽然未必是对医生实际考核中的依据,但也从一个方面反映了西汉之前对医生等级的认定标准,对后世影响深远。

隋唐五代时期,随着我国律学的发展,医事管理初步呈现出了制度化、法律化趋势,有关医生道德、选任、考核、奖惩等方面的法律、制度相继产生,考核的主要标准是临床治疗效果。据《旧唐书·职官志》载,考核的方法有"四善"和"二十七最":"凡考课之法有四善:一曰德义有闻,二曰清慎明著,三曰公平可称,四曰恪勤匪懈……其二十三曰占候医卜,效验居多,为方术之最。"其中第"二十三最"即是对医官考核的最高标准。《唐律疏议》中对医生及相关人员违反医药卫生律令所应承担的法律责任及定罪量刑,有了明确的条文规定。例如"诸合和御药,误不如本方及封题者,医绞;料理拣择不精者,徒一年;未进者各减一等;监当官司,各减医一等。"规定在合和御药过程中,如果药量有出入,或调合方法不对,以及药合成后,其题封上注明药的性质、饵日等有错,医生都要被绞死。"诸医为人合药及题疏、针刺误不如本方杀人者,徒二年半,其故不如本方杀伤人者,以故杀伤论;虽不伤人,杖六十。即卖药不如本方杀伤人者,亦如之。"这是规定和合普通人药物有误也要判刑,不过相对合和御药有误来说,处罚宽松了许多。"诸以毒药毒人及卖者,绞(谓堪以杀人者,虽毒药可以疗病,买者将毒人,卖者不知情不坐),即卖买未用者流二千里。"这是针对经营药物的医生而定,规定医生用毒药杀人或者卖予他人杀人,处以绞刑。其中,又区分是否知情两种情况。如果买卖双方皆知情,虽然杀人行为未实施,也处流放两千里。针对医生欺诈病人规定:"诸医违方诈疗疾病而取财物者,以盗论。"针对医生为人开具诈病或诈伤不实报告规定:"诸有诈病及死伤,受使检验不实者,各依所欺,减一等。若实病死及伤,不以实验者,以故入人罪论。"对医生的考核奖惩、刑事处罚等的规定,已经比较完备,因而多为后世所借鉴。

宋、元、明、清时期的《宋刑统》《元典章》《大明律》《大清律例》等在医事法律上的规定基本都沿袭唐代,只不过在定罪量刑的标准上有所出入,在处罚规定上也更加明确和具体。如《元史·刑法志》明确规定禁止贩卖毒药:"诸有毒之药,非医人辄相卖买,致伤人命者,买者卖者皆处死。不曾伤人者,各杖六十七,仍追至元钞一百两,与告人充赏。"清代《大清律例》则明确规定禁止巫医行医:"凡端公、道士及一切人等,作为异端法术……医人致死者,照斗杀律拟绞监候;未致死者,杖一百,流三千里;为从各减一等。"诸如此类的规定使中国古代医事法律得以不断地完善。

古代中医医事法律制度对规范医生的诊疗行为、促进医疗水平的提高、调节医患关系、维护良好的医风医德发挥了不可替代的作用,对当今卫生法治建设仍能提供有益的资鉴作用。

第三节　中医行为文化

中医行为文化指中医实践活动中所创造、体现、反映出来的中医文化,贯穿于中医实践、中医文化发展的历史过程之中,体现和反映在中医医疗行为、中医著述行为、中医教育行为、中医传播行为等方面。

一、医疗行为文化

医学是一门实践性科学,中医行为文化首先体现和反映在中医医疗实践中。人是文化的创造者,医者是医疗行为的主体,因而也是中医文化创造的主体,医疗行为过程也是中医文化创造、体现和反映的过程。

(一) 体现和反映中医思维的应用

中医思维的发展经过漫长的历史过程,虽然以意象思维方式为主,但在不同历史时期又表现出不同的特点。在中医学起源的时期,医巫不分、医巫混杂,因而中医思维也表现为巫术思维。《淮南子·修务训》载:"于是神农……尝百草之滋味,水泉之甘苦,令民知所辟就。当此之时,一日而遇七十毒。"《礼记·曲礼下》也规定:"君有疾,饮药,臣先尝之;亲有疾,饮药,子先尝之。"反映出中医对药物性味功能的认识是建立在具体医药实践活动基础上的,因而中医思维是以经验思维为基础的。又如《后汉书·方术列传》载,东汉名医、曾任太医丞的郭玉,不仅医术高明,而且常存仁爱之心。为贫贱百姓治病时,竭尽心力,疗效显著;但为达官贵人治病时,疗效往往不如人意。汉和帝诘问其中的原因,郭玉回答说:"医之为言意也。腠理至微,随气用巧;针石之间,毫芒即乖。神存于心手之际,可得解而不可得言也。夫贵者处尊高以临臣,臣怀怖慑以承之。其为疗也,有四难焉:自用意而不任臣,一难也……针有分寸,时有破漏;重以恐惧之心,加以裁慎之志,臣意且犹不尽,何有于病哉? 此其所为不愈也。"阐述和揭示了"医之为言意也……可得解而不可得言也"的中医思维真谛,指出中医思维中医者需要全神贯注、聚精会神,而患者应该充分信任医者,积极配合医者的诊治,共同创造一个良好的诊疗内外环境,才能保证诊断的准确、治疗的奏效,这在中医针刺治疗中尤其突出和明显。

(二) 体现和反映中医文化的特质

中医文化受以易文化、道文化、儒文化为代表的中国传统文化的影响。但由于易文化、道文化、儒文化在不同的历史时期的地位和影响不同,也使中医文化在不同历史时期所受易文化、道文化、儒文化的影响有程度上的不同,因而使中医文化在不同历史时期呈现出不同的特点。例如,从《史记·扁鹊仓公列传》的描述看,作为"非常人""忽然不见,殆非人也"的长桑君具有术士、仙士的特征,他在传授扁鹊医药时"乃呼扁鹊私坐,间与语曰……公毋泄"、扁鹊"敬诺"的言行颇具神秘性,其所传授的"禁方""禁方书"应该是禁止公开流传的方士之方、方士之书,服用药物所需的"上池之水"也正是术士、道士所推崇之物,而扁鹊服药后具有的"视见垣一方人。以此视病,尽见五脏症结""病应见于大表,不出千里,决者至众,不可曲止也"神奇功能又与道教所宣扬的内视相似。这一切都表明,司马迁描述的扁鹊,实质上杂糅了神话传说中的扁鹊与春秋战国时期的名医扁鹊也即秦越人两者的形象,一定程度上反映出中医文化由巫文化到方士文化再到道家文化的发展轨迹。其实不仅是扁鹊,历史上多数医家尤其是宋代以前的医家皆有道文化的背景。仅举其影响较大者,如西汉时的淳于意、东汉时的郭玉、三国时的华佗,晋代的葛洪及所著《神仙传》中的壶公、董奉,南朝时期的陶弘景,隋唐时期的杨上善、孙思邈、王冰,宋代的王怀隐,金代的刘完素,明代的王珪,清代的傅山等,他们或由道而习医,或本为医而引道,都属于道医的范畴,由此可见中医与道家关系之密切,道文化对中医文化影响之深远,道家文化对中医文化的影响一直贯穿于中医文化的发展过程。

(三) 创造和丰富中医文化

中医文化是一个不断创造和发展的过程,医家是中医文化创造的主体,不仅受中医文化的影响,也通过自身的医疗活动不断创造中医文化。例如,著名的金元四大家,虽然生活时代相近,理论也多宗《黄帝内经》《伤寒论》,但在各自医疗实践中发展出了各具特色的中医理论和疗法,形成了不同的学术派别,极大地丰富了中医文化。刘完素认为疾病多因火热而起,在治疗上多运用寒凉药物,被称为寒凉派;张从正认为邪去而正安,治病应当着重于驱邪,在治疗上丰富和发展了汗、吐、下三法,被称为攻下派;李杲认为人之生以胃气为本,在治疗上长于温补脾胃,被称为补土派;朱震亨认为人体阳常有余、阴常不足,治疗中以滋阴降火为治则,被称为滋阴派。又如东汉末年名医张仲景,传说他在担任长沙太守期间,正值疫疠流行,对前来求医者总是热情接待,细心诊治。起初他是在处理完公务之后,在后堂或自己家中给人治病;后来由于前来求治的患者应接不暇,于是他干脆把诊所搬到了长沙官衙大堂,公开坐堂应诊。张仲景不仅在长期医疗活动基础上,著成中医临床的经典著作《伤寒论》;其在官衙大堂诊疗的举动,也被传为千古佳话。后来,许多中药店因此都冠以某某堂之名,如"济生堂""同仁堂""长春堂"等;而坐在药铺里诊病此后也成为中医的一种行医方式,坐堂行医的医师被称为"坐堂医"。

(四)树立高尚的医德医风

在长期的医疗活动中,历代医家不仅以高超的医术治病救人,还以高尚的医德医风垂范后世。例如《神仙传》载,三国时期的名医董奉,为人治病不计报酬,只需病家种植杏树五株,数年后杏树蔚然成林,常有禽兽游戏其下。杏子成熟后,用以换取米粮,再用米粮救济贫苦百姓。遇有多取杏或偷杏者,林中群虎则出而逐之。董奉不仅以其医术治病,还以米粮济世救乏,将医术提升为仁术,后人因此以"杏林"指中医界,以"虎守杏林"喻对高尚医德的坚持,以"杏林高手"喻医术的精湛等,"杏林""虎守杏林""杏林高手"等因此也成为中医文化的符号标志。再如金元四大家之一的朱震亨,"简悫贞良,刚严介特;执心以正,立身以诚""非其友不友,非其道不道。好论古今得失,慨然有天下之忧……然但语及荣利事,则拂衣而起……苟见枝叶之辞,去本而末是务,辄怒溢颜面,若将浼焉",史称"风声气节,足以激贪而厉俗"(戴良《九灵山房集》)。又如唐代的药商宋清,在售药过程中重义轻利,"虽不持钱者,皆与善药,积券如山,未尝诣取直。或不识,遥与券,清不为辞。岁终,度不能报,辄焚券,终不复言",时人因此誉为有"道"者,而宋清谦而不受(《柳宗元集》)。

二、著述行为文化

医者将自己的医学经验、理论通过文字著述为书,或者后人将前人的著述加以整理,是中医文化得以保存的重要手段,也是中医文化得以传承、不断发展提高的基本前提。

(一)记录、保存和整理中医文化

中医文化是从中国传统文化的母体中分化出来的,在中医文化起源时期,受书写工具、书写材料、医学社会地位的限制,先秦时期尚未发现有专门的医学著述,中医文化只是在甲骨文和《周易》《诗经》等文化典籍中有零星的记载和反映。

近几十年来,考古发现不少中医药简帛文献。如 1977 年阜阳汉墓出土的竹简《万物》,1983—1984 年张家山汉墓出土的竹简《脉书》《引书》,1973 年长沙马王堆汉墓出土的帛书《足臂十一脉灸经》《阴阳十一脉灸经》《五十二病方》等。2012 年成都老官山汉墓出土 920 支医简和 1 具人体经穴髹漆人像,医简的内容为《五色脉诊》《敝昔医论》《脉死候》《六十病方》《尺简》《病源》《经脉书》《诸病症候》《脉数》9 部医书,据分析研究,部分医书内容是失传已久的中医扁鹊学派经典书籍。这些简帛文献出土于汉代墓葬,但成书时间要早于汉代,表明至少在汉代以前已有专门的医学著述出现,对于研究汉代以前中医药文化发展状况具有重要意义。

《黄帝内经》《神农本草经》《伤寒杂病论》分别是中医理论、中药学、中医临床的经典著作。前两者的具体成书时间不能确定,但一般认为是在汉代;后者成书于东汉末年。前两者非一人一时之作,属于编著性质的著作,分别对其以前的中医理论、中药学成果进行了系统性的总结整理。后者属于专著性的著作,乃张仲景"勤求古训,博采众方,撰用《素问》

《九卷》《八十一难》《阴阳大论》《胎胪药录》",并结合自己临床实践中"平脉辨证"(《伤寒论序》)而成。三部医著共同奠定了中医文化的基本体系,后世医家不仅在其指导下从事医疗活动,同时从事医学著述活动,不断诠释中医文化经典,进一步阐发中医理论,记录个人医疗经验,丰富和完善了中医文化。尤其应该指出的是,唐宋以来一些著名的文学家、政治家、科学家撰辑医论、医方蔚然成风,如刘禹锡有《鉴药》之论、辑有《传信方》,张耒有《药戒》之论,苏轼、沈括合辑《苏沈良方》,许叔微辑有《普济本事方》等,反映了宋代以来儒家思想对中医的显著影响,也反映了当时社会对于养生的重视以及中医文化传播普及的状况。

除医家个人著述行为之外,随着中医文化的日益发展,政府搜集、整理、编纂、刊刻医书的行为也逐渐兴盛,对中医文化的总结推广、医学教育的展开、医疗水平的提升等发挥了积极、重要的作用。例如,隋炀帝时组织医官撰述了《诸病源候论》《四海类聚方》《四海类聚单要方》(《隋书·经籍志》)。唐代官修的《新修本草》,既是中国历史上第一部由政府颁行的药典,也是世界上第一部由政府制定的药典。宋太宗诏命医官校勘编类而成《太平圣惠方》,是现存最早的官修方书;北宋末年,宋徽宗又敕编大型方书《圣济总录》;为统一官办药局质量标准,编撰了《太平惠民和剂局方》,是世界上最早的官定配方手册;宋朝政府还主持编修、校订《开宝本草》《嘉祐本草》《本草图经》等本草著作,其中《本草图经》是我国最早的由政府编绘的刻版药物图谱。明代官修的《普济方》集以前各代方书之大成,是我国古代最大的一部方书。清代政府敕令编纂的《古今图书集成·医部全录》是我国历代最大的一部医学类书;《医宗金鉴》则是一部大型综合性医学丛书,也是一部医学入门书,被清太医院定为医学教科书,二百多年来一直受到医界推崇。

(二)反映和揭示中医文化与中国传统文化的关系

中医文化受中国传统文化影响,这种影响在中医文化典籍中更是得到全面反映。综观中医文化发展的历史,唐代以前对中医文化影响最大的是道家文化。例如,作为中医理论经典的《黄帝内经》,无论在书名、成书年代、所反映的君臣关系及传道方式、学术思想来源等方面,均反映出与道家的密切关系。又例如,唐代儒、道、佛三家合流,共同对中医文化产生影响,医学大家孙思邈就是一位兼修儒、道、佛的医家,他在《备急千金要方·论大医习业》中指出:"凡欲为大医,必须谙《素问》《甲乙》《黄帝针经》、明堂流注、十二经脉、三部九候、五脏六腑、表里孔穴、本草药对,张仲景、王叔和、阮河南、范东阳、张苗、靳邵等诸部经方,又须妙解阴阳禄命、诸家相法及灼龟五兆、周易六壬,并须精熟,如此乃得为大医。若不尔者,如无目夜游,动致颠殒。次须熟读此方,寻思妙理,留意钻研,始可与言于医道者矣。又须涉猎群书,何者?若不读五经,不知有仁义之道;不读三史,不知有古今之事;不读诸子,睹事则不能默而识之;不读《内经》,则不知有慈悲喜舍之德;不读《庄》《老》,不能任真体运,则吉凶拘忌触涂而生。至于五行休王,七耀天文,并须探赜。若能具而学之,则于医道无所滞碍,尽善尽美矣。"深刻认识到中国传统文化对中医文化的影响,指出要学好中医、成为大医,不仅要研习中医文化典籍,还要学习中国传统文化,而这也正是孙思邈成为大医的主要原因。

(三)对医疗行为进行规范

在长期医疗活动的基础上,中医逐渐形成有自己特色的医疗行为规范,对医术水平、诊疗程序、医风医德等提出明确要求。除了反映在中医典章制度中,在中医文化典籍中也多有反映。例如皇甫谧《针灸甲乙经·序》云:"若不精通于医道,虽有忠孝之心,仁慈之性,君父危困,赤子涂地,无以济之。"徐春甫《古今医统·庸医速报》云:"医学贵精,不精则害人匪细。"把精通医道、医术精良作为行医的首要条件。《素问·疏五过论》云:"凡未诊病者,必问尝贵后贱。""凡欲诊病者,必问饮食居处。"《灵枢·师传》云:"入国问俗,入家问讳,上堂问礼,临病人问所便。"针对中医诊治提出要求,反映了中医文化人文关怀的特色。孙思邈

《备急千金要方》中《论大医习业》《论大医精诚》两篇名作,则对医者的专业学习、医术水平、诊疗规范、医德医风等方面,进行了全面的论述并提出了全面的要求,如在专业学习上"必须博极医源,精勤不倦",在行医中"不得恃己所长,专心经略财物",在对待病人的态度上"不得问其贵贱贫富、长幼妍媸、怨亲善友、华夷愚智,普同一等,皆如至亲之想。亦不得瞻前顾后,自虑吉凶,护惜身命",在诊治过程中"必当安神定志,无欲无求……澄神内视",而不得"多语调笑,谈谑喧哗,道说是非,议论人物,炫耀声名"等。

随着中医学的发展,医学分科的进一步细化,明清时期出现了许多中医医德、规范的专论,如明代龚廷贤的《万病回春·医家十要》、明代陈实功的《外科正宗·医家五戒》及《外科正宗·医家十要》、明代缪希雍的《神农本草经疏·祝医五则》、明代李梴的《医学入门·习医规格》、清代喻昌的《医门法律》等,从不同角度、层面进一步细化、丰富和完善了中医规范。如在如何对待女患者问题上,《外科正宗·医家五戒》之第二戒说:"凡视妇女及孀妇尼僧人等,必候侍者在旁,然后入房诊视,倘傍无伴,不可自看。假有不便之患,更宜真诚窥视,虽对内人,不可谈此,因闺阃故也。"第五戒又说:"凡娼妓及私伙家请看,亦当正己,视如良家子女,不可他意儿戏以取不正,视毕便回;贫窘者,药金可璧;看回只可与药,不可再去,以图邪淫之报。"由于中医从业者多为男性,因此强调医不贪色具有较强的针对性。又如在医生之间的关系上,《外科正宗·医家十要》提出:"凡乡井同道之士,不可轻侮傲慢,与人切要谦和谨慎。年尊者,恭敬之;有学者,师事之;骄傲者,逊让之;不及者,荐拔之。如此自无谤怨,信和为贵也。"在处理好同道之间的关系方面,主张尊师重道,谦和谨慎,不骄不妒,相互学习,取长补短,共同提高。

中医文化典籍中著述的医疗规范内容丰富全面,既有对以往医疗活动经验的总结,也有对行医规范的进一步要求,符合中医学的特点和体现出中医文化的特色,对于促进中医文化的发展有积极的意义。

三、教育行为文化

中医教育行为是中医文化传承的重要途径,正是由于中医教育行为,中医文化才得以生生不息、延绵至今,而中医教育本身也反映出中医文化的诸多特点。

(一)反映中医教育的特点

中医教育行为主要包括父子家传、师徒相传、学校教育三种。父子家传的教育方式,受传统的小农经济、宗法思想的影响,往往传男不传女、只传家人不传外人,传授对象、传授途径比较狭窄,传授内容比较单一,理论的学习、涵养与指导不够,如宋濂《赠医师葛某序》中所说的严生,"三世业医矣。其为医,专事乎大观之方,他皆愦愦,绝弗之省"。家传的教育方式,也容易使一些独特的医疗经验、医方湮灭,不利于中医文化的传播和发展。

师徒相传的教育方式,是中医学校教育之前中医教育的主流方式。在这种方式的教育、传授过程中,师生经常一起相处,学生侍从老师左右,在协助老师医疗过程中,得老师言传身教,可以随时观察、体会、揣摩老师诊治、用药中那些不可言传的精微之处,是比较符合中医特点的教育方式,因此即使是在中医学校教育兴起以后,迄今仍是中医教育的一种重要方式。

中医的学校教育在魏晋南北朝时初兴,经过唐、宋、元、明、清的发展,规模逐渐扩大,不仅有依托太医署、太医院等医疗机构的国家医学学校教育,也有地方性的中医学校教育,在招生、课程、考试等方面不断完善,在很大程度上仍延续了师徒相传式的中医教育方式。近代以来,中医学校教育规模有了长足的发展,但随着西方医学的传入,尤其是经过民国时期"废止中医案",中医学校教育深受西方医学教育的影响,虽然在教育内容方面弥补了中医教育的某些不足,但也在一定上程度上悖离了符合中医特点的教育方法,湮没了中医教育的文化特色。

(二)体现和反映习医者应具有的素质

医学以患病之人为诊治对象,医者的行为关乎人的生死。因此,中医教育、传授过程中对所教育、传授对象的选择极为慎重,认为选择合适的人传授给他正确的知识技能,才符合中医教育、传授之道。如《素问·金匮真言论》中云:"非其人勿教,非其真勿授,是谓得道。"所谓的"其人",就是在智力、习医动机、道德品格等各方面都符合习医标准的人。

由于医学为"至精至微之事""艺能之难精者也"(《备急千金要方·论大医精诚》),因此习医者应具备相应的聪明、敏捷、细致、缜密等智力条件,然后才有可能在医术上达到精湛的程度。对此《备急千金要方·论大医精诚》指出:"唯用心精微者,始可与言于兹矣。"相反,"今以至精至微之事,求之于至粗至浅之思,其不殆哉!"宋濂《赠医师葛某序》也说:"夫医之为道,必志虑渊微,机颖明发,然后可与于斯,虽其父不必传其子也。"

考察、选择合适的人传授医学,也包括对其特长的考察。如《灵枢·官能》载:"雷公问于黄帝曰:针论曰:得其人乃传,非其人勿言,何以知其可传? 黄帝曰:各得其人,任之其能,故能明其事。雷公曰:愿闻官能奈何? 黄帝曰:明目者,可使视色;聪耳者,可使听音;捷疾辞语者,可使传论;语徐而安静,手巧而心审谛者,可使行针艾,理血气而调诸逆顺,察阴阳而兼诸方。缓节柔筋而心和调者,可使导引行气;疾毒言语轻人者,可使唾痈咒病;爪苦手毒,为事善伤者,可使按积抑痹。各得其能,方乃可行,其名乃彰。不得其人,其功不成,其师无名。故曰:得其人乃言,非其人勿传,此之谓也。"反映了因材施教、人尽其能的中医教育思想。

习医动机直接关系到习医者以后的医德,因此也是选择医学教育、传授对象中考察的一个重要方面。例如李濂《医史》中载,李杲在传医于罗天益时,先问罗天益:"汝来学觅钱医人乎? 学传道医人乎?"在罗天益回答"亦传道耳"后方收其为徒,并资助其完成学业。

(三)体现和反映中医文化的内涵

中医文化在其发展过程中受传统文化影响,这在中医教育、传授过程中也有所反映。例如,《黄帝内经》是以黄帝问、岐伯等大臣答的形式写成。黄帝为帝、岐伯等为臣,但黄帝却又是一个学生的角色,而岐伯等却是老师的角色。1973 年河北定县汉墓中出土的黄老著作《文子》也是以平王问、文子答的形式写成。1973 年长沙马王堆汉墓出土的黄老著作《黄帝四经》中,《观》《姓争》《成法》《顺道》等篇中黄帝问力黑,《果童》篇中黄帝问果童,《五政》篇中黄帝问阉冉,《正乱》篇中黄帝问太山稽等,都是帝以臣为师、向大臣请教。对此《黄帝四经·称》中还解释道:"帝者臣,名臣,其实师也;王者臣,名臣,其实友也。"帝以臣为师,视君、臣关系为师友关系,是黄老道家所独有的,是黄老道家谦虚守柔的南面之术的反映。再从《黄帝内经》中所反映的神圣、神秘而庄重、严格传道仪式来看,也是道家、道教的传道方式。如《素问·灵兰秘典论》载:"黄帝曰:余闻精光之道,大圣之业,而宣明大道,非斋戒择吉日,不敢受也。黄帝乃择吉日良兆,而藏灵兰之室,以传保焉。"《灵枢·禁服》中记载得更为详细:"雷公问于黄帝曰:细子得受业……细子恐其散于后世,绝于子孙,敢问约之奈何? 黄帝曰:善乎哉问也! 此先师之所禁,坐私传之也,割臂歃血之盟也。子若欲得之,何不斋乎? 雷公再拜而起曰:请闻命于是也,乃斋宿三日而请曰:敢问今日正阳,细子愿以受盟。黄帝乃与俱入斋室,割臂歃血,黄帝亲祝曰:今日正阳,歃血传方。有敢背此言者,反受其殃。雷公再拜曰:细子受之。黄帝乃左握其手,右授之书,曰:慎之慎之,吾为子言之。"无论是其中所反映的师生关系还是传道方式,都反映出作为中医理论经典的《黄帝内经》浓厚的黄老道家色彩,而中医文化的特质于此也可见一斑。

笔记栏

第四节　中医物质文化

中医学在诊断与治疗、教授与学习、制药与行医的历史发展过程中,创造并留存了很多丰富多彩、特色鲜明的器物与场所。这些器物和场所是几千年中医文化的结晶,承载着中医文化的核心精神,见证了中医文化发展的历史,体现着中医文化的独特魅力。

思政元素

高度重视考古工作,弘扬中华优秀传统文化

2020年9月28日,习近平在主持第十九届中共中央政治局第二十三次集体学习时强调:要高度重视考古工作,努力建设中国特色、中国风格、中国气派的考古学,更好认识源远流长、博大精深的中华文明,为弘扬中华优秀传统文化、增强文化自信提供坚强支撑。我们要加强考古工作和历史研究,让收藏在博物馆里的文物、陈列在广阔大地上的遗产、书写在古籍里的文字都活起来,丰富全社会历史文化滋养。

一、医药文化器具

在长期的医事活动中,中医创造了很多独具特色的医事器具,这些器具有些至今仍在发挥着作用,有些已经成为文物或艺术品,然而从其历史角度来讲,均有着无法替代的历史意义和文化意义。清代王夫之曾提出,"无其器则无其道","据器而道存",器道是相须不离的。那么,中医器具自然也体现了中医之道,体现了独有的中医文化特色,主要表现在以下四个方面:①行之有效的实用性。医事器具产生于医事的需求,其实用性是不言而喻的,而且有些器具的作用与效果是立竿见影的,如针具、灸具等。②简便可取的简约性。中医器具由实践而生,与生活相当贴近。因此,很多器具非常简便,甚至是就地取材,但效果极佳,比如可以治病的磁石、治疗肛瘘起探针作用的猪鬃等。③普及入俗的大众性。中医器具可以是医疗器具,也可以是生活用具,如刮痧用具、拔罐用具等,生活中随手可取,一个普通的玻璃瓶就可以是一个拔罐的工具,普及性与大众性极强。④精巧美观的技艺性。有些中医器具体现了很高的技巧性,如针灸铜人;有些又体现了极高的艺术性,如唐代青瓷脉枕。总之,中医医事器具丰富多彩,在注重实用简便的同时,有些体现了很高的工艺性,同时均有很强的中医文化特色。如"针灸铜人"不只是古代中医教学考核的用具、现代所用经络模型的基础,更是传统医学的重要标志与符号,具有深厚的历史意义与长远的现实意义。下面择要介绍。

(一)脉枕

脉枕是医师诊脉时垫在患者手腕下的用具。切脉是中医诊病的方法之一,早期切脉方法是通过切按人迎、寸口、跌阳三部脉象,综合参考判断疾病,后逐渐简化为只切按寸口脉。如《难经·一难》指出:"十二经皆有动脉,独取寸口,以决五脏六腑死生吉凶之法。"寸口脉在手腕横纹向上约一寸长的部位,为使手腕充分暴露,方便医师切按,古人发明了脉枕。为方便大夫出诊时携带,脉枕一般体积小、重量轻。就材质来看,古代脉枕有瓷质、陶制、木质、青铜质、棉质、玉质,种类颇多。就造型来看,多简约实用,但后期也有一些观赏型和寓意型的脉枕。现存最早的脉枕为唐代的瓷脉枕,出土的有青瓷、白瓷、三彩、绞胎等陶瓷脉枕。如现收藏于绍兴博物馆的唐代青瓷脉枕,枕体呈弧角长方形,枕面两侧稍高,中间微凹,枕面略大于枕底,枕内中空,平底,底部中央镂一个小气孔(图6-1)。后期有些脉枕设计独具匠心,还有可穿绳索的小孔,以方便医师出诊时携带。

图6-1 唐代青瓷脉枕,现收藏于绍兴博物馆

(二)针具

针刺疗法是中医学特有的一种外治疗法,其历史悠久,疗效显著,受到世人青睐。其所用的针具,从材质上看经历了石针、骨针、竹针、青铜针、铁针、金银针、不锈钢针的历史发展过程。在炼铁术发明之前,古人主要依靠石制工具进行医疗保健活动,砭石是现存最早的外治工具,它是一种治疗伤痛、疾病的石头,主要通过医家将之合理地运用于身体的合适部位,以发挥其安神、疏通经络、调理气血的治疗作用。后出现了石针,据《礼记·内则》记载:"古者以石为针,所以为刺病。"是古人用来切割皮肤,排脓放血,或通过刺激身体的一定部位以消除病痛的器具。骨针是用动物体内呈针状或其他形状的小骨打磨制作而成的针具(图6-2)。后出现了有意而为之的竹针、木针。现存最早的青铜针为1960年陕西扶风齐家村出土的西周时期的青铜针(图6-3),针体呈三棱形,末端尖锐,可以用来刺病、放血,表明此时针刺工作和针刺疗法都有了很大的进步,放血疗法已经广泛运用。此后随着生产技术的进步,出现了铁针、金银针(图6-4)、不锈钢针。

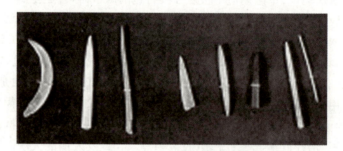

图6-2 新石器时代的骨针,现收藏于中国中医科学院医史博物馆

图6-3 西周时期的青铜针,现收藏于宝鸡市周原博物馆

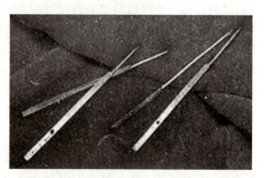

图6-4 西汉时期的金银针,现收藏于中国国家博物馆

从针具的形态与治疗用途来看,古代有九针,属金属针具,依治疗用途不同分为九种形态。九针硬度强、弹性大、极锋利,用途甚广。目前临床上以型号不同的毫针为主,材质为不锈钢,制造较古代更为精巧细致。

（三）灸具

灸法源于中医学"以热治寒""寒者热之"的朴素观念，其所用的灸具也丰富多样。目前发现最早的灸具是河南省三门峡市南虢国墓出土的一组春秋时代的灸具，分别为铜质阳燧和盘螭纹扁圆形铜罐。铜罐内可盛放艾绒，用阳燧取火点燃艾绒，然后将铜罐放置患处进行灸法治疗。此外，人们还发明了灸板、灸罩、灸盏、灸筒、泥钱等灸具，其特点构造简单、方便实用，促进了灸疗学的发展。在施灸材料的选择上，最初，古人是就地取材，身边能够燃烧生热的树枝、干草等都可使用，但这些材料燃烧速度快、温度高，难以掌控，易出现烫伤等情况。在实践的过程中，古人逐渐发现艾草性温微甘，极易燃烧，火力也较温和持久，又具芳香之味，分布广泛，除干旱与高寒之地外，几乎遍及全国，便于采集，于是艾草便成为了主要的灸料。如《灵枢·经水》言"其治以针艾，各调其经气"，表明艾草已广泛运用，并成为灸法的代称。

艾灸有艾炷灸和艾卷灸两种。艾炷是一种压制而呈圆锥形的艾绒小团，其大小不等，可随症选用（图6-5）。使用时可直接将艾炷置于皮肤之上烧灼，但这种直接灸的方法易使皮肤上留有瘢痕，故又发明了间接灸的方法，又称隔物灸，即用姜片、蒜片、食盐、豆豉饼、附子饼、药饼等置于艾炷与皮肤之间，不仅可以保护皮肤，还可以加强温通经络的作用。艾卷，也称艾条，是用纸张等卷裹艾绒制成的圆柱形艾条（图6-6），制作时还可以在艾绒中加入辛温芳香药物，此方法称为药条灸，目前临床使用广泛。

图6-5　艾炷

图6-6　艾卷

除艾灸之外，还有灯火灸、药线灸、天灸等，其使用的材料与方法各不相同。近现代以来，又发明了不同的灸具，如清代雷少逸《灸法秘传》中所载的灸盏，其形如杯，"四周银片稍厚，底宜薄，须穿数孔，下用四足，计高一分许。将盏足钉在姜片上，姜上亦穿数孔，与盏孔相当，俾药气可以透入经络脏腑"。由此，又发展出各种方便的温灸器，如近代所用的艾斗，其上部为由金属丝绕制而成的弹簧斗，下部为石棉衬垫，两边是可供固定的丝带，使灸法的使用更加便捷。

（四）古籍

古代丰富的中医古籍不仅是中医学传承与发展的载体，也是师徒授受的依据。中医古籍内容丰富，种类繁多，形式体裁多样。据《汉书·艺文志》载分为医经、经方、房中、神仙四类，之后还有大量的医案、医话、医论、本草类书。从载体形式来看，最早有甲骨文献，虽然并非专门的医学文献，但从中可以看出当时已经具备了疾病的概念，对人体构造有了一定的认识，也有简单的病因观念和治疗措施。缣帛文献是古代记录在丝织品上的一种医学古籍，被称为"帛书"（图6-7）。优点是轻巧方便，缺点是过于昂贵，使用范围十分有限，且不易保存，所以传品甚少。迄今唯一存世的缣帛医书系1973年湖南长沙马王堆汉墓出土的古医书十一种。简牍文献是古代记录在竹(或木)制成的简牍上的医学古籍,这是纸张出现前最通行的文献载体(图6-8)。其缺点是沉重不易携带与翻阅。因竹简较窄,不便于画图,所以通常将图画在木版上,称之为"牍"。简牍也不易保存,目前考古发现有战国秦汉时期的医学简牍。可以说缣帛与简牍是目前能见到的最早的中医学源头文献,涵盖了各类医学古籍,具有极高的学术价值。金石文献是铸刻在青铜器与石器上的医学文献,其质地坚硬,流存时间久远。最早的医学石刻文献,是战国初期用篆文刻写在小玉柱上的《行气玉佩铭》。现存的石刻医书还有北齐时代刻在洛阳龙门的《龙门方》。有些是通过拓本传世的,如《褚氏遗书》。金石文献虽然耐久,但留传下来的并不多。大部分中医古籍为纸质文献,有抄写形式的卷子医书,主要见于甘肃、新疆、敦煌出土的卷子本,保存了不少有价值的古医书。雕版印刷术盛行以后,中医文献即以雕版印刷的纸质刻本为主,经过历代整理刊印,纸质刻本古籍蔚为大观,成为中医学教习的主要工具,也是中医学传承的主要载体。

图6-7　1973年湖南长沙马王堆汉墓出土的帛书

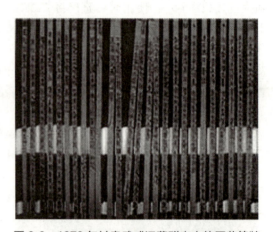

图6-8　1972年甘肃武威汉墓群出土的医药简牍

(五)针灸铜人

针灸铜人是我国医学史上珍贵的文化遗产,它是用青铜浇铸而成的人体经络腧穴模型,是古代医家发明的针灸教习用具,始铸造于北宋天圣年间。当时,传世的针灸书籍错误百出,容易误导后学,为此,宋仁宗赵祯诏令医官、尚药奉御王惟一铸造针灸铜人,确立腧穴经络准则。王惟一经过仔细研究考证,撰成《铜人腧穴针灸图经》3卷,并铸造出两尊针灸铜人模型。铜人完全按照真人实际比例铸就,其身高、外形与成年男子一般无二。身体外壳可以拆卸,打开胸腹腔,可以看见五脏六腑,其位置、形态、大小都与真人脏器形态一致。在铜人体表还刻着人体十四条经络循行路线及穴位,并详细标注其名称。这使得针灸教习更加标准化、形象化。针法考试时,将铜人体表涂上一层蜡以遮盖穴位,然后给铜人体内注入水银或水。考生据题用针直接在铜人身上作答,当针刺部位错误,则无法存针,若取穴正确,针便会扎入正确穴位的小孔中,拔针后,水银或水自然会从针孔中射出。这样的实践操作考试,更为直观,而且标准统一,这对指导学生学习经络腧穴非常实用,极大地促进了针灸学的教习,推动了针灸学的繁荣与发展。另一方面,这两尊针灸铜人的铸造开中国医学以实体模型为教具的先河,它巧妙的构思与设计,以及精细的铸造工艺充分展现了宋代的科技水平和超凡智慧,该铜人不仅可以运用于针灸学,也可以运用于解剖学。之后,王惟一又重新编撰了《新铸铜人腧穴针灸图经》,该书现存有明刻本与清刻本。

"宋天圣铜人"是中国历史上最早的针灸铜人。后于明代正统八年,完全仿照天圣铜人复制了一具新铜人,被称为"明正统铜人"(图6-9),这是我国现存最早的针灸铜人。之后,明世宗嘉靖年间又铸成"明嘉靖铜人",该铜人外形似儿童,左手拇指与中指弯曲连成环状,表示"中指同身寸"的穴位测量单位。清乾隆十年,清政府为奖励《医宗金鉴》编写人员,为每人颁发了一具小铜人,被称为"清乾隆铜人"(图 6-10),该铜人为身材瘦高、表情慈祥、耳垂饱满的裸体老妇人形,体表刻经络线和穴位,无穴位名。之后还有"民国铜人",由北京同济堂药铺制作,该铜人是一位长相俊美的光头裸体儿童。现存还有当代的"蒙医铜人",该铜人为成年裸体男子,其造型、佩饰与穴位位置及排列方式均有着鲜明的蒙族艺术风格与蒙医针灸特色。

图 6-9 明正统铜人

图 6-10 清乾隆铜人

　　针灸铜人是针灸教学使用的一种人体模型,具有立体、直观、形象的良好教学效果。现代中医根据针灸铜人的设计,制造出便携的针灸人体模型,广泛地运用于针灸教习活动中,极大地推动了中医学的发展,历史意义重大。现在,针灸铜人不仅是我国珍贵的历史文物,而且已经成为了中医药的象征和标识。2017 年 1 月我国向世界卫生组织赠送针灸铜人雕塑一尊,它承载着中华优秀传统文化的底蕴,成为中华文化的符号之一,在对外文化交流中发挥着积极的作用,具有巨大的历史文化意义与社会价值。

　　除以上介绍的器具之外,还有按摩用具、刮痧用具、拔罐用具,炮制药物所用的药碾、杵臼、研钵、药罐和药秤等,甚至还有《五十二病方》所载的治疗腹股沟斜疝的"壶卢"、治疗肛瘘起探针作用的夏铤等,这些器具丰富多样,虽然有些可以说是就地取材,却也体现出中医学灵活多样的诊疗方法,体现出中华民族的聪明智慧与中医文化的博大精深。

二、医药文化场所

　　古代医事行为涉及的场所主要有制药场所、诊疗场所、教习场所。在古代,大多的药堂就是诊堂,也是医徒的实习场所,即集诊疗、制售药与教习三种功能为一体,这是古代医药场所的独有特点。中医药场所是固态的,但其内含的文化底蕴与展示在外的形象却是中医文化的体现。中医药老字号即是场所文化的代表,它是富有特色的经营理念通过长期积淀而形成的一种文化传统,不同的老字号形成了其不同的核心价值观与精神追求。其文化意义主要表现在三个方面:一是老字号的经营理念。如已有四百七十余年历史的山西广誉远奉行"非义而为,一介不取;合情之道,九百何辞"的古训,凭良心制药,靠人品售药,成为我国现存最悠久的中药研制场所之一。长沙九芝堂奉行"九州共济、芝兰同芳"的理念,以"九分情,一分利""药者当付全力,医者当问良心"规范自我。汉口叶开泰奉行"叶家药号开业,只图国泰民安"的理念,以"修合虽无人见,存心自有天知"为自律守则。广州敬修堂以"敬业修明、广施妙药"为理念。这些理念正是中医药老字号价值观与精神文化的集中体现。二是老字号独一无二的传统技艺。如杭州"方回春堂"的千年膏方工艺和"滴水成珠"的炮制技艺、武汉"马应龙"的"八宝眼药"、昆明"老拨云堂"的锭子眼药、济宁"广育堂"的二仙膏古法制作技艺等,这些不仅仅是古代优秀技艺的传承,也是优秀医药文化与精神的代表与体现。三是老字号形成的经营或管理模式。如山西广誉远,在产品方面,除注重质量以外,还附有详细的产品说明书;在经营方面,不仅注重产品的宣传与广告,还注重打假活动;在管理制度上,大胆改革,不仅建立股份制企业,还努力实现资本的扩张。这都体现了典型的"晋商"药号的文化特点与精神。总之,中医场所不仅是业医的外在环境,更是其内在精神的外在文化表现,一些传承至今的非物质文化遗产,更是中华民族历史、文化的产物,承载着千年的传统文化精神。而合医药教研为一体的中医场所,如前堂后厂的药堂,既是诊病、抓药的场所,又是制药与带徒的场所,体现了其多功能、实用与方便大众的特色。下面仅以古代一些主要的行医场所与制药场所作一介绍。

(一)官办诊疗机构

1. **面向大众的诊疗机构** 我国早在周代就已经有面向大众的诊疗机构,根据《周礼·天官·冢宰》可知,医生分为食医、疾医、疡医和兽医,进行分科治疗,并建立年终考绩制度,确定诊断治疗常规。据《汉书》记载,每遇疫情,汉代官方也会在各地设置专门的医疗场所,提供医药救济。北魏还设有"别坊",专门给贫困百姓提供医疗服务。隋代有"病人坊"。唐代长安洛阳一带有"病坊",多设在庙宇,由僧尼主持。北宋,朝廷设有"和剂局",负责药方的收集、整理与颁布。京师到各州县设有"熟药所",负责药材的收购、加工与销售,也兼有门诊部的作用。至南宋,"熟药所"改称"太平惠民局",提供有偿医疗服务,同时也救助贫病者。元代承袭宋代,将"太平惠民局"改为"惠民药局",由政府拨款维持,免费为贫苦百姓提供医疗服务,体现了其公益性。明代的"惠民药局"以其盈利来惠民,至清代,全面废除"惠民药局"。但总的来讲,面向百姓的官办诊疗机构多为公益性质。

除此之外,还有官办的收容性医疗机构。唐代以前,统治者多以施舍发放的形式救助流浪乞讨人员,至唐玄宗开元二十二年(734年),始令京城病坊收养孤儿,至肃宗至德二年(757年),扩大至各大主要城市均设有普救病坊。北宋沿袭,设有福田院、居养院等,除赈济年老无家之人,还收养身有重疾的患者,并施以医药救助。此外,北宋还设有安济坊,为当时专门控制流行病而设,后成为常设机构。元代设"众济院",明代设"养济院",令民间孤独、残病不能自生者,才可入院,并对该收养而未收养不能自生者的官司要杖责六十以示惩戒,对应给衣粮而克扣者,均按监守自盗论处,法令相当严明。至明英宗年间,全国每县设养济院一所,院内日给两餐,有病者还要拨派医生进行医治,死者则给予棺木安葬。到清代,设栖流所。总之,古代官办的收容救助机构,也是流浪贫病者的医疗救助机构。

2. **皇家宫廷御用医疗机构** 皇家宫廷御用医疗机构主要为皇室成员提供医疗服务,有时也会担任外派行医任务。历代都有宫廷医疗机构,周代有医师,还有专门负责君王的食医,两汉设有太医令、丞,南北朝始设太医署,成立独立的医疗机构,隋唐承袭,宋有翰林医官院,辽有太医局,金改称太医院。金代太医院隶属于宣徽院,主要为皇室提供医疗服务,有时也会参与一些民间的诊疗活动。元代沿袭金代,其太医院不仅是国家最高医药管理机构,又是最具权威的医药专业机构。不同于金代的是,元代太医院在制度方面进行了重大变革,设立了太医大使,负责掌管所有太医,其建制对后代宫廷医药机构乃至全国医政管理制度都产生了深远的影响。明代太医院初在南京,为五品衙门,隶属礼部。1412 年迁都北京后,又在北京设立太医院,形成以南京隶属北京的南北两所太医院并存的局面,直至明朝灭亡。医官按其专业分为十三科。除为皇室成员提供医疗服务外,还为王府、大臣和外国首领使节诊治,还包括贯彻皇帝的医药诏令、地方官府医官的差派、医生的培养教育等。清代太医院医官按术业专攻分为九科,宫廷内诊疗活动皆由太医院派遣御医负责。此外,宫廷内还设有御药房,它有时隶属太医院,有时为礼部或内务部所制约,但供职的御医皆从太医院中选拔。除此,太医院还有两项重要工作,一是负责对军医、狱医的选派与考核工作,二是开设教习厅、医学馆,负责医学教育工作。太医院衙署内还设有生药库,收贮道地药材。1905 年,清政府推行新政,设卫生科,后升为卫生司,成为与太医院并立的医政机构。总之,太医院自金至清,共延续了七百余年,因其所在地为北京,又被称为"北京太医院",在宫廷乃至全国的医事活动中发挥了举足轻重的作用(图 6-11)。

图 6-11　太医院

(二)民间慈善性医疗机构

古代这种机构多为寺庙、道观所办。南北朝佛教、道教兴盛,寺庙经济、道观经济都成为相对独立的经济实体,开始举办慈善活动,包括医疗慈善。至近代,因战事不断,百姓流离失所,疫病频仍,出现了许多民间团体举办的慈善性医疗机构,如广州方便医院即具有代表性,该院始于广州城西方便所,是清末瘟疫流行时民间的自救之所,其工作主要是收殓尸体,留治疫患,施医赠药。后发展成为华南地区最大的日常性的中医慈善医疗组织。还有上海的广益中医院、华隆中医院、谦益伤科医院等,诊疗与慈善并重,免费收治贫困病人、救护伤残、施医送药。

(三)制药售药场所

古时医药铺又称为医药堂,传说东汉战乱、疫病不断,张仲景居长沙太守,为方便百姓看病,便坐于公堂之上行医,后世为纪念张仲景,便称医药铺为"某某堂"。中医史上最早的官办药堂是在宋神宗时期设立的"太医局熟药所",主要负责药材的收购、检验、管理并监督中成药的制作和出售。明代以后,随着商品经济的发展,出现了民间药铺,制售"熟药",最早是明代嘉靖年间创建的山西广盛号药堂,其主要产品之一就是家喻户晓的龟龄集。明清之际,还出现了著名的四大药局,北京"同仁堂"、汉中"时济堂"、杭州"胡庆余堂"、广州陈李济"杏和堂"。此外,民间还流传"北有同仁堂,南有雷允上"的说法,后者指的是上海的"雷允上"药堂。

北京同仁堂(图 6-12)是清太医院吏目乐显扬于清康熙八年(1669 年)创建,初为前店后作坊的小药店,几年之后,乐凤鸣在祖传配方基础上总结制药经验,著成《乐氏世代祖传丸散膏丹下料配方》,书中明确提出"炮制虽繁必不敢省人工,品味虽贵必不敢减物力",自此,成为历代同仁堂人的制药原则与古训。几十年后药堂初具规模,并于雍正元年(1723年)开始供奉御药,最初供奉生药材,后还派人进宫帮助御药房制药,前后共历经八代皇帝188年。也正因此,同仁堂能将自身独特的制药工艺与太医院、御药房的制药标准相结合,形成特点鲜明的同仁堂文化,加之其产品质量好、工艺精、疗效高,使得同仁堂三百多年来长盛不衰,现在成为中药堂老字号的代表。而"同修仁德,济世养生"与"炮制虽繁必不敢省人工,品味虽贵必不敢减物力"也成为了同仁堂的宗旨与精神,历代同仁堂人秉承古训,坚持济世救人与精益求精的精神,"同仁堂"成为了上乘中药的代名词。

图 6-12 北京同仁堂

胡庆余堂(图6-13)由"红顶商人"胡雪岩创立于清代同治末年(1874年),当时,胡雪岩集巨匠耗资三十万两白银,在杭州吴山北麓建成具有江南庭院风格的胡庆余堂,其名取自《周易》"积善之家,必有余庆;积不善之家,必有余殃",表明了胡雪岩救世济人,行善积德之志,寓意深厚。胡庆余堂是国内保存最完好的国药字号,也是国内保存最完整的清代徽派商业古建筑群。目前,胡庆余堂中药博物馆还是我国唯一的国家级中药专业博物馆,其价值在于延续了当时作坊式的传统制药工场、生产工序、炮制方法等宝贵遗产,较完好地保留了药号里面的柜台、器物,以及被称为中药第一国宝的金铲银锅,还有抽屉、匾额、康有为先生的

图 6-13 胡庆余堂

对联等。胡雪岩提出"戒欺"的经营理念,提倡"采办务真,修制务精""凡百贸易均着不得欺字,药业关系性命,尤为万不可欺",体现了独一无二的胡庆余堂中药文化。

广东陈李济杏和堂(图6-14)的建立有一个美丽的故事,据说在明朝万历二十七年岁末(1599年),商人陈体全年末携货银乘船回广州,上岸时将货银遗落船舱,被同船旅客,即开中草药店的李升佐拾获。忠厚的李升佐一直在码头等候到失主并将银元归还。陈体全感动之余欲以银元报答,李升佐不受,陈体全便提出将遗金半数投资于李升佐经营的中草药店。李升佐托辞再三后终于答应,并将其店号定名为陈李济,寓合伙经营、同心济世之意,并以"扶危助困"为药铺的要则。陈李济多做古方正药,清朝初年已具不菲声誉,其蜡丸更是闻名遐迩,成为"广药"的代名词。同治皇帝服陈李济出品的"追风苏合丸"治愈感冒后,钦赐封号"杏和堂",并钦准该厂用作原料的"旧陈皮"为贡品,向朝廷多年进贡。因此,同治年代,陈李济又称为"陈李济杏和堂药厂"。陈李济从初期的小作坊发展成为了广东中成药的代表,与北京同仁堂、杭州胡庆余堂共同形成中成药三大基地。19世纪20年代,陈李济产品被出国谋生的华人引销到新加坡、马来西亚、越南、泰国、缅甸、印尼等地。清咸丰六年(1856年),陈李济又增加开设了一个批发所。20世纪上半叶,广州老店毁于炮火,生产中断。1954年进入公私合营时期,以陈李济为主,多家药厂合并组成"广州陈李济联合制药厂"。1967年改为广州中药二厂。1980年9月经批准恢复"广州陈李济药厂"厂名和"杏和堂"商标,并成为国家重点中药厂。陈李济至今保存着已逾百年的木质楹联,上书"火兼文武调元手,药辨君臣济世心",体现了杏和堂的百年文化精神。

图6-14 陈李济杏和堂

汉中"时济堂"是最古老的中医世家,始建于明朝万历元年(1573年),至今已有四百多年的历史。但至晚清,饱经战乱的时济堂已渐趋衰落。新中国成立后,公私合营,"时济堂"并入"中医联诊所",因此,该药堂现已不复存在。

上海雷允上药堂始建于雍正十二年(1734年),由吴门名医雷大升创立,其后人于1860年在上海又开设了"雷诵芬堂申号",该号研制的中医成药质高效著,尤其是"六神丸",家喻户晓,上海雷允上品牌也声名远扬。2007年,雷允上获得"中华老字号"荣誉称号。其"允执其信,上品为宗"的经营理念与价值观,是其百年不衰的保障。

三、医药文化标识

中医作为一个行业,自然有其标志性的器物,这些器物背后都有其形成的文化因素。这些器物还有其行之有效的功能作用,如走方医摇动串铃,已成了当时医者行医的标志,而串铃代表着行医这一功能已经深入人心。这些器物也有其简便实用的形象特征,如古代医者身背的葫芦,取材方便,还可盛药,实用性强。此外,这些器物有些多为日常用具,是百姓生活中常见常用之物,后赋予其中医标识的文化意义。因此,这些器物生活气息浓厚,具有亲民的特性。下面就一些主要的标识略做阐述。

（一）串铃

古代医者行医有两种形式,一为坐堂医,一为铃医。铃医因其总是身背药箱,手摇串铃,走街串巷,为百姓治病,所以又称为"串医""走乡医""走乡郎中""走方医",实则就是古代游走江湖的民间医生。据清代赵学敏《串雅》所载,铃医负笈行医,周游四方,其术始于扁鹊,华佗继之。铃医所持的串铃（图6-15）,"以铁为之,形如环盂,虚其中,置铁丸,周转摇之,名曰虎刺。乃始于李次口。次口,走医也。常行深山,有虎啮刺于口,求李拔之。次口置此器于虎口,为拔其刺。后其术大行,名闻江湖。祖其术者率持此以为识,即名虎刺云"（《串雅内外编》）。李次口用串铃撑开虎口,为其拔刺,此后串铃即成为走方医的标识。而串铃古时亦称虎撑,也是源于孙思邈拔除卡在老虎喉咙里的骨头时,撑在老虎口中防止咬伤所用而得名。串铃的作用主要是以铃声

图6-15　串铃

招徕病人,听到串铃之声,便知是医家到了,可延请至家医治,方便而快捷。然行有行规,摇动串铃的方式也是有一定之规的,如在药铺前不得摇铃,若摇铃则为不敬之举。不同级别的医家有不同的摇铃方式,刚出道者摇铃于胸前,医术高明者摇铃高度与肩平齐,有绝活者摇铃高过头顶。铃医即以此方式游走四方,治病卖药,为百姓解除疾病。正如清代医家赵学敏在《串雅》中所说,游医"操技最神,而奏效甚捷",两千多年来,铃医以其方便实惠的行医风格而兴盛不衰,串铃也因此而成为了古代治病救人的标志之一。

（二）葫芦

葫芦在中国古代文化中常被用以喻指原始未分的混沌状态。作为创生神的女娲、伏羲都有葫芦瓜的化形,闻一多先生说:"伏羲与女娲,名虽有二,义实只一。二人本皆葫芦化身,所不同者,仅性别而已。"传说商人祖先是由玄鸟口衔的葫芦而生,周人也是以葫芦为其生命崇拜的图腾。民俗中则以葫芦象征孕育期的婴儿。道家以回归原始的混沌状态为其尊生、养生的理想境界,其著作中也以葫芦喻指原始未分的混沌状态,道家中人以佩带葫芦为其身份的标志。而医家以燮理人体阴阳、使之均衡中和为目标,以"悬壶"为行医之称。

何谓"悬壶"？"壶"即"葫芦"。据《后汉书·方术列传·费长房传》载:东汉时有方士费长房,"曾为市掾。市中有老翁卖药,悬一壶于肆头,及市罢,辄跳入壶中。市人莫之见,唯长房于楼上睹之,异焉,因往再拜奉酒脯",后老翁携费长房"俱入壶中。唯见玉堂严丽,旨酒甘肴,盈衍其中,共饮毕而出"。后来,老翁经过再三考验后,将道术传于费长房,从此费长房"遂能医疗众病,鞭笞百鬼",使人起死回生,成为当时的一代名医。为了纪念这个老翁,费长房在行医时总是身背葫芦。自此,郎中行医,就用葫芦当做招牌,以示医术超绝,而葫芦也被看作是医生的标记,"悬壶"成了行医之称,而"悬壶济世"也是对医者的称颂之语。

葫芦除了有"悬壶济世"之寓意外,也有其本身的特点,用以盛药,不仅轻巧、廉价、经摔,便于携带,而且由于葫芦密封性好,可以使药物保持干燥、不变质,比铁盒、陶罐、木箱等有其独到的实用价值（图6-16）。

图 6-16 药葫芦

（三）招幌

招幌，即"招牌"与"幌子"，是行业身份的标识。各行有各行的招幌，古代中医药也有代表自己身份行业的标识。中医招幌的形式历代不同，各店堂、药铺以及走方医的招幌也各有不同。有音响招幌，如古代走方医摇动串铃，或用吆喝声，来告知病家自己的到来。有实物招幌，如清代和民国时期，药店堂铺等多以悬挂膏药模型和丸药模型作为招幌。有字画招幌，始于宋代，字牌幌经常是悬于门首檐下，写有"调元气""养太和""参茸饮片""虎鹿药酒"等介绍名贵药材的字样；或以堂号作招牌，如"同仁堂""胡庆余堂"；还有以姓氏作店铺或产品的标识，如"陈李济"药店，"马应龙"药企；还有标志招幌，如上述的"葫芦""串铃"等。中医药的招幌形式多样，其作用主要就是广告与宣传，有些招幌已经成为了经久不衰的标识，承载着悠久、厚重的中医历史文化意蕴。

学习小结

　　本章从中医思想文化、制度文化、行为文化、物质文化四个方面介绍了中医文化，其中中医思想文化是中医文化基本精神的高度凝结和概括，体现和反映在中医制度文化、行为文化和物质文化中，贯穿于中医对人体生命运动的认识、中医理论的构建、中医对疾病的诊断治疗整个过程之中。学习中医文化，需要我们在学习、实践活动中仔细观察、认真体会、学以致用，亲身践行中医文化、创造中医文化，从而使中医文化不断发扬光大。

（臧守虎　李德杏　罗彦慧　胡以仁）

复习思考题

1. 谈谈你对中医思维方式的理解。
2. 中医文化的价值反映在哪些方面？
3. 你如何理解中医行为文化？
4. 哪些器物最能体现和反映中医文化？

◇◇◇ 第七章 ◇◇◇

遭遇西方文化的中国传统文化

学习目标

  通过学习本章,了解西方文化对中国传统文化的影响,比较中西方文化的异同,并正确认识中医和西医在文化上的差异。

学习要点

  西方文化的发展历程,西方文化对中国传统文化的影响,中西方文化的不同特点,中医和西医的文化差异。

  西方文化(western culture)是对古代希腊、罗马的文化,中世纪以基督教为核心的文化以及近、现代与资本主义相关的文化的统称。它与东方文化(一般指亚洲各民族文化,有时也包括阿拉伯文化)相对称,是当代对世界影响最大的文化类型之一,对近现代的中国文化也产生了深刻的影响。了解西方文化有助于认识中国传统文化的比较特征。

第一节 西方文化发展历程

  西方文化有着悠久的历史,并且经历了从古典到现代的变化。其发展历程主要可分为以下几个阶段。

一、古希腊罗马文化

  西方文化发源于古代希腊文化。德国哲学家黑格尔曾说:"一提到希腊这个名字,在有教养的欧洲人心中,尤其是在我们德国人心中,自然会引起一种家园之感。""今生,现世,科学与艺术,凡是满足我们精神生活有价值、有光辉的东西,我们都是从希腊直接或间接传来的。"(《哲学史讲演录》第一卷)

  古代希腊位于欧洲南部,地中海的东北部,包括今巴尔干半岛南部、小亚细亚半岛西岸和爱琴海中的许多小岛。早在公元前 2000 年左右,这里就出现了城邦国家,公元前 1500 年诞生了"克里特-迈锡尼文明",成为西方文明的源头。在希腊神话中,希伦(Hellar)是盗神火给人类的普罗米修斯的孙子,在公元前 7 世纪前后,希腊各民族逐渐将希伦看作共同的祖先,开始自称为"希腊"(Heladus),即希伦人居住的地方。公元前 8 世纪到公元前 6 世纪,希腊各城邦纷纷拓展海外殖民地,影响遍及地中海沿岸,各个城邦国家发展起繁荣的海洋贸易。古希腊城邦国家是一种自由人的联合,是一种松散的联盟,自由民即公民是城邦的主人,贵族之间、贵族与平民之间通过平等谈判,明确各自的权利义务,形成条款,各自遵守,一旦盟约被破坏,国家即解散。其中也有不同的类型,如雅典为民主政体,斯巴达为贵族寡头政体。公元前 6 世纪,东方波斯帝国日益强大,雅典受到挫折。公元前 5 世纪,经过长达 27 年的伯尼奔尼撒战争,雅典与斯巴达两败俱伤。公元前 4 世纪,希腊哲学家亚里士多德的学生,来自马其顿的亚历山大崛起,征服了波斯和印度,建立了地跨欧亚非三个大陆的帝国,虽然帝国不久即四分五裂,但对推动希腊文化向各地传播起到了积极的作用。

在城邦国家的政治组织里,古希腊人发展出两种独特的生活理念——纯艺术与纯知识。他们不像大多数古代民族一样用宗教规范人的思想行为,而是用艺术来激励人民,净化尘世。同时,由于理性主义兴起,古希腊人奠定了现代科学的基础,他们从一些最简单基本的公理原理出发,层层推导,发展出一套复杂严密高度抽象化的知识体系,比如数学家欧几里得的《几何原本》直到近代还是基本的数学教材,亚里士多德创立了作为一切推理基础的逻辑学。

公元前 2 世纪,罗马人征服希腊,建立了古罗马帝国,罗马发展为世界上最大的城市。古罗马文化是古希腊文化的忠实继承者,它们共同成为西方文化的源头。古罗马形成了由国王、元老院和公民大会组成的政治机构,即共和政体。公元前 49 年,恺撒建立了独裁统治,但不久遇刺身亡。随后屋大维平息了内战,建立起罗马帝国。

古希腊罗马文化中,城邦制的多元性和民主性对西方文化影响巨大,由于文化来源的多元性、民族成分的多元性和地域上的分散性,古希腊罗马帝国一直是松散的集合体。德国历史学家卡尔·雅斯贝尔斯指出:"希腊城邦奠定了西方所有自由的意识、自由的思想和自由的现实的基础。"(《历史的起源与目标》)罗马人在城市建设、雕塑、军事与法律等方面都对古希腊文化有重要发展,把西方古典文化推向高峰。

二、中世纪基督教文化

5 世纪,由于日耳曼蛮族入侵,西罗马帝国灭亡,从此直到 15 世纪文艺复兴的这段时间,被称为"中世纪"。这一时期,基督教文化占有主导地位。

基督教文化是古希伯来文化和古希腊文化融合后的产物。基督教于公元 1 世纪起源于巴勒斯坦,随后传播到罗马。公元 4 世纪基督教成为罗马帝国国教,后来原属东罗马帝国区域内受希腊文化传统影响的教会称为东部教会;原属西罗马帝国区域的受拉丁文化传统影响的教会称西部教会。东西两教会长期以来因为政治、文化等原因,在神学思想等各方面产生了越来越大的分歧,特别是罗马主教与君士坦丁堡牧首双方经常为争夺教会最高权力而剑拔弩张,最终于 1054 年发生决裂。东部教会认为自己才是正统的,自称为"正教"。西部教会则认为自己真正具有普世性,自称"公教"。16 世纪马丁·路德宗教改革之后又形成了基督新教。基督教由此形成三大教派,即东正教、天主教和新教。

蛮族占据下的西欧,长期处于分裂动乱状态。封建制的封邑发展成相对独立的庄园,成为当时主要的经济单元。世俗王权对庄园不具有绝对控制力,而基督教会势力逐渐具有凌驾于王权的地位。在中世纪相当长的时间里,基督教控制了整个社会生活,教会垄断了一切知识。罗马天主教会还设立了"宗教裁判所"审判异端。

基督教重要的信条是:只有一个真神耶和华,别的神都是虚假偶像,不可拜偶像,也不可用拜偶像的方式拜神。基督教徒认为上帝将对人类进行最后审判,每个人必须自我忏悔,美化自己的灵魂,才能进入天国。基督教文化里的历代先知们教导人们严肃沉着,礼拜虔诚,不撒谎不起邪念,公正待人,违反即受审判。基督教文化凝聚起整个西方教徒的信仰共识,形成了相对于世俗权力及其利益的超验良知,随着教会的普及和日渐扩张,这种独立于世俗王权之外的道德的或精神的普遍共识,逐渐变成了高度组织化的宗教权威。在世俗政权本身无法形成对最高权力的内部制度化制约的情况下,基督教作为社会性的精神权威,发挥着从外部制约世俗王权的作用。

三、近现代西方文化

15 世纪末以来,以地理大发现、宗教改革、民族国家的崛起为标志,欧洲进入近代时期。

在中世纪后期,随着商品经济的发展,市民社会的形成,宗教势力有所减退,于是在知识学术界兴起了回归古希腊和古罗马文明的风气,即所谓"文艺复兴",由此开启了欧洲近代文化。文艺复兴最早从 14 世纪的意大利发端,在 15 世纪后期扩展到西欧各国,16 世纪达到鼎盛。它以弘扬古希腊罗马文明为开端,激发了整个社会的进步。这个时期,但丁的《神曲》、莎士比亚的戏剧和塞万提斯的《堂吉诃德》等张扬着人性解放的精神,哥白尼的日心说、伽利略的科学实验等反映着自然科学的进步,地理大发现则在许多方面改变了世界的格局。17~18 世纪兴起的启蒙运动,批判欧洲的封建专制制度,反对天主教会,宣扬民主、自由和平等,代表人物如伏尔泰主张"自由""平等",孟德斯鸠主张"三权分立"、天赋人权等。这些为法国大革命准备了批判封建主义的思想武器,促进了人们思想解放。

这个时期的另一特点是科学的重要性上升,技术进步突飞猛进。18 世纪中叶,英国人瓦特改良蒸汽机之后,一系列技术革命引发了从手工劳动向动力机器生产转变的重大飞跃,很多以前依赖人力与手工完成的工作被机械化生产取代。这使人类社会发生了巨大的变革,对推动人类的现代化进程起到了不可替代的作用。

18 世纪 60 年代,工业革命最早在英国发生,19 世纪初扩展到法国、美国,随后是德国、俄国、日本。工业革命促成了生产力的大发展,对社会起了巨大的改造作用。至 19 世纪中期,资本主义世界市场形成,资本主义经济占据了主导地位。1870 年至 20 世纪初,由于自然科学取得重大突破,西方完成了第二次工业革命,将人类社会从蒸汽时代推进到电气时代,促成了生产力的惊人发展。

古希腊的自然科学传统在文艺复兴时期得到新的重视。16 和 17 世纪时,新的科学方法论得以确立。法国哲学家培根主张以实验和观察材料为基础,经过分析、比较、选择、排除,通过归纳法得出正确的结论。意大利科学家伽利略提出"理想实验"的方法。英国科学家笛卡儿还提出了"系统怀疑的方法",他说唯一不能怀疑的是"我在怀疑"本身,即"我思故我在"。英国科学家牛顿(1642—1727 年)第一次构造了公理化的经典力学体系,取得了杰出的科学成就。自然科学的发展深刻地影响了这个时期的哲学思想发展,近现代西方文化实现了认识论转向,17~18 世纪被称为西方的"理性时代"。这一时期的哲学广泛地吸取了实验自然科学的成果,丰富了自己的内容,从而克服了古代哲学的朴素性,打击了封建神学和经院哲学。哲学家们把当时自然科学中流行的分析方法提升为哲学方法论,使这个时期的唯物主义哲学具有形而上学的性质;力学发展的成就使这个时期的唯物主义哲学具有机械性的特点;自然科学的发展极大地促进了哲学认识论的研究,认识论成为这一时期哲学研究的中心课题,形成了经验论和唯理论两大派别。但是对理性的倡导由于走向极端,变成了对理性的迷信,并且由于忽视了主客、心物的关系,不同程度地陷入二元论,从而导致了与理性精神相悖的独断论或怀疑论。同时,科技的进步,以及大量财富集中,既带来了资本主义社会下层人民生活困苦,矛盾尖锐的现实,也出现了人文思想的异化。近现代欧洲文化充满了冲突、矛盾和扬弃。

四、当代西方文化

第二次世界大战结束至今的七十余年,是西方文化的现当代时期。经历了两次世界大战,西方文化出现了反思浪潮。非理性主义、相对主义和人本主义盛行一时,兴起的存在主义、现象学、人格主义、哲学人类学等流派,认为思想家们不应只关注科技发展和物质文明,而应更多关心现代人的困境、痛苦、恐惧、迷惘。另一方面,科学技术继续快速发展。物理学中相继出现的相对论和量子力学,引起了科学技术的革命,使科学概念结构发生了根本性的变化。20世纪60~70年代出现的科学技术革命,更加扩大了人类知识的领域,呈现出现代科学技术发展的综合化、整体化的趋势。

面对科学技术的迅猛发展,20世纪60~70年代科学哲学在西方兴起,它对科学的界定、知识的分类、科学的进化等问题有深入的研究,产生了巨大的影响。科学哲学家中,英国的卡尔·波普(Karl Popper)堪称宗师,他创立了证伪主义的科学观。其核心思想有三点:①反对归纳方法,提倡演绎方法;②提出证伪的主张,认为科学知识的命题不可能被证实,而数量极少的特殊却可以证伪该命题;③证伪是科学理论发展和完善的过程。波普的证伪理论,在方法论和科学评判等方面影响深远。随后美国科学哲学家托马斯·库恩提出"科学革命"理论,拉卡托斯则提出"科学研究纲领"学说。科学哲学对人们认识什么是科学进行了更深入的思考。

现代科学技术的迅猛发展不断刷新着人类的知识观念,使现代科学思想变得更加复杂和丰富。相对论打破了以经典牛顿理论为代表的机械、形而上学观;近代数理科学追求控制、量化的观念在现代科学那里不断受到挑战。生命科学、环境科学的进展,信息论、控制论、系统论、耗散结构理论、混沌学和非线性科学等新型横断学科的发展,也充分说明了自然界的复杂性和不可完全控制性。

复杂性科学的出现意味着西方现代科学文化有了新的重要发展,开始摒弃寻求单一因素的线性思维,而重视研究宏观、系统和动态的情况下事物的特点。在这方面产生了很多新学科,形成了一系列学科群。系统论是其中最重要且影响较大的一支。系统论科学的创始人——美籍奥地利人、理论生物学家L. V. 贝塔朗菲为系统下了一个定义:由若干要素以一定结构形式联结构成的具有某种功能的有机整体。系统论的基本思想方法,就是把所研究和处理的对象,当作一个系统,分析系统的结构和功能,研究系统、要素、环境三者的相互关系和变动的规律性,并用优化系统的观点看问题,并利用这些特点和规律去控制、管理、改造或创造一个系统。

结构主义是现代科学中重要的一支,也属于复杂性科学的一个门类。结构主义科学学派强调系统作为一个"结构"具有整体性,结构的各个部分通过某种规则联成整体,而且结构具有"自身的调整性"等。

第二节　西方文化对中国传统文化的影响

在1840年以前,西方的科技与文化对中国文化的影响很小。19世纪,欧美新兴资本主义国家或者已经完成或者正在进行工业革命,并先后走上了殖民扩张的道路。以1840年中英鸦片战争为开端,中国的大门被迫打开,中国开始大量吸收西方文化。传统的中国文化,从信仰、观念、行为法则、政治制度等各方面受到全面的、前所未有的冲击。

一、西方文化传入中国

鸦片战争的失败,使中华民族开始意识到自身面临着严重的民族危机。国人起初只是震惊于欧洲国家强大的军事实力,认为夷人之长我之短仅在科学技术上,只要学习了坚船利炮、声光化电,国家便可昌盛富强,形成了"师夷长技以制夷"的思想。基于这一认识,封建统治阶级进行了洋务运动,洋务运动以"自强"和"求富"为旗号,创立了我国第一批近代军事工业、军事学校,仿西方建制建立海军,设立译馆、书局、选派留学生等。为了对抗守旧派的攻击,洋务派还提出了"中学为体,西学为用"的著名口号,流行一时。

洋务运动并未能改变中国落后挨打的局面,1894 年甲午战争的失败加重了中国面临的危机。梁漱溟《东西文化及其哲学》一书中说:"及至甲午之役,海军全体覆没,于是大家始晓得火炮铁甲、声光电化不是如此可以拿过来的,这些东西后面还有根本的东西。"所谓根本的东西即指西方的思想文化与社会制度。于是在 19 世纪末中国发生了一场大规模的改良运动——戊戌变法,改良主义者康有为、梁启超、谭嗣同以及严复等提出了废除八股,改设学堂,讲求时务,开办银行路矿等一系列措施,要求从制度上接受一定的西方精神,以健全中国的政治体制与学术,实现独立与富强。由于清政府的腐朽,改良变法以失败告终。1900 年庚子事变,八国联军侵华,加剧社会危机。1905 年中国同盟会成立,制定了民主革命的纲领。以孙中山、黄兴为代表的革命党人,从西方文化中搬来天赋人权和民主共和国方案,提出"驱逐鞑虏、恢复中华、建立民国、平均地权"的口号,为建立民主共和国进行革命斗争。辛亥革命前夕,西方学说和各种思潮纷至沓来,对中国社会产生不同的影响。"妇女解放""诗界革命""文体革命""小说革命"等口号相继出现。

1911 年辛亥革命取得胜利,中国的封建帝制告终。1912 年 1 月,效法西方民主政体的中华民国正式成立了。但是中国并没有因此走向复兴,帝国主义国家对中国的掠夺反而越来越厉害,整个国家在军阀政客的操纵下陷入更混乱、更黑暗的境地,尤其是袁世凯复辟,更使人们丢掉改变政体就能救中国的幻想。梁启超指出:"社会文化是整套的,要拿旧心理运用新制度,决计不可能,渐渐要求全人格的觉悟。"(《五十年中国进化概论》)因此 1915 年前后,知识界的新文化运动发起了"反传统、反孔教、反文言"的思想文化革新,举起了科学与民主的大旗,批判中国的旧文化、旧道德、旧思想,对国民性进行改造,中国文化的变革进入新时期。

民国以来,"科学"的思想在国内得到较为广泛的传播,特别是新文化运动把科学作为批判封建文化的理性武器,大力宣传科学精神和科学的思想方法,在当时很多人看来,科学是使中国繁荣富强、使中国人民成为富有现代意识、独立自主人格的重要工具。民主思想用以反对君主专制和君主独裁,反对维护专制制度的封建文化,鼓舞青年解放思想,敢于怀疑那些向来被认为是天经地义的陈腐观念,以求实进取的精神奋起自救。

二、近代中西文化论战及其影响

贯穿"新文化运动"始终的主线之一是中西文化论战。1915 年陈独秀主编的《新青年》杂志问世,并发出"所谓新者就是外来之西洋文化,所谓旧者就是中国固有之文化"的声音,力倡以新取代旧,以西方文化取代中国固有文化。对此一些知识分子起而反对,例如杜亚泉指出,现代人心迷乱,要加以解决,"决不能希望于自外输入之西洋文明,而当希望于己国固有之文明"(《迷乱之现代人心》)。辜鸿铭提出尊王、尊孔,宣扬中国固有文化,更称"欧人于精神上之问题,即唯一之重大问题,非学于我等中国人不可","至醇至圣之孔子当有支配全世界之时"(《中西文明之评判》)。随后这一问题引起整个知识界的大论战。杜亚泉主编的《东方杂志》与陈独秀主编的《新青年》成为中西文化论战对立面的主要阵地。

1921 年梁漱溟出版《东西文化及其哲学》,认为与西洋文化、印度文化相比,中国文化的人生哲学最为发达,应当导西方于"至好至美的孔子路上来",引来胡适等人的批评。除了对立双方外,还有章士钊、梁启超等主张的"东西调和论",也都曾引起广泛争论。

这场持续时间长、深度广的文化论战,一方面起到了促进国人开阔视野,全面学习和接

受传播现代文明的作用，另一方面也促使人们反思传统文化的特色与地位。而由于中国政治经济整体上的落后，对中国传统文化固有特质的批评，也容易令部分人对民族文化失却自信。

三、传统文化的解构与重整

在晚清时期已经开始的中国学术分科变革中，旧有以经史子集为框架的"四部之学"知识系统，已经被以现代学科为分类标准的知识系统即所谓"七科之学"所取代。民国成立后的学制更完全采用现代学科分类法。对于传统学术，"新文化运动"中思想文化界学者们提出用现代方法来进行整理，遂形成"国学"。

（一）整理国故与"国学"兴起

1920年代胡适等人发起"整理国故"运动，胡适说："现在有许多人自己不懂得国粹是什么东西，却偏要高谈'保存国粹'……若要知道什么是国粹，什么是国渣，先须要用评判的态度，科学的精神，去做一番整理国故的工夫。"他采用"国故"这一中性词，提出"整理国故"的主张说："整理就是从乱七八糟里面寻出一个条理脉络来；从无头无脑里面寻出一个前因后果来；从胡说谬解里面寻出一个真意义来；从武断迷信里面寻出一个真价值来。"（《新思潮的意义》）

"国学"或"整理国故"，其内涵实际是用近代科学方法对中国传统学术体系进行解构和重新整合，以将旧有文化材料整理成为近代学科体系中的知识。1922年成立的北京大学研究所国学门就明确提出："吾国学术向来缺少分科观念，在未经整理以前，不易遽行分科而治，故本学门设立宗旨，即在整理旧学，为将来分科之预备，非专己守残，以为可与他种学科分驰也。"（《研究所国学门启事》）由于采用了新的视角，这一运动摒弃了"经学"独尊的思想，提出"经子平等""今古文平等""雅俗平等"等治学观念，拓展了对传统文化的认识，但也舍弃了传统文化精神上和内容上的完整性。如顾颉刚所说："这是把中国昔日的学术范围和治学方法根本打破，根本换过的；这是智识上思想上的一种彻底的改革。"（《中山大学语言历史研究所年报第6集·序》）这对社会观念造成了很大的影响。

（二）疑古史观

在传统文化中，历史观具有很强的教化意义。但对传统历史文献，清末出现了疑古思潮。民国时期，在现代史学方法影响下，疑古辨伪思想进一步兴盛，形成了著名的"古史辨"派。古史辨派主张用历史演进的观念和大胆疑古的精神，吸收西方近代社会学、考古学等方法，来研究中国古代的历史和典籍。代表人物如钱玄同、顾颉刚等。他们直斥古文经传如《古文尚书》《毛诗》《逸礼》《周礼》等系伪造，推翻了很多传统观点，尤其对自"盘古开天地"至"三皇五帝"等中国古史系统的传说进行了清理。例如胡适强调："以现在中国考古学的程度看来，我们对于东周以前的中国古史，只可存一个怀疑的态度。"（《中国哲学史大纲》）顾颉刚的《五德终始说下的政治和历史》指出，以五行学说为基础的五德终始说其实是汉代政治斗争的产物，由它们推衍出来的古史帝王系统并不可信，"五德终始说没有别的作用，只在说明如何才可有真命天子出来，真命天子的根据是些什么……五德终始说是一种命定论，自是儒家承受传统思想，重视天命的结果"。这种考证抹去了像五行说这样的很多古代理论的神化色彩，对中医学的理论争鸣也产生了很大影响。

（三）新儒学思潮

西方文化对中国文化的影响，在儒学身上表现得最为典型。从20世纪20年代的梁漱溟到20世纪40年代的冯友兰，他们都提出吸收西方文化建立新儒学。新儒学强调在向西方学习过程中必须建构一种主体意识、民族清醒的自我意识。新儒学并不否认儒家思想中存在着陈旧、腐朽、僵化的内容,但认为只有在全面认识和深刻理解西方文化的基础上才能分清精华和糟粕,从而正确地吸收西方文化。儒家思想的更新"不是建立在排斥西洋文化上面,而是建立在彻底把握西洋文化上面"(贺麟《儒家思想的新开展》),提倡要以开放的胸襟和平等的眼光看待中西文化,既不囿于西方文化又不局限于中国文化,在新的历史和文化背景下重建儒学传统,力图创造出一种启发性灵、扩充人格、强大民族精神的新儒家文化。冯友兰吸收了西方哲学的逻辑分析法来改造程朱理学,进行了儒学逻辑化的尝试。他认为西方哲学发展演变最重要的成果就是它的逻辑分析,这是中国哲学所缺少的,因此中西哲学的结合,一方面是要吸收西方哲学的逻辑方法,来弥补中国哲学在逻辑上的欠缺和理智分析方面的不足,另一方面,则要运用中国哲学中充分发展的负的方法(指直觉的方法),去纠正西方哲学纯分析带来的局限和弊端。他通过逻辑分析使传统哲学的概念范畴(比如理、气、道体乾元、大全等)清晰化了,并把它们组织成了一个严谨的逻辑结构。贺麟则力图把新黑格尔主义与陆王新学相结合,认为改造和发展儒家思想的途径在于吸收西方哲学宗教艺术的思想精华,改造传统理学,实质即在于吸收西方资产阶级关于个性解放的思想和浪漫主义的艺术精神来改造传统儒学,吸收西方哲学的理性思辨的方法来改造中国哲学,以西方哲学发挥理学。在新儒家看来,中华民族的复兴必然与民族文化的复兴同步完成,而民族文化的复兴也就是儒家文化的复兴。

四、科学观念的流行

晚清洋务运动和清末新政时期,西方科学技术在中国得到一定程度的传播。清末成立京师大学堂,首次设立高等教育机构,并开办声、光、化、农、工、医、算学等自然科学学科。旧有以经史子集为框架的"四部之学"知识系统,已经被以现代学科为分类标准的知识系统所取代。民国成立后的学制,已完全以现代学科体系为基础。1914年有留美中国学生在美国成立"中国科学社",次年创办《科学》杂志,1918年起该社迁回国内,成为自然科学领域有代表性的刊物。各个学科相继出现了一批知名专家,例如邝荣光、竺可桢、詹天佑、李四光、侯德榜、林士谔、华罗庚等。它们标志着中国自然科学的建制化和科学家群体的形成。从1915年开始进行的科学名词审查工作,审查并按学科编辑医学、化学、植物学、物理学、动物和算学等名词,对科学知识的规范与传播产生一定影响。科学教育在民国时期还被纳入各级学校教材,加深了国人对科学的认识。

在新文化运动中,科学被认为是西方文化的主要特征。但是,第一次世界大战令中国部分知识分子反思西方文化的局限,梁启超说:"欧洲人做了一场科学万能的大梦,到如今却叫起科学破产来。"(《欧游心影录》)1923年2月,张君劢在清华大学演讲,强调人类精神文化不能依靠科学来解决,他说:"科学无论如何发达,而人生观问题之解决,决非科学所能为力,惟赖诸人类之自身而已。"(《人生观》)同年以丁文江为首的学者对此进行批评,丁文江将张君劢所说的"人生观"称为"玄学",发表《玄学与科学——评张君劢的"人生观"》一文说:"在知识界内,科学方法是万能,不怕玄学终久不投降。"从而掀起了为时一年多的"科玄论战"。大多数新式知识分子都肯定"科学",例如胡适提倡"建筑在二三百年的科学常识之上"的"自然主义的人生观"。论争的结果正如胡适所说:"这三十年来,有一个名词在国内做到了无上尊严的地位……那个名词就是'科学'……我们至少可以说,自从中国讲变法维新以来,没有一个自命为新人物的人敢公然毁谤'科学'的。"(《科学与人生观·序》)这种情形,被有的研究者命名为"唯科学主义"。

民国时期中国的自然科学虽有所发展,但总体而言还不发达。在论战中,倡导科学观念最力的大多不是科学家,而是一些热衷于用科学及其引发的价值观念和假设来诘难直至最终取代传统价值主体的知识分子（郭颖颐《中国现代思想中的唯科学主义（1900 —
1950）》），他们的主张促使"科学"观念成为当时社会的主流权威话语之一。

第三节　中西文化的比较

思政元素

传承发展中华优秀传统文化

　　2017 年，中共中央办公厅、国务院办公厅印发《关于实施中华优秀传统文化传承发
展工程的意见》，从古与今、中与外提出了中华优秀传统文化的发展方向。其中指出：
传承发展中华优秀传统文化，要坚持交流互鉴、开放包容。以我为主、为我所用，取长补
短、择善而从，既不简单拿来，也不盲目排外，吸收借鉴国外优秀文明成果，积极参与世
界文化的对话交流，不断丰富和发展中华文化。——这是我们对待西方文化的应有态
度和比较中西文化的重要尺度。

　　由于历史发展道路的不同，中国传统文化与西方文化有较大的差异。认识这些差异，对
更深层次地思考中医学发展的古今文化环境有一定的意义。下面就几个主要方面比较中西
文化的特点。

一、中西方哲学比较

（一）中西本体论的异同

　　本体论（ontology），是哲学的基本概念之一，它是关于世界本原的学说。西方哲学中这
一问题始于古希腊哲学家对世界本原的追问。古希腊哲学家泰勒斯说世界本原是"水"，
阿那克西曼德说是"阿派朗"（即无限），阿那克西美尼说是"气"，赫拉克利特说是"火"，
恩培多克勒说是水、火、气、土"四根"，毕达哥拉斯说是"数"，每个哲学家都以自己特有的方
式阐述着自己对世界"本原"的看法。但其共同特点是把世界二重化，或者说设定了两个世
界：可感知的世界与超感知的世界，前者是生灭变化因而是虚假不真实的现象世界，后者则
是真正实在的、永恒的本质世界。本体论所讲述的正是与感知世界、经验世界相分离的超感
知世界的道理，其核心是"存在"（being），它追求终极性的真正的存在，万物的最高本质，求
知是它的基本导向，即它对目标的追求就是一个对绝对真理、对最高最普遍知识的追求。这
种追求最终必导致一个绝对者，因而必定与神相通，传统本体论在某种意义上是神学。它曾
为基督教的产生奠定了思想基础，并构成西方人思维方式的核心。

　　中国哲学则没有明确的二重世界划分的观念，没有开辟出一个纯粹思辨领域。中国自
古以来，许多大哲学家都是不讲本体与现象对立的。认为本体与现象是统一的，又有区别，
又有统一。中国哲学认为，本体是实在的，现象也是实在的，并没有虚实的区别。在中国讲
本体与现象的区别是什么呢？是一种本末、源流的区别。本末，本就是本来就有，末就是后
来才发生的、后来才衍生出来的；源流，源就是起源，流就是后来才产生的。中国大多数哲学
家都认为本体是根本、是实在的，现象虽然不是根本，可也是实在的，这是中国本体论的一个
特点。北宋哲学家程颐有两句话表示体与用的关系："体用一源，显微无间。"（《易传序》）体
是根本，用是体的表现，一源是讲两者是统一的，显就是表现出来的，微就是里面深刻的内

笔记栏

容,两者没有间隔,而是相互统一的。这句话表明了本体与现象虽有区别,但仍是统一的。这就是中国本体论的特点。

中国传统哲学的基本概念"天"和"道"都有多重含意。"天"有神性意义,即作为具有情感意志主宰万物的至上神;也有自然意义,即作为自然现象运行生化的必然性;又有德性意义,即作为道德的化身,具有与人同样的德性,甚至是人的德性的根据、本源;还有类似西方哲学的本体论的意义,即作为万物之源或根。这些涵义并非截然分开而是相互交融的。"道"的性质是形而上的,有自然方面的(天道),也有社会方面的(人道)。不管"天"和"道"有多少种意义,它们与宇宙万物的关系并非真实和虚假,而是本根与末枝的关系。

(二)认识论的差异

中西哲学在认识论方面的差异,可以概括为求善与求真之别。西方传统哲学认识论是以自然本体为对象、以逻辑分析为方法、以科学事实为取向的自然认识论;中国传统哲学认识论是以伦理本体为对象、以整体直觉为方法、以道德价值为取向的道德认识论。

西方认识论坚持一种科学化的理性分析,形成重视知识,推崇理性的特点。胡适在《我们对于西洋近代文明的态度》中说:"西洋近代文明的精神方面的第一特色是科学。科学的根本精神在于求真理。"西方文化之科学性格来自古希腊的传统。古希腊人很重理性,有"爱智"的训诫。柏拉图认为,人由理性、灵魂和肉体组成,其中理性是三者中最高贵的部分。古希腊学者亚里士多德的《工具论》论述了形式逻辑的推理方法,其中欧几里得的《几何原本》是系统化运用逻辑推理的范例,《工具论》为后来的科学研究奠定了方法论基础。在启蒙时代,理性更是具有了至高无上的地位。近代西方更有"知识就是力量"的响亮口号。从笛卡尔开始,近代哲学把理性当成是作为宇宙之本源和世界之灵魂的一种本体论意义上的实体。德国古典哲学家都是理性的崇拜者。黑格尔把人的理性客观化、绝对化,变成整个宇宙的创造者。理性至上的观点在黑格尔哲学中得到淋漓尽致的发挥。

中国哲学重视的是善的问题而不是真的问题,是人伦的问题而不是自然的问题。蔡元培说:"我国以儒家为伦理学之大宗。而儒家,则一切精神界科学,悉以伦理为范围。哲学、心理学,本与伦理有密切之关系。我国学者仅以是为伦理学之前提。"(《中国伦理学史》)中国传统哲学所追求的"天人合一""天道""人道",是人生的理想境界,它的基本导向是作"圣人",追求自身内在的道德完善(内圣)。因此,中国传统哲学的本体论,其主要内容都涉及伦理道德原则。相比之下,缺乏科学传统。罗素曾经指出:"中国有一种思想极为根深蒂固,即正确的道德品质比细致的科学知识更重要。"(《中国问题》)老子反对"以智治国",《道德经》第六十五章说:"古之善为道者,非以明民,将以愚之。民之难治,以其智多。以智治国,国之贼;不以智治国,国之福。"在思维方式上,中国哲学注重和道德观念相结合,把和谐统一作为最高境界,注重整体的完整一致,形成远离自然科学的伦理哲学。中国历史上,固然有若干科学的发明,但未形成像西方那样有意组成系统并且大规模推进的科学研究工作。因为传统世界观在相当程度上以伦理知识代替了关于自然世界的知识,以伦理之功、道德之用替换了科学之真,以天人合一置换了主客二分,由此造成了自然科学方面的知识隐而不显。

(三)思维方式的差异

中西哲学的不同,还突出地反映在思维方式以及对待主客体关系上。中国哲学往往通过直观体验,泯除主客观界限,力求在主观精神领域追求天人合一;而西方哲学则以实证和严密的思辨手段,明确区分主客、物我,以求达到对自然本体的认识。

中国哲学家大都注重伦理政治,讲求实用,哲学思想很少涉及自然界事物及其规律。孔子"罕言天道",以"天何言哉"之类的言语巧妙地绕开了主客体关系问题。孟子的"尽其心者,知其性也;知其性,则知天矣"的论述,实际上是要求人们通过内心反省,"尽心""知性"以达"知天",并以此保持善心善性,这也就是在主观精神的范围内达到天人合一。道家学派则更是否定物我区别,混淆主客体界限,力求达到"天地与我并生,万物与我为一"的天人合一境界。这些哲学家们都是从主观精神出发,在以人为中心的条件下做到泯灭物我界限达到天人合一,并以主观精神的满足取代了对客观世界的探求。

在先秦以后的哲学发展中,通过直观、体验达到认识世界则更为明显,从先期的以人为中心的"天人合一",进一步明确地体现为"万物之一原"的思想,注重"体认""反观""顿悟"和"禅定"等认知方法。北宋邵雍说:"圣人之所以能一万物之情者,谓其圣人之能反观也。所以谓之反观者,不以我观物也。不以我观物者,以物观物之谓也。"(《皇极经世·观物内篇》)可见,中国哲学不仅追求单从主体出发体验、直觉事物,而且还提出了按照事物、客体的本来面目观察之、思考之的观点。在思维特点上,中国哲学讲求实用,直觉方法虽然也有递进和累积的功能,但总的说来缺少在认识过程中严密的逻辑论证和深刻的思辨功能,这是由中国传统哲学注重社会政治和道德伦理的特点所决定的。正因为重人事,因此一切都要以人为主体,以达"天人合一",并且只有这样才能从人的内心体验悟出自然原则。梁漱溟在《东西文化及其哲学》中指出:"凡是中国的学问大半是术非学,或说学术不分,离开园艺没有植物学,离开治病的方书没有病理学,更没有什么生理学、解剖学。"

西方哲学则以讲求实证和思辨为一大特点。从古希腊哲学的发展来看,早期哲学家们大多都以"论自然"作为其著作的名称,大都提出带有朴素性和直观性的宇宙模式论。泰勒斯提出水成说宇宙发生论;赫拉克利特提出了"世界是一团永恒燃烧的活火"这一命题;而亚里士多德则明确提出了宇宙形成的演化说。这些都是他们在观察、实验、收集和整理材料的基础上理性思辨认识世界的结果,从而开辟了人类理性主义的先河。随着近代自然科学的发展,西方哲学家们借助于科学的成果,依赖理性的力量,使哲学冲破了中世纪神学的束缚,获得了新生。"知识就是力量"是伟大的哲学家弗朗西斯·培根向上帝信仰提出的挑战,对17世纪的欧洲起到了振聋发聩的作用。从此,欧洲大地上出现了以注重经验、实证和注重理性、思辨为标志的经验主义和理性主义的两大哲学派别。19世纪,康德高举着批判理性的大旗,把经验理性和天赋理性融入其哲学体系中,全面探索科学以及形而上学能够成立和存在的条件。他认为,"哲学的对象,乃是寻求理性用来获得关于事物的真正知识的种种原理"(《判断力批判》),从而全面论证了人类理性和思辨认识能力。黑格尔则在扬弃了康德认识论的基础上,创造性地提出了主体与客体在精神和现实中同一的思想,提出了人类理性能力的巨大作用,并使辩证法思想在其理性思维中得到充分弘扬。黑格尔在西方哲学史上建构了一个庞大的思辨理性体系。无论是古代哲学朴素的思辨理性,还是近代实证和思辨并进的认识形式,都是西方哲学家们在不同历史条件下以不同方式对世界本质和规律的认识和规定。因此,实证、理性和思辨就构成了西方哲学思维方式的突出特色。

二、中西方宗教思想比较

宗教是一种古老而又普遍的文化现象,是人类意识形态的重要组成部分,是一种独特的文化形态。

中国人长久以来深受儒教的影响,汉民族的宗教信仰是在儒家思想占主导地位的前提下,融合佛教、道教及其他民间宗教的混合形式。而西方人大多数都信仰基督教,正是基督教文化构成了西方文化的大背景,使得中世纪以来的西方文化的任何一部分都或多或少地具有基督教的气息。比较分析中西方宗教,可以发现它们有极大的不同。

(一)人道与神道

重人道和重神道就成为中西哲学在对待宗教上区别的重要标志。

中国是一个多种宗教多元并存的文明古国,对不同的宗教采取宽容的和平共处的态度。我国民族众多,几乎每个少数民族都有自己的宗教跨文化交际,占人口大多数的汉族则主要信奉儒教、道教和本土化的佛教禅宗。季羡林曾说过,中华民族是一个对宗教比较宽容的国家,不论是本土的宗教,还是外来的宗教,都一视同仁,无分轩轾。在中国历史上,基本形成了儒、道、佛三教共存,甚至"三教合流"的局面,充分反映了宗教多元共存的思想。

对于中国的儒、道是否属于严格意义上的宗教,学术界还有争论。在信仰层面,儒教思想的核心是仁和礼,强调祭祀祖先,其目的是保持社会稳定与和谐。孔子虽笃信天命,但对神灵却避而不谈,他主张:"敬鬼神而远之,可谓知矣。"对于神圣的上天,孔子却说:"天何言哉?四时行焉,百物生焉,天何言哉?"道教是中国土生土长的宗教,源自春秋战国时的道家思想。道家讲"道"是如何化生万物,提出了道-德-命-形-性这一由无到有、化生万物的过程。这同上天和神灵有明显区别。后来的道教注重炼丹等养生之术,其神仙系统庞杂而多元。佛教在本质上是与世无争的出世之教,与儒学的入世特征相对立,强调众生平等、因果报应,传入中国后,受儒、道的影响,发展成具有中国特色的佛教禅宗,宣扬"放下屠刀,立地成佛"等主张。在中国,儒、道、佛三大宗教相互交融,不同宗教的神仙甚至同时受到顶礼膜拜。可见,中国宗教文化更多体现以人为根本,不论是儒教、道教还是佛教禅宗,其最终目的都是人的幸福而不是神的尊严。宗教信仰的多元共处,反映了中国人对未知世界的敬畏和世俗化的生活目标。

西方宗教文化更多地反映了以神为本的精神。在西方,宗教在经历了多神信仰阶段后,逐渐朝一神崇拜发展。由古希伯来教发展来的基督教盛行,基督教成为真正代表西方人的宗教。基督教兴起于罗马帝国统治下的犹太民族居住的巴勒斯坦地区,继承了犹太教的上帝概念,认为耶稣是上帝之子,传布上帝授予的使命,宣扬上帝要在人间建立天国的福音。基督教的天主教、东正教和新教,在基本的宗教观念上是一致的,都信奉上帝创世说、原罪救赎说和天堂地狱说。其一神信仰具有强烈的排他性,认为一个人只能信奉一个神,一个宗教,上帝是统治世间万物的绝对的、唯一的和至上的神。世间万物只有一个共同的起源,那就是上帝。《圣经·申命记》中,耶和华通过摩西向以色列人说:"除了我以外,你不可有别的神。"信奉基督教以外的任何宗教都被认为是异教徒,要受到惩罚和迫害。在西方历史上,迫害异教徒事件源远流长,宗教战争也十分频繁,仅17世纪的一次十字军战争即历时三十年之久。这些战争与事件的目的都是要消灭异教徒,以维护自身教主和教义的绝对性、至上性。

基督教文化认为,基督教的一切理论都是以神为中心而建立的,它的核心是对神的本质的论述和对神人关系的思考。上帝是宇宙的创造者,他创造自然万物、时间空间,他存在于自然之外而不是自然之中,为自然立法,制定自然界发展与变化的规律;上帝也是人类的创造者,为人生和人类历史确定目的。上帝观念是维持西方文化基本价值观的巨大力量和联结现代文化与传统文化的有力纽带,已成为西方文化的重要组成部分,对人们的世界观、人生观、价值观以及思维方式和行为方式都产生了深远的影响。

(二)性善论与原罪论

在人的本性主张方面,中国宗教受儒家性善论的深刻影响,基本上对人性持肯定的看法。肯定众人皆"好善恶恶",认为"人皆可为圣贤"。荀子的"性恶论",也没有否定人有向善的能力,而是认为欲望等蒙蔽了这些能力,而欲望是天生的,所以人性恶,但只要去除欲望的蒙蔽,人的向善能力又会显现出来。儒家讲人格修养,道教、佛教讲去恶从善,都体现性善论的观点。

基督教的"原罪说"则对西方文化影响很大。基督教称,人类始祖亚当和夏娃违背神的旨意,犯下原罪而被驱逐,世世代代为罪人。因此,人生来就有罪,人生就是受苦,就是期待灵魂的救赎。人与世间万物都是上帝创造的,虽然人被称为上帝的子女,但在神面前,人的地位是卑微的、低贱的,只有听从神意,才可以从罪恶的贪欲中被拯救出来。由此西方人在其精神生活中形成了强烈的忏悔意识。人们依靠上帝之爱,通过承担现世生活中的不幸和困难,来获得救赎,使来自神圣生命的人重新活在神圣生命之中。

三、中西方人文精神的比较

(一)个人主义与整体主义

个人主义是西方价值观念的思想基础,体现了西方价值观念的根本性质。西方价值观念突出个人自由和个人权利,提倡个性解放,宣扬个人独立,推崇个人建树,追求个人享受,完善个人人格。西方人有强烈的认识自我、完善自我、实现自我、超越自我的要求。西方价值观念强调自我是价值的主体,离开了自我就谈不上什么价值,同时,自我又是实现价值的主体,只有通过自己的奋斗、创造、进取,才能获得幸福。这种个人主义,在古希腊时代就得到了哲学的论证。德谟克利特的"原子论"从自然哲学上论证了个体性原则是宇宙万物的普遍原则。在他那里,每个原子的最基本的规定即是"不可规定",因而每个公民私有财产的不可侵犯性,以及由此而来的人格的绝对性。近代莱布尼茨的"单子论"深刻地论证了像单子是不可入的一样,每个人都是独立自主的,不可通约的。

西方价值观念注重个体的存在与发展,而社会只是个人的集合,社会只是为个人而存在。培根提出"自爱"是第一位的,利他是第二位的,社会公益只是一种抽象利益,个人的特殊利益才是具体的、根本的。斯宾诺莎认为理性的命令就是要求自爱、利己,越能自爱,获利越多,德性就愈好。亚当·斯密在《国民财富的性质和原因的研究》中认为,利己是人之本性,每个人的行为都受利己心的支配。

中国传统价值观念的基点上是整体主义的。古代中国以血缘为纽带,强调家族集体利益,这与古希腊城邦国家以自由人组成的联盟不同。中国传统观念认为"自我"是不应该提倡的。梁启超指出:"为我也,利己也,私也,中国古义以为恶德者也。"在个体与整体的关系中,强调个体作为整体的部分,要服从整体,强调个人对家族和国家的责任。在儒家伦理中集中体现为国家本位即个人对国家尽忠和家庭本位即个人对父母尽孝这两个方面。梁漱溟说:"在中国没有个人观念;一个中国人似不为其自己而存在。然在西洋,则正好相反……在中国几乎看不见有自己,在西洋恰是自己本位,或自我中心。"

由此,中国价值观念主张要抑制自己的利益与欲望。《论语·述而》说:"不义而富且贵,于我如浮云。"宋明理学把义利之辨发展为理欲之辨,主张用天理人道限制和消灭私欲——"存天理,灭人欲"。《管子》说礼义廉耻"四维不张,国乃灭亡"。

(二)仁治与法治

中、西方对社会治理,都有强调法治的一面。相对而言,中国文化更强调道德的感化,本质是仁治。西方则以理性精神为基础,强调法律的严谨性,强调法治。

西方人自古希腊以来,法律就与保障个人的权力有关,早已养成守法习惯。苏格拉底被雅典法庭判处死刑,尽管有逃跑的机会,但他还是选择了服从法律的判决,并且作了三点解释:①假如人人都破坏法,法就将根本不存在;②法与个人之间有相互的责任,既然个人受惠于法,当然就不能在不称心时就反叛;③每个人都得对自己的自由意志负责,自己既然从青年时代起就自由地选择了一生生活在雅典,就表明自己信守其法律。近代西方人更是自觉地把接受法律的惩罚当成犯人自由意志的必然要求。犯人在犯罪前是守法的公民,法律是他和其他公民凭借自己的自由意志共同制定的,因此他所触犯的是他自己制定的刑律。犯人作为有理性的存在,在犯罪前后应具有统一的人格。根据自由意志对犯人加以惩罚是以承认犯人具有完整的一贯的人格为前提的,是对犯人人格的最基本的尊重,也是对法律的最高尊重。在西方,民告皇帝是很正常的,即使是皇帝也得服从并遵守法律。

在中国古代社会中,由于一直存在以血缘关系为基础的宗法社会,在家族性的社会结构中,人与人之间的关系更容易被情感连接。治理社会,最重要的不是用法律制裁,而要激发人们的同情心和羞恶感。梁漱溟说:"中国社会秩序靠礼俗,不像西洋之靠法律。靠法律者,要在权利义务清清楚楚,互不相扰。靠礼俗者,却只是要厚风俗。在民风淳厚之中,自然彼此好好相处。"(《中国文化要义》)儒家强调以"仁"为体,以礼来制约,维持社会的稳定。但在宗法社会,这种"仁治"很容易演化为人治。中国文化有"修身齐家治国平天下"的说法,强调由家族扩大为国家的模式,形成家国同构的局面,家长制充当了专制国家的人治统治模式。在中国宗法社会,君主主宰一切,拥有统治天下的无限权力。古代社会虽然也有法律,但通常"刑不上大夫",更不能制约君主。尽管中国也有法治的思想,如《管子·任法》说"君臣上下贵贱皆从法",班固说"无教化,去仁爱,专任刑法"(《汉书·艺文志》)等,但其主要目的是把法律当做政治统治的工具,有别于西方"法律主治"的法律。

(三)艺术与科学

中西文化在艺术与科学方面也有较明显的差异。

在艺术特点方面,中国传统艺术是写意的,更注重反映人与自然的关系,刻画的大多是自然在人心里的感受。中国绘画重写意、以线造型、追求打破时空界限的散点透视。注重的是情感表现,注重"以形写神""气韵生动"。此外,中国画讲究将诗、书、画、印有机地组合在一个画面上,从而形成中国画独特的内容美和形式美。中国传统建筑的特色集中体现了人与自然和谐相处的"天人合一"的哲学思想,材料多以土木结构为主,侧重于空间的群体组合和序列转换,注重环境气氛的营造意境含蓄,追求和谐统一,柔中带刚,表现出强烈的是世俗理性精神和政治伦理观念。中国传统音乐精神的核心是"同天地之和",贵意不贵曲,重神不重技,操演中重心神会意,不以曲谱为意。中国园林强调曲径通幽、含蓄曲折、虚实相生、天人合一。

而西方古典艺术是写实的,注重的是对自然的重现,反映的大多是自然的真实情况或运行理论。西方绘画受到古希腊亚里士多德"摹仿说"的理论影响,一般重形似、重再现、重理性,创作方法上重写实、以块面塑造形体、强调焦点透视。西方古典建筑体现了人与自然对立的"人神合一"的宗教观念,多采用石质材料,气势恢宏,注重造型和空间的变化对比,刚中带柔,带有浓郁、神秘的宗教气息从古希腊神庙建筑到古罗马拜占庭建筑、中世纪哥特式建筑再到文艺复兴建筑、巴洛克建筑、罗可可建筑、新古典主义建筑,进而到包豪斯开创的现代建筑以及目前正方兴未艾的后现代建筑无一不具有鲜明的时代性。西方音乐精神以宇宙精神为哲学背景,从而激发了近代西方音乐以交响乐为主导的辉煌发展。西方园林以几何规划园林,讲究开阔、宽敞、通透。这与西方重理性思考,重数理几何的科学性等文化情结有关。

在科学思想方面,古希腊自然哲学中,德谟克利特的"原子论"学说把对世界本原的认识后来转移到对物质结构的认识层面上,并且遵循形式逻辑原则,力求形式的圆满,从而奠定了西方重视分析的科学传统。随着自然哲学进一步理论化,形成严密的符号逻辑系统,并和严格的实验相结合,形成自然科学理论。近代科学总体采用的研究方法就是分析法或分解法。比如研究对象从单个物质进入到单个分子,从单个分子又进入到单个原子,从单个原子又进入到原子核,从原子核又到基本粒子(质子、中子、电子)。

中国古代哲学则是带有浓厚思辨性质的自然观。如中国古代认为气是构成万物的元素,但中国的气跟西方所谓的物质又不一样。西方认为物质具有惰性、动者恒动,静者恒静,必须加以推动它才动。而中国的气有运动性,从先秦时期到宋明时期讲的气,一直都是会运动的,有运动性。气的概念既包括能又包括质,而且有可入性。这类观念进一步抽象概括,和道德观念相结合,形成远离自然科学的伦理哲学。

可以说,就艺术与科学而言,中国传统文化的艺术思维更精深,甚至其应用学科也带有很强的艺术性。而西方的科学传统更悠久,其艺术门类中也有深刻的科学理性色彩。

第四节 西方医学文化对中医学的影响

医学文化是科技文化的一个分支。中医与西医历史进程不同,文化背景不同,因而有着不同的医学文化。近代以来,由于西医东传,中国形成了中西医并存的局面。从文化角度比较中医和西医,有助于分析和认识两者的差异。

一、现代西方医学的发展

现代所说"西医",通常是指西方工业革命以来的近现代医学。它是在古希腊、罗马医学的基础上,随着自然科学的进步逐步发展起来的。

古希腊和古罗马时期的西方医学,受西方古代自然哲学影响,与中医学一样同属于传统医学。但从 15、16 世纪起,随着欧洲"文艺复兴运动"的影响,西方医学开始发生重要变化。1543 年维萨留斯(Vesalius,1514—1564 年)《人体之构造》一书发表,纠正了古代解剖学上的许多错误,成为现代解剖学的奠基之作。17 世纪哈维(Harvey,1578—1657 年)发现血液循环,彻底推翻盖伦关于血液运动的错误论断。由于显微镜的成功应用,近代西方医学走上了实验科学的道路。虽然一开始医学应用自然科学还难免僵化,只形成诸如医学机械学派、医学物理学派、医学化学学派等并不成熟的派系,但在实验医学的支持下,随着自然科学的飞跃而不断获得成果。19 世纪中叶自然科学的三大发现(细胞学说、能量守恒定律、进化论)积极地影响了医学,而物理、化学、生物学等也为之提供了条件,细胞病理学、微生物学、免疫学、生理学、生物化学、药理学等均有显著发展,比较完整的近代医学体系最终形成。

从 19 世纪末、20 世纪初开始,西方基础医学和医疗技术发展的积累又带来一次突破。医学理论研究进入了分子、量子水平,分子形态学、分子生理学、分子病理学、分子药理学、分子遗传学等学科成立,一些特殊疗法药物及免疫制剂,如胰岛素、白喉抗毒素、抗肺炎球菌血清等相继出现,尤其是 20 世纪 30~40 年代抗生素的进入临床,解决了以往的一大批不治之症,标志着现代医学的正式来临。20 世纪中后期,西方医学进一步进入基因时代,诊断和治疗技术手段日益精细。

总结起来,近现代西方医学有如下几个重要特征:一是借鉴西方科学文化的思维与方法,重视实证与实验研究;二是吸收近现代物理、化学、生物学等基础学科的成就,推动研究、诊断、医疗和制药等技术不断进步;三是从个体诊治走向公共卫生。因此,西方医学的解剖学、生理学和病理学等学科不断发展与完善,病原生物学、免疫学、药理学和预防医学等新学科逐步建立,诊疗设备与制药的工业化渐成规模,形成了以医院为主体的临床医学模式和重视群体防治的公共卫生模式。这些发展并且体现在近现代西方的社会政治制度中,形成了新式的医疗卫生制度。

1840 年鸦片战争之后,一系列不平等条约的签订,中国的门户被打开。西方医学在中国开始广泛地传播。先是在广州、福州、厦门、宁波、上海等 5 个通商口岸,继而在内地许多省份都建立了教会诊所或医院,随后又陆续开办西医学校,成立西医团体。同时有不少中国人到国外学习西方医药,回国后开展医疗或研究。中华民国时期实施了新式卫生行政,发展现代医学的医疗、教育与研究。中华人民共和国成立后,大力发展我国现代医学,紧跟世界先进医药科技的步伐,提高了民族健康素质,并取得了不少医药研究成果。

二、中西医并存的认识与实践

近代以来,中国出现了中、西两种医学并存的局面,这对传统中医产生了巨大的影响。对于中西医两种医学并存的状况,有着各种争论。问题的焦点包括医学应否有中西之分,两种医学孰优孰劣,以及两种医学应当如何并存等。对这些问题的讨论,在不同的历史时期形成了不同的医学文化思潮,有的并在发展实践中得到体现。

(一)废止中医论

近代西方医学伴随着西方殖民主义扩张而向全球传播,各个民族国家原有的传统医学都受到不同程度的冲击。日本原本一向应用从中国传入的中医,即"汉医",但在明治维新时期采取了废止汉医、转用"兰医"(指西方医学)的政策。世界其他传统医学如阿拉伯医学、印度医学等在西方医学的冲击下也日渐式微。

近代时期的中国,普遍受到西方科学主义的影响,将传统中医视为落后的文化。部分西医人士甚至将中医视为中国发展现代医学的障碍,提出了废除中医的主张。代表人物如余云岫、汪企张等,尤其以余云岫的"医学革命"论影响最大。余云岫(1879—1954 年)1905年赴日本公费留学学习西医,1916 年毕业回国。他著有《灵素商兑》《余氏医述》(再版改名为《医学革命论集》),鼓吹旨在取缔中医的"医学革命"。他将中医称为"旧医",并批评说:"彼旧医之所述,骨度、脉度、筋度、内景,皆模糊影响,似是而非,质以实物,闭口夺气,无余地可以置辨也。"对中医理论持彻底否定的态度,而且还坚决反对中西医沟通,断言:"合中西医学而产生第三种医学,决无此事。"基于此,余云岫在各种场合建言政府取缔压制中医,并在1929 年南京国民政府卫生部第一届中央卫生委员会会议上提出了"废止旧医以扫除医事卫生之障碍案",声称"旧医一日不除,民众思想一日不变,新医事业一日不向上,卫生行政一日不能发展",提出消灭中医的 6 条具体办法,酿成近代史上著名的"废止中医案"事件。虽然由于中医以及社会各界人士的反对,国民政府未正式采纳余云岫的主张,后来还逐步地将中医纳入卫生行政,但始终采取以西医为主体、歧视中医的态度。

(二)中西医汇通

中国医药学在古代的发现中也曾广泛吸取外国医药学的成就。因此,许多中医面对近代西方医学,都持"拿来主义"的思想,主张沟通和吸纳其合理内容,这种思想被称为"中西医汇通"。

自然科学的中西汇通思想,在明末清初即已开始。医学方面的"中西汇通"之名始于清末徐寿《医学论》,自唐宗海的著作《中西汇通医书五种》刊行后流行于世。汇通,意为汇聚和沟通,着重于研讨中西医的比较与汇通。代表性医家有唐宗海、朱沛文、恽铁樵、张锡纯等人。他们对中西医对比主要有如下观点:

1. 中西医理一致,可以沟通 中西汇通医家大多认为中西医理是相通的。唐宗海提出"中西医原理一致"的观点,并举例指出中西医都认为心主血、血管(脉)行血等;西医解剖精细,有许多古代中医未提到的内容,只是对中医理论更细致的体现,如"西医谓心有左右二房,生血由左房出。有运血管由内达外,然后入回血管,由外返内,复入于心……循环不休。西医此说,即《内经》'营周不休,五十而复大会'之实迹也,所谓'阴阳相贯,回环无端'也"(《中西汇通医经精义》)。

主张"衷中参西"的张锡纯,也认为"中医之理多包括西医之理"。如指出《黄帝内经》有"头者精明之府""心者君主之官,神明出焉"的论述,涵盖了中西心脑孰主神明之争,可以认为"神明之体藏于脑,神明之用发于心";临床上疾病也有一致性,如《黄帝内经》所论薄厥、煎厥,"即西人所谓脑充血也",药物方面"中西之论药性,凡其不同之处,深究之又皆可以相通也"(《医学衷中参西录》)等。

因此,汇通医家均对中西医融会的前景寄予希望,唐宗海提出中西医汇通的目标是"不存疆域异同之见,但求折衷归于一是""去彼之短,用彼之长,以我之长,益彼之短。岂不极人事之能,而尽造化之量乎?"张锡纯认为"沟通中西原非难事""夫医学以活人为宗旨,原不宜有中西之界限存于胸中。"恽铁樵认为"中医而有演进之价值,必能吸收西医之长,与之化合,以产生新中医"(《群经见智录》)。

2. 中西医各有所长　近代西医传入中国时,予国人最深刻的印象是其精详解剖与外科手术。中西医汇通医家较多讨论了解剖生理方面的差异,又以朱沛文最为深入。他认为中西医学均是以人体为研究目标的,人体脏器结构组织等物质是中西医共同的客观基础,因此他选择从"藏象"入手,对每一脏器的中西理论逐一对比,分析异同,探其根源。朱沛文在比较中西医时不预设立场,他认为"医治人身之道,确乎有象可据,非可空谈名理",不能在理论上空谈,而要根据医学实践来评判。朱沛文认为中西医对人体脏器功能的理论认识有着许多相同或近似的地方,像心主血、胃主消化等,这可以共通并存;中西医又有许多互异之处,像中医的精、气概念和经络学说等在西医理论中难以对应,但不能加以否定,因为它在指导中医临床中有重要作用。但他也客观地指出西医解剖证实古代脏腑理论"不无臆说",即使是古典经籍如《难经》等的说法也"未尽足征"。因此,朱沛文指出中西医理论"各有是非,不能偏主。有宜从华者,有宜从洋者",因而提出"通其可通,并存互异"(《华洋脏象约纂》)的著名见解。

对于中西医各自的长处,唐宗海概括为"中医长于气化,西医长于解剖",成为著名的观点。气化是人在活体时的功能体现,唐宗海指出:"西医剖割视验……止知其形,不知其气,以所剖割只能验死尸,安能见生人之气化哉?"这一论点可以说明中医理论与解剖发现的差异。如为什么解剖无法发现经络,朱沛文认为原因是"经络运行人身,全凭生气鼓舞,若呼吸一绝,则经络灭然,杳无所睹";中医为什么有"肝左脾右"的说法,张锡纯指出"肝虽居右,而其气化实先行于左,故肝之脉诊于左关;脾虽居左,而其气化实先行于右,故脾之脉诊于右关。"中医的五脏也与解剖所见的实质器官不同,恽铁樵指出《内经》之五脏非血肉之五脏,乃四时之五脏""五行六气,皆所以说明四时者也"。因此,中医的人体观不必以西医的解剖为标准,正如张锡纯所言:"气化之透达,又不必显然有隧道也。"

承认中西医各有所长,自然就应当互补,所以张锡纯提出"衷中参西"的有代表性主张,认为"在中医不妨取西医之所长(如实验器械化学等),以补中医之所短;在西医尤当精研气化(如脏腑各有性情及手足六经分治主六气等),视中医深奥之理原为形上之道,而非空谈无实际也"。

3. 中西医差异源自方法论不同　中西医汇通医家也深刻地认识到中西医的不同源自文化与方法的不同。恽铁樵指出:"中西医之不同,乃由于中西文化之不同。"朱沛文做了详尽的比较,他指出西医的方法是"必以剖验(指解剖和实验)有据,始著于书";而中医的许多观点,则"非遍考丹经不能洞悉其源头,非守静致虚不能切究其形状",即很多理论概念受到道教思想的影响。总体的认识方式各有特点:"中华儒者,精于穷理,而拙于格物;西洋智士,长于格物,而短于穷理。华医未悉脏腑之形状,而但测脏腑之营运,故信理太过,而或涉于虚……洋医但据剖验脏腑之形状,未尽达生人脏腑之运用,故逐物太过,而或流于固……夫理非物则无所丽,穷理贵求其实;物非理则无为宰,格物贵彻其源。择而守之,神而明之,存乎其人耳。"(《华洋脏象约纂》)这里已经涉及了医学研究中如何把握整体与局部、综合与分析、思辨与实证等不同方法的问题,具有深刻的哲理高度。

张锡纯在临床应用中对比了中西药物,也得出了具有方法论意义的观点,他说:"盖西医用药在局部,是重在病之标也;中医用药求原因,是重在病之本也。究之,标本原宜兼顾,若遇难治之症,以西药治其标,以中药治其本,则奏效必捷,而临证亦确有把握矣。"(《医学衷中参西录》)这就是影响甚大的"西药治标,中药治本"论。

中西医汇通医家的这些认识,对以后的中西医比较影响很大。当然,限于当时的条件,他们的认识也有局限或偏颇。如唐宗海偏于"以西医之形迹,印证中医之气化"(《伤寒论浅注补正·序》),有些观点如认为中医的三焦即西医的"油膜"(指大小网膜)等缺乏依据。他反对西医手术,认为"若《内经》、仲景之法,针药灵妙,无取刀割之粗,故不须图(指解剖图)",认为"剖割(指外科手术)粗工,不及针刺之妙,而针法微渺,不如方药之详"。张锡纯虽然尝试中西药并用,但认为西药性味太烈,"不尽宜于中人"。这些观点与当时西医西药的发展水平还较低有关。但他们的认识,在当时体现了一定的时代意义和思想意义。

(三)中医科学化

"中西医汇通"主要是在医学领域内部的探讨。但是在近现代中国的社会文化重大变革中,中西医的问题已经超出了医学领域,成为社会文化争论的焦点之一。因此后来出现了以"中医科学化"为代表的改良中医思潮。

中医科学化思潮的产生,首先是在近代社会制度环境下开展中医抗争的需要。中华民国成立后,逐步建立起西方式的社会制度,与中医密切相关的教育行政和卫生行政,均对中医提出了新的制度性限制。在教育行政方面,1912—1913年公布的学制系统中,只有西医而无中医。北洋政府教育部回复中医抗争时,认为"中医不科学",虽引起中医界的强烈抗争,但从北洋政府到南京政府,民国教育行政管理部门均一直拒绝将中医列入学制,使中医学校教育长期处于不合法的处境下。在卫生行政方面,虽然并未执行中央卫生委员会通过的"废止旧医"议案,但一直在中医开办医院、考试执业、药品应用等方面设置种种限制,不利于中医药的发展。中医界在努力抗争的同时,也不得不根据要求做出相应的变革。

在20世纪30年代,中国的科技界发起"以科学的方法整理中国固有的文化,以科学的知识充实中国现在的社会,以科学的精神光大中国未来的生命"为主旨的"中国科学化"运动,一定程度上得到政府的支持。相对而言,"中国科学化"比五四运动时的"打倒旧文化"要温和,部分中医响应这一口号,提出了"中医科学化"的主张。近代陆渊雷、谭次仲、谢仲墨、施今墨、叶古红、叶橘泉、余无言等中医学家,都是中医科学化的倡导者。

陆渊雷在其著作《生理补正》的绪言中说:"国医所以欲科学化,并非逐潮流,趋时髦也。国医有实效,而科学是真理……今用科学研求其实效,解释其已知者,进而发明其未知者,然后不信国医者可以信,不知国医者可以知,然后国医之特长,可以公布于世界医学界,而世界医学界可以得此而有长足之进步。"不过当时的"中医科学化"有忽视中医传统理论的倾向,如陆渊雷为中央国医馆拟订"中医学术整理大纲"时提出"统一病名",即用西医病名取代中医病名;而谭次仲也主张以西医理论代替中医理论,如认为:"病理又岂有中西之异哉?""若要解释,若讲原理,就不许有丝毫的离开科学的立场多讲半句话。""今若不曰气化而曰生理、病理、药理,不曰风而曰脑,不曰湿而曰胃肠,即所谓科学化矣。"这些主张忽视了中西医在学术上的实质性差异,遭到中医界的普遍反对。

新中国成立初期,卫生行政管理部门一度以"中医科学化"作为中医政策的重心,而且在实际管理工作中加以实施,例如在全国范围内开展改造中医使之成为"科学医"的中医进修教育,要求中医学习现代医学基本知识和技能,并作为中医执业考试的内容。这种政策引起广泛争议,1954 年中央纠正了卫生部的中医政策,并采取了一系列改进中医工作的措施,例如成立中医研究院,吸收中医参加大医院工作,创办中医高等教育,加强对中药的产销管理。由于"中医科学化"思想在实践中的不良影响,此后很少再被提及。

(四)中西医结合

新中国在纠正成立初期的中医政策错误后,对传统中医采取保护和发展的方针,同时也提出了中西医结合的思想,并作为卫生政策加以实施。

"中西医结合"思想的核心是毛泽东关于"把中医中药的知识与西医西药的知识结合起来,创造我国统一的新医学、新药学"的表述,其目标,既不同于以中医为主吸收西医知识的中西医汇通,也不同于旨在将中医融入"科学"的中医科学化。在实践中,需要中西两方面的医学家来共同参与。因此,在 20 世纪 50 年代开始,有关部门举办了各种西医离职学习中医班,鼓励掌握现代科技的医学家加入研究中医的队伍,并在临床上鼓励中西医生协作,用中西医两种方法治病。1960 年国家又确立中西医结合作为卫生方针之一。1977 年卫生部首次制定《1976—1985 年全国中西医结合十年发展规划》,提出要以在教学、医疗、科研方面将中西医结合作为中国医学发展的主流。但由于中西医结合研究无法在短期内取得突破性进展以取代自成体系的中、西医学理论,这一提法脱离了医疗卫生事业的实际。1980 年卫生部召开全国中医和中西医结合工作会议时,改为提出中医、西医和中西医结合"三支力量都要大力发展,长期并存"的方针。随后,全国性的"中国中西医结合研究会"(后改称"中国中西医结合学会")和各省市的中西医结合学会相继成立,《中西医结合杂志》(后更名《中国中西医结合杂志》)等专业杂志出版,"中西医结合"在我国成为一支建制化的科研与医疗力量。当然"中西医结合"作为一种思想和方法,在实践中并不局限于在中西医结合机构内,实际上它也是"中医现代化"的主要内容。如自 2003 年 10 月 1 日开始施行的《中华人民共和国中医药条例》第三条规定:"推动中医、西医两种医学体系的有机结合,全面发展我国中医药事业。"2007 年国务院 16 个部委联合制定的《中医药创新发展规划纲要(2006—2020 年)》提出"促进东西方医学优势互补、相互融合,为建立具有中国特色的新医药学奠定基础"的战略目标,可见中西医结合已作为继承发扬中医药学的重要途径之一。

新中国多年的中西医结合实践,在临床和科研上都取得了一定的成果。中西医结合的综合疗法被推广到临床各科各病种,很多疾病在明确西医诊断的基础上运用中医辨证治疗,观察和总结疗效,进而研究中药作用机理,逐步确立了西医辨病与中医辨证相结合的诊治方法和研究方法。中西医结合治疗急腹症和骨折、针刺麻醉的成功等,都是产生了重大影响的中西医结合早期临床研究成果。后来的血瘀证和活血化瘀研究也产生了很大影响。在基础研究方面,20 世纪 60 年代对阴阳学说和中医"肾"实质的实验研究引起广泛关注,20 世纪80 年代后,实验研究方法在中西医结合研究中所占比重日益增大,阴阳、藏象、经络、气血、诊法、治则等基础理论的中西医结合研究日益活跃。中药的现代研究更取得举世瞩目的成果,从传统中药青蒿中发现和提取出抗疟新药青蒿素,该项成果获 2015 年的诺贝尔生理学或医学奖,此外治疗急性早幼粒细胞白血病的有效药物三氧化二砷的研究和开发等,都是现代科学知识方法与古代用药经验相结合而取得的科研成果。

三、中西医学文化的差异

中西两种医学文化的碰撞,虽然形成的各种比较思想都在实践中取得一些成效,但总体上两种医学各成体系的格局并没有改变。而且人们认识到中医药理论体系有其自身特点,不能轻易地"科学化"或"西化"。因此,从文化角度更好地探讨和阐明两者的差异,具有很强的现实意义。

（一）文化基因的差异

基因是现代生物学的术语。在生物体内,基因通过复制可以遗传给子代,对生物体的功能、结构起着重要作用。20 世纪 50 年代,美国人类学家克罗伯和克拉克洪就开始提出了"文化基因"的设想,1976 年,英国人理查德·道金斯出版的《自私的基因》一书,提出了一个新概念——Meme,有的中国学者将其译为"文化基因",大致意思是指文化传递的基本单位,它是某种文化中最重要的信息元素,决定了此文化不同于彼文化的基本特征。

中医文化和西医文化各有其文化基因,这是它们分别从东西方文化传统中继承下来不同特征。在形式上,主要体现为本体论、认识论、方法论和思维方式等差异。

1. 本体论的差异　东西方文化的自然观,主要体现为元气论和原子论的不同。中国传统文化的元气论的主要内容包括:气是构成万物的本原,气可以分为阴阳之气或五行之气,阴阳二气的升降交感以及五行之气的交互作用,产生了宇宙万物并推动着它们的发展与变化。在这种哲学文化中,气是无形的、连续性的整体性物质,弥漫于整个空间,没有明确的空间范围和空间界限。由此,在气一元论思想下,认识世界注重整体性和运动性,需要在整体背景下认识局部,在运动中观察气的分化与相互作用。

在元气论的影响下,中医着眼于对人本身的统一性与外界环境之间的相互联系和相互协调关系来分析研究。中医始终将人体看成是一个有机整体,认为人体各个组织器官在结构上相互沟通,在功能上相互协调、互为所用,在病理上相互影响。人与外界环境也有着密切的联系,《黄帝内经》提出:"人与天地相应也。"人与天之间所以能够"相应",就在于"气"的共通性。在中医的生理、病理、诊法、辨证、治疗等方面,均体现元气论的影响。如中医认为气是人体的物质基础,是人体生成的条件,"气聚则形存,气散则形亡"。人的疾病是"气"的不正常所导致的,故《黄帝内经》说:"气相得则和,不相得则病""气乱则病""气治则安",即生理功能正常及相互关系和谐则健康,不和谐则可导致疾病。人的形体是气的物质化的结果,其功能则可通过气的运动形式反映于体表,因此诊断可以"以表知里"。万物均由气构成,因此自然界物质中相类的气可以用来干预人体之气的异常。

西方文明的原子论思想源自古希腊时代,其主要观点认为:原子是世界万物的本原,它没有质的差别,只有大小、形状的不同。无数的原子永远在虚空中向各个方向运动着,相互冲击,形成漩涡,从而产生各种各样丰富多彩的现实世界。原子是事物不可分割的单元,有形的原子和万物彼此之间存在着虚空,是间断的。因此,在物质概念上,西方哲学表现为强调物质的不可入性和注重结构观念。现代西方科学的发展虽然已经远远超越了古希腊时代,但依然延续着这些基本观念。

原子论对西医的形成和发展也产生了重要影响。西方医学认为人同样是由构成物质世界的最小单元原子所构成的,其构成方式类似于"机器",把疾病视作机件失灵,由此西方医学始终把注意力集中在寻找失灵的机件上,着眼从部分细节和微观机制上研究和诊治疾病。西医遵循还原论思维方式探讨疾病,并随着技术手段的进步而不断深入,沿着人体的层次结构,从器官水平、细胞水平、分子水平进而到量子水平;从宏观领域深入到微观领域,对各个层次上的病理解剖、病理生理机制进行广泛的研究。

2. 认识论的差异　在不同的本体论支配下,东西方文化的认识论也有很大的区别。中国传统文化将人与自然看作一个整体,并且认为同为"气"所构成的万物可以相互感应和相互影响。因此,主要采用整体观察和关系构成的方式来认识自然界与人类社会。中国传统的整体思维就是将天、地、人以及社会看作是整体,它们之间具有密切的联系,认为天地人我、人身人心都处在一个整体系统之中,各系统要素之间存在着相互依存的联系。《吕氏春秋》说:"人之于天地也同,万物之形虽异,其情一体也。"古代强调通过了解天、地来推知人事,因为天和地的规律是很容易被发现并且能够在长期的实践之中被掌握。耗散结构的创始人普里戈金在《从存在到演化》一文中指出:"中国传统的学术思想是着重于研究整体性和自发性,研究协调与协和的。"

中医学是最能体现整体思维特色的学科。它将人与自然看作一个整体,强调"天人相应",又将人的形体与精神、全身与局部都看成不可分割的整体。尤其在"形神统一"方面,《淮南子·精神训》说:"夫形者,生之舍也;气者,生之充也;神者,生之制也。一失位则三者伤矣。"《灵枢·九针论》说:"心藏神,肺藏魄,肝藏魂,脾藏意,肾藏精志也。"在生理病理状态下均注意人的身心统一性。同时,中医的临床诊治基本特征是辨"证",证是中医学的特有概念,它着重于从人的功能变化来研究和掌握病变规律,把人的生命过程在致病因素作用下所产生的整体性病态功能反应,证是在患者的所有身心症状的基础上综合而成,反映病人的总体生命状态,能够全面、深刻和准确地揭示了疾病的本质。

而西医学作为西方科学的一个分支,主要采用抽象思维和分析还原方法,注重对人体物质构成的研究。现代科学将分析还原方法发挥到极致,实验研究方法在认识事物过程中,将生命的丰富性、生动性、整体性舍弃,将复杂、个性的生命整体简化为实体单元。因此,它长于把握静态的类别,难于把握动态的个别;长于分析局部形体结构上的疾病,忽略难以分析的感觉和情感等。现代西医的医学模式虽然进行了转型,从单纯的生物医学模式发展为生物-心理-社会模式,但基本的分析还原论基因特征仍然十分明显。特别是诊治方面注重辨"病","病"的概念是在临床上经过大样本研究,从动物实验、临床观察到流行病学调查,再经过统计学处理的形成的,在这过程中对次要因素和个体差异往往忽略不计,最终使"病"成为一种脱离具体病人的抽象的疾病模型,治疗原则也是注重对"病"的客观指标的调整,而往往忽略个体病人的反应。

3. **方法论的差异**　在方法论上,东方文化重视调和,而西方文化强调对抗。东方文化重视调和的思想又称为"中和思维",是指在观察分析和研究处理问题时,注重事物发展过程中各种矛盾关系的和谐、协调、平衡状态,不偏执、不过激的思维方法。"中和"一词,最早见于《礼记·中庸》。《中庸》说:"中也者,天下之大本也;和也者,天下之达道也。致中和,天地位焉,万物育焉。"在中国哲学中,"中"即中正、不偏不倚,是说明宇宙间阴阳平衡统一的根本规律以及做人的最高道德准则的重要哲学范畴;"和"即和谐、和洽,是说明天、地、人和谐的最佳状态以及人类所共同向往的社会理想境界的哲学范畴。中和思维的基本特征是注重事物的均衡性、和谐性,行为的适度性、平正性。平衡和不平衡是事物发展过程中的两种状态,处在均势、适度、协调、统一的状态,也就是处于中和的状态;反之就是不平衡,就是背离中和状态。

中医学中和思维体现在许多方面,如阴阳五行的动态平衡,阴阳失调的发病机制,调和致中的治病原则等,在养生防病时,特别注重调和阴阳,饮食有节,起居有常,清心寡欲,精神内守,旨在使人与自然环境和社会环境保持和谐统一的关系。《素问·生气通天论》:"凡阴阳之要,阳密乃固。两者不和,若春无秋,若冬无夏。因而和之,是谓圣度。"其中一个重要方面是人与自然的和谐,因而在"天人合一"思想,注重"法天则地",顺应自然,以此作为中医治病养生的一大原则。

西方文化重视人的个性,人类社会中过于张扬的个性往往形成过多的冲突。在人与自然的关系方面,也往往体现为"天人对立"的思想。他们强调人是自然界的主宰,不是把人类单纯地看作有机自然的构成部分,而是视为自然界的对立物,为了人的福利而不断去增强认识自然、改造自然中的力量。西医的治疗观强调通过对抗或补充手段消除外因来克服和战胜病邪。在科学技术的推动下,西医治疗手段不断发展,用手术疗法割除甚至替换病变部位,用抗生药物征服令人生畏的生物病原体以控制传染病和寄生虫病,取得许多进展,同时也存在诸多手术后遗症、化学药物副作用、抗生素失效等负面后果。

(二)不可通约的理论体系

"不可通约"是现代科学哲学的术语。通约本来是数学术语,科学哲学用来说明不同科学理论之间的关系,本质上不相同的两种科学,即不可通约。

由于中医和西医都是研究人体生命与健康的学科,因此人们一直认为两者是可以相通的,中西医汇通的思想即以此为基础。但经过一百多年来的讨论,人们发现中西医两者的文化基因不同,很难在保持各自基本特征不变的情况下融会互通。因而许多学者根据科学哲学的理论,指出中西医两者具有"不可通约性"。

首先,中西医的研究对象不可通约。表面上两者研究的同为人体与疾病,但其内涵有本质区别。中医研究的具体对象,是以活的整体状态的人为中心而扩展的。所谓活的整体状态,包括生理和病理的两个方面。因此,中医医生通过望、闻、问、切四诊所获取的、自然流露于外的机体反应状态,即中医学中所说的"证候"。"证候"不仅仅反映患者的身体状况,可能还涉及患者所处的社会条件、自然环境、文化素养、性格特征等因素,也就是完整的"人"。而西医从其文化基因出发,其诊"病"主要看客观结构的变化,从组织、器官水平到细胞水平,又从细胞水平到分子水平,力求在最微细的水平上研究机体的结构与功能。通俗地说,中医以"人"为对象,西医以"病"为对象。现在西医虽然也提出生物-心理-社会模式,但其心理、社会医学和生物医学三者实质上是不相融合的三个医学分支,观察的仍然不是完整的"人"。

其次,中西医的研究方法不可通约。中医用整体综合的方法研究人体与疾病,在研究方面上,对整体了解得最多,或者说收集诊治对象的信息越全面,就越有利于辨证。相反,西医寻找"病"的客观指标,只需要精准的局部定位或具体的单一指标,其他的大多数信息,往往当作无关信息加以忽略甚至丢弃。由于方法的不同,诊断价值和治疗标准就大相径庭,很难取得一致的认识。

第三,中西医的基本概念不可通约。中医理论的基本概念,如阴阳五行,具有理论模型的意义,这一模型具有动态可变的特点,人体内具体的某一组织或功能在不同情况可能被赋予不同的属性,这与西医理论概念的确定性有很大不同。中医的"脏腑",更多是功能意义的概念,它们虽以心、肝、脾、肺、肾、大肠、小肠、胃、胆、膀胱等名称命名,带有粗浅解剖的影子,但随着中医理论的发展已经不完全是西医所指的"脏器"。中医的"藏象",甚至还包含有"天人相应"的信息,如恽铁樵在他的《群经见智录》中,称中医的五脏是"四时之五脏,而非血肉之五脏"。此外,像中医的气血、经络,也是在特有认知方式下形成的概念,在西医理论体系中无法找到完全对应的概念。要想保持各自理论形态来进行沟通融汇,只会带来认识上的混乱。

第四,中西医的病机理论不可通约。在中医看来,疾病的发生是外在的自然、社会因素与内在的精神情志、机体状况共同作用的结果,对于疾病的机制,中医归纳为风、寒、暑、湿、燥、火、痰、瘀、毒等病邪,以及阴、阳、表、里、虚、实、寒、热等证型。这些术语都是信息性病机模型,而不是实实在在可以找到的客观特质。因此,西医药理论下发明的药物无法针对它们进行治疗。反之,中医这些概念可以容纳西医的各种疾病,但不具备西医理论下的精准特性,也不能直接指导西药的应用。

综上,中西医理论体系的不可通约,源自两者文化基因的差异。所谓"不可通约"并非说两者不可比较或不可并存,只是说明两者不可能既保持原有形态,又能互相诠释。如果互相融汇,必然有一方,或者两方都要损失自身体系的完整性。而在近代以来的一百多年中,由于西方文化的相对强势,实际上在从汇通到科学化的多次实践中,受损的都是中医。因此,阐明中西医理论体系的不可通约性,可以使人们吸取历史经验和教训,在中西医结合方面注意不要急于求成,以免重蹈覆辙。

学习小结

　　本章介绍了西方文化的发展历程中古希腊罗马文化、中世纪基督教文化、近现代西方文化和当代西方文化的主要特点,近代以来西方文化传入中国对中国传统文化的产生的巨大影响。从哲学、宗教和人文精神三个方面比较了中西方文化的异同,并对中西方文化中的医学文化特点,以及当代中西医并存中的文化差异进行了分析。目的在于以西方文化、西方医学文化为参照,以更好地认识、理解和把握中国传统文化及中医文化。

（郑　洪　张净秋　王　磊）

复习思考题

1. 西方文化发展经历了哪几个阶段?
2. 试比较中西方文化异同。
3. 试谈中西医在文化上的差异。

◇◇◇ 第八章 ◇◇◇

余　论

📌 **学习目标**

通过对中国古代天文历法、数学音律、地理农学、文学艺术、书法绘画等基本内容的学习,了解中国古代科技文化的辉煌历史和重要成就,认识它们对中医药发展的多重影响,从而提升人文素养,为更好地学习中医专业知识技能奠定较为全面而丰富的基础。

学习要点

中国古代天文历法、数学音律、地理农学、文学艺术、书法绘画的主要特点和成就,古代科技文化与中医药的关系。

中国是具有悠久历史的文明古国,拥有灿烂的古代科技和文化,在天文历法、数学音律、地理农学、文学艺术、书法绘画等领域取得了辉煌的成就,并对中医学的发展产生了不可或缺的重要影响。了解中国古代科技文化的历史和成就,对于深入理解植根于传统文化土壤中的中医学的精髓具有无可替代的作用,是中医学传承创新之路上的重要一环。本章简要介绍天文历法、数学音律、地理农学等中国古代科技文化对中医学的影响,以及文学艺术、书法绘画等艺术文化与中医学的有机联系。

第一节　天文与历法

我国是世界上最早进入农耕生活的国家之一,农业生产对气候节令的要求很高,所以古人精勤于天象观察,在天文历法方面取得了令世人瞩目的成就。以天人合一为最高境界的中医文化,与天文历法息息相关。

一、天文

(一)中国古代天文学成就

1. 天象记录和天体测量　中国古代天文学是从天象观测开始的,《周易》中就有"观乎天文,以察时变"的记载。对天象记录的特点是准确丰富,且从未间断。早在殷商甲骨文中就有与太阳黑子相关的记载,而目前世界公认最早的太阳黑子记录,是《汉书·五行志》所载河平元年(公元前 28 年)"三月乙未,日出黄,有黑气大如钱,居日中央"。对彗星的记录,从春秋到清末有 500 余次。世界公认最早的哈雷彗星记录,是《左传·文公十四年》(公元前 613 年)所载"秋七月,有星孛入于北斗",比欧洲早一千多年。此外,中国对现代天文学贡献最大者当数新星和超新星的记录,其中最早记录新星是公元前 134 年。中国对日食、月食的记载,也是世界上最早最丰富的,而且精确度极高。

天体测量是通过测定天体的位置和天体到达某个位置的时间来为各种科学服务的一门学问。我国古代在测天仪、星表、星图、测定子午线长度等方面均取得了巨大成就。据考古发现和文献记载,早在五六千年以前,先民就对天体有了具体的观测。汉代已经创制了世界上最早的测天仪器——浑仪,经过后世的不断改进,发展成为具有多种功能的复杂仪器。唐代一行和尚创制了黄道游仪,以观测日、月、五星的位置和运动情况,并最早发现了恒星位移现象。元代郭守敬于 1276 年制成了简化的浑仪——简仪。由于有了先进的测天仪器,中国古代天文学家们得以对多种天体进行详尽的观测和记录。

2. 对宇宙结构与起源的认识　我国古代对宇宙的认识有多种,最具代表性的是盖天说、浑天说和宣夜说。

(1) 盖天说:盖天说分为两种,一种见于《大戴礼记·曾子天圆》及《晋书·天文志》所载"周髀家说",另一种见于今本《周髀算经》。两者都认为天是半圆形的,如一只扣着的大锅,不同之处在于前者认为地是方的,后者认为地如倒扣的一个圆盘。盖天说认为:北极是天之极,相当于天盖半圆的圆心和转轴;太阳和月亮在天盖上作环形运转,运转的轨道称衡,轨道与轨道之间称间,共有七衡六间。三国时赵君卿所注《周髀算经》中有"七衡六间图",用以说明二十四节气与太阳运行轨迹的关系,即衡从内向外第一衡为夏至轨道,第二衡为小满、大暑轨道,第三衡为谷雨、处暑轨道,第四衡为春分、秋分轨道,第五衡是雨水、霜降轨道,第六衡是大寒、小雪轨道,第七衡是冬至轨道。

盖天说虽然在描述天体视运动方面有一定历史意义,但也有其致命弱点,即日月星辰只能绕着拱形的半球式地面水平旋转,而不能转到地下。随着数学计算方式的发展,汉代学者依据对日月星辰运行轨道的测算,对盖天说提出种种诘难,逐步形成了一种新的宇宙结构模型——浑天说。

(2) 浑天说:浑天说认为天不是半圆的,而是一个球体;地也是球体,被包裹在天球中,如蛋黄被包裹在蛋中。地浮在天球的水中,一半在水上,一半在水下,太阳在天球内运行,走到水上就是白天,走到水下就是夜晚。浑天说还认为天极是斜倚在天上,天轴与地平呈 36° 的仰视角,太阳不是环赤道运行,而是环绕与赤道所在平面呈 24° 多的黄道作南北往返运行,故可根据太阳运行轨道的不同来解释季节、气候和白昼的长短。浑天说还提出天有两个极点(极轴点)的观点。浑天说的代表作是东汉张衡的《浑天仪注》。

(3) 宣夜说:宣夜说约产生于战国时期,但因未见留下完整的文献资料,具体创始人尚难断定,《晋书·天文上》曰:"宣夜之书亡,惟汉秘书郎郗萌记先师相传云……"现有资料中,《列子·天瑞》认为日月星辰是由发光的气组成的;宋钘、尹文提出了朴素的元气学说;《庄子·逍遥游》则表述了对宇宙无限的猜测。归纳而言,宣夜说认为天无形质,没有边际,日月众星浮在虚空之中,其行止皆依赖于气的作用;其运行或逝或往、或顺或逆,伏见无常,是由于无所根系之故。至于"宣夜"二字直到清代才有了一个牵强的解释,即整个夜晚观测讨论天文学说。

3. 天文知识撮要

(1) 七曜、二十八宿与三垣:七曜亦称"七政""七纬""七耀",系指日(太阳)、月(太阴)、五星(金-太白星,木-岁星,水-辰星,火-荧惑星,土-镇星、填星)。

二十八宿又称"二十八舍""二十八星",是古人为观测日月五星运行而确立的二十八个恒星坐标,主要分布在黄道或赤道带上,分东、西、南、北四大星区,每区各 7 个星宿,东方苍龙七宿是角、亢、氐、房、心、尾、箕,西方白虎七宿是奎、娄、胃、昴、毕、觜、参,南方朱雀七宿是井、鬼、柳、星、张、翼、轸,北方玄武七宿是斗、牛、女、虚、危、室、壁。

三垣,即上垣太微垣、中垣紫微垣、下垣天市垣。它们本是天官名,自隋唐《步天歌》始用作天区名。三垣位于北天球以北极为中心的球冠部分,各星多以官名命名,共有78个星官。三垣与二十八宿合称"三垣二十八宿"。

（2）北极星和北斗星:北极星称北辰,最靠近正北方位。它一年四季恒居不动,是夜空能看到的亮度和位置较稳定的恒星。北斗星是指在北天排列成斗（枓）形的七颗亮星,人们常称之为北斗七星。北斗七星从斗口至斗柄分别命名为天枢、天璇、天玑、天权、玉衡、开阳和摇光。前四颗组成一个梯形,似可以盛物的方斗形容器,称"斗魁",又称"璇玑";后三颗连成勺柄,合称为"杓",又称"斗柄""玉衡"。若加上杓前两星招摇和天锋,便是古称的北斗九星。北斗九星在不同季节指向不同方向,古代曾依此确定季节。又因北斗靠近北极,它的勺头天枢、天璇两颗星又被称为"指极星",连线延长约五倍处即指向北极星,可以帮助人们在夜间辨认方向（图8-1、图8-2）。

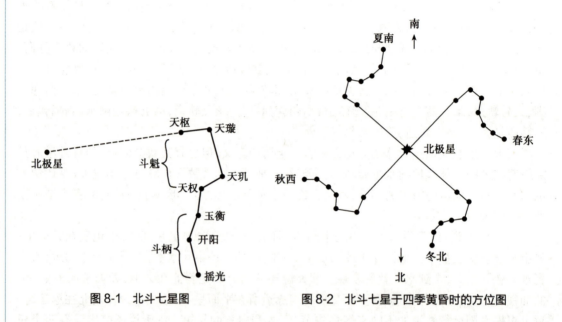

图 8-1 北斗七星图　　　　图 8-2 北斗七星于四季黄昏时的方位图

（3）黄道与分野:黄道是太阳在天球上周年视运动的轨道,即观测者所看到太阳在天空中所经过的路线,实际上是地球围绕太阳公转的轨道。黄道两侧各8°的范围称为黄道带,日月和主要行星的运动轨道都在黄道带内。

分野是古人根据地上的区域来划分天上星宿的一种方法。星宿的分野,在古代一般按国分配,到后来又按州分配（表8-1）。古人分野的目的主要是为了观测天象以占卜地上所配州国的吉凶,即我国古代占星术。

表 8-1 星宿分野表

二十八宿	分野	
	国	州
斗 牛	吴国	扬州
虚危女	齐国	青州
壁 室	卫国	并州
娄 奎	鲁国	徐州
毕昂胃	赵国	冀州
参 觜	晋国	益州

续表

二十八宿	分野	
	国	州
鬼 井	秦国	雍州
柳星张	周国	三河
翼 轸	楚国	荆州
角 亢	郑国	兖州
心房氏	宋国	豫州
箕 尾	燕国	幽州

（二）天文学与中医

中医学是古代多学科融合的产物,其中包括古代自然科学重要代表的天文学。《素问·气交变大论》曰:"夫道者,上知天文,下知地理,中知人事,可以长久。"可见天文学对中医学的影响。

1. 对中医思维的渗透　古人认为天文现象与地上的物候、时节、国运乃至人的身体、疾病等都有着内在的联系,形成了天人合一的整体思维模式。中医学天人相应的整体观与这种思维方式如出一辙。

2. 对中医理论的影响　中医理论的构建也受天文学影响,阴阳五行、五运六气理论都与天文学息息相关。阴阳是从天文自然现象中抽象出来的哲学概念,五行代表日行周天的主要自然节律;五运六气以干支推演气运变化规律,其天文背景则是五星在二十八星宿之间的运行。中医四时八风理论也深受天文学的影响。

二、历法

（一）中国古代历法

历法是一种通过计算时间来确定节气并将其组成年、月、日体系的方法,是我国古代天文学的主要组成部分,与农业生产直接相关。其内容包括月的日数怎么分配,一年中月的安排和闰年闰月的安插以及节气的确定。我国古代历法还包括日月食和五大行星运行的推算等。张岱年、方克立主编的《中国文化概论》认为,中国远在一万年前氏族公社初期的"人皇氏"时期,就发明了用"十天干"和"十二地支"迭相搭配以记日的方法,是人类历法的开端。

1. 阴历、阳历与阴阳合历　古人以地球自转一周的时间为一"日",以月相变化的周期为一"月"(因每月的初一称为"朔",十五称为"望",故又称"朔望月"),以地球围绕太阳公转的周期为一"年"(现代人称之为"太阳年")。历法中以月亮运动为主要依据、以"朔望月"为单位的历法称作阴历,以太阳运动为主要依据、以"太阳年"为单位的历法称作阳历。我国古代颁布的历法大多是阴阳合历,即以"朔望月"计"月",以"太阳年"计"年",以兼顾太阳和月亮运动。

2. 三正、天干地支与六十甲子　我国古代同时存在过夏历、殷历和周历三种不同的历法制度。三者主要的区别在于岁首的月建不同,所以又称"三正"。周历以通常冬至所在的建子之月(即夏历的十一月)为岁首,殷历以建丑之月(即夏历的十二月)为岁首,夏历以建寅之月(即后世常说的阴历正月)为岁首。目前我们使用的是夏历,以寅月为岁首,所以称为"建寅"。

天干地支简称"干支"。在中国古代的历法中,甲、乙、丙、丁、戊、己、庚、辛、壬、癸被称为"十天干",子、丑、寅、卯、辰、巳、午、未、申、酉、戌、亥叫做"十二地支"。十天干和十二地支依次相配,组成六十个基本单位,被称为六十甲子(表8-2)。天干地支在我国古代用于纪时、纪日、纪月、纪年等。

表8-2 六十甲子排列组合表

天干	甲	乙	丙	丁	戊	己	庚	辛	壬	癸
地支	子	丑	寅	卯	辰	巳	午	未	申	酉
	戌	亥	子	丑	寅	卯	辰	巳	午	未
	申	酉	戌	亥	子	丑	寅	卯	辰	巳
	午	未	申	酉	戌	亥	子	丑	寅	卯
	辰	巳	午	未	申	酉	戌	亥	子	丑
	寅	卯	辰	巳	午	未	申	酉	戌	亥

3. 四时与二十四节气 四时即一年春、夏、秋、冬四季。夏历以正月、二月、三月为春季,分别称做孟春、仲春、季春;以四月、五月、六月为夏季,分别称做孟夏、仲夏、季夏;七月、八月、九月为秋季,分别称做孟秋、仲秋、季秋;十月、十一月、十二月为冬季,分别称做孟冬、仲冬、季冬。古人常用孟春、仲春等作为相应月份的代称。在中医古籍中,为使四季与五行相配,出现了"五时"的概念,即四时加"长夏","长夏"配土。

二十四节气是我国历法的特色和独创,出现于战国时代,是我国古代天文学家和劳动人民在农业生产实践中发现、创造,并用以指导耕耘、播种和收获等农事活动。它把一周年 $365\frac{1}{4}$ 日平分为立春、雨水、惊蛰、春分、清明、谷雨、立夏、小满、芒种、夏至、小暑、大暑、立秋、处暑、白露、秋分、寒露、霜降、立冬、小雪、大雪、冬至、小寒、大寒二十四个节气,以反映四季、气温、雨雪、物候等方面的变化规律。

4. 我国历史上最有影响的几种历法

(1) 太初历:颁行于公元前104年(汉武帝太初元年),较秦代使用的颛顼历有许多进步之处。太初历使用夏正,以寅月为正月岁首。通过实测,太初历取太初元年十一月甲子朔旦夜半冬至这个时刻作为历元,对历法的许多周期计算大为有利,因为这个时刻既是冬至时刻(传统一年的起始点),又是一天的起始点——夜半,又是一个月的起始点——朔旦,又是六十干支周的起始点——甲子,又是二十四节气的起始点——冬至,对各种时间周期可以做统一推算。太初历以无中气之月为闰月,按照十九年七闰来安排闰月;开创性地记有日、月食的周期,为日、月食的预报打下了基础;对五星周期的测定也比以前有明显进步。

(2) 大明历:创制者为南朝科学家祖冲之(429—500年)。大明历中把一个朔望月的日数精确到29.530 59日,与现今实测的朔望月平均长度相差不到一秒钟;并认为传统的十九年七闰误差偏大,应是二百年差一天,故提出每391年中置144个闰月的闰周,这样每年的长度就是365.242 8天,即一年相差52秒,与今测值只差万分之六日。大明历的另一个创新是首次引进了岁差概念,使冬至点在恒星间位置每年向西移动一点点。此外,祖冲之还第一次得到对于预测日食、月食极其重要的交点月(月亮过黄道和白道交点的时间)的数值。

(3) 授时历:颁行于元至元十八年(1281年)。授时历在吸取前代历法经验的基础上,强调实地观察,并大力改进了天文观测仪器,所采用的天文数据几乎都是我国历史上最先进的,其朔望月、近点月、交点月等误差较之前代其他历法更小。授时历还废除了上元积年,以至元十八年天正冬至(实即至元十七年十一月里的冬至)为历元。根据实际观测,确定了当年的气应(冬至距上个甲子日夜半的时间)、闰应(冬至距十一月朔的时间)、转应(冬至距月

笔记栏

过近地点的时间)和交应(冬至距月过黄白交点的时间)等数据。这些方法和近代编算天文年历中使用的方法是相近的。此外,授时历在解决天体黄道度数和赤道度数互相换算的问题中创立了两个公式,它们和球面三角法中的有关公式是一致的。总之,授时历被公认为是我国古代历法成就的最高峰。

(二)历法与中医

《黄帝内经》说"人以天地之气生,四时之法成"(《素问·宝命全形论》),"不知年之所加,气之盛衰,虚实之所起,不可以为工矣"(《素问·六节藏象论》)。由此可见,中医学与天文历法关系的重要性。

1. 天文历法对中医理论框架的影响 藏象经络理论是中医理论的核心基础,而以天文历数来构建人体脏腑经络模型,是中医藏象学说的主要特点。藏象学说为了满足不同时期、不同流派的天文历数,形成了不同的体系,诸如四时藏象理论、六节藏象理论(与六爻历的天文历数模型有关)、五脏六腑十一藏象理论(五运六气历图式人体的产物)、十二脏腑藏象理论(为人副天数之十二月)。四时藏象理论中,春夏秋冬四时是形成阴阳学说互根互用观的基础,以四时阴阳配属肝、心、肺、肾四脏是《黄帝内经》天人合一、人副天数的具体应用。六节、六气是形成阴阳学说三阴三阳循环恒动的基础,中医学的整体恒动观完全是建立在这种三阴三阳不停消长循环的基础之上。经络理论也同样受到古天文历数的影响,《黄帝内经》中有关经络的记载就有四经、五经、六经、奇经八脉、九经、十经、十一经、十二经等多种模型,其中每一种模型都是在天人合一、人副天数的理论指导下,运用历法模型对人体经络现象进行思辨和归类、取类比象而成。

由于中医学的基本理论框架来源于天文历数,故中医学从诊断到治疗的整个理法方药体系无不深深烙下历法的印记。一定程度上可以这样说,如果离开了天文历数,中医理论就成为无本之木、无源之水,仅仅是零散的临床实践经验堆积而已。

2. 天文历法对中医时间医学形成的影响 "中医时间医学"虽属近年提出的名称,然而古代医家围绕时间而展开的医疗实践活动却已历史悠久,并形成了系统的理论。

自我国进入农耕社会以后,人们已注意到时间周期节律变动对生物的影响。中医学在长期医疗实践过程中,较早地发现时间节律变动与人体生理、病理的密切联系和影响。《黄帝内经》已经认识到人体有多种生理时间节律,其中日节律(昼夜节律)中有阴阳消长节律、卫气周行节律、经脉气血流注节律,月节律中有气血盈亏变化节律、月经节律,年节律(四时节律)中有阴阳消长节律、人气生长收藏节律、五脏主时节律、脉象变动节律、色泽变动节律等。人们可依据历法来把握时令气候变化对养生和治疗的影响,因时制宜地采取适当的预防与治疗措施。《黄帝内经》中使用的历法主要有太阳历(包括二十四气历和九宫八风历)和阴阳合历(包括太阳回归年与太阴年相结合的阴阳合历、五运六气历)。

金元时期,时间医学获得了较大的发展。五运六气理论、子午流注针法(以时日开穴)等盛极一时。四大家之刘完素在用专方治病时,常立"四时增损法"以适应时令季节的变化;张从正十分注意发病与天时变化的关系,在治疗上也很注意"择时用药";李杲不仅提出四时用药的规律,而且对昼夜阴阳变化与疾病的关系也做了具体分析;朱震亨认为"天地以五行更迭衰旺而成四时,人之五脏六腑亦应之而衰旺"(《格致余论》),因此在治疗上十分强调因时制宜。

第二节 数学与音律

数学与音律是中国古代科技文化的重要组成部分,许多成就在世界科技史上具有令人瞩目的领先地位,为中国乃至世界的文明进步作出了卓越的贡献。中医学的形成和发展,离不开包括数学与音律在内的中国古代科技的有力支持。

一、数学

(一)中国古代数学成就

古代先民在从野蛮走向文明的漫长历程中,逐渐产生了数的概念。《汉书·律历志》谓"自伏羲画八卦,由数起,至黄帝尧舜而大备",先秦典籍《世本》"隶首作算数"推黄帝史官隶首为发明算数术的代表。古代数学的发展为天文推算、历法制定、音律益损等奠定了基础,从而为生产、生活(包括医学)提供服务。

1. 十进位值制、筹算和珠算 "十进"即满十进一,"位值"指数字在(个、百、千……)不同的位置上所表示的数值不同,十进位值制使极为困难的整数表示和演算变得简便易行。至迟在商代,我国就采用了十进位值制,出现了用一、二、三、四、五、六、七、八、九、十、百、千、万等 13 个数字计数的甲骨文字。

筹算是以刻有数字的筹(亦称"策")为工具来计数、列式和进行各种数与式的演算的一种方法,是在珠算发明前我国独创且最为有效的计算方式。筹算不用运算符号,无须保留运算的中间过程,只要求通过筹式的逐步变换而最终获得问题的解答。筹算在春秋时就已比较成熟,如《老子·二十七章》曰"善数不用筹策";在三国以前,已采用不同颜色、形状的筹来表示正(赤色、三棱)、负(黑色、四棱)数了。筹算促进了中国古代数学的早期发达和持续发展,至元明时才逐渐被珠算替代。

珠算是以算盘为工具进行数字计算的一种方法。"珠算"之名,目前最早见于汉代徐岳《数术记遗》所载"珠算,控带四时,经纬三才",北周甄鸾注谓"刻板为三分,其上下二分以停游珠,中间一分以定算位。位各五珠,上一珠与下四珠色别",可知系以滚珠在盘上计算,虽与现今通行的算盘有所不同,但其计算原理已是五升十进制,可视为现代算盘的前身。宋元时人们创造的乘除捷算法促进了筹算向珠算的演变,筹算口诀亦变成珠算口诀,具有便于记忆、算法简捷、运算迅速等优点,明代已趋盛行。2013 年珠算被联合国教科文组织列入人类非物质文化遗产代表作名录。

2. 割圆术和圆周率 所谓"割圆术",就是用圆内接正多边形的面积去逼近圆面积以求出圆周率的方法。晋刘徽在《九章算术注·方田》中提出通过对圆内接正多边形边数的无限增加使其周长逼近圆周长:"割之又割,以至于不可割,则与圆周合体而无所失矣。"直到圆内接正 3072 边形,算出圆周率近似值为 3.141 6。南朝祖冲之进一步推算出圆周率的不足近似值 3.141 592 6 和过剩近似值 3.141 592 7,精确到小数点后七位,领先世界约一千年。

3. 算经十书和宋元四家 唐代国子监内设算学馆,规定以《周髀算经》《九章算术》《孙子算经》《五曹算经》《夏侯阳算经》《张丘建算经》《海岛算经》《五经算术》《缀术》《缉古算经》等十部自汉至唐千年间的数学名著为教科书,后世通称"算经十书"。其中以《九章算术》与《周髀算经》最为著名。

《九章算术》一作《九章算经》,是中国古代最重要的数学著作,其主要内容在先秦已具备,经西汉张苍、耿寿昌删补而成,有方田(分数四则算法和各种面积公式)、粟米(粮食交易比例方法)、衰分(比例分配的算法)、少广(开平方和开立方法)、商功(各种体积公式和工作量的分配算法)、均输(赋税平均负担计算法及各种算术难题)、盈不足(盈亏类问题解法及应用)、方程(线性方程组解法和正负术)、勾股(勾股形解法和一些测量问题的解法)共九章,书中所载许多方法和法则在世界数学史上属首创,是当时世界上最简捷有效的应用数学范本。目前流传的主要为晋刘徽注本及后世各家解释本。

《周髀算经》原名《周髀》,因唐代列入算经十书之一,故名《周髀算经》,是中国古老的天文学和数学著作,约成书于公元 1 世纪。天文学方面主要阐明了当时的盖天说和四分历法,数学方面使用了繁复的分数算法和开平方法,并最早应用勾股定理。髀,即是股,立八尺之表为股,而表影则为勾,《周髀算经》卷上之二曰:"周髀长八尺,夏至之日晷一尺六寸。髀者,股也;正晷者,勾也。"

中国古代数学在宋元时期达到繁荣的顶点,涌现了一批卓有成就的数学家,其中以秦九韶、李冶、杨辉和朱世杰成就尤为突出,被誉为"宋元数学四大家"。秦九韶著有《数书九章》,其大衍总数术(即一次同余式组解法,被称为"中国剩余定理")和正负开方术(高次方程数值解法)是两项最突出的贡献。李冶著有《测圆海镜》,集勾股形与圆的各种关系之大成,发展了天元术(建立高次方程)。杨辉著有《详解九章算法》《杨氏算法》等多种数学著作,在二阶等差级数求和、纵横图知识、总结民间筹算乘除捷算法等方面贡献卓著。朱世杰《四元玉鉴》是中国古代水平极高的数学著作,对多元(四元)高次方程的解法、高阶等差级数求和及招差术(有限差分)具有重大贡献。

(二)医学中的数学元素

古代医学实践虽然不一定运用到高深的数学方法,但一些基本的运算法则还是支撑医学发展的重要基础。《素问·阴阳离合论》"阴阳者,数之可十,推之可百,数之可千,推之可万"是十进位值制的具体应用。而在现代医学中,数理统计等方法已是临床和实验研究必不可少的重要手段。

1. 方药中的剂量换算 中医处方离不开药味的剂量,从一帖各单味药的计量到一疗程数帖各同种药的总量,需要数字的累加和拆分,以有效地进行饮片的抓取和分装;多味药物不同剂量的价格核计亦是繁复的运算工作。并且不同朝代的同一计量单位名的实际重量是变化不同的,如同是"一两",东汉张仲景时约合今 14 克,唐代则约合今 37 克,因此医家在遵照医经处方用药时,必须进行数字换算,可能会涉及分数或小数的运算。北宋张择端风俗画长卷《清明上河图》中,赵太丞家医药铺屋内案几上放置的一把算盘,被认为是现存文献资料中最早出现的现行算盘图像,可见当时已用珠算进行药物剂量或药价的计算(参见图 8-23)。

2. 运气学的推步运算 五运六气学说是中医理论的组成部分,其中运气的推演离不开数字运算。《素问遗篇》之《刺法论》《本病论》中屡屡论及"天数""地数"的有余不及和等差。《素问·六微旨大论》"所谓步者,六十度(度:日)而有奇"王冰注:"奇,谓八十七刻又十分刻之五也。"任应秋释曰:"一步一气,各主六十日又八十七刻半。"《素问·六微旨大论》"显明之右,君火之位也;君火之右,退行一步,相火治之;复行一步,土气治之;复行一步,金气治之;复行一步,水气治之;复行一步,木气治之;复行一步,君火治之。"任应秋解道:"总六步,而得三百六十五日又二十五刻(按一日百刻,二十五刻即四分之一日),一岁一周遍,年年无异动。"而《素问·天元纪大论》"五气运行,各终期日"王冰注:"一运之日,终三百六十五日四分度之一。"则是明确运用了四分历理论。

二、音律

(一)中国古代音律

古代汉族音律为五音六律。《孟子·离娄上》曰:"不以六律,不能正五音。"音律在古代社会生活中具有重要的作用。

1. 五音七声 "五音"亦称"五声",系指中国五声音阶中的宫、商、角、徵、羽五个音级,

《周礼·春官·大师》载:"皆文之以五声:宫、商、角、徵、羽。"大致相当于现行简谱中的1、2、3、5、6。"七声"有数种:一为宫、商、角、变徵(徵的低半音)、徵、羽、变宫(宫的低半音);一为宫、商、角、清角(角的高半音)、徵、羽、变宫,秦汉以后称"清乐音阶";一为宫、商、角、清角、徵、羽、清羽(羽的高半音),秦汉以后称"侧商音阶"或"燕乐音阶"。"七声"基本涵盖了现行简谱中的七个音级。

2. 阴阳六律　"律"是中国古代审定乐音高低的标准,其仪器为管状,律管由长至短依次为黄钟、大吕、太簇、夹钟、姑洗、仲吕、蕤宾、林钟、夷则、南吕、无射、应钟,共12支,称十二律。其中奇数黄钟、太簇、姑洗、蕤宾、夷则、无射为六阳律,即"六律";偶数大吕、夹钟、仲吕、林钟、南吕、应钟为六阴律,称"六吕"。故十二律亦称"律吕"(一般而言,"六律"往往可以指代六律六吕即十二律)。古代以律管飞灰法将十二律和十二个月相对应,《礼记·月令》曰:"孟春之月……律中大蔟(太簇)""仲春之月……律中夹钟""仲冬之月……律中黄钟""季冬之月……律中大吕"等。

由于"黄钟"和"大吕"分别为六阳律和六阴律的第一律,故"黄钟大吕"合称用以形容音乐或文辞正大庄严、高妙和谐。

(二)音律与中医学

音律与中医学的关系较为密切,是中医"天人相应"理念的一个体现。《素问·针解》中道:"夫一天、二地、三人、四时、五音、六律、七星、八风、九野,身形亦应之,针各有所宜,故曰九针……人声应音,人阴阳合气应律……"《灵枢·邪客》曰:"天有五音,人有五脏;天有六律,人有六腑。"在中医医籍中,可以见到以五音配五脏、六律配脏腑经脉的例子。

1. 五音与五脏　《素问》中有数篇论及五脏与五音的对应关系,如《金匮真言论》篇:"东方青色,入通于肝……其音角""南方赤色,入通于心……其音徵""中央黄色,入通于脾……其音宫""西方白色,入通于肺……其音商""北方黑色,入通于肾……其音羽";《五常政大论》篇:"木曰敷和,火曰升明,土曰备化,金曰审平,水曰静顺""敷和之纪……其脏肝……其应春……其音角""升明之纪……其脏心……其应夏……其音徵""备化之纪……其脏脾……其应长夏……其音宫""审平之纪……其脏肺……其应秋……其音商""静顺之纪……其脏肾……其应冬……其音羽。"《四诊抉微·听音论》中指出"五脏者,中之守也,各有正声",并总结前代之论具体阐述道:"脾应宫,其声漫以缓;肺应商,其声促以清;肝应角,其声呼以长;心应徵,其声雄以明;肾应羽,其声沉以细。此五脏之正音。"兹列表示意《素问》诸篇中五音与五脏等的对应关系(表8-3)。

表8-3　《素问》五音与五脏、五方、五色、五季对应表

五音	角	徵	宫	商	羽
五脏	肝	心	脾	肺	肾
五方	东	南	中央	西	北
五色	青	赤	黄	白	黑
五季	春	夏	长夏	秋	冬

2. 律吕与脏腑经脉　宋元间医籍《渊源道妙洞真继篇》以阴阳六律配十二脏腑及所属经脉,曰"律中太簇,肇当孟春之月……其气专在人之三焦……每夜乾时,人气所在手少阳三焦经""仲夏之月……律中蕤宾……人气在心……每昼丙时,人气所在手少阴心之经"等,兹以表格示意《渊源道妙洞真继篇》中十二律所对应的脏腑经脉(表8-4)。

表 8-4　《渊源道妙洞真继篇》十二律与脏腑、经脉、四季对应表

十二律	脏腑	经脉	四季
太簇	三焦	手少阳	孟春　一月
夹钟	大肠	手阳明	仲春　二月
姑洗	小肠	手太阳	季春　三月
仲吕	心包	手厥阴	孟夏　四月
蕤宾	心	手少阴	仲夏　五月
林钟	肺	手太阴	季夏　六月
夷则	胆	足少阳	孟秋　七月
南吕	胃	足阳明	仲秋　八月
无射	膀胱	足太阳	季秋　九月
应钟	肝	足厥阴	孟冬　十月
黄钟	肾	足少阴	仲冬　十一月
大吕	脾	足太阴	季冬　十二月

第三节　地理与农学

我国自古就是一个农业大国,悠久的农耕文明孕育了地理学、农学的辉煌成就,这些成就对中医学理论的形成和发展产生了重要的影响,为中医一些特色学说思想奠定了基础。

一、中国古代地学成就

我国地学知识萌芽很早,原始人类在熟悉自己的活动区域和周围自然环境时就认识了矿物和岩石的一些性质。"地理"一词目前最早见于《周易·系辞上》:"仰以观于天文,俯以察于地理。"至春秋战国时期已取得了杰出成就,战国以后逐渐形成传统地理学。东汉班固《汉书·地理志》是我国现存第一部以"地理"为名的地理学专著(篇),标志着我国传统地理学已形成了完整的体系。明中叶以后,徐霞客等注重实地考察、探讨自然规律,开辟了中国地学研究的新方向。

(一)地图学成就

相传在夏代或更早就已有表示山川等内容的原始地图。战国到西晋是中国地图学理论的建树时期,在马王堆汉墓出土的地形图上,可看到与现今地图水道大部分相近的深水(今潇水)及其支流;西晋地图学家裴秀在《禹贡地域图序》中提出"制图六体"——"分率"(比例尺)、"准望"(方向)、"道里"(人行路径)、"高下"(高取下)、"方邪"(方取斜)和"迂直"(迂取直),直到明末仍为中国制图者所遵循。唐代贾耽《海内华夷图》尺幅达到了长三丈,高三丈三尺,并开创了以墨朱两色分注古今地名的先例;宋代绘刻《禹迹图》是我国现存最早的石刻地图。

(二)地理学著作

《尚书·禹贡》是中国现存最早的区域地理著作,记载了夏代的疆域及各地的山川湖泽、物产贡赋,由"九州""导山""导水""五服"等部分组成,"九州"主要按地理自然分界把疆域划为冀、兖、青、徐、扬、荆、豫、梁、雍九州;"导山"将岍山、岐山等20余座山岳归纳成4条自

西向东的脉络;"导水"介绍弱水、黑水、黄河、长江、渭水、淮河等 9 条水系的流向;"五服"以王畿为中心,每隔五百里为距,分甸服、侯服、绥服、要服、荒服五等,根据距离近疏分别为王室做不同的贡献,反映了政治上的大一统思想。该篇还按九州把土壤划分为白壤、黑坟(坟:土地肥沃)、白坟、青黎、黄壤等十个类别,被英国李约瑟认为可能是世界上最古老的土壤学著作。

《管子·地员》是中国最早的综合性自然地理著作,该篇把土地划分为 5 大类 20 多个小类,形成了世界上第一个土地类型等级系统,同时也是中国最早论述植物生态地理和土壤地理的专篇。《山海经·山经》主要记载山川地理,包括动植物和矿物等的分布情况。《水经》是中国第一部记述水系的专著,而北魏地理学家郦道元的《水经注》通过为《水经》作注,全面系统地介绍了 1 250 余条水道流经地区的自然地理和经济地理等诸方面的内容,不少记载至今还有参考价值。明代的《徐霞客游记》不仅记述了作者所到之地的农业、手工业、矿产、交通等方面的情况,还描述了当地少数民族的生活风俗习惯,更为可贵的是对石灰岩溶蚀地貌的观察和记述要早于欧洲约两个世纪,并且纠正了前代地理学著作中的一些错误。

二、中国古代农学成就

我国自古以农业立国,农学研究历来受到人们的重视,因而在农学农技方面取得了令世人瞩目的成就,出现了一批优秀的农学家和农学著作,是世界上编写农书最多的国家。

(一)先秦时期

据《汉书·艺文志》记载,先秦时期的农家著作有 9 种,其中《神农》二十篇、《野老》十七篇是目前所知最早的农学专著(已散佚)。对后代有影响的农书是周代《后稷》(原书已佚),其中《上农》《任地》《辨土》《审时》四篇被收入《吕氏春秋》中,是对战国以前农业科学技术发展的重大总结,被尊为中国传统农学的奠基之作。

(二)两汉魏晋南北朝时期

西汉的《氾胜之书》全面总结了西汉时期我国北方的农业生产技术。北魏农学家贾思勰编写的《齐民要术》篇幅之巨居于中国古代农书之首,该书特点有三:一是内容全面,如大田作物和蔬菜的种植、果树林木等的培育、动物饲养、酿造、食品加工、菜谱和文化用品等,几乎无所不包;二是重视备荒减灾,记载了救灾代粮食品的种植方法;三是强调"三宜",即因时制宜、因地制宜和因物制宜。《齐民要术》是秦汉以来黄河流域农业科学技术的系统总结,是中国传统农学臻于成熟的一个里程碑。

(三)唐宋时期

唐代韩鄂所撰《四时纂要》保存了不少现已失传的资料,较早记载了棉花、食用菌、莴苣、茶叶、百合、牛蒡、决明、黄精等多种日用、食用、药用植物的栽培技术,并载有养蜂技术和兽医方面的内容。南宋的《陈旉农书》是专门总结江南水田耕作的综合性农书,内容少而精,书中明确提出土壤虽有好坏之分,但只要治理得法,都可用于栽培作物。

(四)元明清时期

元代《农桑辑要》是官方主持编写的综合性农书,将农耕与蚕桑摆在同等重要的地位,对北方地区精耕细作和栽桑养蚕技术有所推动和发展;《王祯农书》是兼论南北农业技术的大型农书,其最大特色是详细记载了历史上已有的各种农具(包括已经失传的),撰成《农器图谱》。明清时期最有代表性的农学著作为徐光启的《农政全书》,该书规模宏大,共 60 卷,分成农本、田制、农事、水利、农器、树艺、蚕桑、蚕桑广类、种植、牧养、制造、荒政十二目,堪称一部综合总结介绍我国传统农学的空前巨著。明代李时珍的《本草纲目》把和农学关系密切的谷类分为麻麦稻类、稷粟类、菽豆类及造酿类四种,实收食用植物 28 种,对其生物学特性加以描述,弥补了过去农书所忽略的基础知识;书中除大量记载人畜共用的方药外,特别指明对家畜疾病有防治作用的药物 77 种,同时还指出 2 种对家畜有毒性作用的毒物,从农学的角度来看也是极其重要的内容。此外,《救荒本草》《食性本草》等本草著作也与农学有密切关系。

三、地学、农学与中医

同为农耕文明的产物,地理、农学、中医可谓是同根相生,同气相求,相互影响,一脉相承。

（一）对中医理论的影响

重视地理环境是中医学的重要特点之一,中医学强调"人与天地相参"(《素问·咳论》)。《灵枢》云"地有九州,人有九窍"(《邪客》)、"身形应九野"(《九针论》),都是人与地理环境相应的具体表述。随着地理学的发展,古代先民早已认识到不同的地域具有不同的气候、物候特点,因而人的体质强弱、寿命长短、疾病发生、治疗法则以及药材的品质等都有很大的差异。中医学进而提出了"三因制宜"(因时、因地、因人),强调须根据季节气候条件及所处地区的不同、患者的个体差异等情况,制定不同的治养方案。"三因制宜"治则肇端于《黄帝内经》,经后世医家不断补充、丰富而汇集为完整的学说体系。

中医与农学有着天然的亲缘关系,它们息息相通,相互滋养。如中医学是遵循宇宙自然规律的医学,人体内部环境和农作物一样遵循四季生长收藏的变化;又如中药有相当部分来源于农作物,所谓药食同源;再如农业种植方式可为中药的种植提供技术借鉴。

（二）对中医道地药材理念的影响

道地药材强调药材的产地,因为产地将自身的地理秉性赋予了所产之物,所以不同产地的药材品质不一。《千金翼方》有《药出州土》专篇,认为"其出药土地,凡一百三十三州,合五百一十九种,其余州土皆有不堪进御";《本草衍义·序例》则曰:"凡用药必须择土所宜者,则药力具,用之有据。如上党人参、川蜀当归、齐州半夏、华州细辛……若不推究厥理,治病徒费其功,终亦不能活人。"

（三）对地域医学及流派形成的影响

地域医学在于研究显著差异的地理环境、气候条件等因素对人群体质和疾病发生发展的影响,可以认为是地理学与中医学相结合的产物。《素问·异法方宜论》中记述了五方地域致病的不同性,指出医者应根据五方地理环境的状况而采取不同的诊疗措施,可谓是中医地域医学理论之滥觞。明清时期出现的温病学派,也是对南方地域外感疾病特点进行深入研究而出现的特色医派。

第四节　文　学　艺　术

中国古代文学是中国传统文化中的一颗璀璨明珠,形式多样、内容丰富的文学作品及其所反映的人物节操、时代印记,始终影响人们的精神和社会生活。有些中医传世文献带有明显的文学色彩,而文学作品中大量有关医学内容的描写则是中医文化传播的独特形式。

一、诗词曲赋

（一）先秦两汉魏晋南北朝时期

诗歌是中国最早的文学样式之一。先秦时代,歌谣与音乐、舞蹈相结合,成为诗歌的早期形式。周代集中整理、编订各地诗歌,产生了第一部诗歌总集——《诗经》。战国后期,楚地出现了带有浓郁地方特色的新诗体——楚辞,西汉刘向汇编为《楚辞》,与《诗经》并立成为文学艺术的两座高峰。

汉代诗歌的成就主要表现在乐府诗和五言诗,乐府诗主要是指乐府官署所采集创作可以入乐的诗歌,《孔雀东南飞》是其中最长的一篇叙事诗,与北朝的《木兰诗》及唐代韦庄的《秦妇吟》并称为"乐府三绝";《古诗十九首》则是汉代五言诗最高成就的代表。汉赋是汉代流行的文学体裁,系受《楚辞》影响而产生的一种介于诗、文之间的特殊文体,代表作有贾谊的《吊屈原赋》、司马相如的《子虚赋》《上林赋》、班固的《两都赋》等。

魏晋南北朝出现了多个诗人集团。"三曹""七子"组成的建安诗人生当汉末动乱年代,把笔锋指向凋敝的社会、民众的苦难,诗作慷慨悲凉、激昂苍劲,语言简练刚健,抒发自己愿为国家统一贡献力量的强烈愿望,在诗歌史上树起一面旗帜,被后人誉为"建安风骨";以阮籍、嵇康为代表的正始诗人,人称"竹林七贤";晋宋之际的陶渊明开创了田园诗派;南朝宋初谢灵运开创了山水诗派。南北朝时乐府民歌主要保存在《乐府诗集》中,此时的乐府诗尤以鲍照的七言歌行为代表。辞赋一般有大赋和小赋之分,魏晋南北朝时以抒情小赋为主流,曹植的《洛神赋》、陶渊明的《归去来兮辞》等均为传唱不朽的佳作。

随着诗歌创作的繁荣,出现了诗歌理论专著。钟嵘的《诗品》专论五言诗,将汉至齐梁间120家诗人分为上、中、下三品,在诗歌理论研究方面具有开创意义。

(二)隋唐五代宋辽金时期

隋唐五代时期,文学进入了全面繁荣的新阶段,尤其是唐代诗歌,形式多样,不仅有三言、四言、五言、六言、七言、杂言、乐府、歌行(如白居易的《长恨歌》《琵琶行》)等古体诗,还有五绝、七绝、五律、七律、长篇排律等近体诗。初唐上官仪的"上官体"形式上对律诗的形成起到了一定作用;"初唐四杰"(卢照邻、骆宾王、王勃、杨炯)与陈子昂有意识地改革文风,其诗作反映现实,风格雄浑,开创了诗歌的新风貌。盛唐时期,在形成了以高适、岑参、王昌龄等为代表的边塞诗派和以孟浩然等为代表的山水田园诗派的同时,耸立起了李白和杜甫两座并峙的诗歌高峰,李白诗歌豪放飘逸,史称"诗仙",成为继屈原之后中国最伟大的浪漫主义诗人,代表作如《将进酒》《行路难》等;杜甫诗风浓郁顿挫,史称"诗史",其诗多反映忧国忧民之心,代表作如"三吏""三别"等。中唐诗人辈出,流派纷呈,其中影响最大的为白居易、元稹等倡导的新乐府运动。这类诗作以现实生活为题材,广泛揭露社会弊病,充分反映民众疾苦,铸就了新的时代风格。晚唐诗人以被称为"小李杜"的杜牧和李商隐最为杰出,杜牧的七绝明丽清新,俊逸高远;李商隐的七律情韵细腻缠绵,意象朦胧优美,语言雕琢精密,别开生面。

宋代诗歌总体上虽远不及唐诗,但思想内容更为深广,议政、时事、民生、爱国等主题诗空前繁荣,且有大量诗论产生。欧阳修领导的诗文革新运动成功扭转了文风,使宋诗具有散文化的特质;苏轼和黄庭坚代表着北宋诗文变革的最高成就;南宋杨万里、范成大突破陈师道为代表的"江西诗派"的影响,形成了各自的诗风;南宋爱国诗人陆游、文天祥"上马击狂胡,下马草战书""人生自古谁无死,留取丹心照汗青"等千古绝句激励了一代又一代的仁人志士。

词是诗歌的一种,与"燕乐"的盛兴有关,在隋代就已滥觞,到唐代发展为按照乐曲的要求来创作的歌词。中唐以后文人仿照其句子长短不一但有定格的形式创作出了词,晚唐温庭筠的词是文人词成熟的标志。南唐后主李煜是五代最有成就的词人,其词清丽脱俗,语言清新自然,感情真挚深切,如《虞美人》:"春花秋月何时了?往事知多少!小楼昨夜又东风,故国不堪回首月明中。雕栏玉砌应犹在,只是朱颜改。问君能有几多愁?恰似一江春水向东流。"

宋词是我国文学发展史上继唐诗之后的又一高峰,其成就主要在于,一是题材有了根本性突破,二是新创词调大量出现,三是风格流派众多。词坛相继出现了晏殊晏几道父子、范仲淹、欧阳修、柳永、苏轼、秦观、李清照、陆游、辛弃疾等一大批杰出词人,共同造就了两宋词坛的繁荣。耳熟能详的如苏轼《念奴娇·赤壁怀古》:"大江东去,浪淘尽,千古风流人物。故垒西边,人道是,三国周郎赤壁。乱石穿空,惊涛拍岸,卷起千堆雪。江山如画,一时多少豪杰。遥想公瑾当年,小乔初嫁了,雄姿英发。羽扇纶巾,谈笑间樯橹灰飞烟灭。故国神游,多情应笑我,早生华发。人生如梦,一尊还酹江月。"辛弃疾《破阵子·为陈同甫赋壮词以寄之》:"醉里挑灯看剑,梦回吹角连营。八百里分麾下炙,五十弦翻塞外声。沙场秋点兵。马作的卢飞快,弓如霹雳弦惊。了却君王天下事,赢得生前身后名。可怜白发生。"李清照《声声慢·寻寻觅觅》:"寻寻觅觅,冷冷清清,凄凄惨惨戚戚……梧桐更兼细雨,到黄昏,点点滴滴。这次第,怎一个愁字了得。"

辽代的诗词成就不高。金代诗词的代表人物为元好问,其诗词内容多与政治现实相联系,具有鲜明的时代特点。

（三）元明清时期

元代的主要文学成就是杂剧和散曲,合称"元曲"。散曲是在宋词基础上发展起来的格律较为自由的新诗体,依篇幅长短和用韵不同分为散套(套曲、套数)和小令两种。散曲前期创作中心在北方,主要人物有关汉卿、马致远等,如马致远被誉为"秋思之祖"的小令《天净沙·秋思》:"枯藤老树昏鸦,小桥流水人家,古道西风瘦马。夕阳西下,断肠人在天涯。"后期创作中心在南方,作品以小令为主,风格优雅精致,更接近于词,代表人物有张可久、乔吉等。

明代诗歌成就不高,在拟古派与反拟古派的反复斗争中曲折前进,没有出现特别杰出的作家与作品。

清代诗歌较明代稍有繁荣,作品数量增多。明清之际有顾炎武、黄宗羲、王夫之、屈大均等借古咏今以表达伤时之叹、亡国之悲的诗篇;清前期有吴伟业的歌行诗,王士禛的神韵诗;清中期有袁枚的性灵诗,郑燮、黄景仁揭露现实、反映民生的诗作,张问陶、龚自珍追求个性解放的诗句;清后期"同光体"属于复古派,而黄遵宪的"新派诗"和梁启超的"诗界革命"及柳亚子、苏曼殊等南社诗人的诗歌创作,则推进了诗歌的变革。词在经过了元、明两代的衰落之后,在清代又走向复兴,表现出词家众多、词派林立的局面,如清前期有以陈维崧为核心的阳羡词派,以朱彝尊为领袖的浙西词派,以及独成一家的纳兰性德;清中期则有以张惠言为代表的常州词派等。

二、散文小说

（一）散文

春秋战国时期由于文化学术的空前繁荣,诞生了一大批非常优秀的散文著作,对后世散文、诗歌、辞赋、小说、戏剧等各类文学都产生了重要的影响。这时期的散文分为历史散文和诸子散文两大类。历史散文以《尚书》为最早,到《左传》《国语》则渐趋成熟,文学特性显著,由此形成了中国古代文史结合的传统。战国时期"百家争鸣",当时有代表性的知识分子的著作或言行被记录下来,即为诸子散文,代表作有《论语》《老子》《墨子》《孟子》《庄子》《荀子》《韩非子》等,这些散文的特点是哲理性强,论述精辟宏富。

两汉时期历史散文和政论散文并驾齐驱。司马迁的《史记》创立了纪传体史书的新样式,也是汉代最辉煌的文学作品;东汉班固的《汉书》与《史记》齐名。政论散文名篇佳作颇多,如贾谊的《过秦论》、王充的《论衡》等。

魏晋南北朝散文开自由之风,注重辞章的艺术美,出现了不少传世佳作,如诸葛亮的《出师表》说理透彻、感情充沛,王羲之的《兰亭序》清新自然,陶渊明的《桃花源记》寓意深刻。这一时期的一些辞赋家开始注重对语言的刻意雕琢,出现了骈文,又称"骈偶"或"四六",实际上是一种诗化的散文。

隋唐五代为中国古代散文的变革时期。唐初开始提倡复古;中唐韩愈、柳宗元等人倡导古文运动,提出文章要言之有物,主张"文以载道",体制变骈为散,语言新鲜活泼,将古文运动与儒道思想结合起来,创作了一批优秀的山水游记、寓言、传记、杂文等新型短篇散文,成为唐代文学繁荣的标志之一;晚唐古文渐衰,骈文回潮,而颇有成就的是讽刺小品文,受韩愈的影响,文章简洁有力,讽喻性极强。

宋代直接承袭唐代古文运动,并在散文创作中取得了超越唐代的杰出成就。北宋欧阳修为宋代散文的奠基者,强调"道"先"文"后,主张"文"要有特色,反对因袭模仿。这种提倡现实主义传统的文风,带动了一批优秀的作家作品的产生。宋代欧阳修、苏轼、王安石、曾巩、苏洵、苏辙等,与唐代的韩愈、柳宗元被后世合称为"唐宋八大家"。苏轼为北宋散文成就最高者,其文针砭时弊,析理透辟,雄辩滔滔,自然流畅,最具时代特点,代表作如《前赤壁赋》《石钟山记》等。南宋社会动荡,国难当头,陆游、岳飞、文天祥等人创作了很多富有时代特征的论政、论兵之文,理学家朱熹等人则创作了富有哲理性的论道之文。

元代散文成就不高。明代永乐、弘治前后,文坛以"台阁体"为主,多为歌功颂德、粉饰太平之作,艺术上较为平庸呆板;明中期前后,"七子"以矫正"台阁体"为目的提出"文必秦汉"的复古主张,而"唐宋派"以反对"前七子"思想为出发点提倡文道合一;明后期以"公安派"和"竟陵派"影响最大。晚明小品文取得了相当大的成就,张岱是其代表人物。

清初散文以"三先生"和"三大家"成就最高,"三先生"指顾炎武、黄宗羲、王夫之,他们既是清代学术的先驱,又是古文大师;"三大家"指侯方域、魏禧、汪琬,他们的作品代表着明末文风向清初文风的转变。清中期"桐城派"古文兴起,强调"义""文"统一;同时骈文兴盛,袁枚、邵齐焘、刘星炜等号称"骈文八大家"。清后期散文注重实用,大致以曾国藩为代表的"湘乡派"和以梁启超为代表的"新文体"为主流。

(二)小说

中国古代小说一般分为两大类:文言小说从魏晋起步,到近代结束;白话小说自宋元起步,一直走到当代,成为小说的主流。

中国古代小说起源于神话传说、寓言故事和史传文学。从远古至先秦两汉为小说的萌芽期;魏晋时期的志人志怪小说从史传中分离出来,成为独立的文学形式,这是小说的雏形,其中刘义庆的《世说新语》、干宝的《搜神记》最具代表性;唐传奇则是成熟的小说,从记录神仙鬼怪转向描写社会人生,如李公佐的《南柯太守传》、元稹的《莺莺传》、杜光庭的《虬髯客传》、裴铏的《聂隐娘》等;宋元时期为小说的转型期,此时话本小说形式从文言转向了白话,篇幅从短篇转向了长篇,创作主体从文人转向与民间艺人相结合,描写对象从文人阶层转向了市民阶层,体裁从史传体转向说唱体,代表作如《大唐三藏取经诗话》(《西游记》雏形)、《错斩崔宁》(收入明《醒世恒言》,改名《十五贯戏言成巧祸》)等;明代为小说的繁荣期,白话小说成为主流,集体创作再度转向个人创作,作家个性在作品中表现鲜明,出现了长篇章回小说《三国演义》《水浒传》《西游记》《金瓶梅》等;清初至清中叶为小说的高峰期,无论是文言小说还是白话小说均再次突起,将中国古代小说推向了前所未有的高度,文言小说有《聊斋志异》等,白话小说有《儒林外史》《红楼梦》等;清末随着鸦片战争、甲午战争的爆发,古代小说也渐渐走到尽头,演进为近代小说。

三、文学与中医

自古以来，无论是巫医、医者还是医官，掌握和传承医学的往往是当时的"知识分子"，故而文者通医、医者善文的现象就成为了常态，尤其是宋代出现儒医群体后更为明显。

（一）医学作品中的文学色彩

古代医籍在哲思谨严、医理丰赡的同时，往往文体多样、辞藻华美、韵味十足，体现了作者深厚的文学功底。如诗词歌赋、对联小品、医案医话等形式多样，不一而足，其中尤以易诵易记歌赋形式的医书流传为广，如《标幽赋》《濒湖脉诀》《汤头歌诀》《药性赋》等，对医学的传承和普及起到了积极的推动作用。明代医家李梴按十二经井、荥、输、经、合穴名，撰成即景诗一组12首，如论足阳明胃经的《秋风》："一帆风送兑庭西，陷谷冲阳过解溪。三里未知何日到，几番翘首欲思齐。"形象的比喻既有助于经穴的记诵，也颇负文学的妙思和意趣。清代黄庭镜的《目经大成》用一首《西江月》词概括"目血"："断送一生心力，能消几日奔波。梦魂夜中且风魔，劳动坎离真火。时下眼流血泪，面前人隔烟萝。幽怀无计可消磨，琴罢煮茶独坐。"清代外科著作《理瀹骈文》则采用了骈偶文体。

（二）文学名著中的医学内容

古代文学作品中含有丰富的中医药内容，尤以名著中的医学描述令人印象深刻。如《楚辞》中先后出现了木兰、佩兰、白芷、香茅、荷花等数十种药名，屈原用这些芳香药物来比喻纯净高洁的品格和不愿同流合污的志向。散文小说中涉及中医药的例子更是不胜枚举，大多符合医学常识并融入了故事发生当时的医学成就，如《三国演义》中的"三气周瑜""刮骨疗毒"，《水浒传》中以蒙汗药智取生辰纲，《西游记》中借悟空之口说出四诊合参要诀："医门理法至微玄，大要心中有转旋。望闻问切四般事，缺一之时不备全。第一望他神气色，润枯肥瘦起和眠；第二闻声清与浊，听他真语及狂言；三问病原经几日，如何饮食怎生便；四才切脉明经络，浮沉表里是何般。我不望闻并问切，今生莫想得安然。"《红楼梦》中对医学知识的描写更是比比皆是、入木三分，如薛宝钗得知林黛玉从小时候懂事起就开始服药，认为她没处理好服药与饮食的关系，劝说道："古人说'食谷者生'，你素日吃的竟不能添养精神气血，也不是好事。"并根据黛玉的体质指出药方配伍不合理，根据五行生克原理提出自己的意见："昨儿我看你那药方上人参、肉桂觉得太多了，虽说益气补神，也不宜太热。依我说先以平肝健胃为要，肝火一平，不能克土，胃气无病，饮食就可以养人了。每日早起拿上等燕窝一两，冰糖五钱，用银铫子熬出粥来，若吃惯了，比药还强，最是滋阴补气的。"薛宝钗本人也因"从娘胎里带来一股热毒"，故一直服用以四季不同当令花蕊和雨雪霜露调制而成的海上方"冷香丸"。贾宝玉在庸医胡君荣对丫鬟晴雯乱用虎狼药时，嚷道："该死，该死。他拿着女孩儿们也像我们一样的治，如何使得！凭她有什么内滞，这枳实、麻黄如何禁得？"后请王太医来再诊，处方上"果没有枳实、麻黄等药，倒有当归、陈皮、白芍等，药之分量较先也减了些"，体现了中医三因制宜中"因人制宜"的思想。书中有关情志致病、致死的案例更是随处可见，如秦可卿、贾瑞之死，宝玉听闻黛玉回苏州而"急痛迷心"，黛玉因与宝玉的关系悬而未决而精神身体时好时坏直至最终魂归离恨天，凡此种种都是中医内伤七情致病的绝好注脚。《红楼梦》对医学的描写在文学史上无疑是空前的，是医学与文学相结合的一个生动范例。

第五节 书 法 绘 画

书法绘画是中国传统文化艺术中的核心内容，拥有悠久的历史、丰富的内涵、深厚的造

笔记栏

诣和数不胜数的佳作。中医与书画的关系是十分密切的,传世书画名作中多见有与医学相关的内容,一些传统功力深厚的医家,往往是诗书画俱精,为他们的医学生涯奠定了人文基础;中医古籍的书名题签中可见各种书体,而绘画则是医学图谱的必要条件,为医学知识的传播起到了不可忽视的重要作用。

一、书法

(一)中国书法简述

中国书法是一门历史悠久的汉字书写艺术,从甲骨文、金文(钟鼎文)、籀文、小篆,到隶书、真(楷)书、行书、草书,形成我国古代书法的历史长河。

1. 不同的书写字体　籀、篆、隶、楷、行、草各体文字,是书法艺术的主要表现形式。

籀文系周太史史籀所作,故"以名称书"(唐张怀瓘《书断》),出现于西周末至春秋战国,今存代表为石鼓文,内容系记叙秦国贵族游猎之事。石鼓文的书法继承了周代金文的书体特点,结体雄浑强劲、方整圆融,线条以曲为美,直线则多取欹斜之势,行款整齐,纵横成列,字体大小如一,充满古朴雄浑之美。它集大篆之大成,开小篆之先河,在书法史上有着承前启后的作用(图8-3)。《书断》赞其"落落珠玉,飘飘缨组;仓颉之嗣,小篆之祖"。

小篆亦称"秦篆",是秦始皇统一中国后推行"书同文"的产物,由秦相李斯负责制定,字体具有横平竖直、圆劲均匀、平衡对称、上紧下松、凝垂下端等特点,是为楷隶之祖。由于其字形优美,始终被书法家所青睐,并因笔画复杂,可以随意添加曲折,故一直是刻制印章所采用的主要书体,称"篆刻"。秦始皇东巡纪功刻石《峄山刻石》是小篆的典型代表,被历代书法家誉为"书门"(图8-4)。中医古籍中有些以篆书题写书名(图8-5)。

图8-3　北京故宫藏石鼓

隶书起源于秦朝,由内史程邈整理而成,在汉代达到顶峰,故亦称"汉隶"。字体宽扁,横画长竖画短,末笔横画具有"蚕头燕尾"的波磔特征,即起笔凝重,结笔轻疾。汉代碑碣云起,隶书风格各具特点,或方整严谨、或朴拙遒古、或典雅秀丽,而蔡邕等人发起勒刻的《熹平石经》是隶书的典范之作,字体方正,结构谨严,是当时通行的标准字体(图8-6)。医籍中以隶书题写书名者不少(图8-7)。

楷书亦称"真书""正书",由隶书演变而来,较之汉隶更为简省易书,《宣和书谱·正书叙论》曰:"在汉建初有王次仲者,始以隶字作楷法。所谓楷法者,今之正书是也,人既便之,世遂行焉。"其特征为形体方正,笔画平直,故可作楷模。早期楷书尚保留有隶书的部分特征,字体宽扁,横长竖短,如汉魏时钟繇《宣示表》(小楷)。唐代是楷书的成熟期,故楷书往往以"唐楷"称之(多为大楷),代表书法家及著名唐碑如欧阳询《九成宫醴泉铭》、褚遂良《雁塔圣教序》、颜真卿《多宝塔碑》、柳公权《玄秘塔碑》《神策军碑》等,并以书法家姓氏名其书体,如欧体、颜体、柳体等。唐楷是后世书法技能训练最佳的范本。

草书形成于汉代,《说文解字叙》曰"汉兴有草书",其特点是结构简省、笔画连绵,有章草、今草、狂草之分。章草由隶书草写而成,约形成于西汉宣帝、元帝之间,有书写史游《急就篇》作《急就章》、汉章帝喜好故命杜度等奏事用之等诸种说法,特点是保留一定隶书笔法的形迹,上下字独立不相连,代表作有三国吴皇象所书《急就章》。今草、狂草始于汉末,《书断》谓"草书者,后汉征士张伯英(张芝)之所造也",三国韦诞尊张芝为"草圣",《宣和书谱·草书》谓张芝"其笔力飞动,神变无极,几与造化者为友"。今草进一步省减了章草的点画波磔,一笔写成,连绵不断,即偶有不连,笔意亦不断,晋王羲之《十七帖》是今草的代表作;狂草则有笔势狂放不拘、变化莫测的特点,因而往往不易辨识。狂草在唐代发展到巅峰,以张旭(图 8-8)、怀素为代表。

图 8-4 西安碑林藏宋重刻《峄山刻石》

图 8-5 篆书《徐洄溪手批叶天士先生方案真本》

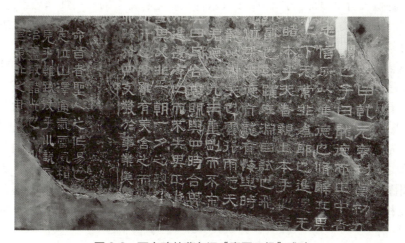

图 8-6 西安碑林藏东汉《熹平石经》残碑

图 8-7 隶书《王氏医案》

图 8-8 西安碑林藏张旭《肚痛帖》

行书是介于楷书、草书之间的一种字体,具有舒展流利、欹侧圆转、笔画简省的特点,并以勾挑牵丝来加强点画间的呼应,弥补了楷书书写速度慢和草书难以辨认的不足。《书断》谓"行书者,乃后汉颍川刘德升所造,即正书之小讹,务从简易,相间流行,故谓之行书"。刘德升学生钟繇擅长行书,称之为"行押书";东晋王羲之将行书的实用性和艺术性完美地结合起来,达到登峰造极的程度,终使其成为书法史上影响最大的一宗,《书断》称"尔后王羲之、王献之并造其极焉"。"天下第一行书"即为王羲之所书《兰亭序》。

2. 历代著名法帖 法帖,亦称"帖",是指古代名人的墨迹和摹刻在石(木)版上供人临摹的书法作品。帖有单行帖和集(丛)帖之分。

(1)单行帖:晋代著名的单行帖如西晋陆机《平复帖》,系我国现存最早的名家之帖,有"天下第一墨宝"之称。其内容"彦先羸瘵,恐难平复,往属初病虑不止此,此已为庆",写陆机之友贺彦先身体羸弱多病,难以平复痊愈,说他能够维持现状,已经可庆。明董其昌跋云:"右军(王羲之)以前,元常(钟繇)以后,唯此数行,为希代宝。"东晋王羲之《兰亭序》记叙了绍兴兰亭周围的山水之美和文人雅士聚会时的欢愉之情,此帖章法、结构、笔墨都很完美,尤其是文中凡相同之字,笔法姿态必不相同,如出现的二十多个"之"字,竟无一雷同,被尊为"天下第一行书"。

唐代张旭以草书知名,相传他能将担夫与公主争道的情景、公孙大娘舞西河剑器的姿势节奏融入到书法艺术的创作之中,使其草书具有了丰富的神韵,是又一位"草圣"。其草书《肚痛帖》6 行 30 字:"忽肚痛不可堪,不知是冷热所致,欲服大黄汤,冷热俱有益,如何为计,非临床。"（图8-8）明王世贞跋云："张长史《肚痛帖》及《千字文》数行，出鬼入神，倘恍不可测。"僧怀素学张旭笔法，以狂草著称，书法史有"颠张狂素"之称，存有《自叙帖》《苦笋帖》《食鱼帖》等。

北宋时四位著名书法家苏轼、黄庭坚、米芾和蔡襄并称为"宋四家"。苏轼传世墨迹颇多，其《洞庭春色赋帖》《中山松醪赋帖》即《三希堂法帖》所收之苏轼"二赋"，为苏轼晚年所撰之文并书写，书体势扁方，结字紧稳，用笔厚重劲健，精气内含，较为集中地体现了苏轼的书法特点；《答谢民师帖》是一篇书信体文论，文中称赞了谢民师的诗文，列举了杨雄、屈原、司马相如等人的文章特点，指出为文在于"词达"，"词至于能达，则文不可胜用矣"，是其文学创作的经验总结（图8-9）。黄庭坚的书法特点为内紧外放、长波大撇、欹侧横斜，其《松风阁诗帖》最能代表此风格，被誉为"天下第九行书"。在宋四家中，单就书法艺术而言，米芾的传统功力最为深厚，《苕溪诗卷》中描绘了沿溪所见松竹、溪山、白雪、菱角、鲈鱼、金橘、芦花、酒茶、小圃、红薇、兰石、秋帆、渔歌、皎月等江南鱼米之乡四季宜人景物，是米芾行书之佳品。除了众多的小字帖卷外，米芾传世的大字作品有《多景楼诗》（图8-10）、《虹县诗》和《研山铭》等。蔡襄为"宋四家"中年龄最长者，以楷书、行书见长，正楷端庄沉着，行书温婉淳美，展其书卷，往往有一种妍丽温雅之气拂面而来，其行楷《澄心堂纸帖》可视为其传世墨迹中最追晋唐的代表作，元倪瓒跋云："蔡公书法有六朝唐人风，粹然如琢玉。"此外，宋徽宗赵佶的瘦金体笔道瘦细峭硬、金钩铁画，也别具一格（图8-11）。

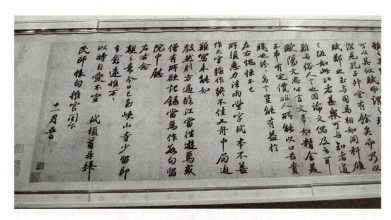

图8-9　苏轼《答谢民师帖卷》

图8-10　米芾《多景楼诗》

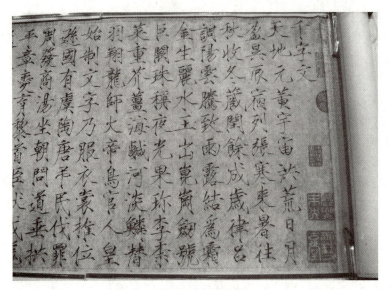

图 8-11　赵佶书《千字文》

元代赵孟頫系一代书画大家,各体书法无一不精,有章草《急就章》(图 8-12)、楷书《道德经》、行书《洛神赋》、篆书《玄妙观重修三门记》等。

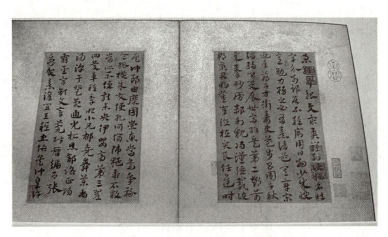

图 8-12　赵孟頫章草《急就章》

明代早、中、晚期各有代表性的书法家及其帖卷,早期有三宋即宋克、宋广、宋璲及解缙等,中期有李东阳、吴宽、沈周、张弼、张骏、祝允明(图 8-13)、文徵明、王宠等,晚明则有徐渭、邢侗、张瑞图、董其昌、米万钟、黄道周、倪元璐等。青藤居士徐渭是一位诗、书、文、画俱擅的全才,并以书法自重,称"吾书第一,诗二,文三,画四"(陶望龄《徐文长传》),以草书见长,认为书法在于要"时时露己笔意"(徐渭《书季子微所藏摹本〈兰亭〉》),开启了晚明"尚态"书风,将明代书法引向了新的高峰(图 8-14)。

清代书坛十分活跃,既有清初延续晚明草书新风的书家王铎、傅山、朱耷(八大山人)等,又有以刘墉、翁方纲、王文治、梁同书为代表的传统帖学书家。尤其是在研习秦汉北朝碑学的基础上,开创了篆隶书法,并由于篆刻艺术的兴起,出现了许多借古开今和展现个性的书法作品,擅长篆隶的书家有王时敏、郑簠、朱彝尊、金农(图 8-15)、邓石如、高凤翰、汪士慎、黄易、吴大澂、赵之谦、吴昌硕(图 8-16)等。其他著名书家如翁同龢、郑燮(板桥)、伊秉授、何绍基等,各体多有涉猎。

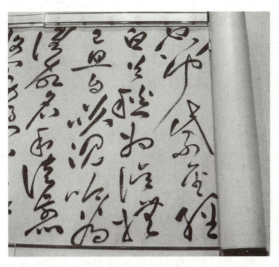

图 8-13 祝允明草书《李白五言诗卷》

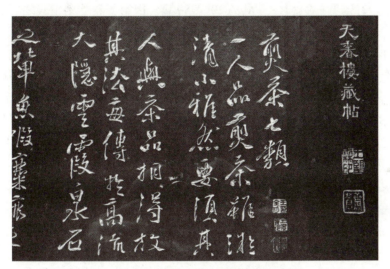

图 8-14 徐渭书卢仝《煎茶七类》

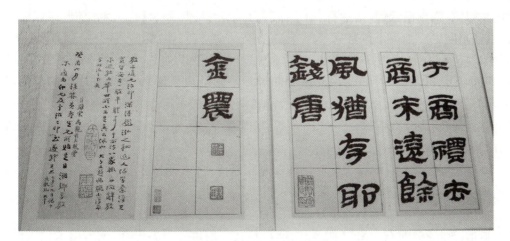

图 8-15 金农隶书《彝器记》

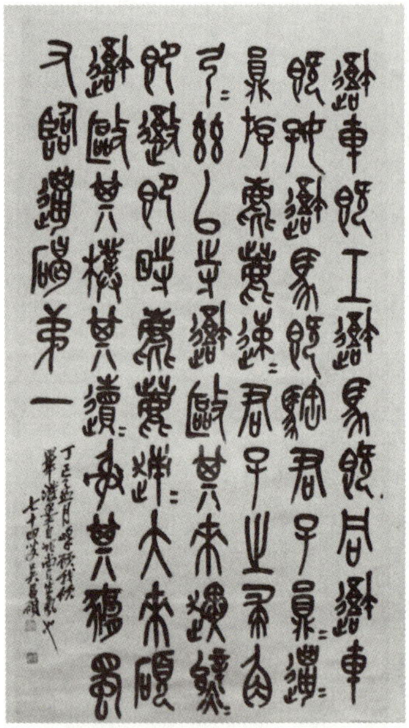

图 8-16　吴昌硕临石鼓文

（2）集（丛）帖：集帖有汇刻各家书与集刻一家书之别。汇刻各家丛帖较为著名者如《淳化阁帖》《快雪堂法帖》《三希堂法帖》等。

《淳化阁帖》，全称《淳化秘阁法帖》，简称《阁帖》，十卷。是我国最早的一部汇刻丛帖，系宋淳化三年（992 年）太宗命侍书学士王著编次秘阁所藏历代法书（有一定艺术成就的书法作品）并摹刻于枣木版之上，用以拓赐大臣。全帖共收历代帝王、历代名臣、仓颉、夏禹、王羲之、王献之、张旭、怀素等 103 家 420 帖。"法帖"之称，由此开始。赵孟頫谓："自太宗刻此帖，转相传刻，遂遍天下……书法之不丧，此帖之泽也。"（《阁帖跋》）自宋至清，历代均有重刻。

《快雪堂法帖》五卷，明末清初大学士冯铨辑集，刘光旸摹刻。所收法书自魏钟繇、晋王羲之至元赵孟頫共约 20 家 80 篇。因第一卷首刻王羲之《快雪时晴帖》，故以名之。其特点是选帖精当，摹刻秀润，故为世所重。乾隆四十四年（1779 年），在北海增建"快雪堂"庭院，以珍藏 48 方珍贵的刻石。

《三希堂法帖》，全称《三希堂石渠宝笈法帖》，三十二卷。系乾隆十二年（1747 年）选内府所藏自魏晋至明代 135 名家 340 件法书，命梁诗正等摹勒上石而成。刻成后，于北海建造专为陈放该帖 495 方刻石的阅古楼。"三希"是指帖中所收王羲之《快雪时晴帖》、王珣《伯远帖》、王献之《中秋帖》三件稀世之宝。《三希堂法帖》卷帙之多（9 万多字），堪为古代法帖之冠，亦是我国现存最为完整的古代大型书法石刻集成。

集刻一家之书者，则有颜真卿《忠义堂帖》、苏轼《西楼苏帖》、米芾《绍兴米帖》等。

（二）医学相关法书

历史上一些著名书法家不乏与医学相关的法书传世，而一些中医名家因受到良好的传统教育，在书法、印章方面也多有造诣，留下了值得鉴赏的手迹、篆刻作品。

1. 法书的医学内容　王羲之著名的小楷《黄庭经》，内容为道家养生。王献之《新妇地黄汤帖》是一幅谈及新妇服用地黄汤后效果不佳、忧悬不去之情形的尺牍："新妇服地黄汤来似减，眠食尚未佳，忧悬不去心。君等前所论事，想必及谢生，未还何尔，进退不可解，吾当书问也。"全篇书风坚韧兼备，既沉着又灵动，秀劲飘洒，一气呵成；《肾气丸帖》又名《承服帖》，收于《淳化阁帖》卷九，谓"承服肾气丸，故以为佳，献之比服黄耆甚勤，平平尔，亦欲至十齐（剂）当可知"，由此帖可知当时已懂得常服黄芪、肾气丸之类的药剂以调补身体了。唐太宗有行书《江叔帖》（一名《患痢帖》）："不审夜来胸气何似，想当渐散，痢复断未，江叔所患竟不痊除……"（图 8-17）。唐张旭《肚痛帖》亦是书肚痛欲服大黄汤的内容（图 8-8）。

2. 名医墨迹篆刻　明清之际著名医家傅山长于书法，风格多变，体样繁多。近代名医秦伯未"大道作舥明德作镜，制礼以节载人惟舆"隶书联，反映了其为政有道、仁德行医的理想追求（图 8-18）。程门雪长期雅好书画诗词、金石篆刻，曾学法赵之谦等历代各家，具有很高的造诣，斋号有"蒲石山房"（图 8-19）等。清代江南世医何书田有"南宋以来世为医"朱文、白文印（图 8-20、图 8-21）。

图 8-17　西安碑林藏《淳化阁帖》唐太宗书《江叔帖》

图 8-18　秦伯未隶书联

图 8-19　程门雪"蒲石山房"印

图 8-20　何书田"南宋以来世为医"朱文印

图 8-21　何书田"南宋以来世为医"白文印

二、绘画

（一）中国绘画简述

中国绘画艺术历史悠久，《宣和画谱·叙》将"河出图，洛出书"作为文字图画的起源，而根据真实的考古资料，带有绘画性质的遗迹已有五六千年的历史。

1. 秦汉以前早期绘画 新石器时代彩陶上的绘画线条流畅、布局合理，可以看作是中国绘画的萌芽（图8-22）。夏商周时期以青铜文化艺术为标志，青铜礼器上刻画的纹饰是最为生动的体现。而秦汉时期以画像石、画像砖为代表的石刻艺术成为时代主流。

图 8-22 新石器时代鱼纹彩陶盆

目前所见我国最早的具有独立意义的绘画作品，当数战国楚墓出土的《人物龙凤帛画》，该画已初步确立以墨线概括物象的审美形式，距今已有两千多年的历史。此外1972年长沙马王堆一号汉墓中出土的T字形帛画，采用将不同时空的不同情节组织在一幅画上连缀表现的手法，表达"引魂升天"的主题，并使用了矿物石绿、石青、朱砂等颜料，是迄今所见最早的工笔重彩画。1974年马王堆三号汉墓出土的《导引图》则是现存最早的彩色导引帛画，原画长约100cm，经过修复共现44种人物导引姿态，并附有动作名称。该画既是国宝级的艺术品，又是极为形象、生动的养生参考资料。

2. 六朝以后绘画名品 从六朝以来绘画所表现的主要内容来看，大致可分为人物、山水、花鸟三大画科。而各个历史时期在各个画科都有杰出的画家和作品问世，使中国画成为赓续相继、高潮迭起的艺术门类。

东晋顾恺之是一位杰出的人物画家，其《洛神赋图》系根据三国时曹植的著名文学作品《洛神赋》而创作，虽真迹已佚，但从现存宋人摹本中仍可看出魏晋六朝的画风。画卷从曹植初见洛神宓妃起，到洛神离去止，全长572cm，借神话故事曲折地表达人物精神感情上的苦闷，使之成为亦真亦幻的艺术图像，是中国人物画趋于成熟的例证。其人物造型处理及"游丝描"线条画法，对后世人物画家产生了深远的影响。此时画中的山水形象主要处于为人物配景的地位。

隋唐时期，山水逐渐从人物画背景中脱离出来，成为独立的画科。现在能见到的最古的著名山水画卷，为宋徽宗所题隋代展子虔青绿山水《游春图》，此画以青绿色调生动描绘了春天翠山葱郁、碧波荡漾、壮阔辽远的景象，画中星星点点数位浅衣人士或在堤岸间漫步闲游、或在山坡上信马由缰、或在碧水中泛波荡桨，反映了春天出游时的舒适情境，后人题诗云："暖风吹浪生鱼鳞，画图仿佛西湖春""料得春山更深处，仙源初不限红尘"。该画为唐代青绿山水画的发展奠定了基础,故被尊为唐画之祖。

中国花鸟画的雏形,可以追溯到彩陶文化上的花鸟纹饰(图8-22),而其独立成科,则要到中晚唐时期。五代时黄筌的重彩写生和徐熙的重墨写意代表了花鸟画的两种不同风格。《梦溪笔谈·书画》比较曰:"诸黄(指黄筌和其数子)画花妙在赋色,用笔极新细,殆不见墨迹,但以轻色染成,谓之写生;徐熙以墨笔画之,殊草草,略施丹粉而已,神气迥出,别有生动之意。"黄筌身居宫廷,多见奇花异珍,其重色彩、重真象的风格对北宋院体花鸟画审美取向的形成有直接影响,现存有其写生《珍禽图》,用笔严谨、设色华丽、形象逼真,是一件稀世珍宝。而徐熙的画在南唐时就已很难得,现传的《玉堂富贵》《雪竹》两画,是否为其真迹尚难定论。总之,"黄家富贵"和"徐家野逸"这两种风格,始终影响着宋代及以后花鸟画的发展。

宋代是中国绘画写实主义的鼎盛时期,北宋时反映社会经济繁荣发展的风俗画取得了相应的进展,张择端的《清明上河图》就是一幅旷世风俗名画。此以界画、人物为主的山水长卷(全长528cm)规模宏大、场面纷纭,以城郊、河道、街市为主要场景,凡村野阡陌、舟桥流水、屋宇楼阁、牛马车轮等无所不包,尤其是各色人物达550个之多,栩栩如生地在不同场所从事着各自的营生。全卷动静起伏,情节丰富,令人目不暇接,将京都汴河两岸繁华的社会生活充分地展现了出来。作为社会生活重要内容的中医诊疗活动也被表现在画中,在画卷尾端,有名为"赵太丞家"的医药铺,门前幡帜写着"赵太丞统理男妇儿科""五劳七伤回春丸""治酒所伤良方集香丸"等,已经将广告活动开展得有声有色了(图8-23)。此外,南宋李唐所绘《村医图》描绘了走方郎中为村民治病的情景。

图 8-23　《清明上河图》中赵太丞家医药铺

元朝统治下,以寄情山水为主旨的文人水墨写意成为绘画主流,以书入画,"写"味渐浓。在开元画风气的钱选、赵孟頫(图8-24)影响下,出现了4位山水画大家——黄公望、王蒙、倪瓒、吴镇,并称为"元四家"。元四家作品各具风格,个性鲜明。黄公望的《富春山居图》长卷,以清淡的笔墨、简远的意境、变幻的布局,描绘了富春江两岸峰峦起伏、树木萧疏,江面滩浅波缓、渔舟独钓的初秋景色,董其昌在卷末题跋称"是子久(黄公望字)生平最得意笔",被列为中国十大传世名画之一。而该画不寻常的遭际,则是中国绘画史上的一段传奇。

图 8-24　赵孟頫《兰石图》

明代中期出现了以沈周、文徵明、唐寅、仇英四家为代表的吴门画派。明朝三大才子之一徐渭开创了水墨写意画的新风格,善用泼墨手法,使画面产生了酣畅淋漓、气韵生动的艺术表现力(图 8-25)。在晚明画坛享有宗主地位的董其昌则是传统绘画的集大成者,他将南宗和北宗、泼墨和惜墨、水墨和青绿等不同的画派和技法融合到自己的艺术实践中,所创作的《昼锦堂图》正是文人水墨画与青绿山水画相结合的典型范例,既有董源、黄公望水墨画的"真率",又有赵伯驹、仇英青绿画的"钜丽"。明末《画史绘要》评价董画:"董其昌山水树石,烟云流润,神气俱足,而处于儒雅之笔,风流蕴籍,为本朝第一。"

清代画坛名家辈出,风格各异。如清初四王、清初六家、清初四僧、扬州画派等。"扬州八怪"之一的郑燮以画竹最为著名,现存有多幅《竹石图》(图 8-26),并有流传甚广的《竹石诗》:"咬定青山不放松,立根原在破岩中。千磨万击还坚劲,任尔东西南北风。"清末在西方改良思想的影响下,一部分画家锐意开拓,大胆革新,出现了以赵之谦、任伯年、虚谷、吴昌硕等为代表的"海上画派",他们多为诗、书、画、印俱能的全才,往往以金石篆刻笔意绘写花卉蔬果翎毛,使作品呈现出或朴茂沉雄、冷峭新奇,或以势取姿、生机盎然的风貌和格局。存世之作十分丰饶,如赵之谦的《五色牡丹图》《菊石雁来红图》,虚谷的《松鹤图》《杨柳八哥图》,吴昌硕的《岁朝清供图》《红梅图》(图 8-27)等。

图 8-25　徐渭《五月莲花图》

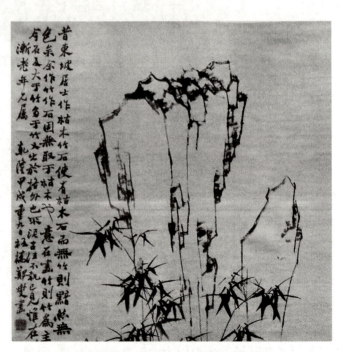

图 8-26　郑板桥 62 岁所画《竹石图》(局部)

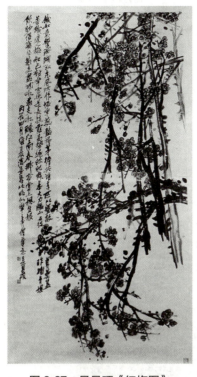

图 8-27　吴昌硕《红梅图》

（二）医籍插图举例

医籍中加入绘画的形式可见于《隋书·经籍志》所著录的《明堂孔穴图》《黄帝明堂偃人图》《针灸图要决》等,可惜大多已不见流传。目前可见的主要是宋代以来的作品。医籍中加入插图可以形象、直观地表达书中所述内容,是照相技术尚未发明之时极其有效的一种表现手法。

1. 本草类药图　宋代《本草图经》载入了大量的药物绘画,其后在此基础上编成的《重修政和经史证类备用本草》《图经衍义本草》等本草书中保留或加绘了数量可观的插图(图 8-28)。清代曾重订出版彩色药图本《本草纲目》,在墨印线画药图基础上手绘填彩,更为逼真生动,是花鸟画在医籍中的具体体现(图 8-29)。

2. 诊疗类医图　元代《黄帝八十一难经纂图句解》根据序论及各难内容绘有人体内境正面图、背面图及手部尺寸阴阳图等,将《难经》义理较为直观准确地表达了出来(图 8-30、图 8-31)。清代《外科图说》插入了各种外科疾病部位、症状图及诸多外科器具图,

起到了以图解文的作用(图 8-32、图 8-33)。

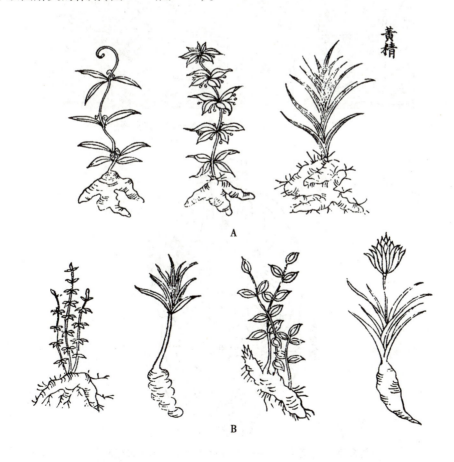

A

B

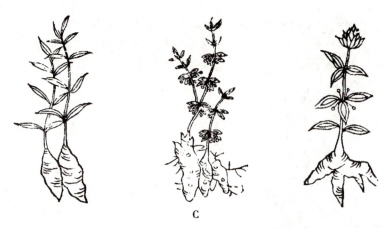

C

图 8-28 《图经衍义本草》各地黄精图

图 8-29 《本草纲目》彩绘本野鸭、鸳鸯图

图 8-30 《黄帝八十一难经纂图句解》人体内境正面图

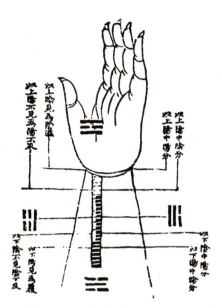

图 8-31 《黄帝八十一难经纂图句解》手部尺寸阴阳图

图 8-32 《外科图说》顶门痈图

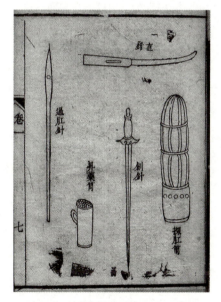

图 8-33 《外科图说》外科器具图

学习小结

　　本章介绍了中国古代科技文化中天文历法、数学音律、地理农学以及文学艺术、书法绘画等方面的文化成就及其对中医学的影响。在学习过程中,注意理解天文历法对中医理论的渗透、地理农学对道地药材和地域医学形成的影响,熟悉中医脏腑经络与音律的对应关系,了解文学作品中的医学描述和与医学相关的书法绘画作品。

（章原　姜辉　张戬）

复习思考题

1. "七曜"具体是指什么？我国古代以月亮运动为主要依据的历法称什么？

2. 说出我国古代五音名及对应的五脏,并说出古代十二律律名。

3. 中国古代地理、农学重要著作有哪些?

4. 中国古代文学主要有哪些形式?

5. 说出中国古代书法主要字体及其代表朝代,中国古代绘画人物、山水、花鸟各科代表作品(或人物)及朝代。

主要参考书目

1. 张其成. 中国传统文化[M]. 北京: 人民卫生出版社, 2012.
2. 张岱年, 方克立. 中国文化概论[M]. 北京: 北京师范大学出版社, 2004.
3. 葛兆光. 中国思想史[M]. 上海: 复旦大学出版社, 2001.
4. 张其成. 中国传统文化概论[M]. 北京: 人民卫生出版社, 2009.
5. 臧守虎, 贾成祥. 中医文化学[M]. 北京: 中国中医药出版社, 2017.
6. 王立军等. 汉字的文化解读[M]. 北京: 商务印书馆, 2012.
7. 朱伯崑. 易学哲学史[M]. 北京: 华夏出版社, 1995.
8. 冯时. 中国天文考古学[M]. 北京: 社会科学文献出版社, 2001.
9. 林忠军. 象数易学发展史(第一卷)[M]. 济南: 齐鲁书社, 1994.
10. 林忠军. 象数易学发展史(第二卷)[M]. 济南: 齐鲁书社, 1998.
11. 刘玉建. 两汉象数易学研究[M]. 南宁: 广西教育出版社, 1996.
12. 臧守虎. 鉴往知来: 易经读本[M]. 北京: 中华书局, 2015.
13. 冯友兰. 中国哲学史[M]. 北京: 商务印书馆, 2011.
14. 胡适. 中国哲学史大纲[M]. 北京: 商务印书馆, 2011.
15. 季风. 陈寅恪讲国学[M]. 北京: 北京时代华文书局, 2015.
16. 复旦大学哲学系中国哲学教研室. 中国古代哲学史(下)[M]. 上海: 上海古籍出版社, 2011.
17. 陈鼓应. 道家文化研究(第一辑)[M]. 上海: 上海古籍出版社, 1992.
18. 牟钟鉴, 胡孚琛, 王葆玹. 道学通论——兼论道家学说[M]. 济南: 齐鲁书社, 1991.
19. 王卡. 道教史话[M]. 北京: 社会科学文献出版社, 2012.
20. 曾召南, 石衍丰. 道教基础知识[M]. 成都: 四川大学出版社, 1988.
21. 卢国龙. 道教哲学[M]. 北京: 华夏出版社, 1997.
22. 闵智亭. 道教仪范[M]. 北京: 宗教文化出版社, 2004.
23. 张其成. 中医哲学基础[M]. 北京: 中国中医药出版社, 2016.
24. 马伯英. 中国医学文化史[M]. 上海: 上海人民出版社, 2010.
25. 王旭东. 中医文化导读[M]. 北京: 高等教育出版社, 2007
26. 方立天. 中国佛教与传统文化[M]. 上海: 上海人民出版社, 1988.
27. 梁漱溟. 东西方文化及其哲学[M]. 北京: 商务印书馆, 1999.
28. 曹顺庆. 西方文化概论[M]. 北京: 中国人民大学出版社, 2016.
29. 徐行言. 中西文化比较[M]. 北京: 北京大学出版社, 2015.
30. 何裕民. 差异、困惑与选择: 中西医学比较研究[M]. 沈阳: 沈阳出版社, 1990.
31. 张慰丰, 任殿雷, 金鑫. 中西医文化的撞击[M]. 南京: 南京出版社, 2013.
32. 张建中, 金芷君. 中医与文化漫谈[M]. 上海: 上海中医药大学出版社, 2001.
33. 张建中, 金芷君. 中医文化撷芳[M]. 上海: 上海中医药大学出版社, 2005.
34. 金芷君, 张建中. 中医文化掬萃[M]. 上海: 上海中医药大学出版社, 2010.
35. 王克文. 中国绘画[M]. 上海: 上海古籍出版社, 1995.
36. 潘运告. 汉魏六朝书画论[M]. 长沙: 湖南美术出版社, 1997.
37. 潘运告. 张怀瓘书论[M]. 长沙: 湖南美术出版社, 1997.
38. 黄海波. 中国传统文化与中医[M]. 北京: 人民卫生出版社, 2007.
39. 吕思勉. 中国文化史[M]. 北京: 北京大学出版社, 2010.

复习思考题
答案要点

模拟试卷